早稲田大学学術叢書 32

制度変革の政治経済過程

戦前期日本における営業税廃税運動の研究

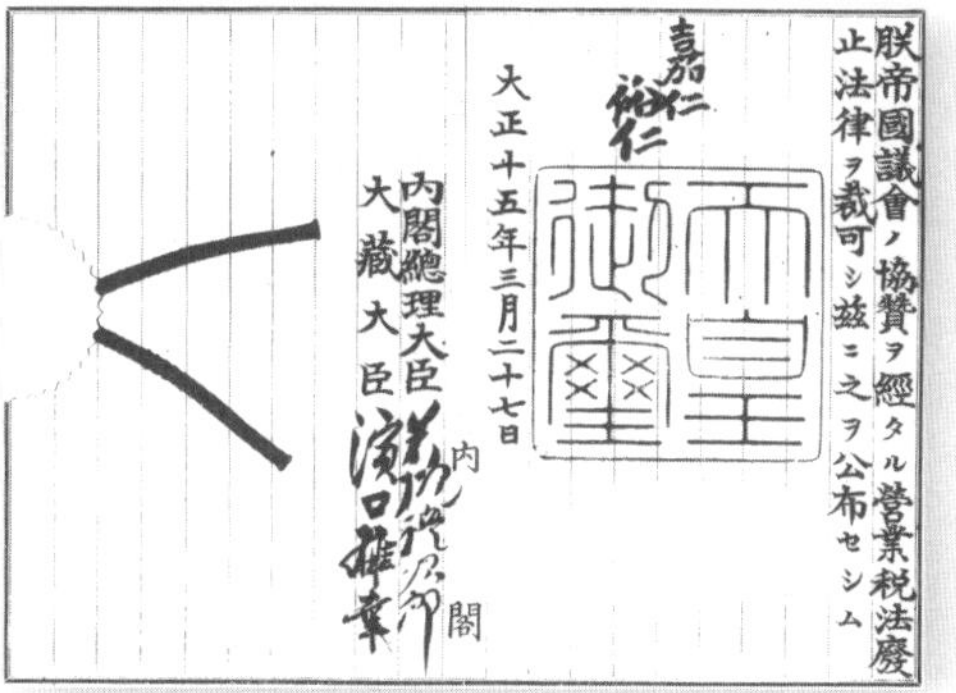

石井裕晶
Hiroaki Ishii

早稲田大学出版部

Political Economy of Institutional Change
The Business Tax-Repeal Movement in Prewar Japan

First published in 2014 by
Waseda University Press Co., Ltd.
1-1-7 Nishiwaseda
Shinjuku-ku, Tokyo 169-0051
www.waseda-up.co.jp

ISBN 978-4-657-14702-8

Printed in Japan

目次

※史料は原則として原文を引用したが、一部、新かな・新字体とするとともに、カタカナを原文とするものについてひらがなに直して記載したところがある。

第一章

序論

制度変革の分析視角

規制改革、税制改革、選挙制度改革、地方制度改革など、今日ほど既存の制度を改め新しい経済や政治の仕組みへの転換が叫ばれて久しい時代はない。しかし、議会制の下で大きな制度を変革することは決して容易なことではない。制度の変更によって、それまでその制度が果たしていた機能を適切に代替できるのか、制度の変化により、世論や不利な影響を受ける利害関係者が納得するか、また、変革を実行できる指導者や推進母体が効果的な行動をとれるかなどの問題があるためである。

制度変革にはこのような難しさがあることは、衆議院で政党政治が行なわれていた戦前期の日本でも同じであった。しかも、戦前期は、経済問題よりも、よほど優先された安全保障や外交などの政策課題があったことに加え、有権者の多数も農民であったことから、経済や産業の発展のための政策が、政府や議会においても当然のように重視されたわけではなかった。また、権力は分権的で、政府と議会の間の独立性は高く、貴族院、枢密院や元老など非選出の独立的な機関も存在し、それぞれの関係者の了解を得なければ、制度の変革は実現できなかった。このため、制度変革の実現を目指す利益団体は、政府の合意を得るばかりでなく、与野党など政治的利害関係者の了解を得るように主体的に動かなければならなかった。

これは、議院内閣制の下で、経済成長を重視することで政府と与党、利益団体の利害が一致しやすく、政府が合意すれば与党を含めて了解を得られやすかった戦後の復興期から高度成長期の「官民協調の時代」[1]とは対照的である。

経済社会が成熟してきた現代においては、経済や産業の発展が他の課題に優先されるとは限らない。世論の声が強くなり、政府と与党との間での利害の相反や、衆議院と参議院の多数党が異なることも頻繁になっている。また、経済が成長していれば成長の過程で様々な負担を吸収することができるが、経済があまり成長しない中で、痛みを伴う制度の変革を実現することは決して容易ではなく、制度変革を求める主体の主体性や政治の役割が大きくなっている。

このように、制度変革において政治の重要性が高まっている現代における制度変革の在り方を考える上で、政府と議会の独立性が高かった明治から昭和初期までの経験が貴重なものとして蘇ってくる。

第一節　営業税廃税運動について

こうした観点から、戦前期に経済主体が商業（工）会議所などの経済団体を通じて、政府や政党への働きかけをして制度の変革を求めた事例をみると、棉花輸入税と綿糸輸出税の撤廃運動（一八八八年から九五年）、先物取引規制の撤回を求めた限月復旧運動（一九〇一年）、国税営業税の廃止を求めた営業税廃税運動（一八九八年から一九二六年）[2]、日露戦後における三悪税廃止運動や石油消費税等の増税反対運動（一九〇六年から一〇年）、工場法制定問題（一八九八年から一九一一年）や労働組合法制定問題（一九三〇年）の他、中小商業者の保護のための商権擁護運動（反産運動）（一九三三年から三八年）や百貨店法制定問題（一九三二年から三七年）などがある。

この中で営業税廃税運動ほど長期間にわたり全国の商工業者が運動した問題はなかった。一八九七年にそれまで地方税であった営業税が国税化される直前から、大正末期に営業収益税に代替するまで約三〇年間にわたり継続した。特に、一八九八年、一九一〇年、一九一四年、一九二二年、一九二五年には、全国的規模での廃減税運動が起こった。

営業税とは、江戸時代から各藩が商工業者に課していた雑税が明治初期にいったん地方税とされ、一八九七年に国税とされたものである。農村地主に対する地租に対峙して商工業者に対する課税として位置づけられ、業種ごと（一八九七年には二四業種、一九一五年には二六業種）に売上金額、資本金額、建物賃貸価格、従業者など、複数の課税標準が定められ、それぞれの課税標準に対して一定率の課税がなされた【表一－一】。

営業税では、例えば、物品販売業と製造業には次のように課税額が算定された（一九二二年の課税方法と課税率による）。

【表 1-1】 営業税の課税標準と税率（1915 年）

	売上金額	資本金額	運転資本金額	収入金額	請負金額	報償金額	建物賃貸価格	従業者	職工
物品販売業	○						70/1,000	2 円	
銀行業		4.5/1,000					70/1,000	2 円	
保険業		4.5/1,000					70/1,000	2 円	
無尽業		4.5/1,000					70/1,000	2 円	
金銭貸付業			6/1,000				70/1,000	2 円	
物品貸付業			6/1,000				70/1,000	2 円	
製造業		3/1,000					70/1,000	2 円	50 銭
運送業		5/1,000						2 円	50 銭
倉庫業								2 円	50 銭
運河業		5/1,000						2 円	50 銭
桟橋業		5/1,000					80/1,000	2 円	50 銭
船舶碇繋場業		5/1,000					70/1,000	2 円	50 銭
貨物陸揚場業		5/1,000					70/1,000	2 円	50 銭
鉄道業				2/1,000				2 円	50 銭
請負業					4/1,000			2 円	50 銭
印刷業		3/1,000					70/1,000	2 円	50 銭
出版業		3/1,000					70/1,000	2 円	50 銭
写真業		3/1,000					70/1,000	2 円	50 銭
席貸業							115/1,000	2 円	
旅人宿業							75/1,000	2 円	
料理店業							120/1,000	2 円	
周旋業						30/1,000		2 円	
代理業						30/1,000		2 円	
仲立業						30/1,000		2 円	
問屋業						30/1,000		2 円	
信託業						30/1,000		2 円	

（注）課税対象業種の課税標準ごとに税率を記載。○の売上にかかる税率は，卸売甲 8/10,000，卸売乙 11/10,000，小売甲 20/10,000，小売乙 30/10,000。『明治大正財政史第 7 巻』より作成。

小売業甲　売上高×二○／一○、○○○円＋建物賃貸価格×七○／一、○○○円＋二円×従業者数

製造業　資本金額×三／一、○○○円＋建物賃貸価格×七○／一、○○○円＋二円×従業者数＋五○銭×職工労役者数

全ての業種において従業者数は課税標準であり、多くの業種では建物賃貸価格が課税標準であった。これらの共通の課税標準を除くと、例えば物品販売業では売上高、銀行や保険業、製造業、運送業、印刷・出版

【図 1-1】主要国税収入の構成比の推移

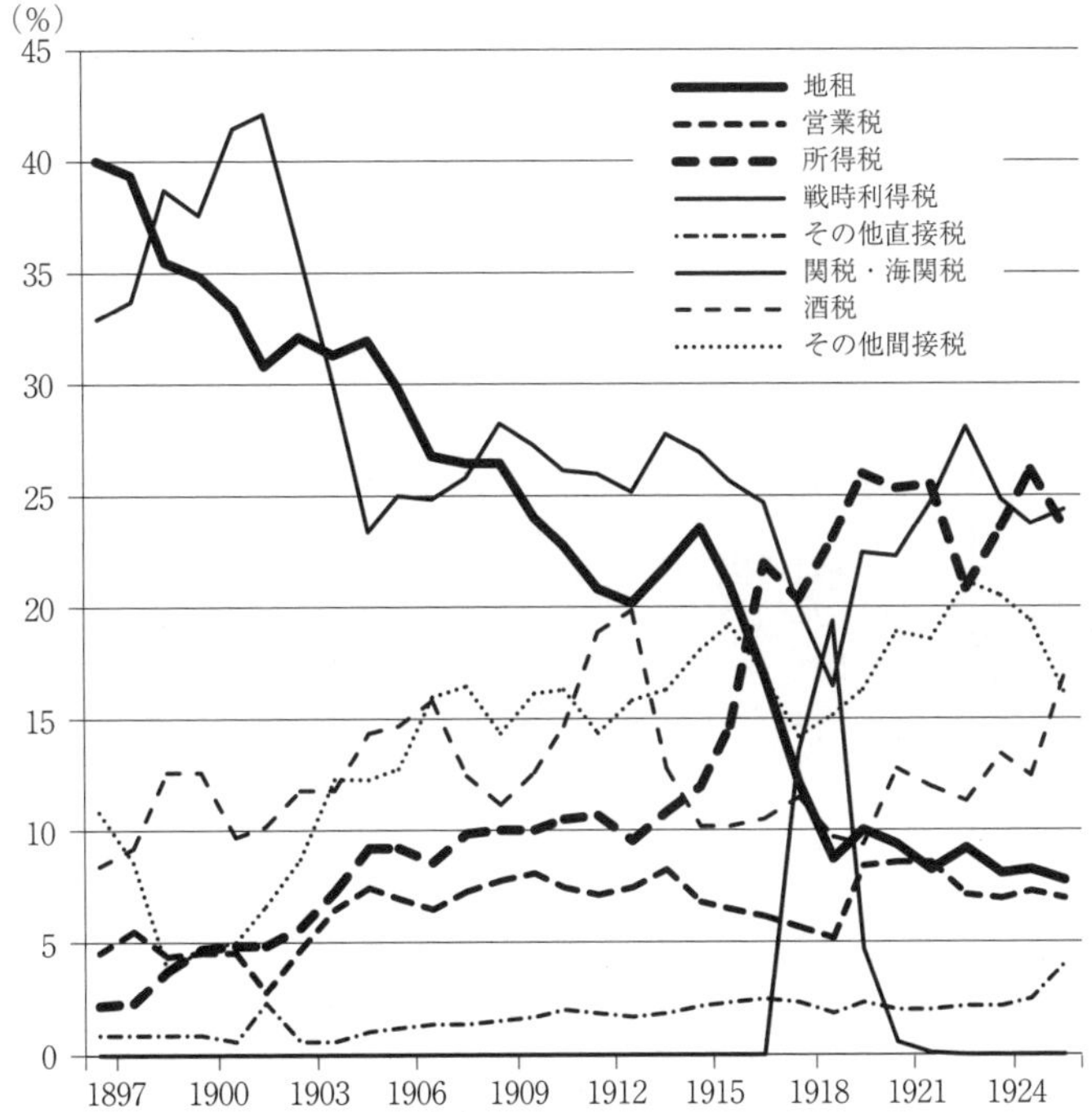

（出所）『大蔵省史』第２巻から作成。

業などでは資本金額、鉄道業では収入額、周旋業、代理業、仲立業、問屋業、信託業では報償金額が課税標準となっていた。

国税収入全体に占める位置をみると、営業税の比率は約一〇%弱に過ぎず、明治時代の地租や大正時代の所得税のように大きくはなかった【図一－一】。

営業税の負担を業種別にみると、物品販売業が業種全体の中では最も税収額が大きく、次いで製造業と銀行業であったが、それ以外の比率は小さかった【表一－二】。

なお、地租については、初期議会を中心に減租運動が高揚し、一九一〇年や一九二二年にも再燃したが、営業税廃税運動のように継続したわけではなかった。また、所得税については、高額所得者や法人への課税が議論になる

【表 1-2】 営業税の業種別負担（1922 年）

	全体	法人	個人	比率(%)
物品販売業	33,407	7,698	25,709	42.1
銀行業	10,401	10,383	17	13.1
保険業	731	731	0	0.9
無尽業	43	41	2	0.1
金銭貸付業	3,744	1,113	2,631	4.7
物品貸付業	81	33	48	0.1
製造業	15,328	11,561	3,767	19.3
運送業	3,140	2,683	456	4.0
倉庫業	533	497	36	0.7
運河業	2	2	0	0.0
桟橋業	0	0	0	0.0
船舶碇繋場業	15	15	0	0.0
貨物陸揚場業	1	1	0	0.0
鉄道業	1,641	1,637	4	2.1
請負業	2,849	660	2,189	3.6
印刷業	263	137	127	0.3
出版業	65	40	25	0.1
写真業	22	2	20	0.0
席貸業	417	8	409	0.5
旅人宿業	432	45	387	0.5
料理店業	1,026	107	918	1.3
周旋業	400	146	254	0.5
代理業	307	193	114	0.4
仲立業	739	222	517	0.9
問屋業	3,654	1,613	2,041	4.6
信託業	55	54	2	0.1
総計額	79,297	39,622	39,674	100.0

（注）単位は千円。
（出所）『大蔵省主税局年報書』より作成。

ことはあったが、大きな増税反対運動が起こることはなかった。

それに対し、商工業者に強い負担感を与えていた営業税については、たびたび廃税運動が起こり、その度に、若干の税率や制度の変更が行なわれたが、最終的に一九二六年の税制整理において収益を課税標準とする営業収益税に代替するまで、運動が継続した。

第二節　先行研究の動向

営業税廃税運動に関する研究には、大きく分類して、①大正デモクラシー期の民衆あるいは階級運動として捉えるもの、②商業会議所を中心とする経済団体の活動の一部として捉えるもの、③日露戦後から大正期にかけて政党政治の中で位置づけるものがある。

一　民衆・階級運動としての営業税廃税運動

営業税廃税運動全体を直接の対象としたものは、江口圭一（一九七六年）の研究が唯一であり、これまでの日本史学における通説的地位を占めてきた。

この研究に先立ち、信夫清三郎（一九五四年）は営業税廃税運動を大正デモクラシー期の民衆運動として捉え[3]、宮本又久（一九五八年）が、明治末期の商業会議所の減税運動が商工業者の政治的覚醒を促し大正政変を導く原動力になったと、大正デモクラシーに果たした役割を評価した[4]。石田雄（一九五六年）や住谷悦治（一九六九年）も、商業会議所の減税運動をブルジョアジー主導の民衆運動として捉えた[5]。

これに対し、江口は、営業税廃税運動を主導したのは商業会議所ではなく、「財界の底辺の組織ともいうべき各地の同業組合を中心とする実業諸組合とその連合会あるいは商工会等」の小資本家・都市小ブルジョアジーであるとした。そして、商業会議所は、「各地域のブルジョアジーの上層によって組織され、支配され、もっぱらブルジョアジーの上層の利害を代表する機関」であり、運動には本質的に消極的であり、むしろ運動の展開を抑止したと結論づけた[6]。

江口の研究以降、営業税廃税運動を直接の対象とした研究は近年まで行なわれていなかったが、江口の研究には、次のような問題がある[7]。

まず、商工業者が営業税に負担感を感じた理由が明確ではない。

江口は、「営業税は累進税率でなく単純な比例税率を採用していたから、一般に、ブルジョアジーの上層になるほど相対的にその負担が軽減され、経営の蒙る打撃が減少し、それだけ営業税に対する不満も減退した。」として、運動の原因を主として営業税が逆進的であることに求めている[8]。その一方で、営業税法の「問題はまさに外形標準主義にあった[9]。」とも指摘している。

そもそも税の逆進性による負担感と外形標準課税による負担感は全く別のものである。税の逆進性による負担感とは、同一額の課税がなされた場合、所得の小さいものの負担感の方が所得の大きいものに比べて大きくなることを意味するが、外形標準課税による負担感は、企業の規模、所得の有無や大小にかかわらず一定額の課税がなされることによるものである。しかし、江口は、営業税廃税の担い手が、逆進性による負担が大きかった小資本家・都市ブルジョアジーと規定しており、両者の概念を混同していると見られる。

また、営業税廃税運動が中小・小規模事業者の負担の問題であったとすれば、なぜ綿糸布業者など大手の商社が積極的に運動に参加したのか、また、商業会議所が大企業の利害を代表していたのであれば、なぜ営業税廃税問題を含め中小事業者の関心が強い政策課題に対して積極的に取り組んだかという理由が説明できない。

その上、江口の分析の暗黙の前提は、多数与党で保守的な政友会は営業税廃税に反対するので、民衆運動が高揚しなければ廃税法案は成立しない、すなわち営業税廃税が実現できないのは、民衆運動が不十分であるからとの立論となっている[10]。

しかし、営業税廃税が財政税制政策の視点から実施可能であったのか、政友会を中心に農村地主の利害を代表する議員が圧倒的多数を占める衆議院や、軍事費の拡大を目指す山県系藩閥勢力の影響力が強かった貴族院において、商工業者の利害だけを実現する廃税法案が多数の支持を得られる可能性があったのかなど、政策上や政治過程からの分析が欠如している。

二　経済団体の活動としての営業税廃税運動

営業税廃税運動を担った利益団体である商業会議所、実業組合連合会などの経済団体がどのような機能をもち、どのような役割を果たしたかという視点からの分析をみると、永田正臣（一九六七年）が、明治期の商業会議所の活動を明らかにする中で、営業税国税化前後の経緯を示している。[11]

また、原朗（一九七五年）や竹内壮一（一九七七年）は、明治末期までは商業会議所は大ブルジョアジーの利害を代表したものの、明治末期には営業税廃税運動に積極的に参加するなど、非特権ブルジョアジーの利害を代表する機関となったが、大正期以降、独占ブルジョアジーの利害を代表する機関は日本工業倶楽部や日本経済連盟会となり、商業会議所は中小企業の利害を代表する団体となったとしている。[12] これらの研究においては、経済団体を階級的な視点から一面的に性格づけているばかりでなく、「非特権ブルジョアジー」という概念の定義が不明確であり、商業会議所がなぜそのように変化したか、という理由の説明もない。

一方、経営史の観点から宮本又郎（一九九三年）は、商業会議所は地域における一定以上の営業税と所得税を納める中小企業会員選挙権が与えられていたため、選挙権者の圧倒的多数は中小企業によって占められ、商業会議所の活動も中小企業の関心に沿ったものにならざるを得なかったと分析している。[13] この分析は、地域性にやや重きをおいているが、商業会議所の構造を踏まえた上で、その性格を明らかにしている。

松浦正孝（二〇〇二年）は、政治史の観点から、経済団体を構成する有力な財界人が政治過程に与える「インフォーマル」な役割を高く評価する一方、営業税廃税運動については、「所期の目的を達成するには至らなかったものの、政府や政党に対してある程度影響を及ぼした」と述べているものの、戦前期日本において、個別の経済利益を代表すると考えられる団体・結社は、欧米と同じように活発な活動を展開したとは言い難いと判断している[14]。

拙著（二〇〇四年[15]）は、明治中期から大正中期において、商業会議所が政策や政治にいかなる影響を与えていたかという実相をできるだけ明らかにしたが、総じていえば、商業会議所をはじめとする経済団体などが、政策や政治にいかなる影響をどのように与えたかという分析は、政治史や経済史、経営史の狭間にあって、実証的にも理論的にも十分な研究がなされてきたとは言い難い。

三　政党政治過程における営業税廃税運動

農村の地主に地租が課税されるのに対峙して、営業税は商工業者に課税されたため、営業税の改廃問題は、大きく農村と都市の利益の対立と、それを反映した政党政治、すなわち農村部を支持基盤とする政友会と、主として都市部や商工業者を支持基盤とする憲政本党・憲政会系[16]による政党政治の展開と密接不可分の関係にあった。

三谷太一郎（一九六七年）やテツオ・ナジタ（一九七四年[17]）は、政友会が明治末期から積極政策を通じて農村の地主の支持基盤を強化させ、衆議院における地位を確保しながら貴族院の山県閥を追い込むことにより政党内閣を実現する過程に政党政治の発展を見たが、三税廃止運動や営業税廃税運動を推進した商工業者を政治勢力として視野に入れてはいない。

松尾尊兊（一九七四年[18]）は、日露戦後の三税廃止運動や営業税廃税運動を広く大正デモクラシーの民衆運動として捉え、宮地正人（一九七三年[19]）も、営業税廃税運動を支持する猶興会や又新会などの「国民主義的対外硬派」の役割を重視した。

坂野潤治（一九七一年）は、日清戦後経営の一環の中で、地租の増徴を回避して営業税の国税化を打ち出したことを契機に、それまで政府の富国強兵政策と地主・農民の民力休養論の対立を軸に展開した政党政治に商工業者が影響力をもち始めたことに注目した上で[20]、三税廃止運動や営業税廃税運動を展開した商業会議所などの商工業者の勢力を、藩閥官僚、政党に加え、日露戦後の政党政治の一翼として位置づけ、その意義と限界を明らかにした（坂野（一九九四年））[21]。

そして坂野は、商工業者の減税運動が日露戦後期の政治に大きな影響を与えた理由について、減税要求を阻んでいるものが、ある時は政友会の積極政策、ある時は陸軍の師団増設や海軍の建艦要求と映り、その都度、野党や言論界、民衆運動がこれらを「集中砲火の的」としたため、「都市減税派の運動は何時でも同病相憐む味方を見出しえたことを意味し、彼らの力を実力の三倍以上に発揮させ」たからであると分析した。

ただし、坂野は、「山県閥と政友会との半恒常的な提携関係は、都市減税運動よりもはるかに巨大な農村の減税運動との永年にわたる対抗の中で、それを体制内に吸収するためにつくられた体制であって、農村の減税運動の消滅以後の都市ブルジョアの減税運動ぐらいは、余裕をもって押え切れる体制だった筈だからである。」と、その政治的影響力の限界も指摘している。[22]

しかし、日露戦後から大正末期までを連続的に捉え、営業税廃税に象徴される「都市の利益欲求」が、積極政策に象徴される「農村の利益欲求」との相剋を反映する政党政治の中で、どのように満たされていったかという視点からみると、いくつかの疑問が浮かび上がる。

まず、坂野のいう「一九〇〇年体制[23]」においても、政友会が積極政策を推進したからといっても決して減租運動が構造的に消滅していた訳ではなかった。

一八九八年に山県内閣が五年を限り地租増徴を実現したが、この増徴の延長を一九〇三年に否決して地租減税を実現させたのは原敬を中心とする政友会であった。さらに一九一〇年や一九二二年に営業税廃減税の動きが起こると大きな地租減税運動が誘発されている。

一九一〇年の地租軽減運動を原敬が抑えようとしたことは、地租の減税を抑えることにより積極政策の財源を確保すると同時に、軍部の求める軍事費の確保も可能にさせたという点で、政友会と官僚閥との妥協構造としての「一九〇〇年体制」が健在であった証左であったといえよう。

しかし、一九二二年の営業税廃税運動に刺激されて地租軽減運動が顕在化すると、ワシントン軍縮による財政的余裕が生じた中で、加藤友三郎内閣は地租の減税を実施しようとしたが、農村を支持基盤とするはずの政友会の幹部はこれを否定する一方で営業税の減税を支持した。この時、商工業者を支持基盤としているはずの憲政会系は、一九一四年当時のように営業税廃税を支持せずに、地租軽減を支持した。

このように、政友会が商工業者の減税に積極的であり、地租の減税には消極的であったこと、憲政会系が大隈内閣以降、営業税廃税に消極的になる一方で地租軽減には積極的になったことを、「一九〇〇年体制」の構造論だけから十分に説明することはできない。

原没後の政党政治は、第一次大戦頃からの都市化や産業化の急速な進展の中で、「都市の利益欲求」と「農村の利益欲求」という業種・地域の対立、労働運動や小作争議の高まりという階級的な対立が、営業税廃税運動や地租軽減運動を契機にして顕在化し、憲政会系による普通選挙の実現と、政友会による地租委譲問題が政治の軸として動いていった。

しかし、これまでの大正期の政党政治の研究では、このような視点から、減税問題が政党政治に与えた影響や普通選挙法の成立過程についての分析は行なわれていない[24]。

第三節　分析の視角

本稿は、これまでの先行研究の成果と限界を踏まえつつ、営業税の廃税という制度変革の要求が実現するまでの過程を対象として、経済的問題がどのような政治過程を通じて解決されるかという動態と、その背景にある政治経済構造を明らかにすることを目的とする。

【図 1-2】　分析の視角

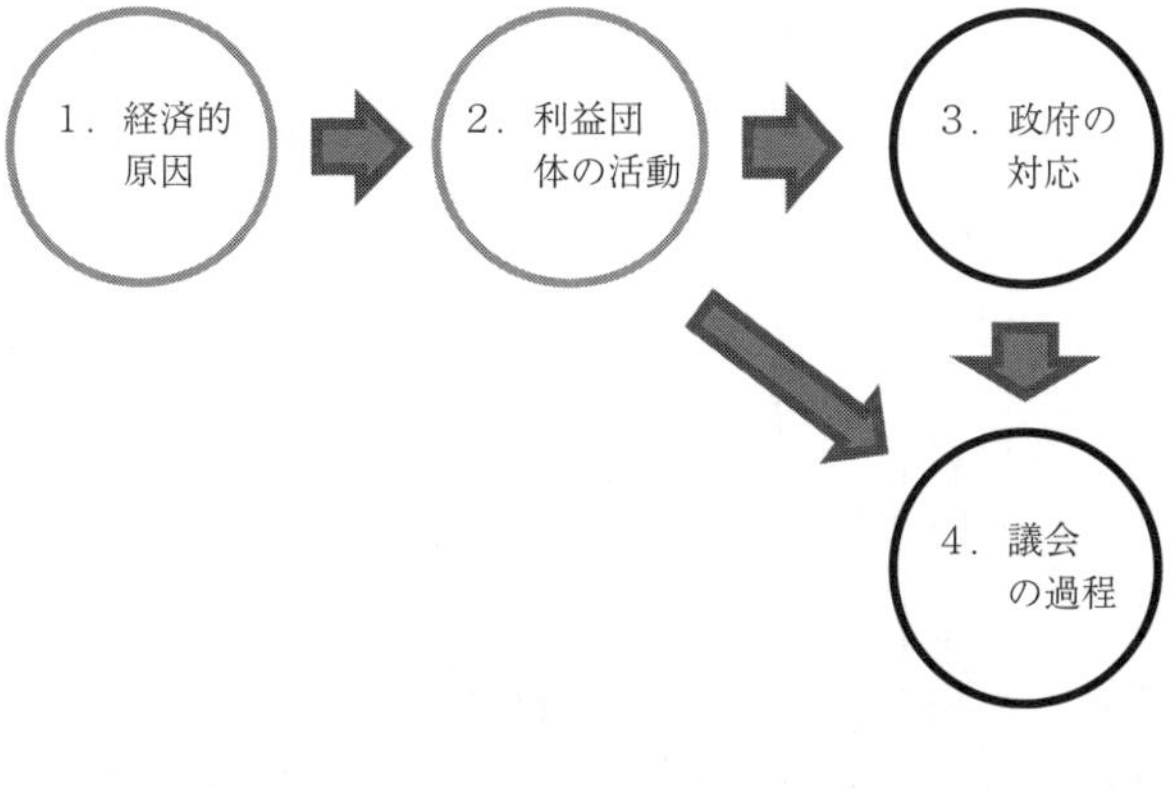

営業税廃税運動は、経済主体が、制度変革を求め、これを商業会議所などの利益団体を通じて、政府や政党に訴えて実現を求めていく過程であった。

そこで本稿では、初めに、営業税廃税運動が高揚した時期に焦点を当て、それぞれの時期の政治経済過程を分析する。第二章では一八九七年の国税化と営業税反対運動の高揚、その収束過程、第三章では日露戦後の非常特別税に対する三税反対運動が営業税減税に帰着した過程、第四章では一九一四年の営業税廃税運動により廃税は実現しなかったが営業税の三割減が実現した過程、第五章ではワシントン海軍軍縮条約締結を契機とした一九二二年の営業税廃税運動により営業税の減税と課税方法の変更が実現した過程、第六章では一九二六年度の税制整理で営業税が廃税され営業収益税が成立した過程を明らかにする。

その上で、第七章において、このような政治と経済にまたがる全体の構造を次のような四段階に分けて、営業税廃税運動の動態と、その背後にある制度や政治経済構造を分析する【図一―二】。

一　営業税廃税問題は、どのような経済主体に、どのような原因で生じたか（経済的原因）。

二　問題を受けた経済主体の利害を代表する利益団体がどのように政府や議会に働きかけを行なったか（利益団体の動態）。

三　利益団体からの要求を受けた政策当局がどのように対応したか（政策上の対応）。

四　議会はどのような政党政治の過程を経て制度の改変を決定したか（政治過程）。

さらに、第八章の補論においては、営業税廃税運動の分析の延長線上の課題として、制限選挙制度の下では選挙権が地租、所得税と営業税という直接国税の納税額によって与えられていた点に注目し、税と選挙権の関係の視点を中心に、普通選挙制度の成立過程を再検討する。

第四節　主要な論点と結論の概要

このような方法に基づいて営業税廃税運動を分析した結果、本稿では「階級」ではなく制度の対象となる「業種」の負担感が中心となって展開されていたこと、利益団体は支持母体である経済主体の利害を反映して求心力をもち、政府や議会に対して自律的な働きかけを実施していたこと、明治後期には政策当局の事務方が政策の企画立案と実施において実質的な影響力をもち始めていたこと、政党は支持基盤の要求に応えようとするが、制限選挙制度の下では支持基盤の求める減税政策を単純には実現できなかったことなどを明らかにした。

本稿で分析した論点は多岐にわたるので、予め先取りして主要な問題意識と分析の結論の概要を示しておきたい。

一　営業税廃税運動の原動力

本稿では、営業税が業種別に課税標準を設けていたことに注目し、商工業者が営業税のどのような点に問題があると認識していたのか、このため、どのような経済主体が廃税運動の担い手になったのかという、廃税運動の原動力を分析した。

その結果、営業税の負担感は利益の有無にかかわらず課税される外形標準課税によることに起因するものであり、中でも「売上」を課税標準としていた物品販売業者が最も負担感を感じていたこと、大手の繊維商社が廃税運動に中心的な役割を果たしていたことが示すように、営業税廃税運動の原動力が「小資本家・都市小ブルジョアジー」という、企業規模による「階級」の問題ではなく、課税方式による「業種」の負担感の問題であったことを明らかにした。

二　利益団体の動態

本稿では、営業税廃税運動を推進した全国商業会議所連合会や東京実業組合連合会、大阪を中心として発足した大日本実業組合連合会、日本綿糸布商連合会などの利益団体が、どのような利害をもって運動を展開したのかについて、各団体の構成員とその利害の観点から分析した。

その結果、営業税廃税運動に積極的に参加していた、商業会議所、実業組合連合会、大日本実業組合連合会及び日本綿糸布商連合会の主たる構成員は、唯一課税標準に「売上」が含まれて外形標準課税による誅求感を最も強く感じた物品販売業者が中心であったこと、各団体は、営業税の廃止を求める点では一致し、相互に連携しな物品販売業者の営業税課税標準は「売上」が中心であるが、紡績業などの製造業の営業税課税標準は「資本金額」が中心であったため負担感が少なく、外形標準課税が収益課税に変更されると、製造業には増税になる恐れもあった。このため、物品販売業者だけを構成員とする日本綿糸布商連合会は収益税化に賛成したのに対して、紡績業者と綿糸布業者の両方を構成員とする大日本実業組合連合会は収益税化に反対したこと、さらに、製造業者の団体である日本工業倶楽部は、営業税廃税や収益税化には関心が乏しかったことを示した。

以上の点から「小資本家・都市小ブルジョアジー」を代表する「同業組合を中心とする実業諸組合とその連合会あるいは商工会等」とが廃税運動に積極的であったのに対して、ブルジョアジーを代表した商業会議所や工業倶楽部などは消極的であったという「階級」の対立による定式化は誤りであることを明らかにした。

さらに、利益団体の活動状況を一次資料から具体的に明らかにすることにより、明治から大正期にかけて、経済団体は、経済主体と政治の間にあって自律的に政策や政治情勢を分析し、構成員で作業を分担しながら、政府や政党、世論への働きかけを行なったり、目的を共有する団体と連携を行なったりするなど、「米国的」（いわゆる「ロビイング型」）に近い運動をしていたことを示した。[25]

三　政策当局の対応

本稿では、営業税などの税制制度の変更が、歳入の確保、税の公平性などの観点から政策的に可能であったのか、政策当局者である大蔵官僚がどのような役割を果たしていたかという点について分析した。

その結果、日露戦後の危機的財政状況の下で、水町袈裟六などの大蔵官僚が[26]、一九〇九年度の予算編成に向けて、軍事費等の事業の繰延、増税の実施、非募債、金融関係者との関係強化、民間の貯蓄増強、徴税の強化などの政策パッケージを打ち出し、井上馨や桂太郎などの元老を説得して調整に当たっていたことなどを明らかにした。こうして、明治後期には財政や税制、金融など、専門性をもった大蔵省の事務方が政策の企画立案のみならず、政治過程に対しても一定の影響力をもち始めていたことを示唆した。

四　政党政治の過程——「制限選挙制度下の減税のパラドックス」

産業が発展し都市化が進めばその利害を代表する議員が増え、税収の一割にも満たない営業税の廃減税を行なうことは決して難しいことではないと考えられるが、本稿では、現実にはそのように予定調和的には進まなかったのはなぜか、という視点から営業税廃税問題をめぐる政党政治の過程を分析した。

その結果、まず、明治から大正期にかけて、都市部や商工業の就業者数は増加したにもかかわらず、全有権者に占める農村地主の比率は、営業税や所得税の減税、衆議院議員選挙権の最低納税要件額の引下げなどの税制や税率、選挙制度の改正によって、ほぼ一貫して商工業者の比率よりも高く推移していたことを明らかにした。

次に、政党の行動についてみると、都市の商工業者を主たる支持基盤とする憲政本党・憲政会系は、明治末期から大正初期にかけて三悪税廃止や営業税廃税など都市の商工業者の利益を積極的に代表して行動したが、一九一四年に営業税の三割減が実現した後は、営業税廃税には慎重になる一方、地租の減税を積極的に支持したこと、それに対し、農村地主を支持基盤とするはずの政友会は地租の減税は一貫して否定しつつ、営業税減税を実現したことを明らかにした。

このような政党の行動を明らかにするため、本稿では、制限選挙制度下では、政党が自らの支持基盤の求める減税を行なうと、その政党を支持する有権者が失権して支持基盤の有権者を損なうという現象が起こることに注目し、これを「減税のパラドックス」と定義した[27]。

そして、憲政本党・憲政会系は、三税廃止運動や営業税廃税運動を積極的に推進したが、一九一四年に営業税の三割減税が実現した結果、「減税のパラドックス」により自らの支持基盤である営業税有権者の約三五%が失権し、自らの支持基盤の有権者を失う結果になったため、大隈内閣がこの営業税減税による営業税有権者の失権を一九一五年の総選挙に限り凍結するとともに、その後の憲政会系は、営業税廃税に消極的になったことを示した。

これに対して、政友会の原敬は、①積極政策により地方に利益誘導して農村地主(地方名望家)の支持を固めた上で、②制限選挙制度下の「減税のパラドックス」を巧みに活用しつつ、地租の減税を回避する一方で営業税や所得税の減税を実施したり、衆議院議員選挙権の最低納税要件額を一〇円から三円に引き下げたりすることにより、有権者数全体の中での地租有権者数の比率の維持・上昇を図るとともに、③小選挙区制の導入により多数党の優位を確保することを通じて、農村地主からの強固な支持を「てこ」として衆議院の多数を確保する戦略をとっていた可能性が高いことを示した。

五　普通選挙制度の成立過程再考——税と選挙権の関係からのアプローチ

本稿では、制限選挙制度では税と選挙権が直結していたことに注目し、農村地主という地域的にも財産上も偏った有権者と、それを基盤とする政友会が衆議院において過剰に代表性をもつことになったことが、大正期に進展した都市化や社会階層の分化に対応するための政治の枠組みとしては限界となったという視点から、普通選挙制度の成立過程を再考した。

その結果、①都市部の代表性拡大の検討が行なわれたり、都市部を中心にして普通選挙運動が高揚したにもかかわらず、税制改正や原内閣による最低納税要件額引下げと小選挙区制の導入などにより、逆に農村地主の代表性が強化され、政友会の支配体制の強化に帰結したこと、②そのような政友会の支配体制が、農村部において選挙権を有さない農民による小作騒動などから揺らぎ始め、政友会自らが普通選挙を前提とする地租委譲を打ち出すに至ったこと、③政友会が党勢維持のため普通選挙制度に抵抗する中で、社会問題に対応する等のため普通選挙の実施を急いだ官僚勢力が普通選挙制度の具体化に向けて主導権を握ったことを明らかにした。その上で政友会と民政党の二大政党制に移行した基底には、制限選挙制度から普通選挙制度へと選挙制度が変化したことがあったことを示唆した。

第五節　関連研究・発表

本稿は、主として著者が既に発表した次の著作及び論文や発表を基にして二〇一二年に、早稲田大学大学院社会科学研究科博士後期課程に提出した学術論文と、それに若干の加筆をした、石井裕晶『戦前期日本における制度変革――営業税廃税運動の政治経済過程』（早稲田大学モノグラフ七二、早稲田大学出版部、二〇一二年）に加筆・修正したものである。

第二章
石井裕晶『中野武営と商業会議所――もうひとつの近代日本政治経済史』ミュージアム図書、二〇〇四年五月、第四章。

第三章
『中野武営と商業会議所――もうひとつの近代日本政治経済史』第六章及び第七章。
石井裕晶「明治大正の実業家の政治経済思想――中野武営を中心にして」日本経済思想史研究会二〇〇八年

度第三回例会（二〇〇八年一二月一三日）における発表（『日本経済思想史研究』第一〇号、二〇一〇年六月に要約が掲載）。

第四章
石井裕晶「中野武営と国民的外交の推進」『ミニシンポジウム　渡米実業団一〇〇周年――渋沢栄一と民間経済外交　講演集』渋沢史料館、二〇一一年三月三一日。

第五章
『中野武営と商業会議所――もうひとつの近代日本政治経済史』第一〇章。
石井裕晶「一九二二年の営業税廃税運動の政治経済過程」『社会経済史学』第七六巻第一号、社会経済史学会、二〇一〇年五月。

第六章
石井裕晶「大正末期の営業税廃税過程」『日本歴史』第七四八号、二〇一〇年九月、吉川弘文館。

第七章
石井裕晶「一九二二年の営業税廃税運動の政治経済過程」『社会経済史学』第七六巻第一号、社会経済史学会、二〇一〇年五月。
石井裕晶『戦前期日本における制度変革――営業税廃税運動の政治経済過程』早稲田大学出版部、二〇一二年一一月、第七章。

注

1　小宮隆太郎「序章」小宮隆太郎・奥野正寛・鈴村興太郎編『日本の産業政策』東京大学出版会、一九八四年、一―二二頁。米倉誠一郎「業界団体の機能」岡崎哲二・奥野正寛編『現代日本経済システムの源流』日本経済新聞社、一九九三年、一八三―一八八頁。

2　営業税反対運動（一八九七年）、営業税減税運動（一九一〇年）、営業税廃税運動（一九一四年、一九二二年）と、時期によって、廃税運動か減税運動かは異なるが、本稿ではこれらの運動を総称して「営業税廃税運動」と呼ぶこととする。

3　信夫清三郎『大正デモクラシー史』日本評論社、一九五四年。

4　宮本又久「明治政治史と商業会議所」『岡山大学法文学部学術紀要』一〇、一九五八年。

5　石田雄『近代日本政治構造の研究』未来社、一九五六年。住谷悦治「大正デモクラシーの思想」『講座・日本社会思想史 二』芳賀書店、一九六九年。宮地正人『日露戦後政治史の研究』東京大学出版会、一九七三年。松尾尊兊『大正デモクラシー』岩波書店、一九七四年。

6　江口圭一『都市小ブルジョア運動史の研究』未来社、一九七六年。

7　江口前掲『都市小ブルジョア』一六二―一六四頁。同書のうち、営業税廃税運動に関連する論文は、江口圭一「一九二二年の営業税廃税運動」『国史論集（二）』一九五九年、江口圭一「一九一四年の営業税廃税運動」井上清編『大正期の政治と社会』（岩波書店、一九六九年）、江口圭一「一八九七年の営業税反対運動」『赤松俊秀教授退官記念国史論集』一九七二年、をそれぞれ原典としている。

なお、江口論文について、塩田咲子は、「都市小ブルジョアジー」の概念は明確ではないと批判している（塩田咲子「江口圭一著『都市小ブルジョア運動史の研究』」『日本史研究』第二〇〇号、一九七九年四月）。また、堀田慎一郎は、『都市小ブルジョアジー』は新聞情報が中心で「一次資料がほとんど使われていないという点は、現在の研究水準からすれば物足りない部分も否定できない。」と批判している（堀田慎一郎「江口圭一氏の歴史学研究とその位置」『歴史の理論と教育』第一一九・一二〇合併号。名古屋歴史科学研究会、二〇〇五年四月二〇日）。

8　江口前掲『都市小ブルジョア』一〇五―一〇六頁。

9　江口前掲『都市小ブルジョア』二八頁。

10 江口前掲『都市小ブルジョア』二一七、三〇三頁。
11 永田正臣『明治期経済団体の研究』日刊労働通信社、一九六七年。
12 竹内壮一「独占ブルジョアジー」『近代日本経済史を学ぶ』有斐閣、一九七七年。原朗「財界」『近代日本研究入門』東京大学出版会、一九七七年。坂本悠一「「日露戦後経営」と生産調査会」後藤靖編『日本帝国主義の経済政策』柏書房、一九九一年。
13 宮本又郎「戦前日本における財界団体の展開」猪木武徳・高木保興編『アジアの経済発展――ASEAN・NIEs・日本』同文館出版、一九九三年。
14 松浦正孝『財界の政治経済史――井上準之助・郷誠之助・池田成彬の時代』東京大学出版会、二〇〇二年、一九―二〇頁。
15 石井裕晶『中野武営と商業会議所――もうひとつの近代日本政治経済史』ミュージアム図書、二〇〇四年。
16 本稿では、基本的に政友会に対抗する政党であって商工業者への課税への対応という観点から、憲政会の発足時期を分岐点として、「憲政本党系」とは、憲政本党、国民党、猶興会、又新会、中正会、戊申倶楽部、同志会と定義し、「憲政会系」とは憲政会、国民党、革新倶楽部と定義する。そして、「憲政本党・憲政会系」とは、両者を総称するものとする。
17 三谷太一郎『日本政党政治の形成』東京大学出版会、一九六七年。テツオ・ナジタ『原敬――政治技術の巨匠』読売新聞社、一九七四年。
18 松尾尊兊『大正デモクラシー』岩波書店、一九七四年。
19 宮地正人『日露戦後政治史の研究』東京大学出版会、一九七三年。
20 坂野潤治『明治憲法体制の確立』東京大学出版会、一九七一年。
21 坂野潤治『大正政変――一九〇〇年体制の崩壊』ミネルヴァ書房、一九九四年。
22 坂野前掲『大正政変』六―七頁、一二頁。
23 坂野前掲『大正政変』八頁。
24 宮崎隆次「大正デモクラシー期の農村と政党」(一)―(三)『国家学会雑誌』第九三巻第七―八号、第九―一〇号、第一一―一二号、一九八〇年。伊藤之雄『大正デモクラシーと政党政治』山川出版社、一九八七年。村井良太

『政党内閣制の成立　一九一八年〜二七年』有斐閣、二〇〇五年。奈良岡聰智『加藤高明と政党政治――二大政党制への道』山川出版社、二〇〇六年。

25　三権分立の徹底した米国では、利益団体は自らの利害を政策に反映させるため、①政府の担当者、議員や政党に直接働きかけを行なうこと（direct lobbying）、②利害を共有する団体と連携を行なうこと（coalition）、③多くの選挙区民が地元で議員に働きかけを行なうこと（grass roots）、④報道を通じて世論を喚起すること（communication）、⑤政党や政治家に献金を行なうこと（campaign support）などの手法を用いて、政府や政党、議員に働きかけを行なう「ロビイング型」の政治経済システムが定着している（Congressional Quarterly Inc., *The Washington Lobby*, Fifth Edition, 1987, U.S.A., Ronald J. Hrebenar, *Interest Group Politics in America*, Third Edition, 1997, NY, U.S.A.）。

26　本稿で「大蔵官僚」とは、「藩閥官僚」という場合の薩長閥の人脈を意味するものではなく、大蔵省事務方の幹部を意味する。

27　石井裕晶「一九二二年の営業税廃税運動の政治経済過程」（『社会経済史学』第七六巻第一号、二〇一〇年五月）において、一九二二年末の地租減税運動を分析し「一定以上の国税納税者に選挙権を与えていた制限選挙制度の下では、政党がその支持基盤の有権者に減税すれば自党支持の有権者数が減少するという「逆説」が、各党の素直な政策の実施を制約していた。」と、「減税のパラドックス」の概念を発表し、制限選挙制度下における増減税が政党の行動に影響した可能性を初めて明らかにした。

第二章

営業税の国税化と反対運動（一八九〇年―一八九九年）

廃税運動の起源

本章では、明治初期以来、地方税であった営業税が一八九六年に国税となるまでの経緯と、営業税の国税化が決定された後の商工業者の反対運動に対する政府と議会の対応を明らかにする。

営業税の国税化については、牛米努（一九九五年）が、帝国議会開設前後の地租軽減運動との関係に注目しつつ、営業税創設の経緯や税務管理局制度の成立との関係を実証的に分析し、堀口和哉（一九九九年）が、営業税創設が直接税制度の発展に果たした役割を研究している[1]。また、江口圭一（一九七六年）は営業税が国税化された後の反対運動について分析を行なった上で、大都市と地方の商業会議所に参加する事業者の規模の差異があると仮定して、小資本家、都市小ブルジョアジーの多い地方の商業会議所の方が活発に反対運動を展開したなどの結論を出している[2]。

本章では、『松方家文書』、『松尾家文書』、『目賀田家文書』や、商業会議所関連の一次史料などを踏まえながら、先行研究による営業税の国税化の過程を再検証するとともに、営業税の国税化がなされた時、議会では党派を超えてほとんど反対がなかったにもかかわらず、なぜ商工業者が国税化の後で反対運動を起こしたのか、大都市と地方の商業会議所の立場に階級の立場を反映したような差があったのか、営業税の課税標準を変更するための法案については党派を超えて支持があったのになぜそれが実現できなかったのか、営業税の国税化直後は反対運動があったがそれが鎮静化したのはなぜか、という論点を中心にして、この時期の政治経済過程を明らかにする。

第一節　営業税の国税化

一　営業税国税化の検討

明治政府は、地租改正により財政的基礎を一応確立したが、江戸時代以来の商工業者に対する課税を地方税の中に位置づけた後、これを国税として組み込むように様々な検討を行なった。

当初政府は、江戸時代から各藩が分一、冥加、運上と呼ばれる課税を商工業者に行なっていたものを雑税として賦課徴収することを認めた。しかし、一八七五年に太政官は布告第二十三号により、全国で賦課されていた雑税の一、五五三種を廃止する一方、地方において収税しなければ営業の取締ができないものについては地方に移管することとした[3]。続いて、同年布告第百四十号により、旧来からの租税賦課金を国税と地方税に分け、賦金の名義で地方において収入するものと、雑税であってその地方の費用に供するものを府県税とした上で、一八七八年の布告第三十九号により、営業税と雑種税と戸数割の三種類のみ、地租の五分の一以内の徴収を認め、次のとおり営業税と雑種税の種類と制限を定めた[4]。

一　営業税ヲ分ツテ三種類トス、第一類ハ金十五円以内、第二類ハ金十円以内、第三類ハ金五円以内ナリ、其ノ目左ノ如シ、但シ国税アルモノヲ除ク

第一類　諸会社及諸卸売商

第二類　諸仲買商

第三類　諸小売商及雑商

二　雑種税ハ其ノ種類ニ依リ各個ニ税額ヲ定ム
イ　料理屋、待合茶屋、遊船宿、芝居茶屋、人寄席、　一ヶ年金十二円以内
ロ　質屋、両替屋（両替店共）、廻漕店、　一ヶ年金十五円以内
ハ　古着、古金、古道具、旅籠屋、諸飲食店、　一ヶ年十円以内
（以下略）

続いて、一八八一年に営業税の三種類の区別を廃止し全て一ヶ年一五円以内とし、雑種税に製造所（一ヶ所一五円）を加え、一八八二年の布告第三号により、次のように工業も課税対象とした。[5]

一　営業税ヲ課スベキ種類ヲ左ノ通リ改ム　　商業、工業
二　雑種税ヲ課スベキ種類ヲ左ノ通リ改ム　　料理屋、待合茶屋、遊船宿、芝居茶屋、飲食ノ類（以下略）
三　税額ノ制限ヲ廃シ、府県知事ハ其ノ賦課スヘキ各業ノ盛衰ヲ観察シ、府県会ノ決議ヲ以テ税額ヲ査定ス

さらに、大蔵省は「地方税中商業税改正私案」を起草し、「第一　商業収入金、第二　商業人家屋土蔵建物等ノ価格、第三　商業人仕役雇人丁年以上ノ男子ヲ目安トシ税標ヲ定ム」とする「商業税」の検討を行なったが実現はしていない。[6]

このように営業税が地方税としての地位を確立する一方で、政府は、営業税を国税として税収を確保することを検討し始めた。富国強兵、殖産興業のための歳出に見合う歳入を確保しなければならないが、地租の軽減要求が高まり、地租以外の安定的な税源を探す必要があったからである。

政府が営業税を国税とすべきとしたのは、地方税としての営業税は、各地方区々として負担の軽重が不均であること、商工業者は巨額の税金を負担しているにもかかわらず府県税であるために国に対する公権利を享受しておらず、「課税ノ本則ニ背反スルモノ」という理由からであった。その上で、地租を軽減し、国税は地租、営業税、所得税等の直接税と間接税、府県費は直接国税の付加税や特別税にすべきであるとした。[7]

帝国議会開会前、大蔵省はこのように営業税の国税化を検討し、一八八九年からの実施を前提とした「営業税則案」を起草した。[8]

この営業税則案では、郡区長から営業税券を受け取らなければ営業ができないこととし、業種ごとに課税標準と税率を定めた。例えば、物品販売では、従業者一人について四二銭、建物の敷地は等級に応じて五坪ごとに税額が比例して加算されることとした。物品販売業の課税標準は、従業者及び建物としたが、後のように売上を課税標準とすることはなかった。

営業税則案で注目すべきは、各市町村長役場管轄内で営業者三〇名毎に一名の割合で町村選挙人を互選して調査委員の選挙を行ない、その調査委員会が各営業者の税額を定め、「調査委員会又ハ常置委員会各営業者ノ納税調査ニ関シ必要アルトキハ其営業者ヲ召喚シテ推問ヲ為スコトヲ得」との規定を設け、必要に応じて納税者を調査することができるとしていたことである。その上、税額が不当とするときは府県知事に更正を請願することができ、処分が不当であるとする場合には大蔵大臣に請願することを認めるという適正手続きを設けた。一八九六年に成立した営業税法では、調査委員会の委員は政府の任命とされ政府の裁量で決定がなされたため、納税者から公平性に欠けるとの不満が高く、一九一四年になって初めて公選の調査委員の制度が設けられたことからすれば、進んだ制度を構想していたといえよう。

しかし、この当時法制局長官であった井上毅は営業税の国税化に強く反対した。[9] その理由は、「今日ハ専制政治ヨリ立憲政体ニ更遷スルノ秋ニシテ邦家未曽有ノ大改革ニ遭遇スルノ時ナレハナリ（中略）民心激昂シ政治上ノ熱度非常ニ上昇スルヲ例トス」として、政権がまだ不安定な時期に、営業者の負担が増加すれば「民間営利ノ事業ニ一大波瀾ヲオコスヘキ」と、経済界が混乱する恐れがあるというものであった。そして、その後の営業税の将来を占うかのように、「営業税ハ各種ノ租税ニ随伴スル百失ヲ併伴スルモノナリ　是小官ノ私事ニアラス各国ノ営業実務家ノ挙ケテ是認スル所ナリ」として、「各国ハ其税法ノ年々ニ発達スルニモ拘ハラス営業税ハ独リ旧態ニ止マリ或ハ全ク是ヲ廃シ或ハ是ヲ地方自治体ニ譲与スル所以ノモノハ即チ営業税ハ国税トスルニ最モ不適当ノモノタレハナリ」と、諸外国では営業税は廃止あるいは地方委譲する傾向があると分析した上で、営業税は地方税として残しておくべきと主張していた。

結局、営業税則案による営業税の導入は実現されなかったが、政府は引き続き営業税の国税化の検討を続けた。新聞には、一八九〇年七月の第一回帝国議会選挙を控え、選挙人と被選挙人の要件である直接国税である地租と所得税を納める実業家が少ないので、実業家になるべく広く参政権を与えるとともに国庫の収入を増やすことを目的として、政府は営業税の国税化を検討していると伝えられている。[10] さらに、各自治体によって賦課徴収方法が異なり、営業の性質も異なるので、各営業者にどのような率で賦課するのか、比例税とするのか累進税とするのか、所得税との重課の問題をどうするか、複数の種類の商品を販売する萬屋に対する課税をどうするか、地方税収の減少に対して付加税として何を与えるべきかなどの論点で腐心していることも伝えられている。[11]

一八九〇年七月、大蔵省は営業税法案を起草し「営業税法制定ノ議」を閣議に提出した。[12] 主たる提案理由は、次のとおり、商工業者に衆議院の選挙権を与えることと、これまで地方税で不均一であったものを全国均一の税率にすることであった。[13]

商工業者ハ実際巨額ノ税金ヲ負担シ居ルモ其地方税タルノ故ヲ以テ国ニ対スル権利ヲ完フスルコト能ハサラシムル者ハ蓋シ税法ノ原理ニ背戻スル者ト謂ハサルヲ得ス　故ニ自今之ヲ国税費目ニ移シ入レ全国衡平ノ税率ヲ定メ各商工業者ヲシテ普ネク国費分担ノ義務ヲ負ハシメ且ツ之ニ対スル権利ヲ保有セシメント欲シ（中略）閣議ニ提出ス

この営業税法案では、従来の地方税であった営業税と雑種税を廃止して国税に新たに商工業者に賦課する営業税を設け、菓子税や牛馬売買免許税を廃止して普通の商工業者と同じく営業税を課税することとし、府県には、地租付加税、営業税付加税、所得税付加税、戸数割若しくは家屋税、特別税（船税、車税、漁業税、採藻税）を、市町村には地租付加税、営業税付加税、所得税付加税、戸数割若しくは家屋税、夫役という税源を与えるという内容であった。これにより、「国税　府県税　市町村税ノ種目ハ簡ニシテ備ハリ賦課ノ煩労自ラ省ケ地方経済ノ利便モ亦タ開ラケ而シテ各自国民タル権利ヲ完スルヲ得ヘキハ疑ナカラム」との効果を期待した。

「営業税法案」の骨子は、「営業税則案」と基本的には大きな相違はなかった。営業税を国税としても徴収する額は従来の地方税の半額で、府県税及び市町村の付加税が同額となるようにして、全体として負担は変わらないようにするものとした。

この時も、土地と従業員という複数の課税標準としたが、物品販売業では、扱う商品や土地の等級により税率を調整することとし、売上は課税標準に含めなかった。

二　国税営業税の成立

政府は営業税法案を準備していたが、初期議会では政費節減と地租軽減が争点となり、政府が営業税法案を議会に提出することはなかった。営業税についての議論が再燃したのは、日清戦後経営のための財源確保の検討の中からであった。

一八九五年八月、松方正義は日清戦後経営に関する「財政意見」を伊藤総理に提出し、明治天皇に奏上した[14]。この中で、松方は、「日清交渉ノ結果我国威大ニ宣揚シ宇内各国ノ嫉妬心ヲ増シタルヘカラス　朝鮮独立ヲ将来永遠ニ保持スルノ兵力ナカルヘカラス新領地ノ防衛ニ充ツルノ兵力ナカルヘカラス（中略）サイベリア大鉄道ノ成ルハ正ニ五カ年ノ内ニアルナリ　我国軍備ノ拡張ハ実ニ一日モ緩ニスヘカラス」との認識から、軍備増強その他の使途のために不足する財源を確保する必要があるとしたが、「地租ハ課税上最モ容易ナリト雖モ農民ノ負擔ヲ重クスルハ国家経済上得策ニアラス　況ンヤ我国農民ノ負擔ハ既ニ偏重ニシテ維新以来常ニ地租軽減ノ政策ヲ取リタルヲヤ」と、地租を増徴することを否定し、営業税の国税化、酒造税の増徴、葉煙草専売を実施すべきことを提言した。

この提言では、営業税を国税化することの利点について、①各地税率を異にして弊害が大きいので国税に改め、税率を平等、適度にすると一年で七五〇万円以上の収入を得ることができること、②税率不平均のため経済の発達を妨害するようなことがなくなること、③営業税が直接国税の一つとなることにより、衆議院議員選挙被選挙人が土地所有者のみに偏傾する弊害を救治することができることを指摘している。さらに、仮に国税化によって地方税収が不足する場合には、国税の中の車税、船税、菓子税、牛馬売買免許税を全廃して地方税に相当の方法を設けるとともに、国税付加割に修正を加えれば十分余りがあるとして、一八九六年一月一日からの実

【表 2-1】 営業税（地方税）の課税標準

府県名	売上高 1万円以上(円)	売上高 1,000円以上(円)	摘　要
東　京	22.0	3.0	家屋の構造坪数及び地位の等級
神奈川	54.0	8.6	売上高
埼　玉			売上高
千　葉			利益を標準として年税を町村に課す
茨　城			市町村に等級を立て，1戸税の等差を定める
栃　木	30.0，12.0	3.0，1.2	売上高
群　馬	15.0	1.5	売上高
長　野			
山　梨			
静　岡			市町村の等級に従い年税1戸5円80銭から18等1円30銭
愛　知			
三　重			商業1戸に付き4円30銭，工業は1人に付き95銭から26銭
岐　阜			市町村に等級を立て，1戸年3円50銭から60銭
滋　賀			市町村に等級を立て，1戸年3円から40銭
福　井			税区を分け，1等区は平均3円66銭としそれ以下次第に各区に分担させる
石　川			1円80銭とし，以下は15等30銭に至るよう税区を配分
富　山			市町村の等級を立て年税3円50銭から70銭に至る
新　潟			地位の等級により個数を算出することを主とする
福　島			卸商は助業者なきもの年税3円20銭，独りの助業者あるもの4円80銭，それ以上の助業者の数により差あり
宮　城	100.0	1.0	売上高
山　形			
秋　田			3年の平均収入を以て市町村に賦課する
岩　手			商業に等級を定め1戸の課額を算出する
青　森	150.0，20.0	15.0，2.0	収入高により商業の種類に従って軽重あり
京　都	34.0	8.0	
大　阪	22.0	5.5	
奈　良			市町村に等級を立て1戸の課額を異にする
和歌山			税区を分け1等区1戸税3円25銭から以下7等税区90銭に至る
兵　庫	22.5	6.0	市町村割合異にする
岡　山	34.0	7.0	見積高による（問屋仲買は売買高15分の1を見積高といい，その他は8分の1を見積高という）
広　島			市町村の等級に従い年税1戸3円40銭から30銭に至る
山　口			市町村の等級に従い年税1戸3円10銭から10銭に至る

府県名	売上高 1万円以上(円)	売上高 1,000円以上(円)	摘　　要
島　根			市町村の等級を定め商業に依り1戸の課税を異にする
鳥　取		5.0	売上高1,000円以上500円ごとに50銭を加える
徳　島	50.0	10.0	4,000円以下を10円とする
香　川			市町村に全額を分課する
愛　媛			市町村に全額を分課する
高　知	15.0	4.5	但し商業の等級に従って差異あり
福　岡			商業に等級を立て宅地の地価と建物の坪数により賦課する
熊　本			1区税を定め1等区は1戸4円以下，34等区は1戸50銭に至るまで差あり
宮　崎			市町村の等級に従って差異あり
大　分			平均税を町村に賦課し別に町村の等級によって課税する
長　崎			市町村の等級に従って差異あり
佐　賀			商業の種類に等級を立て，1戸の年税を定める。その額高い。
鹿児島	47.501	22.862	市郡課を異にする

（出典）「営業税を国税となすこと」『東京経済雑誌』第789号，明治28年8月31日。

施を提言した。

日清戦後経営において、政府は陸海軍備の拡張、製鉄所と官営鉄道の拡張、治水・電話・教育事業の拡張と金本位制の確立を図ることを目的とし、賠償金によって不足する財源を増税に求めた。第九回帝国議会は、日清戦争直後の初めての議会であり、日清講和条約の批准、三国干渉による外交問題などが論点となった[15]。

営業税については、田口卯吉や尾崎三良らが主導した帝国財政革新会が、各道府県の営業税の課税標準と税率が家屋の構造や等級、売上げなどによりそれぞれ異なっているので、課税標準や税率を統一して国税とすれば、五、六百万円の税収を上げることができると提言していた[16]【表二－二】。

日清戦後経営のために再提起された営業税法案は一八九五年七月に成案ができあがった。同法案は、松方の後任の渡辺国武が大蔵大臣の時の一一月に閣議決定され、一八九五年末の第九回帝国議会に上程された[17]。

営業税法の提案理由は、次のとおりであり、経済発展とともに税収が弾力的に上がっていくこと、地方税が各地によってまちまちなのでこれを統一することができる、というものであった[18]。

方今国家財政上歳入増加ノ必要ヲ認メ茲ニ適当ノ新税ヲ興シ以テ之カ財源ニ充テントス　而シテ今此ノ必要ニ応スルト共ニ財政ノ基礎ヲシテ永遠ニ鞏固ナラシメンカ為メニハ成ルヘク課税ノ範囲広ク且世運ノ進歩ニ伴ヒ漸次収入ノ増加スヘキモノヲ撰ハスンハアル可ラス　営業税ハ汎ク商工業者一般ニ渉ルノミナラス将来大ニ発達スルノ望アリテ能ク其ノ目的ヲ達スルニ適スルモノト謂フヘシ　故ニ之ヲ今日ニ制定シテ以テ其ノ財源ニ供セントス　殊ニ本税ノ施行ハ以上ノ利便アルノミナラス他ノ一方ニ於テハ営業者ヲシテ各地方区々ノ弊アル現行営業税ノ負擔ヲ平等ナラシムルノ便アリ是レ本案ヲ提出スル所以ナリ

この営業税法案は、一八九〇年の案とは異なり、二四の業種ごとにそれぞれ建物賃貸価格、従業者数、資本金額などに課税標準と税率を規定したものであり、物品販売業については売上が課税標準に加えられ、製造業などには資本金が加えられるなど、業種ごとに複数の課税標準が設けられ、税収は七五〇万円を見込んだ。

そして、一八九六年の第九回帝国議会の衆議院に営業税法案委員会が設置され、目賀田種太郎主税局長が政府委員として答弁に立った。この議会では、三〇〇議席中、自由党が一〇六名、改進党が五二名、立憲革新党が四〇名、国民協会三一名などの構成であった。

この議会の審議においては営業税の国税化には反対を唱えるものはなく、党派的な問題にもならなかった。主要論点は、地方税を国税に移すことにより地方の税収が不足しないかという問題であった。これに対して目賀田は、これまでの地方税雑種税の中で営業税に入るものが二、〇九九、五〇〇円であり、醤油税、煙草税、菓子営業税が廃止されるが、その代わりに、船車税、牛馬売買税等で一、四二〇、〇〇〇円と営業税付加税の一、四六九、六六六円の税収が確保されるので、地方税としては七九〇、一六六円の増加が見込まれると説明し、了解を得た。[19]

衆議院では、自由党の河島醇特別委員長が、「倉庫業」を「銀行業、保険業、金銭貸付業、物品貸付業」とは別項として税率を引き下げること、旅人宿業を「席貸業、料理店業」と別項として税率を引き下げること、第三十四条の届出や帳簿の記載を怠り又は虚偽の記載を為したものに科料と脱税額の三倍の罰金又は科料に処す旨の条文に「故意ヲ以テ」という文字を加える修正を提案し、衆議院で可決された。貴族院本会議は三月二三日に、衆議院修正がそのまま受け入れられて可決され、法律が成立した。そして、三月二八日に公布、一八九七年一月一日から施行することが決まり、七月三一日には施行細則を決定した。

日清戦争直後の戦勝気分と三国干渉による屈辱感から「軍国的雰囲気」が支配するこの時の帝国議会における営業税法案の審議では、その後問題となったような、負担の増加や、外形標準課税、建物賃貸価格の算定における恣意性などの論点や、増税した予算を主として軍事力増強のために用いることの是非などは、議論にならなかった。

営業税法成立の意義について、坂野潤治は「政府の提出した増税法案が地租を含んでいなかったことが戦後経営における伊藤内閣と自由党の協力を可能にした（中略）戦後経営の出発点において政府が政党の支持を得るために地租の増徴を回避して営業税の国税化をうちだしたことが、商工業者の政治的台頭にきっかけを与えたのである。」と評価している。[20]

そして、一八九六年七月二日付けの勅令により、衆議院議員選挙法及び貴族院令に改正を加え、それまで衆議院選挙法及び貴族院令において選挙権を与える直接国税として認められたものは、地租と所得税だけであったものに、営業税も加えられた。[21] こうして、一定額以上の営業税を納める商工業者には衆議院議員や多額納税議員の選挙権や被選挙権が与えられた。

三　商業会議所連合会の対応

営業税法が成立した直後、大阪商業会議所は、政府に対して「新税案たる営業税法は我が商工社会に取りては実に一大打撃と謂ふべきものにして、其の商工業者の活動経営上少からざるの影響を及ぼすべきものたるや必せり」として、廃税は主張しないが、地租の増率などを実施して課税の程度を軽減するよう請願し、四日市商業会議所は、会社組織については会社税法を設け、個人の営業には資本金の多寡に応じて適宜等級を設けてこれを標準にするなど、課税方法を修正するように要求した[22]。

このような批判が出たことから、一八九六年四月に博多で開催された第五回商業会議所連合会では、各商業会議所が営業税法を研究して互に意見交換を行なうことが決まった。

五月二九日付けで、東京商業会議所の渋沢栄一から、管内の各会社及び組合あてに、次のような項目について調査を行ない、六月二〇日までに回付するように要請した。ただし、その修正は、「納税ノ義務ヲ避ケントスルカ如キ精神ハ無之　要スルハ租税ノ原則ニヨリ国民ノ負担ヲシテ甲乙其権衡ヲ保チ適正ナラシメントスルノ希望ニ外ナラス」と、税制そのものに反対したり減税を求めるものではなく、課税上の公平性を求めるための要望であると注意した[23]。

一　営業税法大体ノ主義ニ関スル意見
一　営業税ヲ賦課スベキ範囲ニ関スル意見
一　営業税ヲ課スヘキ営業ノ定義ニ関スル意見
一　課税標準ニ関スル意見

一　税率ニ関スル意見
一　徴税ノ手続ニ関スル意見
一　税率ノ算定ニ関スル意見

渋沢がこの通知を発した同日、目賀田主税局長は渋沢栄一に対して次のような書簡を発出している。[24]

拝啓　営業税御調査材料之義ニ付御申越之処　目下同法施行細則ノ設定其他執行準備之為整理中ニ有之　乍遺憾御来意ニ応シ兼候　併シ委員御登廳処之節御談話申上候事ハ敢テ差支無之候　右得度貴意度　早々

五月二十九日　目賀田種太郎

渋沢栄一殿

すなわち目賀田は、渋沢の要望について営業税施行細則を起草中であり、営業税の調査についての渋沢の意見に応じることはできないが、談話で伝えたことは問題ないと伝えている。これだけの文面なので、その意味は想像するしかない。商業会議所が修正意見をまとめて政府に提言しても法律の改正はできないが、施行細則には反映させることができるかもしれないとの趣旨を伝えていたと解釈しても、無理はなかろう。

こうして各地の会議所は、商業会議所連合会に先立ってそれぞれ意見をまとめ、東京は、一一月六日に営業税法に関する意見書（概要）を採択した。

一一月に開催された商業会議所連合会では、東京の意見書を議論のたたき台として使った。そこでは、衆議院で成立した営業税法の最も著しい問題として、第一に卸売と小売の区分ができないこと、第二に建物賃貸価格を課税標準としているが、それは収益の多寡が一致しない上、賃貸価格を公平に定めることは望めないこと、第三に従業者課税標準としているが、営業の種類によって随時増減があること、丁稚や徒弟なども総て従業員として計算していることを挙げた上で、次のように、業種に応じて課税標準を変更することや調査委員会を設置するなどの改正をするように具申した。[25]

其一　営業税法以外に会社税法を創定し、会社組織を以てする営業は総て同法に属せしめ、会社収入の利益を標準として課税を為す事

其二　一個人の営業に対しては左の方法に依り相当の課税を為す事

（一）　物品販売業

右は売上金額（卸売と小売りを問はず）を課税標準と為す事

（二）　銀行業、保険業、金銭貸付業、物品貸付業、製造業、印刷業、写真業、倉庫業、運送業、運河業、桟橋業、船渠業、船舶碇繋場業、貨物陸揚場業

右は資本金額を課税標準と為す事

（三）　土木請負業　労力請負業

右は請負金額を課税標準と為す事

（四）　席貸業　料理店業　旅人宿業

右は建物賃貸価格及び従業者を課税標準と為す事

（五）　公なる斡旋業　代弁業　仲立業　仲買業

右は報償金額を課税標準と為す事

以上各業は営業の情態に応し毎営業を若干の等級に分ち、毎等級相当の税額を定む。但等級は課税標準（物品販売業の売上、銀行業等の資本金額の類）に依りて分かつ事

又毎営業の等級を定むるに当たりては、各地適宜の区域内に営業税調査委員を若干名を置き、之を調査せしむる事、但営業組合あるものは其組合に調査を付託するも妨けなし

其三　税率は現法に比し徴税費の減ずる分量に応して之を軽減する事

連合会で議論が行なわれた後、営業税の問題点については、資本金額は収益の多寡と比例しないこと、一個人が営業に放下する運転資本は把握できないという点を追加した上で、東京商業会議所の意見のうち、会社税法の制定は取りやめることとし、課税標準について、銀行業では「資本金」を「総益金」に、金銭貸付業は「資本金」を「貸付金額」に変更し、保険業、金銭貸付業、物品貸付業、製造業、印刷業、写真業、倉庫業、運送業、運河業、桟橋業、船渠業、船舶碇繋場業、貨物陸揚場業では「資本金額」を「収入金額」に、席貸業、料理店業、旅人宿業では「建物賃貸価格及び従業者」を「収入金額」に変更した。また、税額の軽減については、原案は「会社税法」を設けることによって徴税費用が軽減されることを理由に税額の軽減を求めていたが、修正案ではその理由を除いた。

この時の連合会における議論の要点は次のとおりであった。

第一に、会社税法を制定することについては京都や静岡、栃木が支持したが、法の施行まで二月を切ったこの時点で「余リ其ノ希望ガ大ナルコトヲ申シテ、サウシテ実績ガ得ラレナイコトニナリマシテハ（中略）効用ハナカロウト思ウ」との大阪、会社と個人で差を付けることは宜しくないとの富山、法律を別にすることにより税賦

課の不権衡が拡大するとの浜松や、堺や栃木からの意見により否決された。しかし、会社の利益は明らかにしやすいことから、別の法律を作らなくても、同じ法律の中で、「課税方法ヲ異ニスル」べき（名古屋）との意見は多数の支持を受けて可決された。

第二に、建物賃貸価格、従業者数だけではなく、資本金額は収益とは比例していないので、課税標準は、銀行については総益金、その他の業種については、収益金とすることで意見が一致した。

第三に、物品販売業などの税率には等級をつけるべき（東京）との意見と、収益税にすべき（金沢）との意見が出た。営業の種類によって収益率は異なるとして、宇都宮や高松、鹿児島、京都、浜松が東京を支持したが、各種によって等級を定めると煩雑になると主張した富山や大阪、知多はこれに反対して税率を一律にすべきと主張した。富山は金沢を支持して収益税とすべきことを支持したが、名古屋、宇都宮、静岡などが東京の原案を支持し、等級をつけるべきことになった。

一個人にも収益を基準にして課税できないか協議会において検討したが、「形ノ見ヘル利益ガナイト云ヘバ推測スルモノガナクナル、是ハ最モ苦シム所デゴザイマス、余儀ナク形ト云フモノヲ標準ニシテ、其救フ方法ハ第二段（等級による課税）ニシテ求メヤウ」との意見により、利益を外形的に把握できないとすれば等級による課税にすべきとの結論になった。

第四に、東京から、徴税費の減ずる分を軽減すべきとの意見が出されたが、京都や大阪などから異論が出て、減税の趣旨ということだけを指摘し、今後調査して決めるということで意見が一致した。

このように商業会議所連合会の議論を基本的に貫く考え方は、営業税は営業収益に課税すべきとの考え方であった。このため、収益が外形的に明確な「会社」についてはそれに基づくこととし、収益を明確に捕捉できない個人については、物品販売業については「売上」、その他の多くの業種については「収入金額」など外形標準に依存せざるを得ないが、業態に応じて適当な等級をつけて補完するというものであった。

こうした議論でまとまった決議案を、一八九六年一一月二六日、東京商業会議所会頭渋沢栄一と副会頭の中野武営、中野忠八（京都）、亀岡徳太郎（大阪）、松田源五郎（長崎）が榎本武揚農商務大臣に面会し、一一月三〇日、渋沢栄一、中野武営、土居通夫、松田源五郎及び天野伊左衛門（名古屋）が、松方大蔵大臣と田尻稲次郎大蔵次官に面会して開陳し、一二月一七日、貴族院議長近衛篤麿、衆議院議長鳩山和夫に請願した。[26]

その後の営業税廃税運動の経緯を踏まえると、衆議院議員や貴族院議員で、商工業に関係の深い都市部の議員や同情がある政党に個別に働きかけるという手段もあったはずであるが、この時点では、地租または所得税を納税したものにしか衆議院議員の選挙権は与えられておらず、商工業者の利害を直接反映する支持者が十分にいたとは思えない。そこで、公的に意見を建議する機関としての商業会議所の法的機能によって政府を動かすことを期待したにとどまり、それ以上の議会への働きかけなどをした形跡はない。

第二節　各地の紛擾と営業税廃税意見

一　各地の紛擾

商業会議所連合会が建議したにもかかわらず、政府は修正意見を取り入れることはなく、国税の営業税は一八九七年一月一日にそのまま施行された。しかし、営業税が施行されると、全国各地で営業者と税吏との間で騒擾が頻発した。[27]

当時の営業税の課税方法は、年度ごとに税吏が各課税標準に基づき税額を調査し、それらを合算して納税額を算出するものであった（営業税の徴税台帳については【図二－二】参照）。

苦情の類型について、東京税務管理局の大塚局長の言として次のような点が指摘されている。[28]

一　売上金高の調査

営業者の申告する売上と税吏の見込みに差がある。二三割は戦後経営に関する任侠的精神又は各自の体面を重んじて応じているが、残りは各自申し合わせ以下の金高を詐称して届けた形跡あり。

二　小売業・卸売業の区別

需要者に直接販売するものを小売とし、営業者に販売するものを卸売としたが、旅人宿が白米を買入るような場合には純然たる小売と見なすことができないことがある。

三　賃貸借価格の標準

営業税の中で最も苦情が多い課税標準である。

島田三郎は、現場の税吏が、例えば横浜の生糸売込商が製糸家に資金を前貸したり、新潟県の大農家が小作人に資金を前貸したりする習慣がある場合、これらは仲買業のみならず貸金の営業としても課税されること、輸出羽二重を産出する福井県において五〇〇円以下の機械を所有するものは製造業としては非課税であるが、販売業として課税される場合があること、保険業の責任積立金を資本として課税することがあると指摘している。[29]『東京経済雑誌』を主宰していた田口卯吉（進歩党）は、営業税を批判する論陣を張っていた。[31]同誌は主要な反対運動について次のように報じている。[32]

【図 2-1】 物品販売業と製造業の徴税台帳[30]

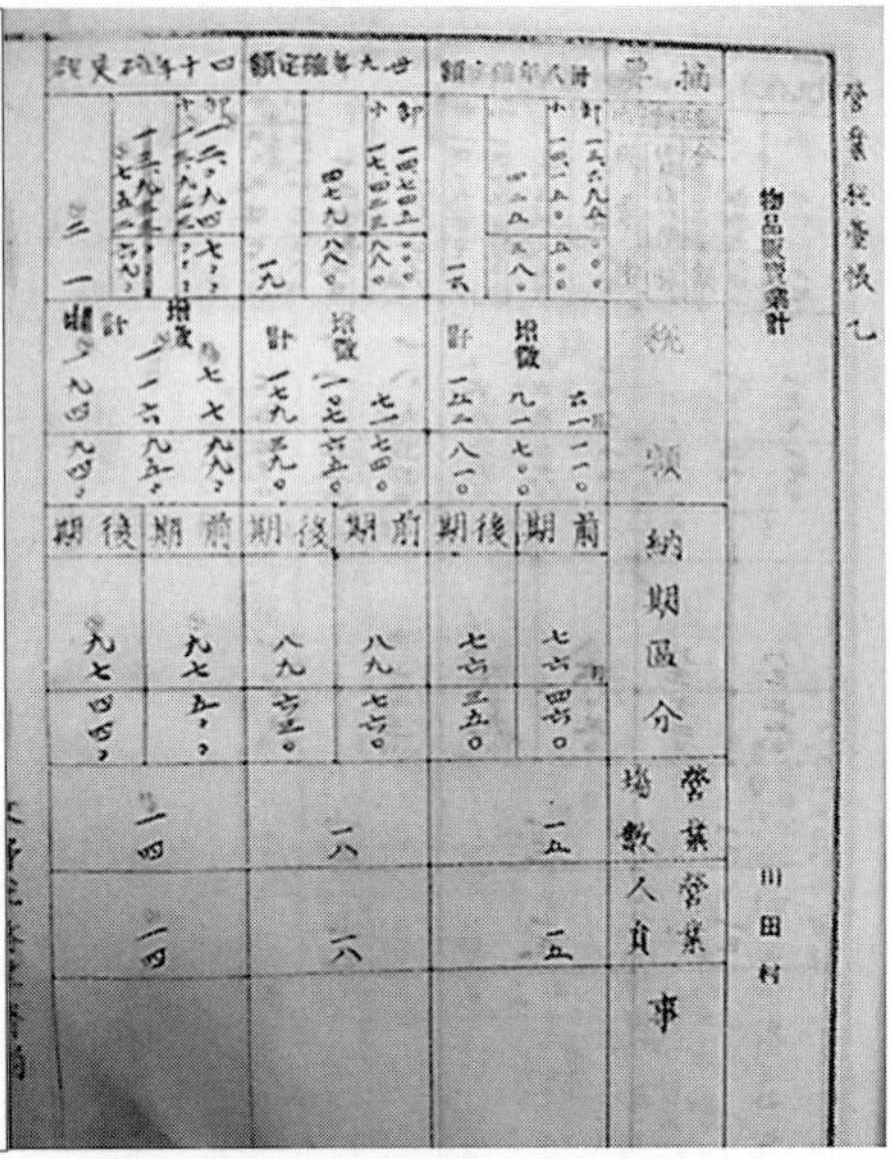

営業税台帳
物品販売業計　川田村
摘要　課税標準　金額
賃貸価格　納期区分　営業場数　営業人員
従業者
卅八年確定額　卸　増徴　前期
小　計　後期
卅九年確定額
四十年確定額　（略）

製造業計　豊丘村
摘要　課税標準　総額　納期区分　営業場数　営業人員
金額
賃貸価格
従業者
卅八年確定額　前期
従業者　増徴　後期
職工従業者　計
卅九年確定額
四十年確定額　（略）

東京市　日本橋区及び京橋区内の有志が大蔵大臣に次の陳情書を提出
一　収税吏は法文に規定なき商業帳簿差押え、家宅捜査を行ふの不都合なる事
二　帳簿面の金額を詳細に合算せず、僅かに一斑を検して全額を推算する事
三　帳簿中一二カ所小売を為したる証跡を挙げて卸売業を小売業と改むるの酷なる事
四　建物賃貸価格を税法第十八条に依り算出せずして税吏一己の所見を以て格外高価に定むる事
五　収税吏は営業者が税法に通暁せざるを奇貨として、届出書を勝手に改竄するの弊ある事

大阪市　大隈農商務相が来阪の際、商業会議所と大阪商工協会が次の点を陳述
一　賃貸価格評定の不当なる事
二　売上高認定の酷に失する事
三　倉庫貸金業に関し法文の曲解
四　資本金計算方法の不当なる事
五　仲買人報償金の不当なる事

このほか、千葉県、京都府、滋賀県、福島県、三重県、兵庫県、愛媛県、長野県、徳島県、和歌山県、福井県の紛争事例を伝えている。このような税法の執行状況について、『東京経済雑誌』は、次のように、営業税があたかも配賦税のように徴収されているのではないかとの疑念を表明している。[33]

中央当局は先づ若干金額を徴収せんと欲し、之を各府県税務管理局に分賦し、税務管理局をして更に之を税

務署に分賦せしめたるものの如し、去れば各税務署の吏員は勢其割当てられたる金額を調達せざるを得ず、是に於て税吏が営業税を徴収するを見るに必ずしも売上高、資本金、若くは賃貸価格の多少を争ふものにあらざるなり、唯々負担せし金額を挙げんと欲するなり、是を以て之を売上高に争へば即ち賃貸価格に挙げんとし、之を賃貸価格に争へば即ち従業者に挙げんとし、其の全額を争へば即ち平身低頭して「余に免じて其金額を出せ」と云ひ、尚承引せざれば、即ち傲然として脅嚇し、「若し承引せざれば我処分あり、熟慮せよ」と云ひ、甚しきは之を佇立して帰らせしめざるに至るなり

二　政府の対応

営業税は各種の課税標準がある複雑な税制であり、その評価方法も固まっていなかっただけに、「新税は悪税」であることを割り引いても全国各地で問題が起こった。そして、営業税が施行されてから各地の営業者と税吏との間での騒擾が頻繁に新聞で報道されるようになると、目賀田主税局長は問題を大きくしないように税務管理当局者に注意した。

五月一五日付けで、目賀田は、「営業税の執行に関し、家屋捜査を為したとか厳刻な検査があったなど新聞紙上に見えるが、その都度事実調査をしたところ、概ね事実に相違があった。しかし、そのようなことが段々伝播すると営業税の円満な執行を妨げる虞がある。そのようなことを唱えるものには故意に発すものが少なくないと思われる。また、ある場合には内部のことが人民に漏れ疑惑を生じさせるものもある。」として、「彼ニ辞柄ヲ与ヘ又ハ問題ト成ラサル様致度又事柄ニ依リテハ感触上ヨリ起ル事モ少カラサルニ依リ　勉メテ吏員ニ於テモ其挙動ニ注意致候コトハ専一ト被存候」と注意した。[34]

さらに、五月二五日付けで目賀田は、予め課税額を割り当てて徴収する配賦税のような誤解が広がっていることを

とを懸念し、徴税者が内部の腹案としてこれをもっていることは構わないが、対外的にはその額に達しなければ適当と認めないような表示をするべきものではないし、そのようなことはすべきでない、熱心のあまりそのようなことを口外することがあれば遺憾であり、反対派の攻撃の材料となるので、そのような拙策とならないようにと、注意した[35]。

拝啓　然ハ近時世評ニ依レハ営業税ノ徴収額ヲ予定シ、中央ヨリ各管理局又ハ所管内府縣ノ総額ヲ配賦税ノ如ク割當タルカ如キ誤謬ヲ伝播セル向モ有之、右ハ調査上ノ目的トシテ、内部ニ在リテハ、凡ソ若干ニ帰着シ得ヘキノ方途ヲ立テ、努メテ之ヲ維持スルハ、従事者ノ腹案トシテ然ラサルヘカラサルコトナリト雖モ、元来該税法ノ本体トシテ前以テ其徴収額ノ定マルヘキモノニアラス　実際個々ノ所ヨリ積テ総額ニ及ホスヘキハ正当ノ順序ナレハ、外面ニ向テ予算カ若干ナレハ此額ニ達セサレハ、適当ト認メサルカ等ノコトヲ表示スヘキモノニアラサルヤ明カニシテ、固ヨリ右様ノコトアルヘキトハ認メス候得共数多ノ従事者中、熱心ノ余リ或ハ時ニ其場ノ状況ヨリ知ラス識ラス口外スル等ノコトアリテ之カ辞柄トナリテハ整理上甚タ遺憾ノ次第ニ有之候、又是ハ反対ノ方ヨリハ一ノ攻撃ノ材料ト可相成ト存候、依テハ目下該法実施上ノ結果ニ就キ夫々注目能在候際ナレハ、可及的主任者ニ警戒ヲ与ヘ諸般彼等ニ攻撃ノ材料ヲ与フル如キ拙策ニ至サル様御指導相成度存候

こうした中、大隈重信農商務大臣が一八九七年五月二八日に大阪を訪問したのを捉え、大阪商業会議所が営業税の問題点について陳述したところ、大隈からは次のような発言があり、閣僚の間においても、営業税に徴税技術的な問題があると認識されるに至っていることを示している[36]。

営業税法は戦後経営の大目的を達する為一大財源なれば各商工業者は発奮此人に当たり官民戮力して国家に尽す所あるべき筈なるも、今日各地方の商工業者が新税法に就ての感情如何を察するに要は法文の不完全なるが如し　然れども法文の不完全を以て官民の和親を欠き遂に国民たるの本分に迄影響を及ぼすに至ては実に由々しき国家の大事なり　今諸君より聴取したる事実は帰京の上大蔵大臣にも注意し大阪税務管理局長に何とか訓示ある様取計ふべし

さらに、六月一三日付けの『日本』には、大蔵省が、有尾敬重主税官をはじめ数名の参事官を東西に派遣し各収税署について徴税方法の実際を視察監督し各地方官に対しても注意を依頼したこと、松方首相官邸で各府県知事が参集する場において、ある知事から営業税の税吏の措置について詳細な説明があり、中央政府が方針を誤った恐れがあるとの報告があったことを受けて、首相が電話して目賀田を招いて協議を行ない、「徴税の実況を視察し且つ中央政府の方針を訓示して徴収の方法を寛和し過酷の措置あらざらしめんが為め特に同局長に出張を命せられたるなり」と指示したことを紹介している。[37]

このように営業税国税化の後に紛擾が拡大したものの、六月一五日付け『日出新聞』は、次のとおり目賀田が、まだ新税なので営業税に対する苦情が実情なのか見極めるまで、両三年は改正する必要がないと述べたと伝えている。[38]

営業税法に付ては各地の苦情少なからずと雖もこは《ママ》必ずしも税法の悪しきに非ず　また執行者の罪にあらざるべし　固より新税案の事ならば充分研究をして後発布したる法律に相違なきも多少の欠点はあるべし　亦執行官と雖も不熟練のため完全無欠の執行をなし得ざるものあるべしと雖も発布以来日尚浅く官民共に充分

の研究をなす餘日はなかりしと徴税の急激なること之伴ふべき他の法律が未だ悉く実施されざると負担者の脳裏に此税法が印せらるるの時日なかりしに依るもの少なからず（中略）現に彼の所謂帳簿の如きも　商法が実施されざるために未だ適法のものを備ふるなく　而も税法は此未設の帳簿を認めたるが如き其の一例なり　或は其特に進歩したるを攻撃し民業の現勢に伴ふべき法律を制定すべしと唱ふるものありと雖も　斯ては両三年の後又々改正せざるべからざるに至るは当然のことなれば　仮令現状より一歩進みたるものありとも俄かに改正を要するが如きものを作らざるの寧ろ優れると思ふ（中略）東京の商業会議所より曾てなしたる建議の如き将た今回全国の商業会議所がなさんとする建議の如きも夫々参酌研究する所はあるは勿論なり然れども今日に於ける各地の苦情が果たして実情なるや否やは未だ俄かに断じ難きものあり

ここで目賀田が指摘しているように、一八九〇年に商法は制定されたが施行が凍結され、施行されるのは一八九九年になってからであった。商法第二十五条には「商人ハ帳簿ヲ備ヘ之ニ日日ノ取引其他財産ニ影響ヲ及ホスヘキ一切ノ事項ヲ整然且明瞭ニ記載スルコトヲ要ス　但家事費用ハ一个月毎ニ其総額ヲ記載スルヲ以テ足ル」との規定があり、この規定が実施されれば売上等の正確な捕捉が可能となると見込んでいた。

この当時の苦情の原因について、その後大蔵省の内国税課長や主税局長、次官を歴任した菅原通敬（当時大蔵省の税務監督官）は、次のように述べて、地方税から国税に移管されたために地方庁が協力的ではなかったことなど、税務行政上も紛擾が拡大する要因があったことを指摘している[39]。

新奇の課税標準たる賃貸価格とか、資本金額とか、売上金額とかいふ物慣れない呼称に怖れさせざるやうに趣旨の徹底を期すべきにも拘らず、この対策に欠けていた憾あり、特に挙ぐべきは、営業税法の施行に先立って、税務行政が府県知事の手を離れることになったので、地方官庁の中には之を快しとせざるものあり、加ふるに営業税を以て、地方の財源及び其の課税権を中央に取上ぐるものだとの誤認から、協力を拒み、甚しきに至っては蔭ながら民間の苦情を教唆する者さへあったのである。

菅原は、営業税導入後の各地の紛擾に対応するため、税務監督官として大阪、丸亀、高松、高知、徳島、岡山に回った。大阪は商工業の中心地であるだけに営業税に対する反感が熾烈であった上、局内で対立があり内部の一致を欠いていた。このため目賀田主税局長から「臨時措置」の委任を受けて調整に当たった。高松では実業有志大会、高知では商工連合会が中心となって反対運動があったが、それぞれ菅原が調整を行なった。

さらに、目賀田からの指示で名古屋に向かうと、名古屋の税務管理局長から「余の後を承けて名古屋局内に善処してもらひたい」と言われ、静岡に回り、名古屋局内の各税務署について状況を視閲したが「情勢漸く下火となり、岐阜、大垣、関に於て陳情委員に接しただけで大したことなく、七月八日帰京して復命した。」と伝えている。

このように、各地に紛擾は起こったが、目賀田の指示により、税務監督官などが対応し、七月頃には、だいたい収まっていったと思われる。

三　商業会議所の検討

営業税施行後に全国的に紛擾が拡大したことを踏まえ、商業会議所も対応案の検討を始めた。一八九七年五月に広島で開催した第六回商業会議所定期連合会において、営業税改正の目的を達するために各般の手続きを協議実行させることを決めた。そして、商業会議所を九州、中国、畿内、東海、関東、東北、北陸の七部門に分けて、各部に委員を置き、東京を幹事として、熊本、広島、大阪、名古屋、金沢、函館の各会議所から委員が出て検討することになった。[40]

1　東京商業会議所の「税法革新ノ意見」

東京商業会議所は独自に「営業税実施後の状況及び同法の得失の調査」を実施することとし、一八九七年一〇月一五日に、「税法革新ノ意見」をとりまとめて、松方正義大蔵大臣と大隈重信農商務大臣に提出した。[41]

この「税法革新ノ意見」は、維新以来の税法は煩雑で、国民の負担が偏軽偏重に失するので財政を整理し民業の助長を図るために、戦後経営のために税収拡大が必要となった場合には、「税制の根本を革新して国民の負担をして公平ならしめざるべからず」との観点からまとめられたものであった。

その内容は、「凡ソ租税ハ国民ノ勤勉労働ニ課セスシテ勤勉労働ノ結果タル富即チ財産ニ課スルヲ以テ大体ト為スヲ要ス　而シテ税目箇ニシテ徴収ニ易ク収入大ニシテ其負担ノ国民ニ普キモノヲ択ムハ是実ニ課税上ノ一要義ナリ」との基本的な考え方に立ち、この要件を満たしている地税、関税、酒税、煙草税の四大税を改良して歳入の増加を図れば、政費の大体は支弁できるので、営業税、所得税、証券印紙税、北海道水産税、鉱山税など国民の勤勉に課税する諸税は一切廃止すべきとするものであった。

その理由は、現行の地税は、実際は土地の収穫に基づく耕地税であるが、地価の修正も長年できず宅地は殆どこれを度外視しているため、土地の実価に対して一、〇〇〇分の八の税率で課税することなどにより、地税全体で二、一〇〇余万円の増加を見ることができるとした。この意見によれば、国庫の歳入を増加させるばかりでなく、農民以外の投票権を増加させ、一国の財産の土地の実価や異同を判知することができるために施政上の利益は測り知れないとした。そして、このように地税を改正すれば、他の三税とともに次のとおり合計約一億五、〇〇〇万円の歳入が確保できると提言した。

地税	約五、九六〇万円
関税	約一、五〇〇万円
酒税	約三、〇〇〇万円
煙草税	約一、〇〇〇万円
手数料其他雑収入	約三、五〇〇万円
計	一億四、九〇〇万円

2　商業会議所連合会の「営業税法全廃ノ意見」

一一月に商業会議所連合会の七部門の委員の検討が行なわれたが、廃止説と修正説に分かれて結論がでなかったため、臨時商業会議所連合会を一二月四日から九日まで開催することになった。

臨時商業会議所連合会には全国の四二か所の商業会議所が参加して営業税法についての審議を行なった[42]。営業税には大きな問題があるとの認識は一致していたが、問題は営業税の廃税を提言するか、あるいは営業税の修正を提言するかという点に絞られた[43]。

全廃説を最も激しく主張したのは東京商業会議所副会頭の中野武営であった。中野は、全廃という戦略を明確にした上で「悪イコトハ悪イトシテ廃スベキハ廃スベキモノトシテ」政府に申し立て、それから後に「手段ト云フ者ハ一年掛ルカ二年掛ルカ」不明としても、戦術を講じていくべきであり、初めから修正意見を出すと「全体ヲ誤ラレテ現行法ヲ改メルコトノ出来ヌ」ことになるとの立場であった。

先にみたように東京は、「税法革新ノ意見」を発表し、営業税を廃止しても、主として農民以外が負担する地税が増加することなどにより歳入は確保でき、農民以外の投票権も確保することができるとの立場を表明していた。また、京都（宅地地価修正）、横浜（家屋税増税）、金沢（地価修正）は、初めから東京商業会議所と同様に土地や建物への増税により営業税の代替税収を確保した上で全廃すべきとの意見を提案していた。

これに対して、営業税の全廃説にはその実現性などから反発が強く、むしろ早急に実現できそうな現実的な修正案を検討すべきとの意見が強かった。

すなわち、「実際ニ行ハレヌト云フコトニナッタナラバ少シク商業会議所ト云フ者ノ信用ニモ関係スル」（函館）、「他ニ税源ヲ求ムルコトノ術ニ於テ余程考ヘニヤナラヌ」と単なる全廃説に反対（大阪）と、実現性についての懐疑論や、営業税を廃止しても変動の激しい県税など地方税に代ってしまう（函館）との懸念、「営業者ガ（中略）負担スル財源ノ為ニ他ノ土地ノ所有者ノ税ヲ掛テモ宜シイト云フ、自分ノ方斗リ考ヘテ地方ヲ顧ミナイトイウコトニナル」（佐賀）や「商売ヲシテイレバ商売デ税ヲ払ッテ商売人ハ商売人トシテ所謂国民ノ義務ヲ尽シタイト云ウ精神」（堺）など、商工業者が利己的利害を追及していると思われ農業者からの反発を受けないためにも全廃論を主張すべきではないとの意見が出た。

さらに、商業会議所は修正説を主張していたのが先月から全廃説になってきたのは「政府ヲ困ラセル為メニ政党員ノ踏台ニナルカトイフ説」があるから、そのような嫌疑を受けないように全廃説を撤回すべき（小樽）との意見も出て、進歩党に属していた衆議院議員の中野武営が廃税を訴える背景に政治色があるのではないかと勘繰る向きもあった。

しかし、修正説の方にも具体性が乏しかった。修正説に対しては、従業者や賃貸価格に課するのが悪いと止めてしまうと全廃説と同じになる（横浜商業会議所を代表していた高橋是清の発言）、修正説も一様ではなく減税となるので代替財源が必要になるという点では五十歩百歩である、修正により減税になり課税標準の対象を減しながら税収を一定に保つためには、例えば売上など特定の課税標準だけ過重になり事業ができなくなるなどの批判が出て、議論は白熱して平行線をたどった。

そこで、「焦眉ノ急ヲ救フニハドウシテモ斯ノ如キ箇条ハ修正シナケレバナラナイト云フ事ニ致シマスカ、全ク廃止トシマスカ、又ドウシテモ廃止ハ出来ヌモノダカラ修正トシマス」と、名古屋の奥田正香が調整案を出し、協議会で「営業税法ニ関スル意見案」を取りまとめて議論が行なわれた。

この意見案では、「営業税ハ速ニ之ヲ廃止セラレンコトヲ望ム」と主張した上で、国家財政上これに代る財源がないことにより直ちに廃止をできないのであれば、次のとおり、建物賃貸価格や従業者などを課税標準から除き調査委員会を設けるなど、目前の困難を匡救すべきであり、

課税標準ニ於ケル賃貸価格、従業者ノ如キ極メテ煩雑ナル手数ヲ要シテ而カモ其ノ実数ヲ知リ難キモノハ断然之ヲ課税標準中ヨリ除去シ、其他ノ算出方法ニ至テモ収税吏ヲ異ニシ収税署ヲ異ニスル毎ニ寛苛軽重ノ度同一ナラザルガ如キ弊ナカラシメ　別ニ各地適宜ノ区域ニ法定上ノ調査委員会ヲ新設シ、之ヲシテ営業税ニカンスル調査ヲ為サシムルコト

とするものであった。

しかし、これについては、廃税を主張しているのか修正を主張しているのか明確ではないとの反対意見が出て、最終的に多数決により四三名のうち二三名が全廃論に賛成し、次のような全廃説が採択された。

営業税法全廃ノ意見

現行営業税法ハ、大体ニ於テ不良ノ税制タルニ止マラズ、税法ニ貴ブベキ課税標準ノ明確不動ナルコト、及ビ徴収方法ノ簡易公平ナルコトノ二要素ハ全然之ヲ欠ケリ、同法制定以来批難百出、特ニ実施ニ際シテ物情騒然、官民隔離ノ状アルニ至リシモノ、職トシテ此ニ由ラズンバアラズ、蓋シ租税ハ国民ノ勤勉労働ニ課スルヲ避ケ、勤勉労働ノ結果タル財産ニ課スルヲ以テ本旨トスベキニ、営業税法ハ売上金額、資本金額、報償金額、請負金額ノ如キ類ヲ課税標準トシテ専ラ商工業者ノ勤勉労働ニ課税スルノ方針ヲ取レリ、是ノ如クンバ啻ニ商工業者勤勉心ヲ阻害スルノミナラズ、其ノ極遂ニ商工業ノ発達ヲ阻害スルヲ免レズ是ノ其不良ノ税制タル所以ナリ、而シテ同法ハ売上金額、資本金額、請負金額、報償金額、建物賃貸価格、従業者ヲ以テ課税標準ト為セリト雖モ、個人ノ営業ニ在テハ以上六者一トシテ増減常ナク之ヲ確知スルコト至難ナルモノナラザルハナシ、故ニ之ガ賦課ヲ定ムルニ当リ営業者ノ申告ハ収税吏ノ臆算ニ一致セズ、種々ノ検査ト幾多ノ手数トヲ要シ、而カモ其徴収ノ結果同一営業ニ於テスラ寛苛軽重甚ダシク其度ヲ異ニスルヲ免レズ、徴税費ノミ徒ラニ多キヲ加ヘテ国庫ニ収入スル所予期ノ如クナル能ハザルニ至ル、畢竟其是ノ如クナル所以ノモノハ、課税ノ標準明確ヲ欠キ、徴収方法簡易ナラズ、賦課ノ全部ヲ挙ゲテ収税吏ノ認定ニ一任スルノ外ナキガ為ノミ、熟々同法実施以後ノ状況ニ徴シ、併セテ同法ノ大体ヨリ考察スルニ、向後縦令之ヲ修正加删スルモ到底完全ナル税法タラシムルニ由ナシト信ズ、故ニ現行営業税法ハ速カニ之ヲ廃止セラレンコトヲ望ム

東京商業会議所は、自らの「税法革新ノ意見」を商業会議所連合会で合意させることはできなかったが、営業税の全廃案を可決させ、「蓋シ租税ハ国民ノ勤勉労働ニ課スルヲ避ケ、勤勉労働ノ結果タル財産ニ課スルヲ以テ本旨トスベキ」との考え方を盛り込むことを実現した。

この商業会議所連合会の決議をもって一二月一七日、渋沢栄一らが農商務大臣山田信道を訪れ、営業税法の全

廃を要望した。東京商業会議所はこの決議を臨時会議で可決し、現行営業税法は煩雑で商工業の発達を阻害するのでこれを全廃するように、総理大臣兼大蔵大臣松方正義、農商務大臣山田信道に建議したが、衆議院が解散されたため、翌年の五月一六日に、衆議院と貴族院に請願書を提出した[44]。

このように営業税問題を中心に議論して招集された臨時商業会議所連合会は、続けて、財政の基礎を危うくしないように政費の増加を抑制すること、不生産的な軍費の減少を図ること、歳計を直截簡明にして透明にすることなどの東京商業会議所の「財政整理意見書案」について、議論を行なった。しかし、横浜商業会議所副会頭の高橋是清から反対が上がるなど、連合会の決定事項としては合意がとれず、東京商業会議所は、独自に「財政整理ノ義ニ付建議ノ件」を議決して松方正義内閣総理大臣兼大蔵大臣、山田信道農商務大臣に建議した。これも同様に、翌年五月一六日に近衛篤麿貴族院議長、片岡健吉衆議院議長あてに提出した[45]。

四　先行研究の評価

営業税法の成立とその直後の営業税反対運動について江口圭一は、「ブルジョア諸階層の政治的位置の変動をそのまま反映し、ブルジョア諸階層の思想と行動を直截に表現するものとなった[46]。」との評価をしている。

しかし江口の分析には、実証的に見て多くの誤りがある。これは、この時期を対象とした分析だけではなく、その後の営業税廃税運動にも共通して当てはまるものがあるが、ここでは特に本章が研究対象とした時期について、その分析結果の問題点について指摘したい。

第一に、一八九六年の商業会議所連合会において、東京商業会議所が会社組織については営業収益を課税標準にすべきと提言したのに対して、大阪商業会議所が「国家の経営上今日あまりその希望の大なることを申出して、その実績をえられないということになりましては（中略）効用はなかろうと思う。」と反対した理由について、江口は、「大商側の主張においては、近代日本においてブルジョアジーが政府の主導下に育成され、まさに「政府にもたれ掛」かって成長したことの非自立性が反映されており、他方、東商の主張には、そのように育成され成長してきたブルジョアジーがいまや日本においても階級として自己を確立するにいたったことの自立性が反映しているといえよう。[47]」と評価している。

しかし、会社税法を別に制定すべきことに反対したのは大阪だけではなく富山や浜松などがあり、その趣旨は政府に迎合したのではなく法制定の現実性や会社と個人事業者の権衡の観点からであった。このため、別の法律を制定するのではなく同じ営業税法の中で、会社については課税標準を収益とすることについて連合会では意見の一致があった。この発言だけを以って東京に比べて大阪の方が政府の庇護のもとで産業が発達し政府との関係が深かったとか、東京の方が階級として政府に対して自立性を獲得していたと評価することはできない。

第二に、江口は、東京商業会議所が会社には営業収益を標準として課税すべきであるが個人営業については業に応じて売上金額・資本金額・請負金額・報償金額のいずれか一つのみを課税標準として適用すべきであると主張したことに富山や浜松の会議所が反対したことについて、江口は、東京商業会議所が大ブルジョアジーの立場であるのに対して、地方の小都市の商業会議所は小資本家・小ブルジョア層の利害を考慮し、その要求を代弁したからであると述べている[48]。また、一八九六年から九七年の「営業税反対運動の主力となったのは各地の商工業の小資本家・小経営者であった。」ということから、概括的に見て大都市の運動は、「組織的であり、概して穏健な形態をとった」のに対して、地方の小都市・町村の運動は「非組織的であり、時として過激な形態をとった。」と、大都市と地方において階級の差を反映した立場の違いがあると主張している[49]。

しかし、会社については収益を課税標準とすることについて、都市と地方の立場の間に大きな差はなく、商業会議所連合会で多数の支持を得た。また、一八九七年六月に中国の商業会議所が改正問題を議論した際、尾道と岡山は「営業収入を課税標準」とすることを支持したのに対し、広島と松江は「会社と銀行については営業収入、個人については家屋及び営業地所を課税標準」とすることを主張したが、最終的に小都市の商業会議所である松江が「営業利益金」を課税標準とすることを提案してこれら全ての商業会議所がこれを支持したことはそれを示している[50]。

また、江口が指摘するように、「営業税反対運動の主力となったのは各地の商工業の小資本家・小経営者であった」こと、「地方の小都市の商業会議所は小資本家・小ブルジョア層の利害を考慮し、その要求を代弁した」が正しいとすれば、全廃論を最も積極的に主張すべき立場にあったのは、地方の商業会議所であったはずであるが、実際はその逆に、規模の大きい事業者を代表していたはずの東京商業会議所が最も積極的に全廃論を唱えていた。その一方、大都市の商業会議所でも大阪や神戸などは、全廃論に反対し、八王子、桑名、津などの地方の商業会議所が全廃論を支持した。

第三に、江口は、「営業税は累進税率でなく単純な比例税率を採用していたから、一般に、ブルジョアジーの上層になるほど相対的にその負担が軽減され、経営の蒙る打撃が減少し、それだけ営業税に対する不満も減退した。（中略）このため大ブルジョアジーは、一方では納税者の不満を代弁して税務当局に徴税の緩和を要求するとともに、他方では納税者の不満を助長しすぎないように反対運動を制御した（中略）営業税廃税運動の発展は、こうしてその主力となった小資本家・小ブルジョア層の力量によって限界づけられただけでなく、運動の指導的立場にあった大資本家層の動きによっても制約されることになった。」と述べている[51]。

しかし、各地の紛擾の状況を見れば、営業税法が施行された直後の苦情のうち多かったのは、建物賃貸価格や従業者数の評価、売上高、卸と小売の区分などの課税標準の認定方法や家宅捜査をしながら帳簿を確認することなどの徴税方法の問題であり、小規模な事業者だから負担が大きいということで問題が指摘された事例は見当たらない。

また、江口は、営業税法の「問題はまさに外形標準主義にあった。[52]」と指摘しているように、営業税法は営業の収益ではなく収益の有無にかかわらず課税される外形標準主義にあったことを一方で指摘しながら、他方で営業税が累進的でないことを主たる原因として、小規模事業者と大規模事業者の間の運動の差が生じていると分析しており、「逆進性」による負担感と「外形標準課税」による負担感を混同している。第七章で分析するように営業税の主たる問題は、外形標準課税の問題であり、事業者の規模にかかわらず負担感を与えたことであった。

五　営業税改正法案

営業税への批判の高まりにより、議会はようやく営業税問題を政治問題として取り上げることとして、一八九八年末の第一三回帝国議会には、有志議員が「営業税法中改正法律案」を提案した[53]。

提案者は、加藤六蔵（憲政本党）、星松三郎（憲政本党）、島田三郎（憲政本党）、藤澤幾之輔（憲政本党）、三輪潤太郎（憲政本党）、雨森菊太郎（憲政本党）、河口善之助（憲政党）、小田貫一（憲政党）、堀尾茂助（憲政党）、横山富次郎（憲政党）、本城安次郎（憲政党）、富永隼太（憲政党）、鈴木摠兵衛（日吉倶楽部）、前川槇造（日吉倶楽部）、大三輪長兵衛（無所属）の一五名であり、賛成者は党派を超えて六二名を数えた。

この法案の提案者は、憲政本党と憲政党の主要両派から同数、少数党の日吉倶楽部や無所属の議員からなる超党派の議員であった。その後、憲政党の流れを汲む政友会と、憲政本党の流れを汲む非政友各党が、営業税や商工業者への廃減税問題を党派問題としたのに比べると、この時点では党派的ではなかったことが重要である。

提案理由は、「営業税法ノ徴税ニ関シ困難ナルハ今更呶々ヲ要セサルナリ　故ニ賃貸借価格従業員等ヲ删除シ其他一二ノ修正ヲナシ　一ハ徴税上ノ煩雑ヲ除キ一ハ納税者ノ便利ヲ図リ以テ政府ト人民トノ両便ヲ全フセントス」とするものであった。

主たる改正内容は次のとおりであった。この案は、一八九六年一一月の商業会議所連合会に提出された案に類似しており、物品販売業については売上、その他の主要業種については、資本金額を課税標準とするものであった(商業会議所の案では、会社については会社税法を制定すること、請負業については請負金額、貸席・料理店業・旅人宿業については建物賃貸価格と従業者を課税標準としていた点が異なる)。

一.　課税標準と税率の変更

物品販売業	売上金額	万分の十
銀行業、保険業、金銭貸付業、物品貸付業	資本金額	千分の二半
運送業、運河業、桟橋業、船渠業、船舶碇繋場業		
貨物陸揚業		
倉庫業、製造業、印刷業、写真業	資本金額	千分の二
土木請負業、労力請負業	資本金額	千分の二
貸席業、料理店業	収入金額	万分の六十
旅人宿業	収入金額	万分の四十
公ナル周旋業、代弁業、仲立業、仲買業	報償金額	百分の一

二.　建物賃貸価格を課税標準から削除

三.　公選による営業税調査委員会を設置すること

四.　課税免除規定の変更

運輸業については資本金額五百万円未満、貸席業は資本金三百万円未満、木銭宿は収入金額三百円未満、料

理店業は収入金額三百円未満とすることにより、課税最低限の引き上げを行なうこと

主要な改正内容は、複数の課税標準を一本化すること（特に卸と小売の区分を廃すこと）、建物賃貸価格を課税標準から除くこと、公選の営業税調査委員会を設置することであった。なお、これらの要望のうち、公選による調査委員による審査会の設置（一九一四年）、建物賃貸価格の課税標準からの削除（一九二三年）は、後の営業税法改正で実現した。

営業税の改正法案は、一八九八年末に開会した第一三回帝国議会に付議され、営業税法中改正法律案審査特別委員会が設けられた[54]。憲政本党の島田三郎が委員長となり、議論を主導したのは憲政本党の加藤六蔵であった。加藤は醤油醸造業を営み、豊橋商業会議所の設立に携わった実業家でもあった。

一八九八年一二月一九日の委員会の審議において、田尻稲次郎大蔵次官が提案者の加藤六蔵に対して、同法案により税収が減少するのではないかと質問したのに対して、加藤は「此ノ法案ノ提出ハ減税トイフ精神デハナイ」と明言した。この当時、大蔵省主税局内国税課長であった若槻禮次郎は、明治三十一年度の営業税額は五四八万四、六五八円であったのに対して、改正法では三五一万七、九一八円と、約一九七万円の減少になると説明した。大蔵省の懸念は、課税標準の組合せにより課税したものを一つの課税標準にすることにより不公平になることと、税収が減少することであった。

このように政府から税収の減少を指摘されたため、加藤らは物品販売業を除き、現行税収に比べ九、七二四円の減少とほぼ現行税収と同額になるように税率を変更する修正提案を行なった。その結果、銀行、運河、旅人宿業、代弁業等は減税、製造、土木請負、貸席業は増税となった。物品販売業は卸売の税率を万分の一〇に据え置く一方、小売については万分の二〇に引き上げるというものであった。

この算定結果については若槻課長も同意したが、問題は物品販売業において大幅な減税となることであった。

この点について加藤は、調査委員会ができれば一〇〇万円くらいの収入は上がると主張したが、若槻は調査委員会が設置されても増収となることはないので、結果として税収総額が減少すること、製造業や倉庫業などとの権衡を失すると反対した。

一八九九年一月三一日の委員会では、物品販売業を、第一等（穀類や醤油、薪炭などの生活必需品）、第二等（手遊品、小間物などの贅沢品）、第三等（鉱物や金石など）に分けて万分の一〇、一五、二〇と税率を変えることにより、税収を確保する修正案が提案された。さらに、物品販売業の税率を卸小売とも引き上げる一方、製造業を万分の四〇から三五に引き下げるべきとの提案もなされたが、いずれも否決され、委員会の審議が終了した。

三月三日の本会議で、委員長の島田三郎は、営業税を国税化してからの紛擾が起こり請願書が提出されている現状から、特に建物賃貸価格や従業者を課税標準とすることが望ましくないこと、調査委員会により公平性を保つことの必要性などを主張した。

しかし、この時の質疑において、恒松隆慶（島根県選出、憲政党）から、法案に反対ではないが「今日ハ何分財源ニハ苦シム場合デアリマス」と課税標準の変更により税収が減少するかどうか考究するために、審議を暫く延期したいとの発言が出た。また、目賀田種太郎主税局長は、改正法案は資本税であり税収が二〇〇万円減少するとして反対した。これに対して、加藤六蔵は「大蔵省ノ政府委員トシテ彼ノ位間違ッタコトハ」（ない）〈筆者補足〉と反発し、課税標準は資本だけに限定するものではないこと、減収は五九万円に止まると反論した。

最終的に、出席議員一八二人のうち、賛成一〇二、反対八〇で、衆議院で法案が可決された。恒松の発言からは、政府が憲政党に働きかけをしていたのではないかと窺わせるが、憲政党は法案に反対するまでには至らなかった。

こうして衆議院を通過し、三月七日に貴族院に送付され、特別委員会の委員が選定されるまでに至ったが、貴族院では審議未了となり、廃案となった。ただし、この時政府は、外国人が国内に店舗や営業所をもつ場合には、内国において使用する資本金額を見積り、内国の分に限って課税するとの改正法案を提出し、それだけは単独で成立させている。

一方、政府は「営業税調査法案」を準備していた。各税務署管内に営業税調査委員会を設け、選挙によって選ばれた調査委員が毎年課税標準を調査し、金額を決定するという内容であった[55]。

この法案がいつ起草されたのかは不明である。牛米は、この議員立法に対抗して政府が準備したとしている[56]。同法の施行日は、一八九九（明治三十二）年一月一日であり、調査委員会の実施には予算が必要になるが、第一三回帝国議会に政府は、外国人への課税方法についての改正法案を提出しており、また、仮に衆議院で議員立法が通過した後に政府が準備したとすれば施行日を遡ることになる。こう考えると、営業税廃止運動を受けて、政府が一八九八年内に起草して準備していたと判断する方が妥当であると思われる。

政府は、議員立法の営業税改正法案については、調査委員会を設けるところまでは譲歩する考えはあったと推察されるが、同法案は、少なくとも五九万円を減額する可能性が高い案であり、決して受け容れることができるものではなかった。初期議会の構造を反映し、政府は、この民党の法案を貴族院と、できれば憲政党の協力によって否決できることを確信していたのであろう。

六　営業税反対運動の収束

営業税が国税化されてから、各地で紛擾が起こったが、その山は、導入された一八九七年の五月から六月であり[57]、その後一、二年でだいたい終息し始めた。営業税の徴税を巡る紛擾等により、当初見積った歳入予算は五、八七四、一六八円であったのに対して実際の歳入は四、四一五、九四四円と、一、四五八、二二四円の減収になった。

こうした事態もあり、一八九八年半ば頃に大蔵省が営業税法の存否について評価した結果によれば、施行してから未だ一年半も経過していないので、今暫く継続しなければその結果は確認することができない、また、屡々変更することは得策でないとして、「今両三年モ成行ヲ見タル上、其ノ改正スヘキアラハ之ヲ改正シ又営業所得トナスカ如キ良法タラハ之ヲ変更スルモ未タ遅カラサルヘシ」（傍点筆者）と結論づけている[58]。

このように、営業税導入直後に既に大蔵省は、営業税には外形標準主義の問題があり、課税標準を「営業所得」にしなければ「良税」にならないが、そのように変更するにはまだ遅くないだろうと認識していたことは注目される。

その後、一九〇二年、大蔵省は改めて税収拡大策を検討した。まず、現行の地租、所得税、営業税、酒税、醤油税、砂糖消費税、登録税、売薬印紙税、関税に増税の余地があるかどうかを検討し、新税を興すものとして、煙草製造専売、塩税又は塩専売、絹布税、樟脳税又は樟脳専売、茶税、紙税、漁業税、家屋税、資産税、相続税が検討された。この検討結果は、日露戦争中の非常特別税による増税や日露戦後の増税の土台となった[59]。

この検討の中で、営業税を国税として徴収するようになった当初、各地において紛擾が生じた理由について、「当時ノ紛擾タル当該官吏執行上ノ欠点ニ起因スルモノナキニ非ラサリシナルヘシト雖、従来ニ比シ税額ノ俄ニ上進シタルコト実ニ其ノ主因ナリト謂ハサルヘカラサル」として「目下営業税ノ徴収ニ多ク故障ヲ見サル所以ノモノハ、主トシテ政府カ課税標準ノ決定ニ付稍々寛容スル所アルニ因ルモノナリ」と指摘している。したがって、仮に増税をすると「各地紛然トシ其ノ施行ニ抵抗シ結局課税標準額ヲ低下シテ税率増加ノ負担ヲ免ルルニ至ルヘシ」と結論づけている。

ここで、大蔵省は、営業税を国税化したことにより紛擾が起こったのは、官吏の徴税方法の問題もあったが、主因は増税になったからであると認識していた。それは税吏が課税標準の決定を寛容にして事実上の税負担を軽減したことにより紛擾が収まったことに示されており、もし税率を引き上げれば紛擾が再燃するとみていた。

小括

政府は、地方税として府県によって課税標準が異なった営業税を国税化することによって増収を図るとともに、商工業者にも衆議院議員の選挙権を与えることなどを理由に、営業税を国税化することを検討していたが、これが実現したのは日清戦後であった。

営業税の国税化は、帝国議会においては大きな反対はなく成立し、商工業者の国政への参政権の拡大をもたらした。商業会議所連合会は、法律が成立した後、政府案を検討し、主として課税標準を改めるように建議し、施行後に全国で紛擾が起こってからは全廃論を建議したが、政府がこれらの建議を受けいれることはなかった。

営業税の国税化後、全国で紛擾が起こったが、主要な問題は、売上高や建物賃貸価格の評価、小売と卸の区別など、物品販売業に対する課税方法をめぐる問題であった。先行研究では、小資本家や小経営者が反対運動の中心となり、大都市に比べれば地方の商業会議所の方が営業税に強く反対したとの結論を出しているが、逆に経済力の最も強い東京が最も強く営業税の廃税を主張したように、そのようなことは検証されない。

商工業者の不満を受けて、衆議院には、営業税の課税標準の改正を求める営業税法の改正法案が議員立法で提出され、衆議院では超党派で可決されたが貴族院で廃案となった。この時は、営業税の課税額による負担感よりも課税方法による負担感の是正の方が重要課題であり、後の時代に見られたように憲政党（後の政友会）と憲政本党系の間で営業税をめぐる立場の差もなかった。むしろ、衆議院の民党に対して政府と貴族院が協調して対峙するという初期議会の構造がそのまま顕れていた。

大蔵省は、営業税の国税化直後から、営業所得を課税標準とすれば良税となることや公選の調査委員会を設けて課税評価の公平性を確保することが必要であると認識していたが、制度の変更をするつもりはなく、事実上営業税の課税標準の決定を寛容にするという運用上の対応により、営業税反対運動を鎮静化させた。

注

1 牛米努「営業税と徴収機構」『税務大学校論叢四八』大蔵税務協会、一九九五年。堀口和哉「営業税創設の沿革と意義――直接税制度の発展に果たした役割」『関東学園大学経済学紀要』第二六集第一号、一九九九年三月。

2 江口圭一「第一章　一八九六―九七年の営業税反対運動」『都市小ブルジョア運動史の研究』未来社、一九七六年、二一―一一九頁。

3 久保平三郎『営業収益税法臨時利得税法精義』東洋出版、一九三五年、一三―一七頁。

4 大蔵省編纂『明治大正財政史　第七巻　内国税下』財政経済学会、一九三八年、一―二頁。久保前掲『営業収益税法臨時利得税法精義』一六―一七頁。

5 「地方税中営業税雑種税ノ種類及制限ニ関スル布告」『松方家文書』第三三冊四。

6 「地方税中商業税改正私案」『松方家文書』第三九冊八。

7 「営業税ヲ設ケ諸税ヲ整理スルノ趣意書」『目賀田家文書』第三冊五。

8 「営業税則案」『松尾家文書』第三三冊六。

9 牛米前掲「営業税と徴収機構」四三九―四四〇頁。「営業法意見」『井上毅伝　史料編第二』明治二十一年十二月二十日、井上毅伝記編集委員会、一九六八年、六二三―六八頁。

10 『読売新聞』一八八九年一〇月一日。

11 『読売新聞』一八八九年一一月二六日。

12 「営業税法案」『松尾家文書』第三三冊七。
13 「営業税法制定ノ議」『松尾家文書』第三三冊五。
14 「財政意見」『松方家文書』第二一冊三三、一八九五年八月一五日。
15 政府は、戦後経営のための歳入を確保するため、三回に分けて増税を図った。第一期は営業税の国税化、登録税の新設、酒造税増徴、葉煙草の専売法の新設、菓子税、車税、船税、牛馬売買免許税、煙草税等の諸税の整理。第二期の増税は地租増徴（年率二・五％の地租を三・三％へ）、酒造税増徴、所得税改正、登録税増徴と印紙税、兌換銀行券発行税、噸税の新設。第三期は、酒造税増税、麦酒税新設、砂糖消費税新設、葉煙草専売率引上、関税増徴（小林丑三郎・北澤進『明治大正財政史』巌松堂、一九二七年、一七二―一九七頁）。
16 「営業税を国税となすこと」『東京経済雑誌』第七八九号、一八九五年八月三一日。
17 牛米前掲「営業税と徴収機構」四二六頁。
18 「営業税法案」『松尾家文書』第三三冊七。
19 「第九回帝国議会衆議院営業税法案委員会速記録」一八九六年一月一六日、一月二八日、二月五日、二月一〇日、三月二日、三月五日、衆議院『帝国議会衆議院委員会議録　明治編六』東京大学出版会、一九八六年。
20 坂野潤治『明治憲法体制の確立』東京大学出版会、一九七一年、一〇七頁―一〇八頁。
21 「営業税の直接国税編入」『東京経済雑誌』第八三三号、一八九六年七月一一日。
22 『東京経済雑誌』第八一一号、一八九六年二月八日。『東京経済雑誌』第八一二号、一八九六年二月一五日。
23 『東京商業会議所月報』第四六号、一八九七年六月。
24 東京商工会議所蔵。
25 渋沢青淵記念財団竜門社編纂『渋沢栄一伝記資料　第二十二巻』渋沢栄一伝記資料刊行会、一九五八年、六九―七二、一九三―一九五頁。
26 東京商業会議所発第一九七号「営業税法改正ノ義ニ付建議（請願）」一八九六年一一月。
27 石井裕晶『中野武営と商業会議所――もうひとつの日本近代政治経済史』ミュージアム図書、二〇〇四年、三一―一九四頁。江口前掲『都市小ブルジョア』四七―九二頁。
28 「営業税徴収の実況」『東京経済雑誌』第八七五号、一八九七年五月八日。

29 「営業税の弊害、俗吏の悪風」『東京経済雑誌』第八七六号、一八九七年五月一五日。
30 須坂税務署『営業税台帳』明治三十八年―四十二年、税務大学校租税資料室蔵。
31 松方首相が田口卯吉に出会ったとき、松方から田口に対して「島田（三郎）等と一緒に営業税について非常に運動仕ちょるが、聞けば営業者を教唆して行くさうではないか」と批判した上で「君等は納税人の苦情ばかり聞いちょって納税人の狡しいことを知らんもんじゃから矢鱈に収税吏を悪者と思っちょるのじゃろう」と述べたのに対し、田口は「自分が払う所の借家賃よりも高い賃貸価格を払うもの多し（中略）営業人を召喚して其営業を妨害し説諭に服せざる間は帰宅を許さざるが為に止むをえず之に応じたるなり（中略）近々証拠書類を尊覧に供せん」などの会話があったと伝えられている（『日本』一八九七年七月一七日）。
32 「営業税反対運動一束」『東京経済雑誌』第八八〇号、一八九七年六月一二日。
33 「営業税の責に任ずるものは誰ぞ」『東京経済雑誌』第八八一号、一八九七年六月一九日。
34 「営業税執行ニ関シ注意スベキ諸点」『目賀田家文書』第二冊一二。
35 「営業税ノ徴収額ヲ配賦税ノ如ク誤認セシメザルヨウ注意スベシトノ意見」『目賀田家文書』第二冊一三。
36 『日本』一八九七年六月一日。
37 『日本』一八九七年六月一三日。
38 『日出新聞』一八九七年六月一五日。
39 菅原通正『菅原通敬伝　前編』一迫町、一九九三年、一三五―一三七頁。
40 『東京商業会議所月報』第六四号、一八九七年一二月。
41 『東京商業会議所月報』第六三号、一八九七年一一月（調査に当たった委員は、中野武営（委員長）、末延道成（三菱）、加東徳三（株式仲買人）、荘田平五郎（三菱）、井上角五郎（鉄道事業等）、朝吹英二（三井）、吉田幸作（質業）の七名）。
42 前掲『渋沢栄一伝記資料　第二十二巻』二〇七―三〇四頁。
43 石井前掲『中野武営と商業会議所』一八六―一九三頁。江口前掲『都市小ブルジョア』二九―四〇頁。
44 「営業税法全廃ノ義ニ付建議（請願）」（東京商業会議所発第一六三号）、一八九七年一二月二七日、東京商工会議所所蔵。

45 「東京商業会議所役員会議事録」第一六二五号、東京商工会議所蔵。
46 江口前掲『都市小ブルジョア』二二頁。
47 江口前掲『都市小ブルジョア』三四頁。
48 江口前掲『都市小ブルジョア』三五―三六頁。
49 江口前掲『都市小ブルジョア』九七―九八頁。
50 『日本』一八九七年六月二八日。
51 江口前掲『都市小ブルジョア』一〇五―一〇六頁。
52 江口前掲『都市小ブルジョア』二八頁。
53 「営業税法中改正法律案」『松尾家文書』第三三冊一四。
54 「衆議院営業税法中改正法律案審査特別委員会速記録」一一、一二、一三回、衆議院『帝国議会衆議院委員会議録 明治編一二』東京大学出版会、一九八六年。
55 「営業税調査法案」『目賀田家文書』第一冊一四。
56 牛米前掲「営業税と徴収機構」四二九頁。
57 江口前掲『都市小ブルジョア』四七―九二頁。
58 「増税ニ関スル問答書」『目賀田家文書』第七冊一六。
59 「租税制度其他財政ニ関スル調査」(明治三十五年九月)『水町家文書』第三冊六。

第三章

日露戦後の財政運営と営業税法改正（一九〇六年—一九一〇年）

三税廃止から営業税減税へ

本章では、日露戦争後に増税された非常特別税の整理問題が提起されてから、最終的に一九一〇年に営業税の減税に帰着するまでの過程を明らかにする。

日露戦後から大正政変に至るこの時代については、桂園体制の確立とそれが崩壊して大正政変につながっていく過程を中心に近代史の一つの焦点としてこれまで研究が積み重ねられてきた。[1]

商業会議所による三税廃止運動や増税反対運動について、松尾尊兊（一九七四年）らは、ポーツマス講和条約反対運動以降の民衆運動の高まりによる大正デモクラシーの始まりとして注目した。[2]一方、三谷太一郎（一九六七年）やテツオ・ナジタ（一九七四年）は、日露戦後に藩閥体制に対抗して政友会が政党政治を進展させる過程の中に民主主義の発展をみたが、政党政治に影響を与えた要素としては明確に組み込んでいない。[3]

このように民衆運動の高まりと政党政治の進展という、民主主義の発展の二つの側面を踏まえ、坂野潤治は、日露戦後の政治は、限られた予算の分配をめぐり、陸海軍と政友会に加え、初めて商業会議所も政治主体として含め、それぞれの政治勢力がどのような関係をもったかという包括的な分析の視座を提供した。

そして、坂野（一九九四年）は、商工業者による廃減税運動が十分な成果を上げられなかったのは、農村の減税運動を体制の中に吸収するための山県閥と政友会との半恒常的な提携関係があったからだと分析した。[4]

このような先行研究を踏まえ、商業会議所の求めた三税廃止要求が実現せず、なぜ逆に石油消費税等の増税が実施される結果になったのか。そもそも、大蔵省はどのように財政再建を進めようとしたのか。なぜ桂内閣は三税廃止法案に強く反対して、桂自身の大きな政治目標であるはずの非政友勢力の合従を失敗させてしまったのか。そして、商業会議所は三税廃止から営業税の減税に運動の方向を転換する一方、商工業者の反対した増税を支持し三税廃止法案を否決した政友会が、なぜ営業税の減税を積極的に支持しこれを実現させたのか。また、桂は金融界をはじめ財界との関係を深めたが、従来から経済界の中心であった商業会議所との関係はどのようなものだったのか。

本章では、『水町家文書』や商業会議所関連の一次史料などを活用しながら、これらの論点を中心に、この時期の政治経済過程を分析する。

第一節　日露戦後の財政運営方針

一　税制整理問題

日露戦後数年の議会は、戦費調達のため二度にわたって増税された非常特別税の取り扱いを中心にした税制問題を軸に展開したといっても過言ではない。第二四回帝国議会（一九〇七年末）では増税問題が、第二五回帝国議会（一九〇八年末）では三税廃止問題が、第二六回帝国議会（一九〇九年末）では税制整理関連の法案（地租軽減、所得税減税、営業税減税、通行税廃止等）が論点となった。

非常特別税は、戦争終結の翌年末までの臨時措置として導入されたが、第二三回帝国議会において政府はその恒久化を図った[5]。これに反対する憲政本党の批判を受けて、政府は非常特別税を恒久化する代わりに調査会を設置して二年以内に改正案を帝国議会に諮ることを約束した[6]。

大蔵省は若槻禮次郎次官を委員長とする税法審査委員会を組織し、大蔵省の本省、専売局、税務監督局の高等官を委員として一九〇六年五月から一二月まで五〇回にわたり調査を進めた。そこでは、地租、所得税、営業税などの既存の税制の改善の要否について検討し、必要な改正法案を提案した。それは単に税法の修正や減税だけではなく、酒類専売、砂糖専売、不動産税、家屋税、壮丁税、酢税、石油消費税、燐寸消費税、茶消費税、紙消費税という新税の可能性についても検討された[7]。その際、政府は内部だけで検討し、商業会議所に公的に意見を照会したのは、「非常特別税ノ影響等ニ関スル件」として非常特別税による問題や物価への影響についてのみであった[8]。

そこで、東京商業会議所は一九〇六年四月に税法調査委員会を設け、政府の検討と並行して実業界の意見をとりまとめるべく検討を始めた。[9] さらに、八月に函館で開いた商業会議所連合会は、「税法改廃ニ関スル調査ヲナス決議」をして検討を始めた。[10] そして、東京、大阪、神戸、京都、名古屋の各商業会議所から選ばれた主査が審議をした上で、同年一〇月に臨時商業会議所連合会で、塩専売制、通行税、織物消費税の廃止と、所得税及び営業税の修正などを求める「税法改廃ニ関スル建議」を決議し、政府に提出した。[11]

この中で、営業税については、「今日に於て之を根本的に改善せんとするが如きは到底現実の事情の許さざる所なるを認むるが故に、吾人は暫く大体の税制を存じて適宜其条項に修正を加へ、以て出来得る限り一面には納税者の苦痛と煩労とを少なくし、一面には負担の均衡を是正するの必要を認む。」として、全廃ではなく修正を求めることとした。[12]

これらの修正点は、物品販売業の課税標準から建物賃貸価格を削除すること、卸小売の税率や、売上多額だが薄利な特殊品については通常の税率よりも引き下げること、銀行業や製造業などの建物賃貸価格を半減すること、従業者の年齢一五歳以下の者には課税しないこと、建物賃貸価格は直接営業に使用するものに限ることなどであり、その後も大きな論点となった問題点であった。

ここで提起された三税廃止問題は、『立憲政友会史』が、「商業会議所は広く（税制整理の）意見を世に発表し更には三悪税廃止説となって多年にわたり政界の問題となった。」と記述しているように、日露戦後の経済運営のみならず政界の再編などに大きな影響を与える問題となった。[13]

商工業者による減税運動は、戦争中や財政状況が厳しい時には比較的鎮静化しているが、財源確保の見通しが出て、現実性が高まると活性化する。

阪谷芳郎蔵相は、日露戦後の活況が続く中、一九〇六年九月一六日の大阪銀行集会所で明治三十八年度の歳入剰余は五―六百万円であり、明治三十九年度もまた剰余を見るのは難しくないとの発言をし、商業会議所の期待感を高めた[14]。商業会議所は三税廃止を強く訴え始めたが、それには歳入に剰余金が見込まれると楽観していたことが背景にあった。

商業会議所連合会は、三税廃止の意見を政友会の政務調査会に説明し、一九〇七年二月に阪谷大蔵大臣をはじめ政友会、憲政本党、大同倶楽部や貴族院の土曜会にも説明し、政府もこれを尊重するように申し入れた。

それではなぜこの時、商業会議所は、三税の廃止に焦点を当てたのだろうか。結局、三税廃止が実現せず、その後、営業税廃税問題が商工業者の中心課題になっていったことを考えると、特定の産業にしか便益の及ばないこれらの税制を商業会議所が取り上げたのはなぜか。

商業会議所は公式には、塩専売については「塩ハ人生一日モ欠クベカラザル必需品ナリ而シテ塩専売ハ最モ過重ナル所謂禁止的ノ消費税ナリ（中略）帝国人口ノ大部分ヲ組成スル下級細民ノ負担」に帰すこと、通行税についても「幾千万ノ下級民衆ニ直接多大ノ苦痛」を与えていると、いずれも逆進性を理由にして廃止を求めている。織物消費税については「人生ノ必需品タル衣服ニ課税スルモノ理ニ於テ既ニ良制度ナリト謂フベカラズ」と主張するなど、逆進性よりも課税方法と徴税方法に問題があり単純には解決できない問題なので廃止すべきと主張している[15]。しかし、実際には、そのような社会政策的な主張だけで商業会議所が動いていたのではなかった。

① 織物消費税

織物消費税廃税運動の中核となったのは、京都や桐生、足利などの織物業者であった。織物が出荷される時に課税されたので実質的に製造業者たる織物業者への負担となっていたからである。これに対して大阪などの織物商は、直接の負担感は織物業者ほど強くなかったため、廃税の議論の結果、納税者が織物業者から販売業者に変更されることや、織物消費税が撤廃されて納税済みの織物について税金が還付されない場合に大きな損失を蒙ることを警戒した[16]。

織物消費税全廃を主張する京都の西村治兵衛は、商業会議所連合会において「本税ニ対スル苦痛ヲ感スル最モ大ナリト、全国機業家ハ全廃ヲ希望シ、大阪東京ノ如キ問屋仲買人ノ所主地ガ全廃ノ後納税品ニ対スル戻税法ニ関シ顧慮シ、名古屋ニ於ケル小売業者所主地ノ又本件ニ関シ質疑セラレルハ各立場ヨリ論シ、吾輩尤モ其然ル所以ヲ信スル」と、大阪や名古屋における問屋や仲買人、小売の立場から全廃に反対する理由はあろうが、断じてこれを永久税とすべきではないと主張した。しかし、このような廃税論は、織物業者と販売業者の間での利害対立を反映し、単純には調整できなかった。[17]

商業会議所連合会では、大阪と神戸は改正説、京都は全廃説と議論二派に分かれて、製造業者と販売業者の対立を反映して激しい論争が行なわれたが、最終的に東京が「要スルニ煩雑混雑、此位取締ノ立タナイ税ト云フモノハ恐ラクアルマイ」として、改正案も紛雑を増すだろうという理由から全廃説を支持し、商業会議所連合会は廃止すべきとの結論を出した。[18]

② 塩専売

塩が専売制となり、塩価が上昇したことで消費者からの批判が高まった。しかしこのような消費者の苦情だけではなく、中小零細の塩業者の中には事業の集約を求められて経営が厳しくなるものが出たり、従来から塩の販売を行なってきた問屋や小売商には商機を失うものが出るなど、官業による民業圧迫に対する不満が高まっていた。[19]

③ 通行税

通行税は私鉄の経営を大きく圧迫していた。東京市では、一九〇六年に東京市の東京電車鉄道、東京市街鉄道、東京電気鉄道の三社が合併して東京鉄道株式会社を設立する際、三銭の運賃（その内一銭は通行税）を四銭均一制とすることにしたが、市民は「電車運賃値上げ反対市民大会」を開催して電車焼き討ち事件を起こすなど社会的問題となった。このため運賃の値上げは難しくなり、通行税の負担が会社の経営を強く圧迫した。日露戦後に国有化された鉄道には負担感はないが、特に近距離の私鉄の経営には大きな負担となった。通行税が維持されたことにより経営が圧迫された東京鉄道は経営が困難になっていた（最終的に一九一一年に東京市により市有化）。[20]

このように商業会議所が三税に注目したのは、税を負担している業界の経営に対する負担感が大きく、それを受けた個別の利益団体による活発な廃税運動があったことが大きな要因であった。それに加えて、日露戦後の物価の高騰などに社会的不満が高まる中、「民衆を自己の側にひきつけようとの算段があった」からだと考えられる。[21]

民衆運動が高まり、新聞論調などにより世論の支持を得ても、それだけでは法律の改正はできない。制限選挙下では、選挙権をもたない一般大衆の支持を得たからといって、議会での投票につながることにはならなかったからである。

商業会議所の三税廃止建議が世論を喚起したこともあり、政府の税法審査委員会も三税の一部又は全部を廃止する代わりに新税により歳入の欠陥を補うと仮定して、三税廃止の可能性についての検討を行なった。その結果、委員会としては代替財源との比較考量で三税廃止を支持できないとの結論を出した。塩専売と通行税を廃止して、家屋税、壮丁税、酢税、石油消費税を創設して歳入を補填する場合には、家屋税を地方税から国税に移すことなどの問題があり、三税を廃止する代わりに不動産税を導入する場合には、不動産業者と動産や勤労から所得を得るものとの間の権衡がとれないという理由からであった。

一九〇六年末に税法審査委員会の報告を受け取った阪谷蔵相は、「税制問題は、頗る重要な問題であるので政府の調査のみをもって完備するのではなく在野有識の士を共に合同調査した上で改正を図る。」と言明し、大蔵省は、第二三回帝国議会終了後の一九〇七年四月に、阪谷蔵相を会長として各省、貴衆両院議員、政党、学識経験者及び東京と大阪の商業会議所会頭を委員とする税法整理案審査会を設けて改めて審議を行ない、七月に結論を出して、次の第二四回議会に関連法案をまとめて提出することとした。[22]

税法整理案審査会の審議においても「税法整理ノ目的ハ負担ノ平衡ト徴税ノ簡便トヲ計ルト同時ニ国庫ノ充実ト歳計ノ鞏固トヲ期スルニ在リ（中略）故ニ現在歳入ノ総額ニ減少ヲ来スカ如キ案件ハ必ス之ヲ避ケサルヘカラス」と、税収を変えない前提で検討を開始したので、税法審査委員会の結論と大きく変わることはなかった。経済界には非常特別税廃止による大きな減税への期待があったが、最終案では明治三十九年度に比べわずか二一三万円の減税案にしかならず、三税廃止も盛り込まれなかった。

二　日露戦後の政策方針の形成と増税の決定

1　日露戦後の財政危機への政府の対応方針

日露戦後は、各種利害団体が財政要求を膨らませた。軍部は、帝国国防方針の策定に従って軍備の増強や外地の経営のための予算拡大を求めた。日露戦後の戦勝気分の中でそれまで抑えられていた地方の利益要求も噴出し、政友会も積極政策の拡充を求めた。さらに、商業会議所を中心とした経済界は、戦争中に非常特別税の増税に応じたのであるから、戦後は戦時の税負担が軽減されることを期待した。

このように各利益団体において歳出拡大や減税への期待が高まる一方、逆に政府の財政状況は急速に悪化していった。一九〇三年末の国債残高は五億六、〇〇〇万円であったが一九〇六年末には二二億一、七〇〇万円となり、この間に国債残高の国内総支出に占める割合は、二一％から七一％へと増加し、国債の中の外債への依存度は一・九億円から一二・四億円へと、三四％から五六％に上った。[23]

日露戦後の経済は活況を呈していたが長続きせず、一九〇七年一月をピークとして下降し、一〇月のニューヨークの株価暴落を契機に、日本においても株式や債券が下落し、銀行の支払い停止や取り付けも頻発した。このため、税収も低下し、内外の市場における公債の発行が困難になり、財政の資金繰りが逼迫する状況になった。その上、米国向けの生糸の輸出が激減するなどにより貿易収支が悪化した【表三－一】。

さらに、外債利払費が嵩み、正貨の流出が止まらず【表三－二】、兌換制の維持さえ危機に瀕した。

それに加えて、一九〇七年四月以降、国庫金の資金繰りにおいて常に現金が不足している状態となり、内外債の売却や大蔵省証券の発行で現金を調達せざるをえなくなった。このように政府の財政が現金の資金繰りで逼迫する事態は尋常なことではなかった。

【表 3-1】 国際収支推移

年	経常収支	貿易外収支臨時項目収支	金	国際収支差
1905	−335,437	592,106	−5,417	251,251
1906	−30,037	131,209	−13,977	87,194
1907	−761	25,255	11,748	36,241
1908	−70,287	67,282	−13,238	−16,242
1909	15,072	132,784	−72,305	75,551
1910	−43,392	117,547	5,083	79,240
1911	−106,634	11,648	16,860	−78,125
1912	−99,872	76,892	10,817	−12,163
1913	−132,362	118,526	19,725	5,889
1914	−27,986	−4,723	18,916	−13,793
1915	242,487	−64,419	16,387	194,455
1916	661,978	−437,823	−78,618	145,537
1917	988,433	−344,642	−236,321	407,469
1918	843,150	−520,557	54	322,646
1919	327,089	−37,570	−324,298	−34,779
1920	−79,333	−226,311	−407,521	−713,164
1921	−246,224	−72,312	−132,531	−451,067
1922	−181,610	−128,152	−1,092	−310,853
1923	−447,560	214,682	126	−232,751
1924	−565,510	255,513	−21	−310,018
1925	−201,836	63,615	21,988	−116,234
1926	−302,389	36,931	31,807	−233,650

（注） 単位は千円。経常収支は，貿易収支と貿易外収支経常項目の合計。貿易外収支臨時項目は，次のとおりであり，概ね外債の収支に対応している。① 政府外債金収入，在外公債償還金，市外債償還金，外国人放資，外国放資金回収の合計（1905 年から 1909 年），② 本邦政府公債募集，外国政府公債償還，本邦政府外債償還，外国政府内地起債，外国人本邦内放資，本邦人海外放資の合計（1910 年から 1913 年），③ 本邦政府外債募集。償還，外国人本邦放資，本邦人海外放資回収，外国人内地放資回収（1914 年から 1922 年）。
（出所） 大蔵省『財政金融統計月報』第 5 号より作成。

この当時の財政当局の雰囲気について若槻禮次郎は、外債により年六、〇〇〇万円の金を外国に支払う必要があるが、貿易は輸入超過で金も外国に出す必要があるという二重に不利な状況であったことが財政上の難題であり、「明治四十一、二年当時が、困りはじめの一番苦しい時で、在外正貨がだんだん減少してくるのには財政当局は身の細る思いであった。」と回顧している。[24]

このような厳しい財政危機に直面し、大蔵省は歳出の削減と歳入の増加に向けての方策を検討した。

一九〇七年九月頃に起草されたと思われる大蔵省の文書である「国庫金ノ不足ノ原因」によれば、国庫金の資金繰りが逼迫する原因は、巨額の未募集公債が存在すること、内外に巨額の正貨があるが、内地使用のために回収を要するものが多額に上っており、このような状況が継続すれば、毎月内地の支払いに必要な現金不足は一九〇八年一〇月には三億五、〇一七万余円に達すると見込んでいる。[25]

【表 3-2】 外債利払額，正貨所有高

	外債利払額(千円)	正貨所有高(百万円)
1905	41,594	479
1906	52,095	495
1907	63,086	445
1908	52,960	392
1909	54,706	446
1910	63,006	472
1911	67,005	364
1912	72,016	351
1913	74,378	376
1914	57,338	341

（出所） 安藤良雄編『近代日本経済史要覧』92頁より。

さらに、仮に市況が公債の状況により公債を発行しなかった場合には、特別会計の現金を充用し大蔵省証券を最高限度まで発行し、内外保有正貨の全部を回収したとしてもなお一九〇八年一〇月には、二一、一八〇万円の不足を生じる可能性があった。しかし、仮に大蔵省証券を発行して内外正貨を回収すると兌換券発行額が現在の二倍に達し、金融市場に悪影響を及ぼすことが懸念された。

そして、通常の歳出入にも厳しい状況であるのに、このままの状況が続くと、翌年に控えた第一回国庫債券約一億円の償還の借換えも難しくなる恐れがあるという財政の危機的状況に直面し、大蔵省は、次のような対応策を検討することとした。

第一　本年度予算定額並ニ臨時軍事費繰越額ニ対シ　更ニ再度出来得限リ多大ノ繰延ヲナスコト　併セテ来年度予算ニ対シテモ大々的削減ヲ加フルコト　(略)

第二　募集許可額(純然不必要トナリシモノヲ除ク)ヲ内地ニテ募債シ併セテ国庫債券ノ借換ヲ決行スルコト　但シ金融市場ノ現況ノ儘ニテハ募集ノ見込少ナキカ故ニ　予メ人気ヲ培養シテ民間ノ応募力ヲ多大ナラシメ同時ニ貯金ヲ奨励シ預金部ニ於ケル公債引受ノ能力ヲ増大セシメ又日本銀行ノ資力ヲ増加シ　其ノ引受能力ヲ大ナラシムルコト　(略)

第三　前述ノ二方法ヲ決行スルモ尚数年膨張スヘキ歳出ヲ支弁スルコト困難ナルヘキカ故ニ　増税ヲ断行シ専売益金増収ノ方法ヲ講スルコト　(略)

ここに示された、①軍事費を除外せずに歳出の大幅な繰延を実施すること、②国債は国内から資金調達し借換を実施すること(金融界における国債の魅力を高めること、貯蓄の奨励により預金部における引受を拡大すること、日本銀行の資本を拡充して国債の引受能力を高めること)、③増税を実施し、専売益金を増加させること、との方針は、西園寺内閣の末期から桂内閣を通して実施された財政・税制政策の基本的な考え方を明瞭に示している。

歴史的に見ると、簡明な政策方針の考え方——戦略——が大きな政策の実践を生み出していくことがあるが、これも同様の意義をもった文書として位置づけられるであろう。

これらの検討を経て、大蔵省は一〇月一五日の会議で、「大蔵省証券の売行増加、未募集公債の発行、外資を利用する方法は適当に塩梅配合して之を用いて焦眉の急に対応して、その後に歳入増加の方法を断固確立する必要を認む」との方針を示し、増税に向けて考え方を強く打ち出した。

増収計画については、酒税、醤油税、砂糖消費税、織物消費税の増税と、新税として、家屋税（家屋に賃貸価格の一〇分の一の課税）、壮丁税（徴兵年齢に達しながら現役に服さないものに三年間三円の課税）、酢税（一石に付一円の造石税）、石油消費税（一石に付一円の消費税）の導入が検討の対象となった。既に税法整理案審査会でこれらの増税の可能性については検討してあったものである。

また、「課税物件ノ調査ヲ周到ニシ、犯則脱税ノ取締ヲ厳密」にすることにより、徴税方法を改善することにより増徴を図ることも検討された。それまでの税務執行の方針では、「都市ニ軽ク村落ニ重ク富者ニ寛ニ貧者ニ厳ナルヲ免レサル」傾向があるのでこれを改めること、所得税納税義務者への質問や、営業税の調査に関して帳簿物件を閲覧する場合などにおいて、「現今ニ於ケル税務ノ執行方針ハ寧ロ消極ニ傾キ」官吏の自由が制約されたとして、正当に付与されている収税官の職権は適正に運用することが提言されている。そして、市街地や准市街地のように所得税や営業税の調査が困難な地方にはなるべく上級の官吏を増置して、その調査に周到を期することの他、税務官吏の地位を高め、待遇を改善し、定員を増加することも提案された[26]。

これら軍事費等の事業の繰延、増税の実施、非募債、金融関係者との関係強化、民間の貯蓄増強、徴税の強化などを骨子とする一連の方針の全体は、本稿で「明治四十年秋の財政再建戦略」と呼ぶこととするもので、大蔵省は、西園寺内閣から第二次桂内閣にかけて、この戦略に基づいて財政、税制政策を周到に実践していくのである。

2　大蔵次官水町袈裟六

この時の大蔵省で、財政、税制政策の指揮をとったのが水町袈裟六次官であった。

水町は、佐賀藩士水町邦実の次男として生まれた。佐賀変則中学、大学予備門を卒業して東京帝国大学法科大学に入学し、一八八九年に卒業した。一八九一年に大蔵省に入省し、理財局長を経て大蔵次官に就任した。水町は、官僚であると同時に学者であり、「殆ど古武士の如き謹厳実直の国士也」と評された人物であった。[27]

水町は、一九〇七年四月に若槻禮次郎次官が財務官として海外に赴任した後を襲って大蔵次官に就任し、一九〇八年度予算編成に取り組むが、西園寺内閣により一九〇八年六月三日に休職（更迭）させられた後、英仏駐在を命じられた。しかし、桂内閣が組閣されると同時に七月一六日に大蔵省本省に次官として復帰し、一〇月二〇日に赴任の命令が出るまでの間、桂新内閣の新財政政策を策定し、明治四十二年度の予算大要を実質的にまとめた上で、年末に欧州に赴任した。

日露戦後の不況により財政危機が到来した後、西園寺内閣と第二次桂内閣の財政税制政策の骨格が形成される時の大蔵省の事務方の責任者であった。

日露戦後の財政運営に水町が大きな役割を果たしたことについては、西園寺内閣の時に大蔵省理財局国庫課長であり、その後桂太郎の秘書官となった長島隆二が、日露戦後の税制経済整理は余程の難局であり、桂太郎が「意見の大綱は自分自ら立てた。然し此の時枢機に与って実行的整理案を立てたのは（中略）水町袈裟六氏であった。（中略）此当時の財政経済整理案は後に若槻君が桂蔵相の下に次官となって実行の衝に当たったが、これを最初から主張し且つ決定的なものに仕上げたのは水町氏であった。」と回顧していることからもうかがえる。[28]

日露戦争において外債により多額の戦費調達をしたことにより、戦後の財政政策には巨額の外債残高が残り、対外債務を返済しながら、日露戦後に増大した財政需要に応えていくことが求められた。巨額の外債調達により、日本の財政と国際金融市場とが初めて本格的に直結し、日本政府は海外の動向を把握しつつ、国内外の投資家の信認を得るように経済運営を行なわなければ公債も発行できず、兌換制も維持できかねない状況になっていた。

そこで財政や内外の金融市場を専門的、技術的な観点から掌握し財政金融政策を実施していく大蔵官僚の役割が日露戦後、格段に高まった。大蔵官僚は、基本的な政策の企画立案を行ない、主要な権力者が意思決定するために必要な情報とシナリオを提供しこれを実践する役割を担っていた。

水町は、東京帝国大学で田尻稲次郎の門下となって自由主義、緊縮財政の傾向の強い学風に育った。そして、水町は日露戦後の財政運営の考え方について、英国では一七世紀のスペインとオーストリアとの王位継承戦争と一八世紀のナポレオン戦争の後、フランスは普仏戦争の後、増税により厳しい時期があったが、経済は回復し今日の隆昌を見たのであり、

日露戦後ノ我国状ハ奈翁戦後ノ英国、普仏戦争後ノ仏国ヨリモ猶一層困難ナル地位ニ在リ（中略）我戦後ノ経営ハ対世界的ニシテ其ノ規模ヤ頗広汎、内外ノ情勢ハ徐ニ退嬰ノ策ヲ講ジ晏如トシテ休養スルノ秋ニ非ズ（中略）近年世界ノ各国ハ文明ノ進歩国際交通ノ発達ニ伴ヒ国家的行動ノ畛域《しんいき》益増大シ国家ノ経費ハ従テ増大シ毎年新財源ヲ求ムルニ汲々タラサルハナク（中略）要スルニ戦後初メテ行ハルベキ年二千万円（一人当四十銭）ノ増税ヲ以テ征税黎民ノ膏血ニ迄ブモノナリト為シ国家経済ノ破壊ナリト誇張唱道スル消極的悲観論者ノ如キハ内外ノ情勢ニ通ゼズ国家経費ノ生産力ガイカニ多大ナルヤヲ弁セス一時ノ偸安ヲ希ヒ木ニ縁リテ魚ヲ求メントスル姑息者流ニ過キザルナリ

と、大きな戦争の後はいかなる国でも税負担が重くなるが、それによって国家経済がなり行かなくなるわけではないし、日露戦後経営が世界的規模になり文明の発達にともない経費は拡張するものであると確信していた。

そして、財政を鞏固にして戦後経営を着実に実施していくためには増税が必要であり、これに反対しているのは「消極的悲観論者」であるとしてこれを退けた[29]。このように水町は、「信念として」増税が必要であると考え

ていた。このことは議会対策として増税に関する膨大な想定問答（一一七問）を作成し、綿密に論拠を詰めていたことに示されている[30]。

3　増税方針等の決定

大蔵省事務方の方針が省全体の方針となり、一〇月二八日に臨時閣議が開催され、明治四十一年度概算要求について、次のとおり阪谷蔵相から報告がなされた[31]。そして、一一月五日と六日にかけて概算予算に関する第一回閣議が開催され、審議が行われた。

閣議

第一項　明治四十一年度概算予算ハ別冊大蔵省査定ノ通決定ノコト（別紙略）

第二項　右四十一年度概算並四十年度ヨリ繰延ノ事業進行ノ為メ　明治四十一年十二月償還満期トナルヘキ国庫債券一億（戦時中期債ノ短期債権二億八千万円ノ内）償還ノ為メ明治四十一年度ニ於テ必要ノ公債ヲ内外市場ニ於テ募集スルコト

第三項　戦後経済機関拡張ノ必要ト前記公債募集其他財政運用ノ必要上　日本銀行保証準備発行ノ制限一億二千万円ヲ一億七千万円ニ増加シ　並日本銀行ノ資本三千万円ヲ相当ニ増加セシムルコト

第四項　四十二年度以降年額約五千万円ノ増税ヲ決行スルコト（初二年ハ収納額五千万円ニ達セス）

第五項　前記増税ノ上尚不足スヘキ別表予想金額約四千万円（四十二年度ヨリ四十四年度マテ平均約千三百万円）ハ一時限リノ費途ニ付実際予算ノ編成ニ臨ミ他ニ繰合ノ途ヲ取ルコトアルヘシ

右ノ他短期国庫債券一億八千万円（第二項ノ一億円償還後次テ満期トナルヘキ分）ノ償還並ニ鉄道国有公債約五億円ノ処分並年々鉄道電話等拡張改良ノ分ニ要スル公債年額約三千万円ノ始末アリ四十五年度マテノ財政

ハ実ニ容易ナラス故ニ各省歳出ノ節約国民一般農商工業ノ奨励其他地方費ノ節約等充分断行ノ必要アルハ論ヲ待タス

月日　大蔵大臣

総理大臣宛

追テ官吏増俸（三割増約年額千五百万円）ハ極メテ其必要ヲ認ムルト雖モ歳計ノ状態ハ今後三四年間別表ノ如ク余地ナキヲ以テ暫ク他日ノ問題ニ譲ル

この時、閣議に参加した原敬は、阪谷から、従来の計画を踏襲して予算を編成すれば歳入が一億円不足する可能性があるため、「五千万円の増税をなすの外なし」との説明があったと記録している。翌日も臨時閣議があり各大臣から大蔵省の査定への不同意点を説明したが、「何等決する所なく」退散した[32]。

一〇月二八日に大蔵省から示された閣議決定案には、事業の繰延、増税という二つの大きな問題が含まれていた。陸軍をはじめとする軍事予算の繰延は、元老の山県有朋が支持しなければ実現できなかった。増税は衆議院の多数を占める政友会が合意しなければ実現できなかった。また、公債発行は、銀行をはじめとする金融機関の納得が必要であった。

これに対し、最大の歳出予算をもつ陸軍省が事業の繰延に抵抗した。そして、与党の政友会の西園寺公望と原敬は翌年に控える衆議院総選挙があることもあり増税に反対し、事業の繰延がない限り増税は受けられないとの立場を守った。
そこで井上馨は、陸軍の大繰延を含めた経費削減を主張し、関係の元老や政友会に働きかけを始めた。一一月二六日、井上と松方正義は、陸軍の大繰延を警戒していた山県有朋と会談を行ない、三人の意向として今期議会に増税案を提出することで殆ど意見が一致したと、原敬は伝えている。[33]一方、増税による不評を恐れて危機感を覚えた原敬は、井上に対して、政府が非常な決意をもって経費節減をしなければ増税はできないことを訴え、井上の翻意を促そうとした。[34]
陸軍軍事費の繰延が先か、増税が先か、という睨みあいが続く中で、調整力を発揮したのが桂太郎であった。一二月二日に西園寺首相が桂太郎に軍事費の繰延の実施を愁訴し、これに同情した桂が、翌日の三日に寺内正毅陸相を招いて軍事費の繰延を納得させ、五日に自ら井上を訪問してこの意を示し、同時にその席にいた原と寺内に繰延と増税によるしかないと納得させたという。[35]桂が陸海軍で五、〇〇〇万円の繰延は可能であろうと発言したのをきっかけにして、事業繰延と増税というそれぞれが痛みを分かちあう方向の調整が進んだのである。[36]
続いて、一二月六日、西園寺、原、寺内、阪谷で、陸海軍で四、〇〇〇万円繰延、各省において一、〇〇〇万円の節約、煙草、酒、徴税改良でいかなる財政案ができるか大蔵省で検討することになった。しかし、陸軍は、二、〇〇〇万円の繰延を実施しても一、〇〇〇万円は臨時事件の支弁に使うとし、海軍は六ヶ年で四、〇〇〇万円ばかりであるが四十一年度は三〇〇万円減とするとして消極的であった。
一二月一四日、西園寺首相、阪谷蔵相、寺内陸相と斎藤海相が会談し、増税の対象品目からは酢と醤油を除き、陸軍が二、〇〇〇万円ずつ三年間、海軍が六ヶ年で五、二〇〇万円の繰延を実施することで調整をつけた。[37]数日前の陸海軍の対応に比べれば、最後の段階で両者から思い切った繰延案ができた。
こうして、一二月一五日の明治四十一年度概算要求決定閣議において、次のとおり新たに酒税と砂糖消費税の増徴、石油消費税を創設するという増税の方針が決められ、陸軍は二、〇〇〇万円ずつ三年間、海軍は六年で五、二〇〇万円の繰延を決定した。[38]

そして、翌日の一六日の臨時閣議には井上馨、松方正義、桂太郎が出席し、閣僚とともに明治四十一年度概算要求案に署名した。[39] この概算要求案の決定にいかに元老が関与していたかを示している。

曩ニ明治四十一年度概算ニ関連シテ閣裁ヲ求メタル同年度以降ノ財政計画ヲ左ノ趣旨ニ依リ修正ス

歳入ノ部

一　今期議会ニ左記増税ヲ提案シ明治四十一年度ヨリ之ヲ施行スルコト

酒税、砂糖消費税、石油消費税

右ノ増収ハ徴税費ヲ差引キ一箇年ノ全額約二千万円ニシテ其初年度ハ約五百二十万円トス但徴税費ハ年額約二百三十万円ノ増加ヲ要ス

一　現行ノ税目徴税取締ヲ厳ニシ増徴ヲ計ルコト

右ノ増収ハ徴税費ヲ差引キ一箇年ノ全額約六百七十万円トス　但シ徴税費ハ年額約百十一万円ノ増加ヲ要ス

一　煙草ノ定価ヲ引キ上ケ専売益金ノ増収ヲ計ルコト

右ノ増収ハ徴税費ヲ差引キ一箇年ノ全額約千百万円ニシテ其初年度ハ約六百万円トス

一　条約改正ノ時期ヲ俟テ関税率ヲ改定シ増収ヲ計ルコト

右ノ増収ハ一箇年ノ全額約千二百三十万円ニシテ其初年度タル四十四年度ハ約八百二十万円トス

一　鉄道郵便電信及森林鉱山等ノ増収ヲ計ルコト

右ノ増収ハ経費ヲ差引キ一箇年ノ全額約四百万円

右五項ノ増収合計一箇年ノ全額約五千二百七十万円ニシテ其初年度ハ約二千百万円トス

歳出ノ部

一　各省継続費ノ内其年度額ヲ変更シ四十一年度乃至四十三年度ニオイテ約八千三百万円ヲ繰延ヘ之ヲ適当ニ後年度ニ分配ス

一　各省四十一年度概算内定額ニ対シ第一回査定ノ後復活シタル全額中特定ノ財源ナキモノハ総テ之ヲ削減ス

右ハ明治四十一年度予算編成上緊急決定相成度別表相添ヘ茲ニ閣議ニ提出ス

明治四十年十二月　日

大蔵大臣法学博士男爵阪谷芳郎

内閣総理大臣侯爵西園寺公望殿

陸海軍も含めた予算の調整や増税の可否については、本来、西園寺公望首相や阪谷蔵相が行なうべきものであったが、彼らはそのような調整をする能力がないことを晒してしまった。その一方で、井上馨は「桂侯爵ノ異常ナル尽力ニ因リテ陸海軍費ノ繰延其他モ行ハルル事トナリ」（傍点筆者）と述べて[40]、桂の調整力に対して評価が高まり、桂が復権する大きなきっかけを作った。
原敬はこの結果について、「増税案を出すのは山県系の術策というものもいるが、彼らを制する術もないと信じたので増税に同意した。本意は四十二年度予算編成まで待つべきだと思ったが、元老の容喙で已むをえず。」と述べて、増税が先行することを避けたことには安堵感を示した。[41]
このように概算要求案は閣議決定したが、逓信大臣の山県伊三郎が鉄道事業の一三年計画を立て、規定の予算に一億三、〇〇〇万円の予算を要求したことについて、阪谷蔵相が元老や閣員の合意と異なっていると反対し、両者が対立し、西園寺首相は総辞職を申し出るに至った。しかし、明治天皇が内閣を慰留し、山県と阪谷の二人が責任をとって辞職した。[42]

4　事業繰延と増税実施の主導権

先行研究においては、このように増税が決定されたのは、井上馨や松方正義などの元老が主導権をもって西園寺内閣に働きかけ、桂太郎が政権を獲得するために不人気な増税を西園寺内閣に実施させたとの説が通説になっている。

例えば、柴崎力栄は、「日露戦争中、財政上の政策決定は天皇の命を受けて内閣を援助した松方正義、井上馨の二元老によって掌握されていた。」とした上で、若槻禮次郎が「日露戦争が済んで、もうその必要がなくなってからも、大蔵省に対する井上侯のお目付ぶりは少しも変わらなかった。（中略）政府の大きな財政方針は、侯の諒解を求めなければならなかった。だから歴代の総理大臣は、桂公であれ、西園寺公であれ、いずれも井上まいりをしたものである。[43]」と記述していることを以って、「戦後になっても、彼らは財政上の主導権を確保していた。」と元老が財政政策に主導性を発揮した根拠としている。そして、「明治四十一年度予算編成に際して元老のイニシアテイブによって西園寺内閣の積極政策に修正が加えられ、増税と陸海軍を中心とする繰延が実施されたということは周知の事実に属する。」、「桂太郎は、西園寺内閣に四十一年度に於て増税を実施させ、その後で内閣を譲り受けることを企図していた。」として、桂が政権を獲得するために西園寺内閣に不人気な増税を実施させることを仕組んだものと解釈している。[44]

確かに、井上が一〇月頃から財政の先行きを心配して元老松方正義や西園寺首相に働きかけを始めたことや、山県系が西園寺内閣の倒閣と桂の擁立を担っていたことを警戒していたことは、『原敬日記』からも読み取ることができる。

しかし、井上や松方、さらには桂が目指した政策は、それに先だって大蔵省の事務方が「国庫金不足ノ原因」について事務的に分析した上で打ち出した、軍事費を含めた歳出の大幅な繰延や増税の実施などの方針を基本的前提としていた。

水町ら大蔵省の事務方からすれば、このような方針を実現するためには、西園寺首相や阪谷大蔵大臣が、軍事費の繰延に強く反対しそうな陸軍や、選挙を控え増税に反対しそうな多数党を説得することが筋であったであろう。しかし、西園寺は、元老井上が陸軍予算の削減をして財政を鞏固にしようと提案したことについて、「夫れは山県だに承知せば出来得る事なり、但し自分が一たび之を言ひ出して行はざる時は辞するの外なし」と陸軍と直接交渉して調整する意欲をもっておらず、代わりに桂に調整を依頼するなど、自ら積極的に調整を図るだけの意欲と実力は乏しかった。[45]

以上の状況から判断すれば、この時の政治過程は、軍事費の繰延と増税の実施という政策を果断に実施する必要がありながら、西園寺首相や阪谷蔵相は政治的な調整能力がなかったために井上や松方が調整に入った、しかし、増税とその前提となる陸軍の事業繰延については、井上でも力が及ばず、最終的に桂が調整過程に入って陸軍を説得して、全体の予算のパッケージを作り上げたという流れであったと思われる。

水町が一二月一三日の閣議に向けて、手書きで「十二月十三日閣議々題、極度マテノ論究ヲ目的トシタルモノ」との文書に添えて、「此朝井桂ニ閣議ノ目的ヲ伝ヘ且ツ此朝マテノ陸海ノ意向ヲ話シヲケリ、此閣議ハ何等決スルナシ、今暮西侯井侯ヲ訪ス　次テ十四日西侯、陸、内、蔵ノ協議アリ、十五日ヲ以テ臨時閣議ヲ開ク事ニ決ス」と記載しているように、大蔵省の事務方である水町自身が昼夜を分かたず精力的に井上や桂などの元老と密接に調整を行なっていたことが示されている。[46]

このような調整の過程で、当初想定したような増税の対象品目が減少し、繰延額も減少したが、大蔵省としては概ね当初のシナリオどおりの成果を実現することができた。

以上のことから、先行研究のように、井上や松方が企画立案して増税を主導したり、桂が倒閣のために増税を西園寺内閣に押しつけたと解釈するのは、原敬の解釈に偏ったり、行政の専門性が格段に強くなった時代における元老の役割についての過大評価があると思われる。むしろ、大蔵省の事務方の示した財政方針を西園寺内閣だけの力で調整して実現することができなかったので、大蔵省の事務方の策定した方針を支持した元老が、大蔵省の事務方の方針を実現するように各省、政党に働きかけをしたと解釈すべきであろう。その結果として、井上は西園寺内閣に強い影響力を確保し、桂は西園寺内閣の脆弱性を認識してこれに代わる意欲を高めることになった。

三　増税反対運動の展開

不況が深刻化する中で、三税をはじめとする非常特別税の見直しにより負担の軽減を期待していたにもかかわらず、逆に政府が新税の導入による増税を閣議決定したことに対して、実業界は、商業会議所を中心として激しい増税反対運動を始めた。

一九〇七年一二月二三日に新聞・通信社は、政界と実業界の同志約百人を招き非増税同志懇親会を開催し、憲政本党を追放された大隈重信や、猶興会の島田三郎、中野武営東京商業会議所会頭も参加して増税反対を訴えた。[47]

東京商業会議所は、一九〇八年一月九日に臨時総会を招集し、満場一致で「財政並税法の整理を遂げずして更に増税を重ねんとするのは国民の利害休戚上看過すべからざる事に属す、吾人は其の放漫を戒め先づ財政並税法の根本的整理を完成せんことを期す。」と、増税反対を決議した。[48]

ここでは中野武営のほか、東京商業会議所の常議員の杉原栄三郎(杉原商会)、根津嘉一郎(東武鉄道)、山中隣之助(第三十二銀行)、馬越恭平(大日本麦酒)、阿部吾市(茨城採炭)、小野金六(富士製紙)、朝吹英二(三井)、豊川良平(三菱銀行)、大橋新太郎(博文館)、星野錫(東京印刷)ら十一名を実行委員に選定し運動を開始した。酒税の増税に関係の深い大日本麦酒の馬越、通行税に関係の深い東武鉄道の根津や中小物品販売業者である杉原、阿部、星野に加え、豊川や山中という銀行関係者、三井の朝吹も参加した。

参加した大橋新太郎は、日本は毎年六、〇〇〇万円以上を外国に元利払する上に、貿易上六、〇〇〇万円の輸入超過があるので、合計一億二、〇〇〇万円の金貨を支払う義務がある中で、陸軍は一二個師団を一六個師団にする、海軍は三一〇万トンの軍艦を六一〇万トンにするために軍事費を継続していることが歳出拡大の原因であり、「全国ノ実業家ガ声ヲ共ニシテ此軍備拡張ヲシナイト云フコトニシナケレバナラナイト思ヒマス」と、増税ではなく軍事費の削減を訴えた。この時は、商工業界と銀行界、大企業と中小企業の利害は一致しており、増税反対は業界を超えて経済界全体の意見となっていたことに注目すべきである。

一月二一日から臨時商業会議所連合会が開催され、毎日のように連合会の議論が報道され、増税反対への世論を強く喚起した。[49] そして、二月一四日に、「財政釐革に関する意見」を決議し、「歳出に十分なる調節を加えもって我が歳計総額を適度に厳縮すること」、「偏武的財政計画を改めもって政費の適正を図ること」、「確実適当なる歳入によって歳計を支持する方針を確立すること」との三大目的の達成を訴えた。さらに、政府が提案した租税法律案について、次のような、「租税整理案に関する決議」を行ない、政府提出の税制整理法案を批判した。[50]

政府が本期議会に提出したる租税整理法律案は、塩専売、通行税及び織物消費税の如き不良制度を全廃せざるのみならず、其の他の諸般に於いても、亦依然として過重なる税率を強課し、全然整理の実なきものと認むるが故に、吾人は断然之に反対すると同時に、本連合会決議の趣旨に抛り、根本的に租税の整理を行ひ、以て国家経済の調整を図ることを期す

この時の増税反対運動に初めて東京実業組合連合会が加わった。東京実業組合連合会は、一九〇五年に設立され、東京の中小事業者を中心とした事業組合等の連合体であった。そして、商業会議所連合会の動きに連動し、二月五日に全国の三六五の実業団体を集めた全国実業組合連合大会を開催した。

東京実業組合連合会会長の前川太兵衛（織維商）の他、清水安兵衛（栃木酒類商組合）、小林乙松（神田薪炭商）、中野武営、早速整爾、富田耕治（名古屋実業同志会）の演説があり、一、三八二名が参加した。[51] そして、「吾人は財政を整理して経済の発展を計り税制を釐革して国本の培養を以て最大急務なりと信す　然るに此際更に新税を起し増税をなすか如きは倍々国運の進歩を妨け産業の発達を害するものと認む　吾人は前項の趣旨に背反する行為を為すものは将来代議士に選挙せさることを誓ふ」と決議し、議員への圧力を通じて増税の反対を訴えた。

増税反対運動に動いたのは、商工業者だけではなかった。金融界も、銀行の破綻や国債価格を維持するため、新規公募の中止と既発債の償還を強く迫っていた。そのような中で、増税が実施されることについては、金融界も反発した。

一月二八日の商業会議所連合会には、渋沢栄一のほか銀行業界から豊川良平、池田謙三も参加した。そこで、

渋沢栄一は、「非常特別税の如き未だ其の処置さへ付かざるに更に増税するは恰も火事の急場に一貫目の重荷を負へるものに更に一貫目の重荷を強ふるものと同一轍にして（中略）余輩は毫も其力を不生産的には消費せざりし考えなり（中略）国家財政の不結果が其原因の最たるものなりの一言にして（中略）これを要するに今は財政の計画を改め之が整理を行ふべき秋なり。」と激しい論調で増税に反対した[52]。

さらに、京阪の銀行家を代表して第百銀行取締役池田謙三は「我々は単に今回の増税に就いて絶対的反対意見を有するのみならず、根本的に戦後の財政計画に反対するものなり。」と、明治三十九年度と四十年度の財政計画に対して極力反対はしなかったが、「その当時はヨモヤ財政当局が陸海軍の要求のままに財政計画を為すが如きことはあるまじ」と信じていたのに、その結果は予期に反して増税に次ぐ増税をしたとは甚だ遺憾である、「全国商業会議所が率先して反対運動を開始し、当局者の干渉にも屈せず、飽くまで目的を貫徹せざれば止まざるの態度を示しつつあるは、予等銀行家の其の労苦を多として同感に耐へざる所なり」と、商業会議所連合会の増税反対運動を支持しつつ、政府を批判した[53]。

商業会議所、京阪の銀行業者、全国各地の実業組合が商業会議所の委員等と連携して増税反対運動をしたことについて『立憲政友会史』は、「我邦実業家等が時の政治問題に関して政府に反対し公々然其運動を開始せるは蓋し之を以て嚆矢とす」と評している[54]。

経済界で増税反対の合唱が起こり、新聞でも増税反対の論調が支配したにもかかわらず、増税法案は、政友会と大同倶楽部の多数により、二月四日に衆議院本会議で可決され、貴族院本会議では、谷干城、木村誓太郎などが反対演説を行なったものの、圧倒的多数で可決され、増税法案が可決成立した。

ただし、税法整理案審査会で検討した政府提案の税制整理法案については、商業会議所も反対しており、政友会は同案を無理してまで成立させる必要はないと判断し、衆議院でこれを否決した[55]。

四　西園寺内閣の倒閣

1　井上馨の詰問

こうして帝国議会では増税法案が成立したものの、国内の公債市場が低迷し欧米の公債市場も恢復しておらず、あえて公債を発行しても不利な条件となるだけであった。このため公債も発行できる環境になく、財政の資金繰りの厳しさは変わらなかった。

そこで、金融界は一九〇八年三月に鰻会を開催し、銀行が倒産するなど厳しい状況になるので国債償還を早期に実施するように松田蔵相に迫った[56]。しかし、松田は「無い袖は振られぬ」と述べ、第一回国庫債券一億円の償還期日を一二月として、割引償還実施をすることしか表明しなかったので、銀行業界から大きな不評を買った[57]。

こうした中、四月一日に井上馨が、阪谷芳郎の欧州行の送別会を開催し、西園寺首相、原内相、松田正久蔵相、林董外相、堀田正養逓相の四大臣、水町次官、橋本圭三郎主計局長、勝田主計理財局長、塚田達二郎臨時国債整理局長、松尾臣善日銀総裁、高橋是清副総裁、添田興銀総裁、長島大蔵書記官を内山田の本邸に招いた[58]。そして、この場を使って、「財政に関する十数カ条の質問」を行なった。その質問を要約すると次のとおりである。

一　第一回国庫債券の償還を発表するも若し借換の希望少き時は全部現金を以て償還するの覚悟なかるべからず果してその財源ありや否や
二　四十年度所要の公債にして未募集のものなきや否や
三　右募集公債は今年十月迄に発行の見込みありや否や
四　右公債の発行策覚束なしとすれば如何にして四十年度の決算に為し得る見込みなるや

五　第一回国庫債券の償還と四十年の未募集公債の始末とは仮に剰余金を以て弁し得るとするも四十一年度に於て別に公債募集を要するものなきや若し必要ありとすればこれを発行するの見込ありや否や
六　公債の発行当分見込なしとすれば国庫剰余金等を以て立替支弁の途ありや否や
七　国庫剰余金も少く公債発行の見込も当分これなしとすれば如何にして鉄道の建設改良等を為し得るや或は公債発行の見込各定まる迄事業の執行を手控ふるに非ずんば財政の前途甚だ危ふからんと思はるるが如何
八　四十二年度以降も毎年四五千万円宛の公債発行を要するが如し然らば毎年四十一年度同様の困難を見るべし殊に第二回第三回の国庫債券の償還も二三年の中に迫り居りまた五億円近き鉄道買収公債も早晩公布を要すべし財政の前途は極めて多難なり如何にしてこれを切抜ける積なりや
九　正貨維持は極めて大切なりこれを維持し得る充分の見込ありや

長島隆二は、「井上侯は松方侯と連名で、西園寺首相初め閣員を内山田の私邸に呼び集めて十数ヶ条の質問を出した。質問というよりは寧ろ詰問であり弾劾であった。（中略）この案を提下げて井上侯爵が閣員に迫る態度は維新当時の井上聞多丸出しで本党に真剣熱烈なものであった。」と回顧しつつ、「其の質問の箇条書は実は私が起草したものであった」と告白している。大蔵省書記官の長島が井上にこれを振り付け、主要閣僚に向けて言わせたものであった[59]。

この時、西園寺首相や松田蔵相、原敬は終始無言のままであり、井上の厳しい質問に対して答えているのは、主として水町次官と松尾日銀総裁であり、実質的に政府で財政政策の主導権をもっていたのは水町であったことが示されている。

この数日後、四月四日付けで主計局長、理財局長、整理局長が「明治四十一年度予算施行並ニ四十二年度以降財政計画ノ大体」について阪谷大蔵大臣あてに閣議の決裁を求めた[60]。

この閣議決定案は、外債の発行を巡る環境や国内の金融環境が厳しく内国債の発行が難しいので国債を財源とする歳出については制限すること、本年の輸入超過額は約八、〇〇〇万円に達する見込なので正貨の流出が約九、〇〇〇万円に上る形勢であり兌換制の維持も厳しい状況になっていることから、歳出の新規要求を抑制すること、当分の間内国債を発行しない方針をとること、国有鉄道のため大蔵省と逓信省の監督の下に特別会計を設けるが、当分の間差益の増加算と業務の改良とすること、そして、これらの項目を実行して減債基金の効用が完全となったときに買収鉄道公債を交付することを内容としている。

この三局にまたがる閣議案は、四月四日時点で決裁されており、四月一日に井上が財政上の質問をする前から、事務方では調整が行なわれていたと考えるべきであろう。この閣議案の前文には、公債発行の困難、鉄道買収公債への対応、正貨の維持の必要性などが掲げられており、井上が指摘した点と合致していた。陸海軍関係者は不在ではあったが、阪谷芳郎の歓送会の場を活用し、井上が関係閣僚や関係局長に対して厳しい指摘をしたことは、閣議決定を行なう上で一度に調整ができ効果的であった。予め、井上と長島がそのようなことを仕組んでいた可能性がある。

2　政友会の大勝と西園寺内閣の退陣

金融関係者や株式市場の関係者は、市況の悪化から金融の融通を訴え[61]、渋沢栄一や豊川良平、池田謙三らが日銀の松尾総裁と高橋副総裁を訪問し、民間への資金融通拡大を訴えた[62]。

大蔵省は、銀行界からの資金放出の要望に応えて、第一回の国債償還を実施したが、二、〇〇〇万円を限度に五分の割引償還をしたため、元本割れとなり、償還申し込みも一、二〇〇万円にとどまり、かえって市況を悪化させる結果となった。このため市場から大きな不評をかった。増税に加え、こうした西園寺内閣の経済運営に対して、商業会議所や銀行家は、強い不満を募らせ、新聞や雑誌などもこれに同調した[63]。

西園寺内閣が財政運営において拙劣であり、経済財政運営に指導力を発揮できなかったために経済界や世論が不満に思っていたことが明らかであったことから、桂は、自らの使命感を強めていったと思われる。それは、五月一二日付けの桂から伊藤博文あての書簡において、次のように述べて、西園寺内閣は外交の失敗により外債も発行できず同盟国も中国の背後から商権を拡張しようとしていること、財政当局が措置を誤り、強力な指導力を発揮して統一的な政策を実施できないと批判していることに示されている[64]。

今日は決して戦争の如き国家安危の場合には無之候。然るに外債一も成就不仕、加之同盟国すら支那人の後ろに廻り彼らが商権を拡張せんとするに至り申候は判然の事に候。小生の考にては現下財政の事は万事外交の不手廻しにより困難を来し候事其の大に居候半と相考申候。其上財政当局着々処置を誤り、而して之を統一するの強力上に欠くるに於ては寔に困難と奉存候。

このような西園寺内閣への批判にもかかわらず、一九〇八年五月一五日に行なわれた衆議院総選挙では与党の政友会が圧勝した。選挙後の入党者を含め、政友会は一八七名、憲政本党は七〇名、大同倶楽部は二九名、猶興会は二九名であり、政友会は日露戦争後、初めて単独過半数に迫った（第二五回議会召集時には一九一名で過半数を超えた）。こうして政友会は、増税に賛成したにもかかわらず票を伸ばした。ただし、都市選挙区では三二名から二七名に減り、特に東京市においては、定員一一名うち五人を占めた政友会代議士は二名に減った。

政友会が大勝した原因については、必ずしもこれまでの研究では明確な結論が出されていない[65]。野党は西園寺内閣の増税及び財政政策を厳しく批判したが、都市部を除き多くの選挙民には訴えなかったと思われる。政友会系の『新愛知』や『福岡日日新聞』は個別の選挙区の状況を伝えているが、増税が政策的に選挙の争点となった形跡はない。農村部では、政友会の積極政策への期待が高まっていたこと、政友会の支持基盤である農村地主には財源が必要であれば地租で増徴されるよりも商工関係税で増徴される方を選択したことも考えられる。また、次のように指摘されていたように、原敬が選挙を直接担当する内務大臣となり、地方への党勢拡大の効果が出始めたと考えられる。[66]

地方所在に於て放縦にて忌憚なき政友会員等、原氏の内務大臣たるを傘に着て、町村役場を始め総てを自党に誘致せば（中略）地方朴直の徒、政友会員強誘を理ありと為し、若くは強誘を斥くるを不利なりと信じて、多く相率ひて之に投ずるなきを保せず、若し然らば地方の大部分は全然政友会の領域となりて、政友会の地盤牢として容易に抜く可らざるに至らん

また、非常特別税増税によって地租、営業税、所得税の増税が実施された後初めての総選挙であり、これにより地租を納税する有権者が絶対的に増加したことが、積極政策の実施や原の地方への党勢拡大の効果と相まって政友会に有利に働き、農村部を中心に大勝したと考えられる。

山県系官僚や大同倶楽部、商業会議所連合会や銀行界などの経済界は、西園寺内閣が増税選挙で不評を買って敗北し、内閣が交替することを期待していたと思われるが、政友会が大勝したことにより、そのようなシナリオは単純には実現できなくなった。

選挙後の五月一九日、原が「目下財政上種々の風説をなし、前内閣系の者等が経済界の不況を利用して内閣を

顛覆せんと企つる」と警戒したように、西園寺内閣の財政運営の失敗は内閣更迭の大義名分となりえた。[67]

こうした中、事実上、原敬が動いて水町次官に休職、大蔵次官心得を命じ、六月三日に更迭した。新聞には表向きは「父の看病で何等政治的なものではない。」と報道されていた。[68]しかし実際は、原敬が「桂が山県、松方、井上を利用して財政上の困難によりて内閣を譲り受けんとの野心を生じ」ており、政府は人気を損なっては到底存立の見込みが立たないので「夫には大蔵省の改革を断行すべし、差し向き次官の更迭も松田稍々意を傾けたるに因り之を決行すべきと説き、首相大体同意なり、寺内も松田にて宜しけれども水町次官は更迭せしむべしと首相に説きたりと云ふ、其深意は知るべからざる」と述べているように、水町の更迭は原が主導権をとり、松田蔵相や西園寺首相にも根回しをした上で、寺内陸相の支持も得ていたことを示している。[69]

水町は、内閣を乗っ取ろうとしていると思われた桂や、西園寺内閣の財政政策に批判的な井上と松方に密着していると警戒された。この点については、次のように伝えられている。[70]

松田正久の下に次官となるや、陽に西園寺内閣に忠勤を抽んずるが如くして陰に桂一派声息を通じて政府の機密を漏らし、恰も細作に類する陰険の行為あるしが如し。是を以て西園寺内閣は彼を待つに注意人物を以てし、罷免するの機会を待ちたりき。西園寺内閣の末造、水町は終に次官を辞したり。（中略）然るに桂侯の二たび天下をとるや水町は救はれて再び大蔵次官になり（中略）既にして若槻の帰朝するや、財政計画結了を告ぐるまで次官室を立退く能はずとて容易に事務を引継がざりき。故に若槻は毎日出省するも事務を執る能はず手持無沙汰の感なきを得ざりき。

増税によって批判を浴びた政友会にとっても、事業繰延によって予算を削減させられた陸軍にとっても、水町は目障りな存在であったに違いない。一方、西園寺内閣が倒れた原因について、「井上（馨）の寵児たる水町袈裟六が、松田の下で大蔵次官をやってゐたのが、松田の為に誠られた（と云ふ）ので、井上が本気で怒った」との噂された程、井上の水町への信頼は篤かった。[71]

五月二七日に、西園寺は京城にいる伊藤博文に辞職の決意を伝えた上、[72]原と松田を呼び、「多病にて任に堪えず辞職したい」と辞意を伝えた。原は、井上から、「西園寺は四面から辞職を促されたる如くに見ゆる」と言われている。[73]七月二日に西園寺は閣僚を招き辞職を告げ、五日に総辞職した。

総選挙で大勝したにもかかわらず、西園寺が政権を放棄したことは、あまりに唐突であったため、「毒殺」と言われた。財政上の理由や社会主義取締が不十分であったなど種々の原因分析がなされているが、明確な原因は不明である。[74]井上や松方などの元老が財政に対する諸種の容喙をしたことに西園寺が厭気をさしたという見方もある。[75]

山県閥系官僚が、西園寺内閣が貴族院から千家尊福を司法大臣、堀田正養を逓信大臣として起用するなど、貴族院に触手を伸ばしたり、郡県制の廃止法案を提出したりしたのを見て、西園寺内閣がそれまでのように従順ではなくなってきたことへの反発が高まってきた中で、[76]西園寺内閣の財政運営の失敗が倒閣に至る有力な大義名分となったと思われる。

明治四十一年度予算編成で明らかになったように、西園寺内閣は、陸海軍の事業繰延、増税実施、鉄道予算の調整などについて元老に依存し、不況が続く中で国債の引き受け手たる国内の金融関係者や、増税に反対する商業会議所からも不信を買った。銀行業界や商業会議所も桂の登板を期待し、大蔵官僚たちも桂の調整能力に期待した。こうした流れの中で桂は、政権に復帰することについての確信を深めていったに違いない。[77]

そして、桂は、六月二〇日付けで政友会の後見人である伊藤博文あての書簡の中で、財政整理については、井上馨とよく研究しているので安心して欲しいと伝えている。[78]

財政経済の二方面に関しては今少し政府も配意無之候半では如何可有之候哉。此の二問題は単に楽天のみにては自然に回復も仕間敷、畢竟人意の儘にて如何様にも変化仕候事と相信申候。財政整理の卑見申上候処御同意を賜り意を強く仕申候。如仰世外翁抔充分研究可仕候間御安慮可被下候。現今財界の情況は昨年来の悲境に出会随分極度迄相沈み候故、此上は一大決心を以て人心をして安心被致候事必要と奉存候。

第二節　桂内閣の財政運営

一　新財政政策

1　新財政政策の策定

桂太郎は、ポーツマス条約締結で世論の批判を買って退陣したが、西園寺内閣の財政経済運営の失敗を嫌った世論を背景に、再び第二次桂内閣を組閣することになった。

桂は、自ら大蔵大臣を兼任し、着任後一ヶ月半の間で集中的に新財政政策の検討を実施した。[79]

蔵相を兼任した理由について、桂は「目下の如き、特に財政の整理を為すに当たり各方面に向かって交渉を要する場合、繰延の如きに在りては、首相の自ら其の蔵相の職を兼任し、己の意思の在る所を十分発揮するにあらずんば、単に首相は仲裁の立場と為り（中略）断然たる処置に出づるを得ず。」と述べたと伝えられる。[80]また、先の伊藤博文への書簡の中で桂は「財政当局着々処置を誤り、而して之を統一するの強力上に欠くる」と前内閣を批判しており、自らが明治四十一年度予算で陸軍の軍事費の繰延の労をとった経験から、陸海軍の事業の削減なしには財政が立たず、そのためには十分な権限が必要であると認識していた。

桂蔵相は、就任早々、原に更迭されて休職していた水町次官を一六日に呼び戻し、水町に命じて財政計画の方向性を詰めていった。「水町次官は各局長の意見を聴き熱心に調査を為し居れる」[81]と伝えられていたように、若槻はロンドンから帰国して大蔵次官に就任していたが、新財政計画の策定と四十二年度予算案の編成までは水町が担当した。

大蔵省は、軍事費等の事業の繰延、増税の実施、非募債、金融関係者との関係強化、民間の貯蓄増強、徴税の強化などを骨子とする「明治四十年秋の財政再建戦略」のうち、西園寺内閣では増税という難問を処理し、事業の繰延については桂の力を借りて最も調整が難しい陸軍の繰延も実施した。陸海軍や元老に対して交渉力がある桂が総理兼蔵相に着任し、大蔵省は水町次官の下でこの戦略を次々に具体化していった。

新内閣は、陸海軍の事業や、政友会や商業会議所が期待した日本大博覧会などの継続事業費二億円の繰延、鉄道会計の独立、減債基金の実行を検討した。桂という陸軍にも睨みが効く人物が首相となり、しかも蔵相を兼務したことから、大蔵省は予算編成のための調整力を著しく強化した。桂は大蔵省専任ではなかったので、実際の政策立案や実施については、水町次官をはじめとする事務方の役割が高まったと思われる[82]。

事業の繰延については、関係者との間で順調に進んでいった。寺内陸軍大臣は、早くも七月一八日に経理局長と次官に、経理上の調査を命じている。

銀行業界は西園寺首相が辞意を表明した後、豊川良平が中心となって鰻会を開催（松方正義、渋沢栄一、松尾日銀総裁ほか銀行関係者参加）し、国債の整理、財界救済、鉄道会計独立、鉄道公債の始末、予算編成など意見をまとめた[83]。そして、銀行集会所は新内閣に対して、非募債、毎年少なくとも五、〇〇〇万円以上の公債償還、このための歳入の欠陥は政費節減並に不生産的継続事業の繰延で補填することを要望した[84]。

新内閣が発足すると、大蔵省は七月二九日には、銀行業界に評判の悪かった割引償還に換えて、抽籤法によって満額返還する方針を固め、一〇月一五日に第五次償還を実施することを発表し、銀行家の強い要望に応えた。これにより新しい内閣による政策の変化が直ちに実感された[85]。続いて、八月三日に全国手形交換所大会が次の決議を行ない、豊川良平が代表して八月一三日に、桂首相兼大蔵大臣、水町次官を訪問してこれを申し入れた[86]。

一　公債財源に依る新計画は之を見合す事
二　官営事業を拡張し又は新に計画するため公債を発行せざる事
三　既に帝国議会の協賛を経たる公債財源に依る経費を節約して之に充て公債を発行せざる事
四　未募集公債は全て之を切棄つる事
五　増税に依らずして財政の許す限り公債の償還を行ふ事　但し其額は毎年六千万円を下らざるものとし現実に之を償還する事
六　今後数年間に償還期限の到来すべき公債は逐次抽籤に依り之を償還する事　但し有利の条件を以て借換を為すことを得る場合は此限りにあらず
七　国債の整理に関し特別の監視機関を設くる事　但し此機関は会計検査院長、貴衆両院議員及び民間より任命したる委員を以て組織すること

こうした動きを踏まえつつ、桂や水町は、関係大臣や元老、銀行業界などに根回しをしながら財政計画の調整を進めていった。

まず、八月一五日、大蔵省の水町大蔵次官と勝田主計理財局長、長島秘書官が、井上馨に調査案を持参し意見を求めた。井上は桂に対して「漸安心仕り候。実に老台下之御誠心と御誠意を以、経済的査定は此目前危急之救済上時機を不失様御注意は、為邦家小生も漸完決候様奉祈候。」と、三人に対して正貨減少の危難が最も財政上に必要なことであるので大いに調査するように指摘している。こうして水町らは井上の支持を取り付けた[87]。

さらに、八月一八日に原は桂と会見し、原は、政友会が熱心に支持していた日本大博覧会の繰延を了解することを伝えた。このようなわずかな代償はあったが、原が求めていた鉄道会計の独立は盛り込まれ、積極政策のための財源を安定的に確保できる見通しができた[88]。

八月二〇日、桂は斎藤実海軍大臣あてに繰延を要請する懇書を付して水町次官を派遣した。この時、斎藤は桂に対して、自らが水町に示した数字は、前内閣決定の繰越払一、〇〇〇万円に三〇〇〇万円を加え、三年間繰り延べるものであり「為し得る限りを為したる儀に有之、計画変更之御方針に無之已上は大数に於ては最早如何共致方無之候間、此段御諒承奉仰候。」と了解することを伝えた[89]。

八月二二日に水町次官は寺内陸相を訪ね、海軍がやや繰延に不十分であると伝え、その翌日には桂蔵相が寺内を訪ねた。それを踏まえ、寺内は水町を呼んで財務上の話をし[90]、八月二九日に、寺内陸相のもとを水町が訪問し、石本陸軍次官や外松陸軍経理局長と議論を重ね、陸軍の予算についても合意を取り付けた[91]。

八月二四日、山県は桂に対して、「予算大体之御見込相立、此節各章予算取調中之由敬承、為邦家大賀此事に候。昨日内相来訪、概要伝承致放懐候。財政上之目的相立候上ならては、百事着手之事は不可然と相話置候。」と述べ、財政方針に反対がないことを示した[92]。

このように主要な陸海軍、内務省、政友会との調整は進み、銀行業界からの意見も聞いていたが、商業会議所連合会との調整だけはつかなかった。

菅原内国税課長は、税法審査委員会の議論の結果、塩専売と通行税を廃止して、その代わりに家屋税、壮丁税、酢酸税、石油消費税を新設して補填する案や、三税を廃止して不動産税を創設する案もあったが否決された経緯があったことを示しつつ、「我国今日の財政は、塩専売、通行税、織物消費税の一部又は全部の廃止により生ずる二千万乃至三千万円の歳入の欠陥に耐ゆる能はざるもの」であると、三税廃止は歳入上不可能であると言明していた[93]。

八月二二日に、中野武営東京商業会議所会頭と土居通夫大阪商業会議所会頭が、全国商業会議所連合会実行委員会として、桂首相兼大蔵大臣及び農商務大臣に面会し、四十二年度の予算編成に向けて、剰余金は銀行界が主張するように国債償還だけに偏るのではなく、三税の廃止を含めた税制の整理にも使うべきと申し入れた。しかし、桂は、税制整理が重要であることは同意見であるが、日本政府が公債整理をしなければ内外人に信用されないので公債整理の前に租税整理はできない、公債の整理や税制整理を一度にはできないので順序立てて実施する必要がある、減税をするとしても規模の問題もあると伝え、中野らに概算要求に三税の廃止を盛り込まないことの了解を求めたが平行線に終わった[94]。

このような調整を経て、桂内閣は、八月二八日に閣議において、次のような考え方に基づく新財政政策を発表した。

一　既定の事業計画を縮少することなくして財政経済上の必要と事業の途行との調和を図る為数年に亘り継続費に繰延を加へ年度割を改定すること
二　確定収入を以て歳計の基礎を立つる為、従来公債を財源とする費途は普通財源の支弁に移すこと
三　従来見込ありたる各年度歳入の自然増加は財政の基礎を鞏固にする為財政計画より之を控除したること

四　四十二年度以降毎年度の公債償還高は五千万円を以て最小限度とすること
五　鉄道は独立経営を立てしむる為新に之を適当とする特別会計を設くること

前内閣の六年計画を改めて一一年計画とし継続費の約二億円の繰延をし、勅令により日本大博覧会を五年延長して明治五十年とした。さらに、毎年度五、〇〇〇万円を超える国債償還、鉄道会計の独立などの決定を行なった。[95]

こうして「明治四十年秋の財政再建戦略」の具体化が進んだ。この新財政政策の方針の要点は、第一に確定歳入を以て確定歳出に応ずること（一般の行政の為に浮いた財源をもたない、つまり公債を発行することはやめる）、第二に（その結果として）二五、六億円の公債は約二七ヶ月で全部の償還を終了すること、第三に鉄道の政策を別段定めて独立自営の途を立てしめるという三つの柱から成り立っていること、それらは一体として、一般政務の為に公債を新たに発行することを絶対に禁ずるということであった。[96]

そして、新財政政策を九月一〇日に全国手形交換所組合銀行の連合懇親会において、逓信大臣の後藤新平が桂蔵相の財政要綱を代読することにより発表した。[97]続いて一〇月五日に、桂蔵相は若槻次官や塚田国債整理局長の陪席の下、渋沢栄一、豊川良平、園田孝吉らを招き、この新財政政策について民間の意見を聴取した。

このように桂内閣が迅速に新財政政策の方針を立て、次々に政策を実施していったことは市場からも歓迎され、国債の市況も、一〇月になると回復しはじめ、一〇月一五日に国債償還がなされると、四—五月頃に七〇円と底値であった国債価格は八八円にまで高騰した。[98]

続いて政府は新財政政策に基づき、明治四十二年度予算大要をまとめ、一一月九日に大阪経済会で発表した。[99]歳入の自然増収を歳入に見込まず、陸海軍の復旧充実費などの継続費を六ヶ年から一一ヶ年に延長した。

四十二年度予算は、五億一、七一二万円で、経常部は四億六、七三八万円、臨時部は一億一、九〇六万円として編成された。鉄道予算は二、九一八万円であったが、一般会計から独立させた。そして、国債償還金額を五、〇〇〇万円以上に増加し、未募債公債は打ち捨て事業を廃止し、台湾事業公債以外の新規国債発行を行なわないこととした[100]。

2 徴税の強化

「明治四十年秋の財政再建戦略」の柱の一つは、徴税を強化し税収の増加を図ることであった。大蔵省はこの戦略を実施するため、明治四十一年度に入ると、税収吏を一、五〇〇人増員し、収税に関する技手を八〇名増員することにより、内々三割増徴するように税務署に対して指示をした。

そのような徴税強化の影響は新年度になって直ちに顕在化した。東京商業会議所臨時総会には、新年度になって税務署が前年度より二割以上の増収を図ることを目標として、取れそうな人から賃貸価格や売上の金高を上げてとろうとの動きが出ているとの報告があり[101]、七月の東京商業会議所臨時総会においても、営業税は苛察きわまる徴税の仕方であるとの報告があった[102]。続いて、一九〇九年二月に開催された臨時商業会議所連合会においては、営業税への負担感と租税の誅求が大きな問題となった[103]。

同年九月に開催された商業会議所連合会では、課税標準を定める調査を行なう機関として商業会議所を位置づけるように提案があり、徴税手続きについては、「徴税手続改善ニ関スル意見書」を取りまとめることとした[104]。これはその後、営業税廃税運動が激しく展開する伏線となった。

3 戊申詔書と貯蓄増強

「明治四十年秋の財政再建戦略」には、「貯金ヲ奨励シ預金部ニ於ケル公債引受ノ能力ヲ増大」することが含まれていた。一九〇八年一〇月一三日、戊申詔書が渙発され、地方官会議で内務大臣が地方官に詔書謄本を配布した。さらに、役所や学校に配布され国民への浸透が図られた。戊申詔書は、これまで政府が日露戦後、自由主義、個人主義や社会主義の思想的潮流に対して、華美を戒め、上下一致、勤倹力行して国富の増強に努めるような道徳を強化するための思想対策の一環として理解されてきた。

それだけではなく、戊申詔書には、国民に勤倹節約に努めるように促す次のような記述がある。

朕惟フニ方今人文日ニ就リ月ニ将ミ東西相倚リ彼此相済シ以テ其ノ福利ヲ共ニス　朕ハ爰ニ益々国交ヲ修メ友義ヲ惇シ列国ト与ニ永ク其ノ慶ニ頼ラムコトヲ期ス　顧ミルニ日進ノ大勢ニ伴ヒ文明ノ恵沢ヲ共ニセムトスル固ヨリ内国運ノ発展ニ須ツ戦後日尚浅ク庶政益々更張ヲ要ス　宜ク上下心ヲ一ニシ忠実業ニ服シ勤倹産ヲ治メ惟レ信惟レ義醇厚俗ヲ成シ華ヲ去リ実ニ就キ荒怠相誡メ自彊息マサルヘシ（後略）

戊申詔書を通じ、日露戦争により多額の外債を発行したのでそれを返済するためには実業に精を出し、倹約して貯蓄をするべきとの考え方は、国民一般に広く浸透していった。大蔵大臣を兼務し日露戦後の財政運営に神経を巡らせていた桂が、戊申詔書によって国民が貯蓄を増強する機運を高め、延いては内国債の引き受け余力の拡大、すなわち外債負担の削減を企図していたと考えても無理はないであろう。

一九〇九年五月、内務、大蔵、逓信大臣が、地方長官に対して勤倹貯蓄増強について訓令を発し、これを受けて三省次官が具体的方策を通達し、貯蓄の奨励を促した[105]。そして、戊申詔書と相俟って貯蓄増強運動が国民の間に浸透していった。

例えば、一九一一年七月の徳島県の報告の中で、戊申詔書渙発から二年間の実績として挙げられている事例を見ると、青年や子供なども含め各種の貯蓄組合が増加し貯蓄残高が増えたことを報告しているものが数多く見られる。[106] 戊申詔書により大蔵省が狙った貯蓄奨励が、このようにして効果を顕していった。

このことは、「政府が戊申詔書の趣旨を敷衍するに専ら二宮尊徳を担ぎ廻り無闇に節倹呼はりを為すは徒に不景気を助長せしむるのみならず延て国民進取の意気を喪失せしむるものにして決して等閑に付すべきに非ず」と、政友会が戊申詔書により貯蓄が奨励された結果、景気に悪影響を与えたことを批判していたことからも傍証されよう。[107]

二　三税廃止法案の否決

大蔵省は、桂首相兼蔵相の下で、「明治四十年秋の財政再建戦略」を次々に具体化し、景気も回復し、財政状況も改善していった。この時期の大蔵省にとって最大の課題は、歳入確保のため、商業会議所をはじめとする商工業者や非政友各派が要求していた三税廃止法案を否決することであった。しかし、政治家としての桂にとっては、三税廃止問題は、単に財政問題にとどまらず、非政友各派を糾合し、政友会に対抗する政治勢力を形成できるかどうかの鍵を握る問題でもあった。[108]

九月に発表された新財政政策には三税廃止は盛り込まれていなかったが、商業会議所連合会は、桂内閣に対立姿勢を示すのではなく、日米関係が緊張する中、一九〇八年一〇月に米国太平洋岸商業会議所の実業団の訪日を成功させ、民間経済外交の実践を通じて対米外交に貢献し、桂内閣からも高い評価を得た。[109]

しかし、それと三税廃止問題は別問題であった。大蔵省としては石油消費税の創設や、砂糖消費税や酒税の増税など、政治的に激しい批判を浴びながら約二、〇〇〇万円の増税をしたばかりであり、三税を廃止することにより三、五〇〇万円の税収を失うことは決してできなかった。[110] また、税制上も、三税のうち通行税は近距離には影響があるが長距離には影響がない、塩専売は塩価の問題はあるが国民生活に大きな悪影響を与えるとは考えられない、織物消費税のうち毛織物は主として贅沢品に対する課税であると認識していた。三税以上に大衆消費税である石油消費税を新設し、酒及び砂糖消費税を増税したのに、三税を廃止するわけにはいかなかった[111]。

一方、政治的には、桂は、組閣以来「一視同仁政策」を標榜し、非政友各派の合同により政友会に対抗しうる会派を形成することを期待し、憲政本党改革派、又新会、大同倶楽部、戊申倶楽部が合同して政友会に対抗する政党を組織化するべく議論が進んでいた[112]。

非政友合同の最大の障害となったのが、三税廃止問題であった。憲政本党非改革派の犬養毅や、戊申倶楽部の中で、三税廃止を公約として商業会議所や実業組合連合会を支持母体とした議員である中野武営や西村治兵衛、尾崎行雄の所属する又新会は三税廃止の旗を降ろすことはなかった。大隈重信も三税廃止を強く支持し、新しい政党は三税廃止を主たる政策の一つとすべきと明言していた[113]。しかし、非政友の会派結成を優先する、大浦兼武主導の大同倶楽部や憲政本党改革派、戊申倶楽部の土佐派などは桂内閣との対決を避け、三税廃止には反対した。

こうした政策と政治の目的の相反の中で、妥協が模索された。

一九〇八年一二月に開催された商業会議所連合会においては、桂内閣の財政整理の実行を評価した上で、三税廃止の旗は降ろさないが、四十二年度予算から直ちに三税の廃止の実行を求めるのではなく、四十二年度中に財政整理をして四十三年度に税制整理を実行し、三税の廃止を求めるという方針を固めた。この時、大同倶楽部の後見人であり、主務大臣である農商務大臣の大浦兼武は、商業会議所との対立を避けようと努め、一二月に商業会議所連合会が開催された時に参加者を官邸に招待している。

商業会議所連合会は、西園寺内閣時代から「第一に歳出に十分なる調整を加へ以て我が歳計総額を適当に減縮する事、第二に偏武的財政計画を矯め以て政費分配の適正を計る事、第三に確実適当なる歳入により歳計を支持するの方針を確立する事」と政府に要望しており、三税廃止だけを要求していたのではなかった。桂内閣が、陸海軍拡張費六年計画を一一年計画に延ばし、軍事費を中心に歳出を一億六千万円に減額し、国債償還の実施により公債整理をしたことは、少なくとも会議所の要望を実行したことになるので、三税廃止については翌年度以降に先送りしても筋は通った。

また、三税廃止を最も強く主張した島田三郎の率いる又新会も、通行税は一九〇九年三月末、塩専売は一九一〇年三月末、織物消費税は一九一一年七月末に半額、一九一二年七月に残りの半額を廃止するとの方針を立てた。通行税はともかく、塩専売や織物消費税については既に税を納めた在庫の有無で格差が出てくるので一度に廃止することは難しいとの理由からであった[114]。

それでも憲政本党非改革派の犬養毅は、軍事費を削減して三税を廃税すべきと強く主張し、憲政本党改革派においては賛否両論に分かれて内部対立した結果、非政友合同を目指す憲政本党改革派は、二月二七日に三税廃止に固執する犬養毅を除名した。

三税廃止を強く訴えていた各派は実施を先送りする法案を支持することにより桂内閣と妥協することとし、妥協を許さなかった犬養を除名することにより対応した。

しかし、桂を支持する大同倶楽部は三税廃止法案にあくまでも反対し、戊申倶楽部でも政友会に対抗しうる新党の設立を優先する仙石貢や片岡直温らの土佐派の議員も三税廃止に反対した[115]。

この時、政友会が三税廃止にどのような対応をするかが注目されたが、議会の会期のぎりぎりまで党の方針を明らかにしなかった。繊維関係者が多い大阪から選出された議員の菊池侃二は、四十三年度に代替財源があるので一部だけでも廃止すべきであり、少なくともその意思があることを示して政友会が消極的ではないことを示唆すべきと主張した[116]。また、党内には塩専売の廃止に賛同するなどの議論もあった。しかし、三月三日に政友会の政務調査会は三税廃止法案を否決する方針を固めた。

桂首相が政友会の元田肇総務に長島秘書官を派遣し、三税廃止についての意向を確認させたところ、元田は一九一一年の関税改正による関税収入や自然増収、外国債の低利借り換えによる国債利子の剰余など後日取得すべき財源があれば廃止断行をするという観点から三税廃止法案を否決すると伝えた[117]。

こうして、三月九日の衆議院本会議に上程された三税廃止法案は、憲政本党と又新会と、戊申倶楽部と大同倶楽部の有志だけが支持しただけで、政友会などの圧倒的多数により否決された[118]。

非政友合同が進まない中、政府が提案する法案に対して政友会がことごとく厳しい態度をとったことから、政治的には非政友合同を目論みながらも、桂も政友会に協力を求めざるを得なくなっていた[119]。

三税廃止法案の否決は、大蔵省の税収確保の利害と政友会の政治的利害が一致したものであった。財政政策の立て直しを看板に着任した桂にとって、三税廃止により大きな財源を失うことを約束することは難しかった。政友会にとっては、非政友会各派が合同して桂を支持する大きな政党ができることは何としても阻止すべきことであったからである。

三税廃止問題を契機に憲政本党、又新会、戊申倶楽部、大同倶楽部における政策上の立場が先鋭に対立し、新党設立の動きが潰れたことは、政友会にとっては大きな敵失となった。

さらに、原敬は、反政友会の動きの芽を冷徹に摘んでいった。

一九〇八年の衆議院選挙において地方部で大勝しながらも都市部で多数の議席を失った政友会にとって、西園寺内閣の経済政策を批判し、非政友合同にも参加する可能性があった商業会議所の勢力台頭を抑えることは政治的には重要な課題となった。山県系官僚も、偏武的財政を直截に批判して世論を喚起した商業会議所に対して強く反発した。

貴族院の予算委員会で、田健治郎（幸倶楽部）が「租税ト同一ノ金ヲ以テ養ハレテ居ル人々ガ　マルデ政党ノ運動ト同ジヤウナ事ヲシテ、其ノ他ニ効果ガナイトスレバ（中略）租税的ノ経費徴収ヲ廃メテシ舞ツテ自由ノ拠金等ヲ以テ会議所ノ経費ヲ維持スルト云フ方法ヲ講シナケレバナラヌ」と商業会議所の経費徴収の在り方について問題を提起した。これに対して、大浦農商務大臣は、商業会議所を活用して国力の発展に供する必要があり、商標権の保護、支那や米国への販路拡張など、やるべきことがあるが、専ら政治上の運動をすることは避けなければならないと、商業会議所を擁護する発言をした[120]。

このような流れの中で、政友会は三月六日に強制経費徴収権を剥奪する商業会議所法改正案を衆議院に提出し、政友会の多数により可決した後[121]、議会会期末の三月二三日に貴族院本会議に回付された。

貴族院では、商業会議所出身の木村誓太郎や大谷嘉兵衛が反対したが、江木千之や廣澤金次郎、松平正直という山県系の貴族院議員が法案支持の論陣を張った。政府の立場を問われた大浦兼武農商務大臣は、「此問題ハ即チ私ノ精神ハ（中略）種々ノ改正ヲ要シタイノデアルケレドモ、結局衆議院ヲ通過シテ、今日問題ニナッテ居ル場合デゴザイマスカラ、此上ハ世論ニ従フ、斯フ云フ積リデゴザイマス」とだけ答弁して、中立性を保とうとした[122]。そして、会期末日の二四日、商業会議所法改正案は可決された。

この時、原敬は貴族院の山県系の田健治郎と連携し、商業会議所法の改正を実現させたと思われる。非政友合同を画策して中野に接近していた大浦兼武も、山県系からの批判を受け、苦しい立場に置かれたことを示している。原は、山県系とつながり、桂に近いと考えていた商業会議所の中野武営を経費徴収権剥奪という制裁を課して牽制した。さらに、桂に近い豊川良平が加担していたと思われる非政友の新党構想を頓挫させた[123]。

三　財界との関係強化

1　実業者当局者会合

桂太郎は、全国手形交換所組合連合懇親会などの場において新しい政策を発表するなど、金融業界や実業界との意思疎通を円滑化し、信頼関係を強めようとした。

このような桂の姿勢は、「民間実業家との接近を図り民意の迎合に努めたり。歴代内閣の極めて重大視し、且つ秘密に付するところの毎年度予算案の如きも、之を貴衆両議員に内示するに先だち、其内容を実業家会合の席上に漏らせしが如きは普く世の知る所にして、以て侯が如何に世論を憚り、民間の抵抗を恐れしか推知するに足らん。是蓋し一には前の西園寺内閣が、民意を疎隔して其政策を蹉跌せしめたる、前者の轍を目撃せしにも由る。」と評されていた[124]。

桂と対照的に、西園寺首相については「実業家と称するものの招宴等には一切出席せざりし、是れ歴代の首相と頗る撰を異にしたる所とす（中略）実業家は大蔵大臣たりし松田氏の余りにも禅僧めきたるに唖然たらざるを得ざりき（中略）首相は独り高くして酬ゆる所なく、大蔵大臣亦超然として禅僧たる以上、実業家の愁訴が勢ひ松方井上の両元老に集中せざるを得ず[125]」と評されていた。

それまで銀行家を中心とする財界と政治家の間の私的な会合としては、井上馨を囲む「有楽会」があり、日露戦争まで存続した[126]。また日露戦時の引受シンジケート結成を契機にしてできた金融界関係者による「鮟鱇会」という懇親会があった。

さらに、京浜の有力銀行幹部による「鰻会」があり、日露戦争前から非公式な意見交換を行なっていた。豊川良平が中心的な調整役となり、その場に政府の要人を招いて非公式な意見交換を行なうこともあった。日露戦後の不況の下、一九〇七年六月に信用不安を解消する方針を確認し、一九〇八年三月の会合では松田蔵相に第一回国庫債券の現金償還を約束させた。桂内閣が組閣された直後の七月の会合では、新内閣に財政金融政策上の要望を伝えるなど、政府と金融業界の非公式な意思疎通の場として重要な役割を果たしていった[127]。

こうした鰻会を中心とする金融機関との意見交換に加え、桂は四月二〇日に、実業界からは大倉喜八郎、日比谷平左衛門、森村市左衛門、和田豊治、武藤山治などの実業人を招き、政府側からは大浦農商務大臣、平田東助内務大臣、後藤新平逓信大臣、若槻禮次郎大蔵次官、押川則吉農商務次官が参加する「実業者当局者会合」を開催した。懇親会というよりも非公式な政策の勉強会の場であった。そして、これを一九〇九年六月に二回、七月、一一月、一二月、一九一〇年六月、一九一一年二月と全部で八回開催した[128]。

この「実業者当局者会合」について、若槻禮次郎は、「長老を除外して、なるべく実際財界に活動している働き手を加えるということで、武藤山治とか、和田豊治とか、若手の活動家が招かれた。無論そういう財界人の意見こそ桂公の最も聞きたいところであったからである。(中略)政府が秘密々々といって秘し隠している事柄を、桂公は何のちゅうちょもなくどんどん話した。」と記している。そして、この意見の一つに原蚕種の統一という問題が出て、農商務省の所管であったが、大蔵省で案を立てて農商務省に回して法律案として議会に出させた結果、原蚕種の統一という国策が実行されたと伝えている[129]。

主要実務者会合において政府側から実業家に提起された問題は次のとおりである[130]。

一　輸出重要品ニ対スル将来ノ見込又将来相当ノ方法ヲ以テ輸出額ヲ増加スルノ見込アル貨物

二　近来直輸出上荷為替其ノ他資金利用上遺憾トスル点ナキヤ

三　貨物輸出上荷為替其ノ他資金利用上遺憾トスル点ナキヤ

四　輸出貨物ニ対スル嗜好ノ変化其ノ他外国市場ニ於ケル需要ノ変遷ニ関シテハ如何ナル手段ニ依リ調査シツツアリヤ
五　内地生産者ト貿易業者トノ現下ノ関係如何及此等関係ニシテ大ニ改良ヲ加フヘキモノナキヤ
六　輸出貨物製造ニ関係アル事業界最近ノ現況
七　事業経営上著シク不便又ハ不利益ナリトスル事情ナキヤ
八　事業資金供給ノ現況
九　工場抵当法及軌道抵当法ノ実数
一〇　貨物輸送上改良ヲ要スル点
一一　商業貿易ニ関シ倉庫ノ設備及倉荷証券等ノ流通等ニ付遺憾ナキヤ
一二　同業者間ニ於テ一致団結ヲ欠ク為商業貿易等ニ於テ不利益ヲ被ムルカ如キコトハ之ナキヤ
一三　商工業ニ従事スル徒弟ノ養成等ニ付研究ヲ要スヘキ点ナキヤ
一四　事業ノ計画ヲ為スニ当リ需要供給ノ確実ナル基礎ヲ欠キ失敗ヲ招クノ弊ナキヤ
一五　各当業者ノ見地ヨリ関税改正ニ対シ希望スル点

これらの質問に対し、次の実業家が担当して報告書を提出した。

一　生糸、絹織物ニ関スル件　　原富太郎（製糸家）
二　各項全部ニ対スル件　　和田豊治（富士紡績）、日比谷平左衛門（富士紡績）、
濱口吉右衛門（鐘紡・富士紡）

三　金融ニ関スル件　　高橋新吉（日本勧業銀行）
四　各項全部ニ関スル件　　野澤源次郎（野澤組（商社））
五　生糸、羽二重、清国向雑貨ニ関スル件　　益田孝（三井物産）
六　関税ノ件　　荘田平五郎（三菱）

この議題からみると政府側の主たる関心が、輸出の振興のための支援措置の在り方であったことが窺える。それだけではなく、六月の会合においては、監査制度改正についての問題が提起され[131]、七月の会合においては、豊川が、「工業ノ鼓舞振作ニ関スル覚書」を提出し、財界の発展のためには、「大ニ工業ヲ発達セシメ以テ国富ヲ成サシムルハ動カスヘカラサル国是ナリ」との意見を出している。この中で、将来大に需要を開発すべき中国が隣国に控えており工業を発達させることは明らかであるが、近年企業心が萎靡して製造工業の発達が認められないことは国家のために憂慮すべきことである、と指摘している[132]。

これらの委員の報告や議論を踏まえた上で、特別調査委員会が設置され、中国における養蚕業の発展と競争の激化などに対応して輸出を振興するために、「蚕糸業ニ関スル覚書」が提出された。蚕種の統一のための法律の制定、共同飼育などによる養蚕の改良、横浜生糸検査所の拡張による生糸試験工場の敷設、製糸徒弟を養成するため東北地方に製糸徒弟学校を設立することについての提言がまとめられた。

この他、特別調査委員会は、製造業への営業税は資本金額に課税されたことから、職工の幸福を増進するための積立金も課税されてしまうことになるので、この積立金を資本から除外すべきとの提言をした。さらに、織物消費税の課税方法について、小売商人から消費者に渡る際に課税すること、同業組合が納税の責任者となること、毛織物は原料により徴収することの三つの改正案を提案するなど、製造業の観点からの税制の在り方について提言した。これに対しては、若槻次官から、織物税を全廃することはできないが徴税上簡易にするとの言明があった。

桂や大蔵省はどのようなことを目的として、このような会合を開催したのだろうか。

第一に、輸出の振興の方策を検討する必要からである。日露戦後、我が国は毎年五、〇〇〇万円から七、〇〇〇万円の外債への利払があった上に、貿易収支は一九〇七年には六二、〇五四万円、一九〇八年には五八、〇一二万円の赤字と大幅な赤字が続いた。そして、一九〇八年には正貨の所有高が前年に比べて五、三〇〇万円減少した。大蔵省にとって、兌換制を維持するという観点から輸出の振興や外貨借入は重要課題であった。そのような点から、荷為替や倉荷証券、事業資金の供給、工場抵当法や軌道抵当法、関税などの大蔵省所管の施策の切り口から輸出振興政策の課題を検討すべく、紡績業、貿易業の代表を招いたと考えられる。

しかし、生糸の輸出振興策や職工の養成などの施策の企画立案や実施をするのは、ほとんどは農商務省であり、大蔵省から農商務省に話をつなぐことはできたが、実際には農商務省による法律の整備や予算の確保が必要になった。このようなことから実務者当局者会合だけでは課題を掘り下げていくことには限界があった。

第二に、桂は、金融界のみならず新興産業との接点を自ら直接に担うことにより、経済界への影響力を強めようとしていたと思われる。

第三に、国際競争への対処からである。一九〇八年五月に桂から伊藤博文あてに、外交の失敗により同盟国に中国の商権を奪われていることへの懸念を伝えていたように、桂は大陸への影響力という観点から懸念をもっていたと思われる。中国市場において日本と欧米の綿布との競合が激しくなっていた。さらに、生糸についても最大の市場である米国において南欧や中国との競争が激化していた。生糸の輸出業者であった原富太郎は「伊仏諸国ト競争スルニ於テハ必ス勝者ノ位地ニアルヘキモ清国ト競争ヲ為スニ於テハ必ス敗者ノ位地ニ立ツヘキハ明瞭ナル事実」であると述べて危機感を表明し、蚕種の統一を図るなどの産業振興策を実施すると同時に、西ヶ原蚕業講習所で多くの中国人留学生を受け入れているが、官立の講習所に受け入れることは敵を養成することになるので自衛のためにこれを止めること、また、イタリアやフランスと競争するために、黄繭の飼育を研究すべきとの意見を提言している。

第四に、商業会議所連合会への牽制であった。桂は、開会の時、「工業者、交通業者、外国貿易業者、金融業者の四者相互の連絡を図るは経済界の発展上資するところ多い」と述べているが、このようなことは、本来商業会議所がそれを担うべきであった。実業者当局者会合などに渋沢栄一は招かれていたが、商業会議所の会頭は招かれなかった。商業会議所が三税反対問題で政府と対立し、一九〇九年三月には経費徴収権を剥奪する法律が政友会の議員立法と貴族院の支持によって成立し、両者の関係が最悪になったことは上述のとおりである。そこで、特に大蔵省と利害対立のある商業会議所を排除して直接商工業者に接触することによって、商業会議所に対して牽制を図ろうと考えた可能性がある。

商業会議所が中心になって一九〇九年秋に渡米実業団を成功させ、政府と商業会議所との関係が修復した後はじめて、実業者当局者会合に東京商業会議所の中野会頭が招かれたことはこれを示している。同時に、実業者当局者会合においても、議論が進むと、商業会議所の意見と同じく、営業税や織物消費税の問題が提起され、大蔵省との間での利害対立が顕在化する可能性があり、議論を深めるには限界があった。

第五に、商業会議所の機能の限界が見られ始めたことである。

商業会議所連合会は、各地の商業会議所から提案された議題を審議する機関であった。明治末期の商業会議所連合会の議題は次のとおりであり、税制や財政一般、関税改正という産業界共通の問題の他は、各地域の商業会議所からの要望の強い交通機関の整備や、国内産業振興のための提言が中心であった。

一九〇五年から一九一一年までの定期と臨時の商業会議所連合会の議題を見ると次のとおりであり、輸出振興の在り方や製造業の振興についての議題が提案されることは少なかったことが示されている[133]。

第十四回商業会議所連合会（一九〇五年一〇月）[134]

税関及商港ノ設備完成ノ件、日韓両国関税同盟ノ件、運輸機関閉塞ノ件＊、農商工特別奨励ノ件、戦後経営ニ関スル件（建議案　通貨整理ノ方法、輸入超過ノ防遏、税法ノ改正、対外商工政策）、生産的事業ニ心力ヲ竭シ民間事業ノ発展ヲ促ス件＊、商工事務官設置ニ関シ要望ノ件、黒竜江沿道地方輸入関税撤廃ニ関スル件、営業税法第十二条物品販売業ノ課税標準及税率改正ノ義ニ付政府へ建議ノ件、鉄道貨物取扱規定ヲ更正スルノ件、現行営業税ノ改正及織物消費税並ニ穀物輸入税ノ全廃ニ関スル建議ノ件、鉄道ニ関スル軍事輸送ニ関スル件、協定税率廃止ノ件、中央線中塩尻中津間鉄道速成ヲ政府ニ要望スルノ件、営業税法中改正ノ件、生繭、屑繭、出殻繭運賃低減ノ件、協定税率廃止ヲ促ス件、貿易事務官設置ヲ促ス件、商業会議所連合会ノ効力ヲ確実ナラシムルノ件、電話急設ノ件、電報取扱次官改正ノ件、三等郵便局ニ於ケル電報取扱時間ヲ一二等郵便局同様ニセラレンコトヲ政府へ要望ノ件、通商ニ密接ノ関係アル市区ノ公共事業ヲ起スニ当タリ外資ヲ必要トスル場合ニ於テハ其ノ市区ノ発行スル地方債券ニ政府ノ保証又ハ裏書ヲ申請スルコトヲ得ヘキコト＊

第十五回商業会議所連合会（一九〇六年八月）[135]

商船学校拡張ノ件、工業試験場拡張ノ件、全国商業会議所連合会規則改正ノ件、鉄道速成ニ関シ政府ニ要望ノ件、電話対話上特定人指呼法ノ設定ヲ望ムノ件、営業税法中改正ノ件、商業会議所法改正ノ件、税法改正ニ関スル件、日本海航路保護奨励ニ関スル件、鉄道四大幹線速成ニ関スル件、協定税率廃止ノ速成ヲ政府ニ促スル件、四国幹線鉄道敷設ノ速成ヲ政府ニ要求スル件、税法改正ニ関スル件（営業税、所得税、通行税、印紙税、織物税）、営業税調査委員設置希望ノ件、税法調査ニ関スル件、税法改正案諮問ニ関スル件、財政ニ関スル意見具申、内地ト台湾及樺太間ニ於ケル電信料ノ軽減ヲ政府ニ要望スルノ件、露領亜細亜ノ各地ニ帝国政府ノ領事館又ハ貿易事務館設置ヲ建議スルノ件、実業教育国庫補助法第二条中公立ノ二字削除ノ件ヲ文部大臣ヘ建議ノ件

臨時商業会議所連合会（一九〇六年一〇月）[136]

税法改廃ニ関スル建議案、織物税ニ対スル委員会少数意見、郵便法・電信法改正案、営業税中改正案、関釜連絡船ヲ官営トナシ日韓運輸交通ヲ確実安全ナラシムルコト、京元鉄道ヲ完成スルコト、輸出戻税ヲ一般ノ織物ニ適用スルコト、満韓ニ於ケル政府専売品ノ輸送手続ヲ簡易ニスルコト

第十六回商業会議所連合会（一九〇七年五月）[137]

実業教育普及ニ関シ要望ノ件、買収鉄道会社ニ関スル公債証書ノ公布ノ件、日本銀行抵当品保証品ノ種類増加ニ関スル建議、任意競売ノ効力ハ政府ニ於テ之ヲ認メラレンコトヲ望ム件＊、商業会議所第九号改正ノ件＊、重要物産組合法ニ就テ要望ノ件、通商条約ニ伴フ関税改正ニ付キ全国商業会議所ヘ意見ヲ諮問スルノ件ニ付大蔵大臣ニ建議スル件、在外帝国領事館及貿易事務館ト予メ外務大臣ノ認可ヲ得テ他ノ官庁又ハ公署ト直接交信ヲナスコトヲ得セシムルコトヲ建議セントス＊、商法中改正＊、各府県ニ商工専門ノ部長ヲ置ク件

＊

臨時商業会議所連合会（**一九〇七年一一月**[138]）

税法改廃決議実行委員会ノ報告ニ係ル税法改廃ニ関スル意見、保険業法中改正ノ件、興業銀行ニ工業経営上金融ノ利便ヲ計リ工業ノ発達ニ資ケシメラレンコト＊、韓国横貫鉄道急設請願ノ件、日本海直通航路開始請願ノ件、営業税法中改正ノ件

臨時商業会議所連合会（**一九〇八年六月**[139]）

関税調査ニ関スル問題、現時ノ経済状態ニ関スル問題、財政釐革ニ関スル問題、国有鉄道買収公債交付ニ関スル件、国債償還ニ関スル件、日本銀行営業方針ニ関スル件、中央金庫制度ニ関スル件、租税納期ニ関スル件、徴税ニ関スル件、官業製材事業ニ関スル件、製糸資金融通ニ関スル件、度量衡ニ関スル件、鉄道収入金取扱ニ関スル件、鉄道独立会計ニ関スル件

臨時商業会議所連合会（**一九〇八年一二月**[140]）

肥料取締法並ニ同法施行規則ノ改正ヲ要望スル件、商業会議所法改正調査委員会設置ノ件、鉄道速成並改善ニ関スル件、電話度数制ニ関スル件、財政釐革意見

臨時商業会議所連合会（**一九〇九年九月**[141]）

関税改正に関する建議、税制整理に関する意見

第十七回商業会議所連合会（**一九一〇年四月**[142]）

飛越鉄道急設要望ノ件、斤量ニ関スル調査委員会設置ノ件、商業会議所連合会規則第四条但シ書中改正ノ件、営業税課税標準ヲ公選調査委員会ノ決議ニ依ラシムル事ニ税法改正ノ件

第十八回商業会議所連合会（一九一一年一二月）[143]

東北、奥羽、信越、中央、総武、北海道、各県ニ於ケル運賃低減ノ件、朝鮮米及雑穀輸入税撤廃ニ関スル建議ノ件、裏日本ト北満州ヲ絡路スル航路及鉄道急設ノ件、朝鮮鉄道貨客賃率低減ノ件、朝鮮ニ於ケル産業組合及同業組合ニ関スル法規発布ノ件、朝鮮東海岸諸港ト日本海沿岸諸港トノ間ニ循環航路開始ニ関シ其筋ヘ建議スルコト、織物ノ丈量統一ノ件、鉄道貨物斤量切上ニ関スル件、徴税ニ関シテ所得税ノ調査委員会ノヨウナ調査委員会ヲ設ケル件＊、仕切状、送状、印状ノ免税ノ件、関門海峡鉄道連絡工事速成ニ関シ其筋ニ建議ノ件、産業組合ノ発達ニ伴ヒ商人ノ被ル打撃ニ対スル救済方要望ノ件、四国貫通鉄道速成ノ件

産業構造が変化する中で商業会議所は、製造業振興や輸出振興という課題を検討する場としては、限界が見え始めてきていたことを意味している。こうした中、政府が輸出振興や工業の振興のための方策を非公式に検討しようとする場合、地域の代表である商業会議所の会頭ではなく、紡績会社など大手の製造業や、輸出業者からの意見を求める必要があったのであろう。このような背景から商業会議所という地域を基盤とする経済団体ではなく、後に「日本工業倶楽部」につながるように製造業における共通する利害を代表させるための専門の経済団体を設立すべきとの機運が高まっていったと考えられる。

2　生産調査会

実業者当局者会合で提起された問題は、農商務省が中心となって専門的技術的に検討すべき課題が多かったが、

非公式な会合では政策を具体化することには限界があったこと、当時の経済界の中心であった商業会議所が参加していなかったことから、メンバー構成のバランスがとれていないものであった。

実業者当局者会合の開催に先立ち、政友会は一九〇八年の第二四回帝国議会で生産調査会設置を建議した。続いて第二五回帝国議会において再度、生産調査会を開催すべきと提案したが、大浦農商務大臣はこれを受けいれなかった。これは経費徴収権の剥奪の問題もあり、商業会議所の政策提言機能と競合する可能性があるので必要以上に商業会議所を刺激しないように配慮した可能性がある[144]。

険悪になった政府と商業会議所の関係も渡米実業団の成功によって改善し、その後、実業者当局者会合は、事実上役割を終えた。一九一〇年三月に営業税法の改正、織物消費税法の改正が実現したことにより、商業会議所と政府との間の懸案事項が一応解決され、両者の関係も正常化した。

そこで、第二六回帝国議会において大浦農商務大臣は、政友会の要望に対して、生産調査会の設立を約束し、一九一〇年三月に官制によって設置した。会長は大浦農商務大臣であり、主要な主要実務者会合のメンバーと六大商業会議所の代表が全て参加し、副会長として渋沢栄一が任命された。実業者当局者会合が、首相兼蔵相の勉強会であり大蔵省の関心が強く反映されたのに対して、生産調査会は農商務省の所掌の政策の在り方をめぐり審議がなされた。第一回の会合が一九一〇年六月に開催され、一九一三年六月に廃止されるまで五回開催された。

生産調査会への諮問事項は次のとおりであった[145]。

一　蚕糸業ノ発達及改善ニ関スル件（以下、一九一〇年六月に諮問）

二　外国貿易伸張ノ方法及施設ニ関スル件

三　不正競争ノ取締ニ関スル件

四　公有林野開発ニ関スル件
五　主要穀物増収及改良ニ関スル件
六　工場法案（一九一〇年一〇月に諮問）
七　工業発達助長ニ関スル件（以下、一九一二年九月に諮問）
八　重要物産同業組合法改正ニ関スル件
九　魚市場法制定ニ関スル件

3　実業者当局者会合の評価

桂は、手形交換所組合などの場で新政策を発表したり、鰻会の発展形態である実業者当局者会合などを通じて非公式な意見交換をしたりするなど、積極的に金融界を中心とする経済界に接近した。さらに、金融関係だけではなく輸出振興策や製造業の振興についても議論するため、メンバーも広がった。

この実業者当局者会合について、下重直樹は、桂が鰻会や鮟鱇会を介して財界に接近し「公債整理問題に限らず産業政策全般にわたる諮問を通して、財界の意向を積極的に政策決定過程へと媒介する政治指導を展開したのであった。」として、桂が金融界のみならず和田豊治や武藤山治など産業資本における「若手の活動家」を加えることにより、「時代の勢力」を組織化し、これらの「財界が求めるような国内産業育成・輸出振興による大陸への経済進出を主眼としていた」と意義づけている。そして、実業者当局者会合については、「産業政策全般にわたる諮問を通して、財界の意向を積極的に政策決定過程へと媒介する政治指導を展開した」と指摘している。[146]

確かに、下重が指摘するように、実業者当局者会合により、桂や大蔵省の幹部が金融関係者との関係のみならず、紡績業者や輸出業者など大手の企業の経営者と関係を強化することができたことは事実である。

しかし、この実業者当局者会合は、下重がこのように高く評価するほど、産業政策全般について検討を加えたものではなく、実質的に半年ばかりの非公式の勉強会のような場で、原蚕種統一を除けば具体的な成果は得られなかった。実業家からは蚕種の統一や蚕業講習所の規模の拡大、営業税や織物消費税、関税の引下げなど、予算や税制についての具体的提案がなされたが、大蔵省として直接請け負うことのできない問題であった。また、「財界が求めるような国内産業育成・輸出振興による大陸への経済進出を主眼としていた。」との評価については、会合において国内産業育成や輸出振興についての意見が出たが、これは財界から求められたというよりは、大蔵省が輸出を促進する観点から意見を聴取していた側面が強かったと思われる。

松浦正孝は、渋沢栄一が「有楽会」や「鰻会」などの会合に参加していたことに着目し、渋沢が政官界と財界を結ぶ結節点の役割を担っていたことの傍証としている。[147]しかし、少なくともこの時点で渋沢栄一は商業会議所の増税反対運動を支持したことや女婿の阪谷芳郎が事実上更迭されたことにより政府と緊張関係にあり、豊川良平が実質的に銀行界の調整役となっていたことから、渋沢が桂内閣と財界の関係強化のために果たした役割を高く評価することはできない。

実業家からの意見を政策として実施することになると、農商務省などの主務官庁による対応や、商業会議所の役割を無視できないことなど、実業者当局者会合のような非公式な枠組みで検討することの限界が明らかになる。それが農商務省の生産調査会の開催へとつながったのであろう。さらに大隈内閣の下では、大隈総理を会長に、副会長に蔵相と農商務相が着任して両省が共同の事務局を務める体制を整えた。大蔵省だけでも、農商務省だけでも、経済全般にわたる課題を検討することは不十分であったため、共同事務局に充てられたと考えられる。経済調査会は一九一六年四月から一九一七年一一月まで、貿易、租税、交通、金融、産業の各部会を設けて経済政策全般の課題について検討を行なった。[148]

第三節　税制整理の実施と営業税の減税

一　税制整理の実施と地租減税

桂内閣は、次々に財政政策を実施に移し、国債の整理などに見通しをつけるとともに、最大の政治的難題であった三税廃止法案を否決した。残された課題は、税制整理と官吏増俸の実現であった。官吏増俸については、日露戦後から軍人や司法官などを中心に政府内で大きな課題となっていたものの、財政状況が許さず先延ばしされていた。

桂内閣は、非常特別税の恒久化、全体で一、〇〇〇万円の減税、官吏増俸、国債償還増額を骨子とする第二次財政計画を閣議決定し、これを一九〇九年九月一五日の全国手形交換所組合銀行連合大会で発表した。そして、一二月一八日に税制整理案を発表し、所得税は第一種法人に対する税率の一、〇〇〇分の二五を六二・五と倍以上にするが、第三種の個人については、三二円の給与所得者以下は負担を無くすことにより減税することとした。営業税について一般必需品等の税率を引き下げ、信託業と出版業を加えることとした。また、市内の通行税を廃止し、織物消費税は毛織物を綿織物と同率の一割に引き下げることも表明した。[149]

しかし、一九〇九年秋からの米価が下落する中で、農村地主が官吏増俸を実施できるだけの剰余財源があるのなら地租も軽減すべきと要求しはじめた。政府の検討する減税の対象に地租が含まれていなかったからである。この点については、貴族院の土曜会や扶桑会も、所得税と営業税を軽減するのであれば、五厘の減税は穏当であると支持した。[150]

こうした中、地租減税を初めに支持したのは憲政本党であった。大隈重信も、米価が下落する中、「地租軽減も当然」と述べて、地租を五厘軽減することによる減収は明年の剰余金で充分に間に合うと主張した。[151]

一〇月一〇日に進歩党埼玉支部が地租軽減を決議し、一〇月二八日の憲政本党大会で、「三税を釐革し悪税を改廃し殊に地租を軽減して国民の負担を公平にし以て産業の発達と国力の充実とに資籍するは目下の急務に属する。本党は第二十六議会に於て之を遂行せめんことを期す。」との決議を行なった。[152]

一方の政友会は、院外有志者の院外団体が一〇月一一日に幹事会を開催し、減租問題について取り上げたが、[153] 原敬は一貫して慎重な姿勢をとり、減租運動を抑える方向に回った。

一〇月一四日、桂は原に対して、地租軽減論が高まってくるだろうが国庫に余裕がないので明年または明後年から実施したいので御含みありたいと伝え、これに対して原は「余の考えを露骨に云ふときは、国庫に余裕があらば消極的に使用せずして積極的に国家の発展に使用したし、交通機関の如き港湾の如き整備を待つもの甚だ多し（中略）些事は何れにても大体に於ては貴君の案を打破せざるように助力すべし。」と述べて、地租軽減を支持しないことを約束した。[154]

それにもかかわらず、政友会の院外団は、一二月三日に地租軽減の実行を期すとの決議をした上で、六日に原敬に会見して決議の趣旨を伝え、一月一八日に一分減以上の軽減を実施すべきことを決議した。一二月二五日から一月二七日まで、地租軽減の請願は一、〇四四件（一四六、八三八人の署名）という空前の多数に上った。[155]

さらに、一二月一六日、記者の団体である火曜会の発起による大々的な演説会が開催され、野党も含めた超党派で地租軽減を訴えた。政友会から長谷場純孝、進歩党から犬養毅、又新会から河野広中、戊申倶楽部から富田幸次郎が参加し、六派合同の会合が開催された。[156]

一月四日、原は桂を訪問し、地租軽減問題についての決議まで行なわれるようになったので、本件は明治四十三年度予算で決着する他なく、官吏増俸を二割にとどめ一割を地租軽減に充てるべきではないかと主張した。これについて一〇日、桂が原に対して、田畑地租五分減とし、その財源として所得税減税を延期することにより官吏増俸三割は原案のとおりできると伝えたが、原は行政整理減により二割の増俸にとどめるべきと主張して両者の主張は平行線をたどった。

政府は、一月一七日、第二六回帝国議会に再び税制整理案を提出した。この整理案では、地租についての宅地地価の修正、所得税減税、営業税、相続税、通行税、砂糖消費税、織物消費税、狩猟免許税などについて減税的な整理を行ない、酒精造石税の徴収猶予を認め、売薬営業税、鉱業税、試掘鉱区税、砂鉄区税、取引所登録税、印紙税その他民事訴訟印紙、商事非訴訟事件印紙、行政訴訟用印紙及び地方税制限等に関する各法律の改正により、一、〇一一万円の減税を行なうものとした。

地租軽減運動の勢いは止まらず、一月二六日に、政友会所属八地方団体すべてが地租一分減の決議又は申し合わせをしたが、この段階でも政友会の幹部は方針を固めなかった[157]。

こうした中、銀行業界は所得税法改正に反対を表明した。二月三日、東京交換所組合銀行は臨時集会を開催し、所得税法改正法案は一部の所得者への累進課税が過大な負担になるとして、公平適正な改正を望むことを決議した[158]。さらに、低所得者には減税になるものの、累進課税が強化され一部所得者に対して非常特別税以上の増税となるとして反対決議を行なった[159]。桂や大蔵省は銀行業界との関係を深めていたが、税制の在り方となると、別問題であった。

次々に地租軽減への要求を求める声が高まる一方、所得税減税への銀行業界の反対と官吏増俸への批判が高まり、最終的に二月九日に、桂が原敬と松田正久と会談し、地租の減税については、地租の一分減から八厘減に減少させるが、市内交通税の廃止と所得税法改正を撤回し[160]、官吏増俸を一八〇万円減少させることで、政府と政友会が妥協した。こうして、地租は、明治四十二年度予算八、五四〇万円の税収を見込んでいたものから、明治四十三年度には七五六万円の減税を実施することになった[161]。

二　営業税の減税過程

1　商業会議所と営業税減税

桂内閣が税制整理を実施することを表明したことを受けて、商業会議所連合会は、政府と並行して税制整理案についての検討を行ない、一九〇九年九月の臨時商業会議所連合会において、三税の廃止に加え、所得税と営業税の修正を加え、次のような「税制整理ニ関スル意見」をとりまとめた[162]。

第一　塩専売、通行税、織物消費税ヲ全廃スル事

第二　所得税ヲ左ノ方針ニ依リ改正スル事（略）

第三　営業税ヲ左ノ方針ニ依リ改正スル事

（一）　物品販売業ノ課税標準中賃貸価格ヲ削除シ卸小売ノ課税比率ヲ一ニ対スル二、四トシ　其ノ課税率ヲ卸売万分ノ五、小売万分ノ十二ト為スコト

（二）　物品販売業ノ小売中　取引状態卸売ニ異ナラサルモノ即チ製造用原料品其ノ他営業ノタメ多量ニ消費スル物品及ヒ之ニ類似セルモノニシテ　其需要者ニ販売スルモノハ課税上之ヲ卸売ト見做スノ規定ヲ設ケ　且ツ生糸、羽二重、綿糸、白木綿、米穀、肥料、石油等ノ如キ売上金額多額ナルモ薄利ナル特種品ヲ取扱フ営業ハ　卸小売トモ普通ノ税率ヨリ低減スルノ特別規定ヲ設クルコト

（三）　保険業、銀行業、金銭貸付業、物品貸付業、製造業、印刷業、写真業トニ於ケル建物賃貸価格ヲ半減シテ千分ノ二十ト為スコト

（四）から（八）略

（九）　各種営業者ヨリスル課税標準届出書ハ調査委員其他適当ナル機関ヲ設ケテ之ヲ調査セシメ意見ヲ付シテ税務署ニ提出セシメルコト

このように商業会議所は、日露戦後から三税廃止問題を第一の柱に掲げ、三税廃止問題の旗を下げることはなかったが、一九〇九年の年央から営業税問題を中心に取り上げるようになった（営業税のうち物品販売業と製造業に対する税率に関する商業会議所の建議と政府案、政府決定案の推移については【表三－一】）。

政府の税制整理案が一月一七日に提出されると、営業税については一部の物品販売業の対象品目などは減税ではなく、増税になる恐れがあることが問題となり、全国的な反対運動が始まった。

政府は、二、五三〇万円（明治四十二年度予算）の営業税収を二、三七四万円へと、全体で六％の一五六万円減税する提案を行なった。しかし、政府が提案した物品販売業の税率によれば、生活必需品（甲）と薄利多売品（乙）以外の（丙）に分類される大多数の物品の卸売が一、〇〇〇分の一二・五から一、〇〇〇分の一・〇に、小売が一、〇〇〇分の三七・五から一、〇〇〇分の四五に増税されること、製造業における資本金額への課税率が、従来の一、〇〇〇分の三・七五が一、〇〇〇分の五に増税されることが大きな問題となった。

東京市会は、政府案が発表されると直ちに反対の意向を発表し、東京市の織物問屋組合も営業税の反対を満場一致で可決した[163]。さらに、貸付業や宿業、織物当業者も増税になると反対した[164]。

東京実業組合連合会は、営業税改正案に関する請願書を貴衆両院に提出し、一月二四日に営業税改正反対商工大会を錦輝館で開催するなど、世論を盛り上げた。全国各地の商工関係団体は、貴衆両院議長や東京商業会議所会頭あてに陳情書を提出した[165]。

【表 3-1】営業税改正案と決定案の推移（物品販売業と製造業）[166]

<table>
<tr><th colspan="3"></th><th>1897 年</th><th>1905 年</th><th>1906 年</th><th colspan="4">1906 年（税法審査会）</th></tr>
<tr><td rowspan="8">物品販売業</td><td rowspan="6">売上金額</td><td rowspan="3">卸売</td><td rowspan="3">5/10000</td><td rowspan="3">8.5/10000</td><td rowspan="3">12.5/10000</td><td rowspan="2">甲種</td><td rowspan="2">米・麦・石油・肥料</td><td>卸売</td><td>12/10000</td></tr>
<tr><td>小売</td><td>30/10000</td></tr>
<tr><td rowspan="2">乙種</td><td rowspan="2">羽二重・生糸
綿糸・白木綿</td><td>卸売</td><td>12/10000</td></tr>
<tr><td rowspan="3">小売</td><td rowspan="3">15/10000</td><td rowspan="3">25.5/10000</td><td rowspan="3">37.5/10000</td><td>小売</td><td>40/10000</td></tr>
<tr><td rowspan="2">丙種</td><td rowspan="2">その他</td><td>卸売</td><td>20/10000</td></tr>
<tr><td>小売</td><td>50/10000</td></tr>
<tr><td colspan="2">建物賃貸価格</td><td>40/1000</td><td>68/1000</td><td>100/1000</td><td colspan="4">75/1000</td></tr>
<tr><td colspan="2">従業者</td><td>1 円</td><td>1.7 円</td><td>2.5 円</td><td colspan="4">2 円</td></tr>
<tr><td rowspan="4">製造業</td><td colspan="2">資本金額</td><td>1.5/1000</td><td>2.55/1000</td><td>3.75/1000</td><td colspan="4">5.5/1000</td></tr>
<tr><td colspan="2">建物賃貸価格</td><td>40/1000</td><td>68/1000</td><td>100/1000</td><td colspan="4">60/1000</td></tr>
<tr><td colspan="2">従業者</td><td>1 円</td><td>1.7 円</td><td>2.5 円</td><td colspan="4">2 円</td></tr>
<tr><td colspan="2">職工労役者</td><td>30 銭</td><td>51 銭</td><td>75 銭</td><td colspan="4">50 銭</td></tr>
</table>

<table>
<tr><th colspan="2"></th><th colspan="4">1907 年商業会議所連合会案
（1907 年 11 月商業会議所連合会）</th><th colspan="3">1909 年商業会議所連合会案</th></tr>
<tr><td rowspan="7">物品販売業</td><td rowspan="5">売上金額</td><td rowspan="3">甲種</td><td rowspan="3">米・麦，
石油・肥料
羽二重・
生糸・綿糸</td><td>卸売</td><td>12/10000</td><td rowspan="2">卸売</td><td>原則</td><td>5/10000</td></tr>
<tr><td rowspan="2">小売</td><td rowspan="2">30/10000</td><td>生糸，羽二重，綿糸，白綿布，米穀，肥料，石油等（売上金額は多額でも薄利）</td><td>低減税率</td></tr>
<tr><td rowspan="3">小売</td><td>原則</td><td>12/10000</td></tr>
<tr><td rowspan="2">乙種</td><td rowspan="2">その他</td><td>卸売</td><td>15/10000</td><td>生糸，羽二重，綿糸，白綿布，米穀，肥料，石油等（売上金額は多額でも薄利）</td><td>低減税率</td></tr>
<tr><td>小売</td><td>37.5/10000</td><td>製造業原料その他営業のため多量に消費する物品（卸売と見なす）</td><td>5/10000</td></tr>
<tr><td>建物賃貸価格</td><td colspan="4">50/1000</td><td colspan="3">無税</td></tr>
<tr><td>従業者</td><td colspan="4">2 円</td><td colspan="3">2 円</td></tr>
<tr><td rowspan="4">製造業</td><td>資本金額</td><td colspan="4">4/1000</td><td colspan="3">5/1000</td></tr>
<tr><td>建物賃貸価格</td><td colspan="4">60/1000</td><td colspan="3">55/1000</td></tr>
<tr><td>従業者</td><td colspan="4">2 円</td><td colspan="3">2 円</td></tr>
<tr><td>職工労役者</td><td colspan="4">50 銭</td><td colspan="3">50 銭</td></tr>
</table>

<table>
<tr><td></td><td></td><td colspan="4">1910年政府案</td><td colspan="4">1910年商業会議所連合会案
1910年2月5日</td></tr>
<tr><td rowspan="8">物品販売業</td><td rowspan="6">売上金額</td><td rowspan="2">甲種</td><td rowspan="2">米，麦，石油，肥料，砂糖，塩</td><td>卸売</td><td>12/10000</td><td rowspan="4">甲種</td><td rowspan="4">米，麦，豆，藺，石油，肥料，銅，鉄，砂糖，塩，白絹布，生糸，綿糸，白綿布，棉花，紙</td><td>卸売</td><td>10/10000</td></tr>
<tr><td>小売</td><td>25/10000</td><td rowspan="3">小売</td><td rowspan="3">25/10000</td></tr>
<tr><td rowspan="2">乙種</td><td rowspan="2">羽二重，生糸，綿糸，白木綿，棉花，紙</td><td>卸売</td><td>12/10000</td></tr>
<tr><td>小売</td><td>35/10000</td></tr>
<tr><td rowspan="2">丙種</td><td rowspan="2">その他</td><td>卸売</td><td>20/10000</td><td rowspan="2">乙種</td><td rowspan="2">その他</td><td>卸売</td><td>12.5/10000</td></tr>
<tr><td>小売</td><td>45/10000</td><td>小売</td><td>35/10000</td></tr>
<tr><td>建物賃貸価格</td><td colspan="4">75/1000</td><td colspan="4">70/1000</td></tr>
<tr><td>従業者</td><td colspan="4">2円</td><td colspan="4">2円</td></tr>
<tr><td rowspan="4">製造業</td><td>資本金額</td><td colspan="4">5/1000</td><td colspan="4">3.5/1000</td></tr>
<tr><td>建物賃貸価格</td><td colspan="4">55/1000</td><td colspan="4">55/1000</td></tr>
<tr><td>従業者</td><td colspan="4">2円</td><td colspan="4">2円</td></tr>
<tr><td>職工労役者</td><td colspan="4">50銭</td><td colspan="4">50銭</td></tr>
</table>

<table>
<tr><td></td><td colspan="2"></td><td>1910年
政友会案</td><td>1910年
改正法</td><td colspan="3">1914年改正法</td><td>1924年
改正法</td></tr>
<tr><td rowspan="6">物品販売業</td><td rowspan="4">売上金額</td><td rowspan="2">卸売</td><td rowspan="2">12/10000</td><td rowspan="2">12/10000</td><td>甲</td><td>米，麦，豆，藺，石油，肥料，塩，煙草，薪炭</td><td>8/10000</td><td>8/10000</td></tr>
<tr><td>乙</td><td>藺，白絹糸，白絹，白絹布，棉花，白綿，白綿布，白麻糸，紙，麦稈真田，麻真田，経木真田，花筵，砂糖，麦粉，燐寸，銅鉱鉄地</td><td>11/10000</td><td>11/10000</td></tr>
<tr><td rowspan="2">小売</td><td rowspan="2">37/10000</td><td rowspan="2">36/10000</td><td>甲</td><td>米，麦，豆，藺，石油，肥料，塩，煙草，薪炭</td><td>20/10000</td><td>20/10000</td></tr>
<tr><td>乙</td><td>藺，白絹糸，白絹，白絹布，棉花，白綿，白綿布，白麻糸，紙，麦稈真田，麻真田，経木真田，花筵，砂糖，麦粉，燐寸，銅鉱鉄地</td><td>30/10000</td><td>30/10000</td></tr>
<tr><td colspan="2">建物賃貸価格</td><td>80/1000</td><td>90/1000</td><td colspan="3">70/1000</td><td>—</td></tr>
<tr><td colspan="2">従業者</td><td>2円</td><td>2円</td><td colspan="3">2円</td><td>2円</td></tr>
<tr><td rowspan="4">製造業</td><td colspan="2">資本金額</td><td>3.75/1000</td><td>3.5/1000</td><td colspan="3">3/1000</td><td>3.3/1000</td></tr>
<tr><td colspan="2">建物賃貸価格</td><td>80/1000</td><td>55/1000</td><td colspan="3">70/1000</td><td>—</td></tr>
<tr><td colspan="2">従業者</td><td>2円</td><td>2円</td><td colspan="3">2円</td><td>2円</td></tr>
<tr><td colspan="2">職工労役者</td><td>50銭</td><td>50銭</td><td colspan="3">50銭</td><td>50銭</td></tr>
</table>

こうした動きを受け、東京商業会議所は、東京実業組合連合会と東京市会の他、東京銀行集会所にも声をかけて税制問題について共同で調査を行なうように提案したが、東京銀行集会所はこれに応じなかった。増税反対運動の時は銀行業界も商業会議所と連携をとったが、その後、政府と銀行業界が接近する一方、三税廃止問題で政府と商業会議所との間に亀裂が入っていたこと、銀行業界にとっては所得税法改正法案を潰すことには強い利害があったが営業税にはそれほど強い不満をもっていなかったことから、東京商業会議所の誘いには乗らなかったと思われる。

そこで、二月一日、東京商業会議所は、東京市会と東京実業組合連合会だけの協議会を開催した[167]。論点は、物品販売業の中の「丙種」の税率を現行税率以上に超過させないこと、第十八条但し書（同一区域にある住居などの建物賃貸価格も課税対象とすること）に対して「但し同一区域内に在る土地建物にして直接営業に使用せざるものは営業用として計算せず」との但書を加えること、第十九条（営業に従事するものは従業者とすること）に「但し営業者の家族を除く」との但書を加えることであった。

続いて、二月二日と三日にかけて、商業会議所連合会の六商業会議所の協議会が開催され、税制整理に臨む方針を議論した[168]。この協議会では、織物消費税廃止運動の急先鋒であった京都商業会議所の西村治兵衛（戊申倶楽部）が「営業税ノミナラス三税廃止ニ就テモ同時ニ連合会ニ於テ唱導スルノ要アリ」と述べたが、名古屋の水品平右衛門（政友会）は、「三税ヲ標榜スルハ反リテ世ノ同情ヲ得サルコトトナラサルヤノ感アリ」と否定的な発言をした。会議では、物品販売業の丙種は現行法税率以内に改めること、羽二重を白絹布と修正することなどを審議し、商業連合会に提案することとした。

臨時商業会議所連合会が二月五日に急遽招集され、税制整理案についての審議を行なった[169]。その結果、二月七日に次の通り、「営業税に関する請願書」が決議された[170]。

一　物品販売業中甲と乙を合わせて甲と為し、其の品目中に豆、繭、銅、鉄を加へ、羽二重を白絹布と改め、之が課税率を卸売万分の十、小売万分の二十五とし、又丙を乙に改め、之が課税率を卸売万分の十二半、小売万分の三十五と修正せられん事を望む。

二　製造業の資本金額に対する課税標準を修正して、千分の三半となし、印刷業の課税標準を製造業と同一に修正せられん事を望む。

三　出版業を削除して物品販売業中に編入せられん事を望む。

四　第七条に於ける新聞紙法に依る出版業者の免税規定を削除し、第十一条第四項に「新聞紙様に依る出版業」を追加せられん事を望む。

五　第十二条末項の規定を修正して十五歳未満の従業者の課税を免除せられんことを望む。

六　第十六条現行法及び改正案第三項従業者の計算法を修正して、平均数に依ることとせられんことを望む。

七　第十八条但書を修正して建物賃貸価格の計算は、直接営業に使用するものに限ることとせられんことを望む。

八　第十九条但書の従業者中営業者の家族に対する除外例を設けられんことを望む。

商業会議所連合会の議論では、西村治兵衛や早速整爾から、地租軽減問題が議会で大きな問題になっており、三税廃止も重要な問題であることが指摘されたが、法橋善作（大阪）が「営業税ハ一番ヤカマシイ問題ニナッテ居ル」と述べて[171]、営業税問題に集中して議論すべきとの雰囲気となった。また、各地から営業税の誅求の現状が報告され、営業税審査会が形骸化されていることが指摘され、徴税事務の改善を求める声が相次いだ。

さらに、二月一一日、所得税減税や通行税の減税が撤回され、地租軽減の方針が決定された後の連合会において鈴木摠兵衛は、商業会議所が数年前から議論していた税制整理の改正案は、政府と政友会の妥協によって実現ができないことになったが、ただ営業税法の改正だけが未決の問題であるので、「商業会議所トシテ此一点ニ一意専心ニ尽力シタイ」と述べ、政友会の幹部の意向が定まっていないので積極的に働きかけるべきと主張した[172]。さらに、谷脇静一は、「三税廃止論ガ世ニ唱ヘラレツツアリマスガ、此関係者ハ或一部ニ止リマスガ、今回ノ営業税ノ問題ハ殆ド全国ノ実業家ヲ網羅シタ関係ノ問題デ極ク重大ナ問題デアリマス」と、一部の会議所だけではなくできるだけ多くの会議所が根回しに参加すべきと提言した。

そして、中野武営は、議論を受けて次のように結論づけた[173]。

我商工業ニ関スル税制整理ノ大部分ハ地租軽減ノ為メニ殆ド犠牲ニ供セラレタル如キ有様デアッテ　実業家トシテ頗ル遺憾デアル、併シ今日ノ場合ニ於テ残ル所ノ問題ハ営業税ノ改正ガ未ダ解決ヲ告ゲテ居ラヌ場合デアルカラ、此ニ至ツテハ此問題ニ全力ヲ尽サンケレバ全国ノ商工業者ニ対シテ済マナイ、又商工業者ガ必ズ非常ナ恨ミヲ懐クニ相違ナイ、困難ヲ感ズルニ相違ナイ、コノ為ニ商業会議所連合会ハ十分ニ力ヲ尽サナケレバナラヌ

商業会議所連合会は、前年三税法案を否決され経費徴収権を剥奪された上、地租軽減が実現したことにより所得税や通行税など、商業会議所が積年求めていた税制整理の項目が否決されたことから、自らの存在意義をかけて二月二四日まで実行委員会を継続して開催し、桂総理大臣、大浦農商務大臣の他、政友会など各政党政派に対して精力的な働きかけを行なった[174]。

2　政友会による減税実現

帝国議会の営業税法案委員会で審議が始まると、菅原通敬大蔵省内国税課長は、今回の修正は減税の目的ではないとした上で、物品販売業の丙分類の税率が高まるとしても全体としては問題ないと反論し、政府と議会の間では意見が対立して膠着状況になった[175]。

政友会は、商業会議所や商工業者の運動を受け、二月二四日に営業税調査委員会を開催して協議を行なった。その結果、原案から一五〇万円減額の目的を以て原案を修正すること、家族従業者課税を否決することでさらに三〇万円程の減税をすべきことを決定した[176]。そこで、三月一日、桂は原敬と松田正久に対し、政府案（約一五〇万円の減額）に加えて五〇万円程度の減額であれば譲歩するので何とかその辺で折り合いをつけて欲しいと要請した[177]。

これを受けて政友会は、政務調査会の特別委員に再調整させることとし、最終的に政務調査会は、政府案を五〇万円上回る減税額を求めることで決着させた[178]。

政友会は、このような方針を踏まえ営業税改正案に対する修正案を提案し、貴族院の支持も得てこれを成立させた。

このような物品販売業の売上に対する課税率や、建物賃貸価格などの修正を加え、政府案を五〇万円上回る減税額二、三二四万円の減税を実現し、当初政府案の六・六%から、地租の減税率とほぼ等しい八%の減税を実現した。そして、営業税審査委員会を税務署ごとに設置して、課税標準算定に対する救済機関を増やす内容の修正を加えた[179]。

3　営業税減税実現の評価

この時、営業税の修正及び減税が実現したのは、商業会議所が政府や政友会に対して積極的に働きかけた効果が出たことは間違いない。ここで注目されることは、商業会議所が三税廃止から営業税の減税の実現に力を入れるようになったこと、そして、政友会の幹部は、地租軽減に対しては極めて慎重な姿勢を保ちながら、営業税の減税については自ら政府案に五〇万円の上乗せをして減税額を拡大させるほど、積極的な態度で臨んだことである。

商業会議所が三税廃止から営業税減税の方向に転換したことについて、坂野潤治は、政友会と桂内閣の妥協で地租軽減が実現したことにより三悪税廃止などの要求に関わっている余裕をなくし、三税の関係者は一部であるが営業税問題は殆ど全国の実業家を網羅した問題であるとの意見が出たことを受けて、「自己の要求を営業税軽減一本にしぼった商業会議所連合会が、その実現の手段として、これまで敵対してきた政友会に接近する姿勢を見せはじめた」と指摘している[180]。

確かに、営業税の方が三税よりも商工業界全体に影響を与える税であり、各地の商業会議所から営業税問題を取り上げることには強い支持が上がった。また、三税廃止は、大きな政治問題化した後で政友会が西園寺内閣時代に否決した問題であり、それを契機に商業会議所の経費徴収権が剥奪されるなど、政治的には政友会と商業会議所との間の決定的な対立を招いた問題であった。商業会議所が、そのように政治的に結論の出た問題を蒸し返すよりも、営業税という新しい問題について与党の政友会の支持を取り付けるようにした方が、成果も出やすかったであろう。

しかし、商業会議所は既に一九〇九年初めから営業税を問題として取り上げており、営業税の減税に方針転換したのは政府と政友会が地租の減税で妥協した後からではない。

すなわち、約一年前の一九〇九年二月の商業会議所連合会において、木村誓太郎（四日市）が、「商工業ノ主眼トスル所ノ営業税ハ区域ガ広イ（中略）唯整理ヽヽト云フヤウナ漠然トシタコトデ無ク（中略）営業税ノ軽減ト云フ声ヲ高クシテ政府ニ迫ルコトガ此連合会ノ最モ力ヲ尽スベキ第一ノ事柄デアラウト信ジテ居リマス」と指摘したように、織物消費税や通行税、塩専売という、一部の産業の利害にしか裨益しない三税廃止よりも、商工業界全体に影響のある、営業税の軽減の実現を図るべきとの意見が強くなっていた[181]。

この背景には、「明治四十年秋の財政再建戦略」による大蔵省の方針に基づき、明治四十一年度から大蔵省が都市部を中心に課税対象が多い営業税に対する徴税強化を行なったため、一挙に営業税への不満が顕在化したことがある。一九〇九年の二月や九月に開催された臨時商業会議所連合会においても、租税誅求問題が大きく取り上げられ、「徴税手続改善ニ関スル意見書」が決議されるまでに至った。

政友会は、増税問題で都市の有権者からの支持を失い、また三税廃止を否決することにより、商工業者からの批判を受けていた。そこで、政友会が営業税減税に熱心な理由について、新聞は、「政友会にては世間の所謂三悪税の廃減を以て左迄急を要するものと為さざるのみならず（中略）徒に農民に厚くして商工民に薄き嫌ひあるを以て営業税改正案に対しては多少の修正をなして政府案を通過せしめて以て商工民の機嫌を取らんとの考へなりと」と、商工業者の批判をかわそうとしているとの論評を伝えていた[182]。

実際、営業税法が成立した後の一九一〇年四月一四日に、日本橋の実業家各団体の代表者が、原敬を招き「是迄進歩党にのみ同情し居たるも、今期議会の情勢を実見して到底政友会に依る外なきを認めたる由にて、先頃営業税其他彼らの希望は我党の決議により貫徹したるを機会として、表面無意味に懇親の為めと称して余幹部の者を招きたる」と伝えており、政友会が営業税減税で商工業者の支持を取り付け直すという観点からその戦略は功を奏した[183]。

しかし、政友会の幹部が地租軽減には否定的でありながら、営業税の減税に積極的であったのはそれだけの理由だろうか。

原敬の腹心である吉植庄一郎は、地租減税が決定された後の、一九一〇年三月七日の帝国議会の「普通選挙ニ関スル法律案委員会」において、地租や営業税を減税すれば有権者の減少を招くという問題を指摘して制限選挙制度を批判し、普通選挙法案を支持した[184]。

今回地租ノ軽減ト云フガ如キコトガ行ハレルト、昨日マデハ選挙ノ権利ヲ持ッテ居ッタ人デモ、納税ノ資格ガ五厘デモ減ッタタメニ、明日カラ有権者デナクナル、即チ選挙権者ハ二割ナリ三割ナリ減ル、又営業税其他ノ方面ニ於テモ多少ノ減税ヲ標準トシテ居ル、是ガ又行ハレルト、亦有権者ガ減ル（中略）仮リニ制限選挙ヲ認ムル立場カラ言ッテモ、当然オコルコトデアルガ、一方ニ於テ国民ノ負担ヲ軽減シナケレバナラヌト云フ点カラ、選挙権ハ縮少シテ往カネバナラヌト云フ奇観ヲ呈スル

吉植がこのように指摘していることは、原も地租の軽減により農村部の有権者が減少することを懸念していたことは明らかである。第七章及び第八章でみるように、原はこのような背景から、地租軽減をすれば自党の支持基盤である農業者の有権者数を失うことから、地租軽減には一貫して反対し、同じ財源があればそれを積極政策に充当することにより農業者の有権者数を維持しつつ党勢を拡張できると考えていた可能性がある。

また、原敬は営業税の減税の実現を積極的に推進し、地租減税の法案が成立すると、一転その減税額を政府提案より上積みしたのは、予想外の大幅な地租減税が実施されたため、地租軽減により地租を納税する有権者が減少するのに対応して営業税を少しでも多く減税して、反対党の支持基盤である商工業者数も併せて減少させることも意識していた可能性がある。

小括

一九〇七年秋からの不況により財政状況が急速に悪化し、明治四十一年度予算において酒税、砂糖消費税、石油消費税の増税が決定される契機となったのは、国庫金の不足に直面して危機感を覚えた水町袈裟六など大蔵官僚が、軍事費等の事業の繰延、増税の実施、非募債、金融関係者との関係強化、民間の貯蓄増強、徴税の強化などの政策パッケージ（本章で「明治四十年秋の財政再建戦略」と呼ぶ）を打ち出したことによる。

西園寺内閣はこの方針を実現するだけの調整能力が乏しかったが、桂太郎が事業繰延に反対する陸軍を説得したことから、衆議院選挙を控えて増税に反対した原敬も妥協した。この予算編成過程で桂の調整能力が評価され、政権復帰の礎を作った。桂が政権に復帰すると、「明治四十年秋の財政再建戦略」を具体化し、国債市況の回復に示されるように財政と経済の状況を好転させた。

従来、明治四十一年度予算の編成過程においては井上馨や松方正義らの元老の主導性や、桂や山県系の西園寺倒閣の動機が強調されている。しかし、水町ら大蔵官僚が企画立案した、財政危機を克服し兌換制を維持するための基本的な戦略については、元老や軍部、政友会も大きくは反対し得ず、大蔵省は、元老の力も借りながら関係者を調整して政策を実現していった。

桂内閣にとって最大の難問は、商業会議所と非政友各派が要求する三税廃止問題であった。桂は非政友合同を促進させようと考え、非政友各派も三税廃止の実施時期を遅らせるなど柔軟性を示して呼応した。

しかし、大蔵省は税収確保の観点から三税廃止に反対し、政友会は党派問題となった三税廃止法案を否決することによって非政友合同の動きを封じた。桂が非政友合同を実現するために、三税廃止について何らかの譲歩を行なうことを考えたとしても、非政友各派の足並みは揃わなかった上、大蔵省と政友会の反対には抗しえなかった。

その上、政友会と貴族院の山県系が連携して、増税反対や三税廃止に向けて運動をした商業会議所の強制経費徴収権を剥奪して掣肘を加えた。

桂内閣が一九〇九年に、所得税と営業税の減税を中心とする税制整理と官吏増俸を打ち出すと、地租軽減を求めて農業者が激しい減税運動を始め、憲政本党と政友会の院外団はこれを支持したが、原敬は反対した。これは、政友会が農業者を支持基盤としながらも、地租軽減をすれば地租を納税する有権者が減少することを懸念していた可能性がある。

商業会議所は、三税廃止よりも営業税の減税の実現に力を注いだ。営業税は三税に比べれば商工業者全体に関わる税制であり、大蔵省が徴税を強化した結果、営業税の誅求感が高まったからである。また、政友会は、営業税は党派問題となっておらず、三税廃税を否決するなどで商工業者から批判を浴びたことから、営業税の減税を推進した。

しかしそれだけではなく、原敬は、地租が予定以上に減税された結果、農業者の有権者数が大幅に減少する恐れがあったため、営業税も合わせて減税して商工業者の有権者数も減少させようと考えていた可能性がある。

桂内閣は、金融界を中心とした財界との関係を強化したことが特徴的であったが、これは主として国内での国債の消化を促進するためであった。さらに桂は、実業者当局者会合を開催して紡績業者や輸出業者も含めて財界との関係を強化した。これは、兌換制を維持するための輸出振興や工業の振興という政策課題が重要性を増してきたことに加え、減税を求める商業会議所を牽制する意図があったと思われる。

しかし、このように大蔵省が中心となった非公式な形態により意見交換をしても、政策の実現という観点からは限界があったことから、農商務省を中心に商業会議所の代表を含める形で生産調査会が開催されることとなった。

注

1　持田信樹「日露「戦後経営」をめぐって」『日本歴史』第五一四号、一九九一年三月号。

2　宮地正人『日露戦後政治史の研究』東京大学出版会、一九七三年。松尾尊兊『大正デモクラシー』岩波書店、一九七四年。江口圭一『都市小ブルジョア運動史の研究』未来社、一九七六年。藤野裕子「一九〇八年悪税反対運動と騒擾——都市民衆をとりまく政治状況の変容」『史観』第一五〇冊、二〇〇四年三月。

3　三谷太一郎『日本政党政治の形成』東京大学出版会、一九六七年。テツオ・ナジタ『原敬——政治技術の巨匠』読売新聞社、一九七四年、一五二頁。

4　坂野潤治『大正政変』ミネルヴァ書房、一九九四年、八頁。

5　第一次非常特別税（一九〇四年三月から実施）では、既存の税制（地租、所得税、営業税、酒税、砂糖消費税、醤油税、登録税、取引所税、狩猟免許税、鉱業税、輸入税）の増徴と、民事訴訟用書類への印紙の増貼が行なわれた。その上で、毛織物消費税及び石油消費税が新設され、煙草の製造専売が創設された。続いて、第二次非常特別税（一九〇五年一月から実施）では、上記既存の税制のさらなる増徴に加え、売薬営業税、印紙税、小切手の印紙税、砂金採取地税、通行税、毛織物以外の織物消費税、繭、米及び籾輸入税の新設、行政訴訟用書類への印紙の増貼に加え、相続税の創設と塩専売が導入された。営業税は第一次非常特別税で本税の一〇分の七の増徴となり一九〇四年分から実施された。第二次非常特別税で本税の一〇分の八の増徴になり、両者合わせて本税の一〇分の一五の増徴となった。

6　政府が税法調査会設置を図るための追加予算を提案すると、貴族院はこのような調査を官民合同で行なう必要はないとして、これを否決したため、政府は、「官民ノ委員ヲ以テ組織スル税法調査会」に代わり「大蔵省高等官ヲ以テ組織スル税法審査委員会」を設置することとした（中尾敏光「非常特別税の継続化と税制整理（一）」『阪大法

学』四五（六）、一九九六年二月。同「非常特別税の継続化と税制整理（二）」『阪大法学』五一（四）、二〇〇一年一一月）。

7 税法審査委員会『税法審査委員会審査報告書』一九〇六年一二月二四日。

8 東京商業会議所は、全国の商業会議所に移牒して確認した上で答申している。その内容は、非常特別税により悪影響を受けたと認められるものとして、清酒、和白砂糖、洋白砂糖を挙げ、産業に対しては軍需品の需要は拡大したが、それ以外のものについては不振となり、その効果は一概に言えないとしている。一方で物価が騰貴し一般生計は多少困難となり、一般担税力についても「負担甚だ苛重」であると指摘している（「東京商業会議所議事録第三十一回臨時総会」一九〇六年八月七日、東京商工会議所蔵）。

9 大橋新太郎、星野錫、馬越恭平、野中鴻、山中隣之助、小野金六、伊藤幹一、福原有信、前田武四郎、豊川良平、池田謙三、加藤正義、金井延、天野為之、中野武営、主査は、伊藤幹一、星野錫（「税法調査委員ノ氏名及主査」東京商工会議所蔵）。

10 『明治三十九年八月函館ニ於テ開会　第十五回商業会議所連合会議事速記録』六七—九〇頁。

11 『明治三十九年十月東京ニ於テ開催　臨時商業会議所連合会報告』。八月七日に東京商業会議所臨時総会で原案を固め、「税法審査委員長ヨリ照会ニ係ル非常特別税ノ影響等ニ関スル件ニ付答申案（一、物価、二、非常特別税ノ影響（清酒、和白砂糖、洋白砂糖）、三、産業ニ及シタル非常特別税ノ影響其他（商業、興業、運輸）、四、戦前及戦後ニ於ケル一般産業ノ盛衰、五、戦前及戦後ニ於ケル一般生計ノ情態、六、戦前及戦後ニ於ケル一般担税力ノ強弱）をまとめた（「税法改廃ニ関スル建議案」、「明治三十九年九月十九日開会税法主査委員会決議事項」。立憲政友会史出版局『立憲政友会史　第二巻　西園寺総裁時代前期』一九二四年、三三〇—三四一頁）。

12 高橋亀吉編『財政経済二十五年誌第四巻　政策編（上）』実業之世界社、一九三二年、五—一五頁。

13 『立憲政友会史　第二巻』三三〇—三三一頁。

14 阪谷芳郎「満韓経営と商工業者の用意」『大阪銀行通信録』第一〇八号、一九〇六年九月二五日。一九〇七年初の第二三回帝国議会で、政府は予算委員会において、明治四十一年度予算については、三十八年度剰余金約五〇〇〇万円、捕虜収容費償還金約四、七〇〇〇万円、臨時軍事費特別会計剰余金約三、〇〇〇〇万円、租税其他歳入増加見込額約三、二〇〇〇万円、合計一億、一四〇〇〇万円あるので歳入不足はないと発言していた（『立憲政友会史　第二巻』四二八頁)。

15　東京商業会議所「税法改廃ニ関スル建議案」明治三十九年十月六日付税法調査委員長中野武営の報告書、東京商工会議所蔵。

16　加来良行「日露戦後の廃税運動とブルジョアジー――織物消費税廃止運動を中心に」『ヒストリア』第一一七号、大阪歴史学会、一九八七年一二月。

17　東京商業会議所「明治三十九年九月十八日開会　税法主査委員会決議事項」、東京商工会議所蔵。

18　東京商業会議所「明治三十九年九月二十日開会　税法主査委員会決議事項」、東京商工会議所蔵。

19　三和良一『日本近代の経済政策史的研究』日本評論社、二〇〇二年、一七三―二四一頁。

20　石井裕晶『中野武営と商業会議所――もうひとつの日本近代政治経済史』ミュージアム図書、二〇〇四年、一五九―一六一頁。

21　松尾前掲『大正デモクラシー』四六頁。

22　委員に任命されたのは、大蔵官僚を除き、中野東京商業会議所会頭と土居大阪商業会議所会頭のほか、三島彌太郎、正親町実正、松平正直、紀俊秀、野田卯太郎、島田三郎、水町袈裟六、珍田捨巳、栗原亮一、荒井賢太郎、河村譲三郎、吉原三郎、金井延、箕浦勝人、松崎蔵之助、石塚重平、岡野敬次郎、和田彦次郎であった(税法整理案審査会『税法整理案審査会審査要録』一九〇七年)。

23　神山恒雄『明治経済政策史の研究』塙書房、一九九五年、公債発行・償還・年末残高表(表三-五と表五-五)。

24　若槻禮次郎『古風庵回顧録』読売新聞社、一九五〇年、一四五―一四六頁。

25　「国庫金ノ不足ノ原因」『水町家文書』第三冊二。

26　「増税計画書類」『水町家文書』第一冊二九。

27　森田右一『わが国財政制度の近代化』霞ヶ関出版、平成二年二月、四九頁。

28　長島隆二『政界秘話』平凡社、一九二八年、一一六―一一七頁。西園寺内閣の時には大蔵省の国庫課の書記官であった長島隆二は、桂太郎の女婿(娘の潔子の婿)となり、桂が首相兼蔵相になると私邸付の秘書官に着任した。潔子の兄は井上馨の縁戚となっており、桂と井上のいずれにも近い存在であった(鵜崎熊吉『朝野の五大閥』東亜堂、一九一二年、三七六―三七七頁)。

29 「増税賛成説資料」『水町家文書』第三冊八。

30 「増税問答」『水町家文書』第三冊九。

31 「一九〇八年度歳入歳出概算閣議提出案」『水町家文書』第一冊一六。同文書には「十月廿　日」と書かれ、「廿八日」と記載されてはいないが、「第一回閣議」と手書きされているので、本文の内容が閣議に提出されたものとみて差し支えないと考えられる。

32 原奎一郎編『原敬日記　第二巻』福村書店、一九六五年、一九〇七年一〇月二八日及び二九日。

33 『原敬日記　第二巻』一九〇七年一一月二五日、二六日、二八日。

34 『原敬日記　第二巻』一九〇七年一一月二八日。

35 「増税の由来及び前途」『中央公論』第二三年第一号、第二二六号、一九〇八年一月。「四十一年度予算に対する各省の要求は、実に七億円を突破し、これを鵜呑にしたでは、二億余千万の不足を来す、而も阪谷は非募債、非増税方針を固執し、その要求中最高額を占める陸海軍の予算に、大削減を加へようとしたが、寺内はその師団増設を含む、軍備拡張案を固執して譲らない、そこで十月頃になって西園寺が、堪り兼ねて桂の助力を乞ひ、なんとか折合を付けようと苦心した」とある（笹川多門『松田正久稿』江村会、一九三八年、三五四―三五五頁）。

36 『原敬日記　第二巻』一九〇七年一二月五日。

37 『原敬日記　第二巻』一九〇七年一二月一〇日、一三日、一四日。

38 山本四郎「一九〇八年度予算編成過程（下）」『ヒストリア』第八四号、一九七九年九月、五一頁。

39 「明治四十一年度概算ニ関連シテ閣議ヲ求メタル同年度以降ノ修正シタル財政経画」『水町家文書』第一冊二一。この文書の冒頭には手書きで「十二月十五日　日曜　臨時閣議問題　此閣議後多少改メル見込アリタルモ終ニ失フタリ」と記載がある。

40 「井上侯提出財政意見（写）」『斎藤実文書』国立国会図書館憲政資料室蔵。

41 『原敬日記　第二巻』一九〇七年一二月一五日。

42 『原敬日記　第二巻』一九〇八年一月八日及び一四日。

43 若槻前掲『古風庵回顧録』一三三―一三四頁。

44 柴崎力栄「桂園体制への一視角――元老をめぐる権力状況について」『史学雑誌』第九〇巻第六号、一九八一年六月。

45　『原敬日記　第二巻』一九〇七年一〇月二九日。

46　「一九〇八年度以降十箇年度間歳入歳出概計表」『水町家文書』第一冊二四。「一九〇八年度概算ニ関連シテ閣裁ヲ求メタル同年以降ノ修正シタル財政経画」『水町家文書』第一冊二一。

47　憲政本党から河井重蔵、朝倉鉄造、江藤新作、平島松尾、飯田省三郎、首藤隆三、井手武右衛門、大石熊吉、田村惟昌、野口源一郎、降旗元太郎、根津嘉一郎、安田勳、齋藤宇一郎、猶興会から島田三郎、大竹貫一、加藤禧一、河野広中、三輪信次郎、関口安太郎、安関雄吉、大同倶楽部から山田省三郎、無所属の金子元三郎、貴族院議員の加藤宇兵衛、杉下太郎右衛門、実業家の中野武営と福沢桃助などであった（『東京日日新聞』一九〇七年一二月二四日）。

48　『東京商業会議所臨時総会議事速記録』明治四十一年一月九日。『東京日日新聞』一九〇八年一月一〇日。

49　『明治四十一年一月及び二月　臨時商業会議所連合会議事速記録』。

50　『財政経済二十五年誌第四巻　政策編（上）』一九―二五頁。

51　群馬県前橋市実業団、愛知県麦稈真田同業組合、大日本織物連合会会長前川太兵衛、徳島県各種商工業組合団体、京都木綿商組合、神戸貿易同業組合・神戸花筵商同業組合、神戸輸出屏風製造業組合・京都輸出捺染敷物業組合、三重県醤油同業組合、近江麦稈同業組合、大津実業団、千葉県山武長生夷隅四郡米穀肥料商連合会、栃木町各営業組合連合会、静岡県醤油同業組合、東京砂糖商同業組合、吉野材木同業組合・吉野川上郷同業組合・吉野小川郷同業組合、函館物産商組合、大阪商工有志会、長崎商工会、大阪織物組合、伊予綿布同業組合、岐阜縮緬組合長、愛知県下同業組合団、愛知県松山実業同志会、大阪指物同盟組合会長、丹後縮緬同業組合、大和木綿組合長、大阪漆器商組合　静岡県漆器商組合、長崎県実業界他一二団体、神戸実業組合団体、直江津米塩肥料海産商組合、札幌商業会議所、前橋呉服太物組合、大阪履物商組合、伊予松山実業会、大阪鉄商組合（東京実業組合連合会『事業報告』明治四十一年）。

52　『臨時商業会議所連合会議事速記録　第七号』一九〇八年一月二八日、二〇五―二一一頁。

53　『立憲政友会史　第二巻』四七六―四八一頁。

54　『立憲政友会史　第二巻』四八二頁。

55 『原敬日記　第二巻』一九〇八年二月一二日。
56 三月一八日に饅会が松田蔵相、水町次官、勝田理財局長、渋沢男爵を三井集会所に招待（『銀行通信録』第二七〇号、一九〇八年四月一五日）。松尾日銀総裁、高橋副総裁、豊川、早川千吉郎、園田孝吉、池田謙三、佐々木駒之助、三村君平の出席の上、懇談。松田蔵相から、第一回国庫債券償還の時機については慎重に検討していることを説明。大阪商業会議所役員は、銀行の破綻続出に対して町田忠治銀行集会所委員長を訪問。
57 滝沢直七『稿本日本金融史論』有斐閣書房、一九一二年、九〇七頁。
58 「財政ニ関スル井上侯質問要領（写）。明治四十一年四月一日」『斎藤家文書』（三二―二八六頁）に詳細な議事録がある。この議事録は、石井裕晶『戦前期における日本の制度変革――営業税廃税運動の政治経済過程』早稲田大学モノグラフ七二、早稲田大学出版部、二〇一二年、一一三―一一七頁に掲載。
59 長島隆二『政界秘話』一一九頁。
60 「明治四十一年度歳出予算実行ニ関スル閣議案」『水町家文書』第一冊一四。「明治四十一年度予算施行並ニ四十二年度以降財政経画ニ関スル閣議案（明治四十一年四月四日）」『水町家文書』第一冊一五。
61 四月一七日に第六回全国交換所連合会開催。四月二七日に京浜の実業者からなる実業同志会が、経済救済の決議（小野金六、福沢桃介、井上角五郎、早川鐵治、佐竹作太郎、佐久間福太郎など二七名を実行委員とする（『銀行通信録』第二七一号、一九〇八年五月一五日）。
62 『東京朝日新聞』一九〇八年五月三日。
63 『東洋経済新報』第四三九号、一九〇八年二月五日。
64 伊藤博文関係文書研究会編『伊藤博文関係文書　三』塙書房、一九七五年、三七四頁、一九〇八年五月一二日。
65 坂野前掲『大正政変』四五―四七頁。
66 「意外なる政変」『中央公論』第二三年第二号、第二一七号、一九〇八年二月。
67 『原敬日記　第二巻』一九〇八年五月一九日。
68 『読売新聞』一九〇八年六月四日。
69 『原敬日記　第二巻』一九〇八年五月二九日。
70 鵜崎前掲『朝野の五大閥』三四四―三四五頁。

71　笹川前掲『松田正久稿』三六五頁。
72　「内閣更迭の真相」『中央公論』第二三年第八号、第二三三号、一九〇八年八月。
73　『原敬日記　第二巻』一九〇八年六月二七日、六月二九日。
74　笹川前掲『松田正久稿』三五四―三六七頁。
75　前掲「内閣更迭の真相」『中央公論』。
76　坂野潤治「「桂園体制」下の官僚と政党」『近代日本研究入門』東京大学出版会、一九八三年。
77　桂は伊藤博文に対して、平和の時も「外債一も成就不仕（中略）現下財政の事は万事外交の不手回しより困難」と、西園寺内閣の財政政策の不手際を批判し、倒閣の口実を外債の不成立など財政政策の失敗に帰した（前掲『伊藤博文関係文書　三』三七四頁、一九〇八年五月一二日）。
78　『伊藤博文関係文書　三』三七五頁、一九〇八年六月二〇日。
79　伏見岳人「国家財政統合者としての内閣総理大臣――第一次内閣期の桂太郎（明治三四―三九年）」『国家学会雑誌』一二〇（一一―一二）、二〇〇七年一二月。
80　三宅雪嶺『同時代史　第三巻』岩波書店、一九五二年、一〇頁。
81　『東京日日新聞』一九〇八年七月二四日。
82　若槻前掲『古風庵回顧録』一三五頁。
83　『東京日日新聞』一九〇八年七月九日。
84　『東京日日新聞』一九〇八年七月三一日。
85　『銀行通信録』第二七四号、一九〇八年八月一五日。水町次官は、割引法によって償還を受けたものとの不公平があるかもしれないが、その度合が薄まっていること、一二月に償還を希望している人に早期償還になる不利があるが日本では法制上の不備によって据置期間を置くことができないと述べている（『東京日日新聞』一九〇八年七月三一日）。
86　『東京朝日新聞』一九〇八年八月五日、一四日、一五日。鶉崎熊吉『豊川良平』豊川良平伝記編纂会、一九二二年、二一二頁。
87　千葉功編『桂太郎関係文書』東京大学出版会、二〇一〇年、井上馨から桂太郎宛書簡　五一、明治四十一年八月十六日⑥。

88 『原敬日記　第二巻』一九〇八年八月一八日。

89 『桂太郎関係文書』二二四頁、斎藤実から桂太郎宛書簡　一、明治四十一年八月二十日　④。

90 山本四郎編『寺内正毅日記　一九〇〇―一九一八』京都女子大学研究叢刊　五、一九八〇年、明治四十一年七月十八日、八月二十二日、八月二十三日の条。

91 『読売新聞』一九〇八年八月二九日。

92 『桂太郎関係文書』四二二頁、山県有朋から桂太郎宛書簡、一五一、明治四十一年八月二十四日　④、⑥、⑦。

93 菅原内国税課長「三悪税の廃止難」『東洋経済新報』第四五八号、一九〇八年八月一五日。

94 中野武営「財政及び税制整理に就て」『東京商業会議所月報』第二巻第二号、一九〇九年二月二〇日。『明治四十一年十二月開会　臨時商業会議所連合会　議事速記録』一―六頁。

95 「財政整理方針閣議提出ノ件」『水町家文書』明治四十一年八月二十八日。「財政整理方針閣議提出の件」『銀行通信録』第二七五号、一九〇八年九月一五日。

96 水町袈裟六「内外財政経済所見」『大阪銀行通信録』第一四六号、一九〇九年一一月。

97 全国手形交換所連合懇親会（『銀行通信録』第二八八号、一九〇九年一〇月一五日。大蔵大臣代理後藤新平　大蔵次官若槻禮次郎、水町袈裟六、桜井鉄太郎主税局長、橋本圭三郎主計局長、勝田理財局長、濱口雄幸専売局長、長島秘書官、日本銀行総裁松尾臣善、副総裁高橋是清、井上準之助営業局長ほか。東京から渋沢栄一、豊川良平（三菱）、早川千吉郎（三井銀行）、安田善次郎、園田孝吉（第十五銀行）池田謙三（第百銀行）、大阪から小山健三（第三十四銀行）、町田忠治（山口銀行）、志立鉄次郎（住友銀行）ほかが参加。

98 『東京朝日新聞』一九〇八年一一月二〇日。

99 『銀行通信録』第二七八号、一九〇八年一二月一五日。

100 「桂首相の財政演説」『東洋経済新報』第四六八号、一九〇八年一一月二五日号。

101 東京商業会議所『定期並臨時総会議事速記録』一九〇八年年四月二三日。

102 東京商業会議所『臨時総会議事速記録』明治四十一年七月三日。

103 『明治四十二年二月開会　臨時商業会議所連合会（継続）議事速記録』二五―五三頁。

104 『明治四十二年九月開会　臨時商業会議所連合会報告　議事速記録』一三八―一四二頁。

105 『明治大正財政史　第十五巻』財政経済学会、一九三八年、五五〇頁。岡田和喜『貯蓄奨励運動の史的展開』同文館出版、一九九六年、四二―四三頁。

106 徳島県『戊申詔書ノ普及ト効果』一九一一年七月、国立国会図書館蔵。

107 『読売新聞』一九一〇年一月一一日。

108 石井前掲『中野武営と商業会議所』四〇一―四四七頁。

109 石井前掲『中野武営と商業会議所』五〇六―五二〇頁。石井裕晶「中野武営と国民的外交の推進」『ミニシンポジウム　渡米実業団一〇〇周年――渋沢栄一と民間経済外交　講演集』渋沢史料館、二〇一一年三月三一日。

110 菅原内国税課長前掲「三悪税の廃止難」。若槻次官は三税廃止の財源の三、五〇〇万円の確保のためには事業の繰延または増税が必要であると発言（『東洋経済新報』第四七〇号、一九〇八年一二月一五日）。

111 三税廃止と大蔵当局者の意見『東洋経済新報』第四七四号、一九〇九年一月二五日。

112 五百旗頭薫『大隈重信と政党政治――複数政党制の起源　明治十四年―大正三年』東京大学出版会、二〇〇三年、二八八―二九四頁。

113 五百旗頭前掲『大隈重信と政党政治』二九〇頁。

114 『東京日日新聞』一九〇九年一月八日。『東京朝日新聞』一九〇九年一月一四日。

115 『東京朝日新聞』一九〇九年一月一三日。

116 『東京朝日新聞』一九〇九年三月五日。

117 『東京日日新聞』一九〇九年二月二六日、三月五日、三月九日、三月一〇日。

118 一九〇九年三月一〇日『衆議院議事速記録第十七号　議事日程第十二乃至第十四ノ件』。

119 井上光貞他『明治憲法体制の展開　下』山川出版社、一九九六年、四二頁。二月六日付けの桂から山県の書簡において「政友会の委員は政府に突貫の情形顕れ例之不得容領。」と懸念を表明（尚友倶楽部山県有朋関係文書編纂委員会編『山県有朋関係文書　二』一―三五二頁、山川出版社、二〇〇五年）。

120 貴族院予算委員会第五分科会議事速記録第五号　明治四十二年二月二十六日、四五―四六頁。

121 衆議院議事速記録第二十三号　明治四十二年三月二十一日、商業会議所法中改正法律案　第一読会ノ続、五〇五

―五一二頁。

122 貴族院議事速記録第二十一号　明治四十二年三月二十四日、商業会議所法中改正法律案　第一読会ノ続、三八四―三九一頁。

123 『原敬日記　第二巻』一九〇九年四月一一日。

124 山県明七『財政十年』籾山書店、一九一四年、二二六頁。

125 前掲「内閣更迭の真相」『中央公論』。

126 山下直登「日清・日露戦間期における財閥ブルジョアジーの政策志向――有楽会の動向を中心に」『歴史学研究』第四五〇号、一九七七年一一月。

127 坂本悠一「「日露戦後経営」と生産調査会」後藤靖編『日本帝国主義の経済政策』柏書房、一九九一年、四―五頁。

128 『銀行通信録』第四七巻二八三号、一九〇九年五月一五日。坂本前掲「「日露戦後経営」と生産調査会」六―七頁。

129 若槻前掲『古風庵回顧録』一五八―一六〇頁。

130 「本邦事業恢復ニ関スル実業家ノ意見書」『勝田家文書』第四〇冊三（明治四十二年二月）。

131 監査役の役割については、一九〇八年から九年にかけて問題となった帝国商業銀行の再建問題が影響していたと思われる（『中野武営と商業会議所』九五四―九五七頁）。

132 この文書には、次のような当時の主要な製造業とその規模を様々な方法で記載している。綿布製織業（紡績）、織布事業、毛織物業、絹織物業、皮革調帯、製紙事業、化学製品事業、肥料製造事業、硝子製造事業、ペイント其他塗料製造業、護謨製造事業、燐寸製造事業、電気及瓦斯に関する工業、機械器具製造業。

133 （＊）は、議題を要約したものである。

134 『明治三十八年十月開催　第十四回商業会議所連合会報告』。

135 『明治三十九年八月開催　第十五回商業会議所連合会報告』。

136 『明治三十九年十月開催　臨時商業会議所連合会報告』。

137 『明治四十年五月開催　第十六回商業会議所連合会報告』。

138 『明治四十年十一月開催　臨時商業会議所連合会報告』。

139 『東京商業会議所月報』第一巻第一号、一九〇八年七月二五日。
140 『東京商業会議所月報』第一巻第六号、一九〇八年一二月二五日。
141 『明治四十二年九月開会　臨時商業会議所連合会（継続）議事速記録』。
142 『明治四十三年四月開会　第十七回商業会議所連合会報告　議事速記録』。
143 『明治四十四年十二月開催　第十八回商業会議所連合会議事速記録』。
144 原田三喜雄「戦後経営と農商工高等会議」（三）『経済学論集』第一七巻第三号、一九八二年一二月。
145 『生産調査会議事録』、原田三喜男「日露戦後経営と生産調査会（中）」『西南学院大学経済学論集』第二一巻第五号、一九八五年五月。
146 下重直樹「日露戦後財政と桂新党――桂系官僚と財界の動向を中心に」『日本歴史』第七一〇号、二〇〇七年七月。
147 松浦正孝『財界の政治経済史――井上準之助・郷誠之助・池田成彬の時代』東京大学出版会、二〇〇二年、五〇―五一頁。
148 原田三喜雄「第一次大戦期におけるわが国通商産業政策の形成（一）」『西南学院大学経済学論集』第二三巻第二号、一九八八年九月。
149 『東京朝日新聞』一九〇九年一二月二〇日。
150 『東京朝日新聞』一九〇九年一〇月一〇日。
151 『東京朝日新聞』一九〇九年一〇月九日。
152 『憲政本党党報』第四巻第二号、一九〇九年一一月。
153 『政友』第一一六号、一九一〇年三月二五日。
154 『原敬日記　第三巻』一九〇九年一〇月一四日。
155 『東京朝日新聞』一九一〇年一月二九日。
156 『東京朝日新聞』一九〇九年一二月一七日。
157 『東京朝日新聞』一九一〇年一月二八日。
158 『東京朝日新聞』一九一〇年二月六日。

159 『大阪銀行通信録』第一四九号、一九一〇年二月。
160 『東京朝日新聞』一九一〇年二月一〇日。
161 憲政本党の党員の談として、地租軽減問題が起こり始めた当初政友会がこれに慎重であったのは、現内閣が欲しない地租軽減を地方団体から唱えさせることによって桂内閣が政友会に妥協を申し込ませる戦術があったのではないかと伝えられている。『東京朝日新聞』一九〇九年一一月一五日。
162 『明治四十二年九月　臨時商業会議所連合会議事速記録』一二一―一三八頁。
163 『東京朝日新聞』一九一〇年一月二八日、三〇日。
164 『東京朝日新聞』一九一〇年二月五日。
165 『営業税改正ニ関スル書類　明治四十三年』東京商工会議所蔵。前橋、敦賀、甲府、知多、和歌山、弘前、大阪、東京市会、東京横浜質屋物代、日本書籍商組合、東京書籍商組合、東京銅鉄商、神戸花筵商同業組合、日本橋商工会、東京市内宿屋業者減税請願期成同盟会、横浜貿易商連合八組合、東京薪炭問屋同業組合から東京商業会議所あてのものが残されている。
166 『税法審査委員会審査報告書』、『営業税改正ニ関スル書類　明治四十三年』、『明治四十三年二月　臨時商業会議所連合会報告　議事速記録』、『明治大正財政史　第七巻　内国税（下）』などから作成。
167 「六会議所協議会書類」『営業税改正ニ関スル書類　明治四十三年』東京商工会議所蔵。東京商業会議所から中野会頭、杉原四郎、橋本直一、木村、辰沢、渋谷、町田徳之助、東京市会から、野々山幸吉、荒木重教、伊藤東靖、酒井泰、桝本喜兵衛、坂入喜兵衛、塚田幸三郎、佐々木和亮、西澤善七、東京実業組合連合会から　小林棋次郎、玉置源太郎、後藤清吉、太田衛、加藤木重教、山崎嘉太郎、木村彦太郎が参加。
168 前掲「六会議所協議会書類」。
169 『明治四十三年二月　臨時商業会議所連合会報告　議事速記録』八―四二頁。
170 「明治四十三年二月　商業会議所連合会改正意見」『営業税改正ニ関スル書類　明治四十三年』東京商工会議所蔵。
171 『明治四十三年二月　臨時商業会議所連合会報告　議事速記録』二〇―二一頁、四二―四三頁。
172 『明治四十三年二月　臨時商業会議所連合会報告　議事速記録』七二頁。
173 『明治四十三年二月　臨時商業会議所連合会報告　議事速記録』八八頁。

174 『第十七回商業会議所連合会報告』一九一〇年四月、六九―七三頁。

175 『衆議院営業税法中改正法律案委員会議事録（速記）』第八回、明治四十三年二月十八日、五九―六九頁。

176 『東京朝日新聞』一九一〇年二月二五日。

177 『原敬日記　第三巻』一九一〇年三月一日。

178 『原敬日記　第三巻』一九一〇年四月一四日。

179 『明治大正財政史　第七巻　内国税（下）』四三―四五頁。

180 坂野前掲『大正政変』六二頁。

181 『明治四十二年二月　臨時商業会議所連合会議事速記録』一九頁。

182 『東京朝日新聞』一九一〇年四月一四日。

183 『原敬日記　第三巻』一九一〇年四月一四日。

184 衆議院　第五類第三十五号「普通選挙ニ関スル法律案委員会議事録」明治四十三年三月七日、四頁。

第四章

一九一四年の営業税廃税運動（一九一三年—一九一五年）

運動の全国的展開

本章では、大正政変によって倒れた桂内閣を襲った山本権兵衛内閣が、第三〇回帝国議会に営業税の減税法案を提案したものの貴族院で審議未了となった後、第三一回帝国議会中に営業税廃税運動が全国的に広がり、最終的に三割減などの修正が実現された過程と、第二次大隈内閣において営業税廃税運動が中止されるまでの過程を明らかにする。

この時期の運動については江口圭一（一九七六年）の先行研究があり、主として同業組合に依拠する小資本家・小ブルジョア層が主力となり、大・中のブルジョアジーは廃税運動をひたすら民衆闘争から引きはなそうと努めたと結論づけている[1]。

これに対して山本四郎は、憲政擁護会が営業税廃税運動を推進したのは、苦境に直面した憲政擁護会が廃減税に活路を見出そうとしたとし、議会政治の現実から営業税の「全廃」が実現したかどうかで営業税廃減税運動を評価することに疑問を投げている[2]。

本章では、『勝田家文書』や東京実業組合連合会の『事業報告書』、商業会議所関連の一次史料などを活用しながら、これまでの研究で十分な解明がなされていなかった点、すなわち、山本内閣の行財政改革によって剰余金が捻出され、商業会議所などが営業税などの減税を期待していたにもかかわらず政府はなぜ減税を提示しなかったのか、指導性という点から商業会議所と実業組合連合会とはどのような関係にあったのか、政友会はなぜ政府案以上の営業税の三割減を実現させたのか、営業税廃税運動を推進した同志会を与党としながら、大隈内閣はなぜ営業税廃税に反対したのか、という論点を中心に、この時期の政治経済過程を分析する。

第一節　行政整理による剰余金問題

一　営業税減税法案の提出

1　所得税及び営業税の減税の政府提案

【表4-1】　税制整理案による歳入増減見込

税　　目	施行初年度（大正２年度）	平年度（大正３年度）	備　　考
所得税	5,448,054	5,448,054	大正２年度から施行
営業税		3,247,960	大正３年度から施行
通行税	86,733	86,733	大正２年度から施行
醤油税	△ 470,413	△ 527,885	同
砂糖消費税	△ 2,008,866	△ 579,205	同
織物消費税	566,827	864,522	同
取引所税	7,993	7,993	同
印紙税	△ 827,140	△ 827,140	同
売薬税	4,287	8,574	大正４年度から施行
登録税			
関税	1,000,000	1,000,000	大正２年度から施行
塩専売	2,150,000	21,500,000	
減額計	9,263,228	13,393,041	
増額計	△ 3,306,419	△ 1,355,025	
差引計	5,956,809	12,038,016	

（出所）『菅原通敬伝　中編』67 頁より作成。

第二次西園寺内閣は、一九一一年一二月に臨時制度整理局を設置し、内閣と大蔵省の官吏から税制特別調査委員を任命して負担の偏重偏軽のあるものを権衡させること、新財源の調査、歳入を減額する場合の案などについて検討を行ない、一九一二年一二月に臨時制度整理局総裁の西園寺首相に報告した。[3]この税制整理案は、初年度は六〇〇万円、平年度で一、二〇〇万円の歳入減による減税（うち所得税は五四五万円、営業税は三二五万円）を見込むものであった【表四－一】。

大正政変により桂内閣が総辞職し、薩摩出身で海軍大将であった山本権兵衛が一九一三年二月二〇日に内閣を組織した。[4]

山本内閣に対して、政友会は、政友会の主義政綱を施政方針とすること、閣員は首相及び陸海軍大臣を除く以外は全部政党員とすること、国民党との提携を維持することを条件に協力をすることを決定した。尾崎行雄ら憲政擁護運動を推進してきたものは、藩閥を支持することに反対し、政友会から脱党して政友倶楽部を発足した。国民党の犬養毅は、山本内閣に厳正中立をとり、政友会と絶縁することを宣言した。第三〇回帝国議会の召集の時に政友会の議席数は二一六名であったが、一八八名と減少し、過半数にわずかに届かなかったが、依然として圧倒的多数を占めていた。

山本首相は二月二七日の施政方針演説において、税制整理については、「現今の税制は負担の均衡を得ざるもの其他整理を要するもの少からざるは、既に久しく一般の認むる所なり。即ち之を整理して其の均衡を得せしめ、又財政の許す範囲内に於いて負担の軽減を計ることは、現下の国情に照して其の最も緊切なるを信ず。」と明言した。[5] そして、組閣して三週間で、臨時制度整理局による税制整理項目の中から所得税と営業税の減税法案だけを衆議院に提出した。

その内容は、所得税については、所得階級の増加、超過額累進率の適用、勤労所得に対する控除、一、〇〇〇円以下の少額所得に対する控除、課税最低率の引上げを内容とするものであり、個人所得で六五〇万円の減税、法人所得に対して八四万円の増加により、五六〇余万円の減税を見込み、これを一九一四年一月一日から実施するというものであった。

2 営業税法改正に対する反対意見

営業税については、臨時制度整理局の報告を基礎にして主として次のような改正により三一三万円の減税を見込んだ。[6]

一 建物賃貸価格を一、〇〇〇分の九〇から八〇に引き下げる（料理店、席貸業、倉庫業を除く）。
二 物品販売業を卸小売とも薄利業種の甲と普通業種の乙に分けて軽減する。

三　証券売買業を物品販売業から独立させ、売上金額に一〇、〇〇〇分の一を課税する。

四　倉庫業においては、資本金額を課税標準からはずし建物賃貸価格だけを対象とするが税率を一、〇〇〇分の四五から一、〇〇〇分の一〇〇に引き上げる。

五　製造業など銀行業と保険業を除く会社は、前年中各月末における出資金等の資産金額の月割平均額に社債と借入金額の四分の一の金額を加える（個人は各月末の固定資本と運転資本の月割平均額とする）。

六　銀行業及び保険業では、出資金額払込株式金額、各種の積立金の性質を有する資産の前年中月末平均額を課税対象とする。前年中月末における各種の預金額、社債額その他の借入金の総額の二分の一を課税標準とする（ただし、保険業では保険責任準備金の二分の一と保険支払準備金は除く）。

七　製造業の資本金額が前年金額に対して五分の一以上増加した場合には、その増加額は二年間これを課税標準から控除する。

八　料理店業、旅人宿業の課税標準に収入金額を加え、一、〇〇〇分の二の税率を適用し、建物賃貸価格の税率を低下させる。

しかし、この政府案では、全体の減税額が少なかったばかりでなく、倉庫業、保険業、銀行業には増税になるため、これらの個別業界が課税方法等について激しく反対した。

①　倉　庫　業

全国倉庫業連合会は、資本金額の一、〇〇〇分の五を免除しても建物賃貸価格を一、〇〇〇分の五五引き上げることにより、減税率は一、〇〇〇分の九三と、全体の平均減税率の一割三分以下になること、倉庫業は地方税として家屋税や営業税付加税が課せられているので、政府当局の手加減によって左右される建物賃貸価格の比重が大きくなることから、改正案に反対した。[7] そして、営業税率は資本金額の一、〇〇〇分の五とすべきこと、もし賃貸価格制を維持すべきである場合には、建物賃貸価格に対して一、〇〇〇分の六五とすべきことを決議した[8]。

② 保 険 業

生命保険協会は、未経過保険料と保険積立金は責任準備金であり事実上会社の負債と同じであるので、その半分を課税対象とすれば、課税額が従来の約三万円の課税額が七万五千円以上になること、責任準備金は一定の額が必要でありその増減ができないので保険金支払いに不足を生じることから、責任準備金を課税標準とすることに反対した[9]。

③ 銀 行 業

東京手形交換所と銀行協会は、銀行はできるだけ豊富な手元準備を備えそれを確実かつ低利にすべきであるので、預金に営業税を課税することはこれに反すること、当座預金は取引先の支払い資金ではないこと、銀行勘定の貸借は絶えず変動するもので月末の残高を標準とすることは公平性を欠くということから政府の改正案に反対した。大阪手形交換所特別委員会も、預金への課税に反対し、借入金を削除すべきことを決議した[10]。

④ 東京商業会議所

政府の改正案は負担の軽減額が少なかったばかりでなく、業種によっては増税になるものもあり、東京商業会議所は議員協議会を開いて所得税と営業税の改正について検討し、三月一九日に、営業税について次のような意見を発表した[11]。

営業税法中改正法律案に対する意見

(一) 営業税は根本的に改正する必要のあること

(二) 減税を確実に実行せられたきこと

(三)　物品販売業中課税率及物品を左の如く修正せられたきこと
卸売　甲　銅鉄、燐寸を加ふること
　乙　万分の十二を万分の十に改むること
小売　甲　砂糖、麦粉を加ふること
(四)　証券売買業を削除して従来の如く仲立業に含有せしむること
(五)　銀行業者の借入金を課税標準に加えたると保険業の資本金に責任準備金を加算することは共に不穏当と信するか故に之を削除せられたきこと
(六)　倉庫業の賃貸価格課税率を低減せられたきこと
(七)　料理店業を従来の如く席貸業と同一課税の下に存置すること

3　帝国議会の審議

衆議院では営業税法の改正のための特別委員会の委員として、法橋善作（無所属）、田邊熊一（政友会）、稲茂登三郎（政友会）、武富時敏（無所属団、後の立憲同志会）、片岡直温（無所属団）、守屋典助（国民党）、星野錫（亦楽会）が指名され、審議が行なわれた。

国民党が提案した営業税の廃止法案は否決され、続いて亦楽会は八六四万円、無所属団の片岡直温は八二六万円、政友会の稲茂登三郎は四〇〇万円、政友倶楽部の風間禮助は六四一万円、国民党の伊藤英一は一、三〇〇万円の減税法案を提案した。稲茂登は、商業会議所出身の議員であり、委員会の審議を遅らせながら商業会議所の大よその意向を確認した後[12]、政友会としての方針を固めた。特別委員会はこれらの法案を一括審議し、最終的に政友会案の四三一万円の減税法案が可決された。

衆議院においては各党からの修正意見が出て、主として次のような修正が加えられた[13]。これらは東京商業会議所の意見にほぼ沿った内容になっている。

一　物品販売業の甲に砂糖、薪炭、麦粉を加え、乙から砂糖、麦粉を除き、麦稈真田、銅鉱鉄地を加えること。
二　建物賃貸価格を一、〇〇〇分の七〇とすること（物品販売業、証券売買業、金銭貸付業、物品貸付業、製造業、印刷業、出版業、写真業）。
三　銀行業において借入金額を課税標準から除くと同時に建物賃貸価格を一、〇〇〇分の七〇に減少すること。
四　保険業における資本金に対する税率を一、〇〇〇分の四・五、建物賃貸価格に対する税率を一、〇〇〇分の七〇に改めること。
五　倉庫業において新たに資本金額を課税標準に加え、これに対して一、〇〇〇分の一〇〇の税率を課すとともに、建物賃貸価格の税率を一、〇〇〇分の四〇に減少すること。
六　料理店と旅人宿業において収入金額を課税標準から除くこと。

委員会を通過した翌日の二六日、衆議院本会議が開催され、早速整爾は、営業税減税の実施を一九一三年度から実施するべきことを提案したが否決され、一九一四年度からの施行とした。

しかし、貴族院に回付された営業税法改正法案は、慎重審議が必要であるという理由から特別委員会に付託されたまま塩漬けとなった。第三〇回帝国議会の最終日の三月二六日に木村誓太郎（貴族院議員で四日市商業会議所議員）が、「国民多数の希望である営業税改正案は、衆議院より送付されて本院特別委員会に付託されつつあるが、議長より特別委員長に注意し本案を速やかに報告して会期中に決定されたし」との意見を提出したが、委員長の曽我祐準は退席し、副委員長も何ら答えることがなく、営業税法改正法案は本会議に上程されるに至らず、会期切迫による審議未了で不成立となった[14]。

帝国議会会議切迫の時に持ち込んで審議を求めたことに貴族院が反感をもったことについて、山本首相は、無理に貴族院に通過を強いれば非難され、否決されるのは都合が悪いので、徳川家達議長などに「此際寧ろ握潰さるるの無難」を述べたという[15]。この点については、貴族院に影響力をもつ桂一派が「山本内閣をして名をなさしむるに忍びず営業税減税法案の食い止めに全力を尽くした」とも伝えられている[16]。すでにこの時点から、山本内閣と貴族院との間の緊張関係が高まっていたことを示している。

二　剰余金使途問題

1　山本内閣の行政整理

山本内閣は発足してから迅速に所得税と営業税の減税法案を提出するとともに、六月一三日には、当時としては異例であったが、自ら新聞記者を招いて行政整理大綱を発表した。四月四日の閣議において行政整理の方針を発表し、二ヶ月間でこの大綱を取りまとめた。

この時の行政整理は、第二次西園寺内閣が検討した結果を受け継いだものであった。法律勅令の制定改廃一七八件、一般会計と特別会計をあわせて、官吏を六、八七六人削減（雇人をあわせると一万人以上）、俸給約四〇〇万円、政費削減二、〇四六万円、繰延三億二、四〇〇万円で、政費節約額は七、〇三七万円に上った。政費節約額のうち一般会計は、約三、八五〇万円、特別会計約三、二〇〇万円であり、このうち、六、六一四万円の節約額を一九一三年度予算に計上することとした。この政費節約額は、一九一三年の歳出総額五億八、四九二万円の一一％強に当たった。

2　剰余金使途問題

山本内閣が行政整理を実施したことにより、一九一四年度予算に向けて七、〇〇〇万円近い剰余金が捻出されることになった。その中の恒久財源や臨時財源の使途をめぐり、各界から様々な期待が高まった。渋沢栄一は、「多額の剰余金があるなれば先づ第一に減税を必要とす（中略）之に次いでは公債償還を為すこと最も肝要なり」とし、志立興銀総裁は、国債償還資金に充当するのは蓋し適当な策だが、今回は納税期の改正資金に充当し、さらに剰余があれば軍艦水雷艇の補充基金に繰り入れるべきと提言した。さらに三井の早川千吉郎は、三基金の補充をしてなお余裕があれば営業税又は織物税のような小商工業者の負担が比較的重い租税を減税的に整理すべきと提案した[17]。このように在野でも剰余金の使途についての関心が高まった。

（1） 商業会議所

中国四国商業会議所連合会は、一九一三年四月に岡山で、第二回連合会は五月一五日に広島商業会議所で開催された[18]。いずれも、広島商業会議所会頭の早速整爾が、岡山、尾道、松江、下関、高松、徳島、高知の七商業会議所と福山、松山、丸亀の商工会に案内を出し、広島、高松、尾道、岡山の会議所と福山、松山、丸亀の商工会が参加した。そして、次のような意見をとりまとめた。

（前略）現今ノ税制ニ於テ政府カ第三十回帝国議会ニ提出シタル営業税法改正法律案以上ノ減税ヲ断行シ一面負担ノ均衡ヲ得セシメ一面納税者ノ苦痛ヲ軽カラシメンコトヲ切望ス　殊ニ閑却スヘカラサル改正ノ要点ハ本法上ニ課税標準査定機関ヲ設クルコト現行所得税法ノ如クナラシムルニ在リ　今之ヲ現時ノ状態ニ見ルニ課税標準査定ニ関シテハ税務官吏ノ自由裁量ニ一任スルノ結果　往々課税ノ均当ヲ欠キ税務官吏ト当業者トノ間ニ意見ヲ異ニシ　官民相反目シテ時ニ不測ノ紛擾ヲ惹起スルコトアリ　故ニ官民両者ノ意思ヲ疎通シ融和ヲ図リ以テ是等ノ弊害ヲ除去セント欲セシ　宜シク納税者ノ公選セシ調査委員会ヲ設ケテ課税標準ノ査定ヲナササシムヘキ必要アリト認ム

それまで三税廃税運動や営業税問題に最も強い意見を出していた早速整爾が中心となってとりまとめた意見は、廃税ではなく減税を求めることとし、公選の調査委員会を設けて課税標準の査定をさせるという案であった。商業会議所は、山本内閣が行政整理を断行して恒久財源を生み出したことを評価し、日露戦争後から提唱してきた商工業者への本格的な減税がこの内閣ではじめて実現できるのではないかと期待した。七月二六日、東京商業会議所の中野武営会頭は、そのような観点から山本内閣の閣僚を東京商業会議所の午餐会に招待し、山本内閣の行政整理を讃えた[19]。

続いて、一九一三年一〇月二二日に開催された商業会議所連合会は、「税制整理並ニ一般経済ニ関係スル委員会」を設置して、剰余金の使途を念頭に税制整理案を検討し[20]、委員長である大橋新太郎（東京商業会議所副会頭）は、

吾々商工業者トシマシテハ元来性質ノ良クナイ税デアルカラ全廃ヲ希望スルケレドモ、刻下ノ財政状態ニ鑑ミテ其全廃ヲ主張シマシテモ到底行ハレル訳ニ参リマセヌカラ、少ナクトモ三割以上ノ低減ヲ望ムト云フ案ニ致シマシタノデアリマス（中略）本年度ノ此ノ政府ノ行政整理ニ依ツテ得マシタ所ノ恒久財源ト云フモノモアリマスカラ夫等ヲ斟酌シマシテ　詰マリ実行ガ出来ナイ議論ヲヤルヨリハ政府ガ誠意ガアルナラバ此位迄必ズ実行ガ出来ルモノト云フ、詰マリ実行シ得ラレル範囲ニ於テト云フ目的カラ　少ナクトモ三割以上ノ減税ヲ望ムト云フコトニ決シマシタ

と報告し、併せて通行税及び米及び籾の輸入税は全廃や取引所税については課税標準を改正することなどによりおよそ一、五〇〇万円の減税を求めることを説明した。

さらに、同委員会で委員として決議案をとりまとめた早速整爾（広島、亦楽会議員）も次のように同調した。

此度ノ税制整理ニ関スル此案ハ従来商業会議所連合会デ税制問題ヲ度々議決ヲ致シテ参リマシタ其中デ一番穏当ナル実行的ノ案トナツテ居ルノデアリマス（中略）営業税ハ全廃スルノガ一番正シイ議論デゴザイマセウガ、併シ全廃トイウコトガデキナケレバ少ナクトモ三割以上ノ減税ト申シマスレバ今日二千四五百万円ノ営業税総額ノ中少ナクモ七八百万円ノ減税ヲ希望スルトイウコトニナツテ居ルノデアリマス（中略）政府ガ誠意ヲ以テ此問題ニ対シ飽マデモ財政整理ヲ行ナツテ国民ノ為ニ減税ヲ行フト云フコトノ決心ヲ持チマス以上ハ財源ハ今日ハ問題デナイ無論デキル

こうして、廃税論がありながらもこれを採用せず、営業税については政府の対応が不可能ではない範囲の「三割減」を確実に実現することを目標とした。さらに、垂井清右衛門（和歌山）は調査委員会の制度を設けることを提言したが、この段階では特別の記述は入らなかった。そして、大正三年度に於いて政府第一次整理によって得た恒久財源の残額と、ほとんど確定財源とみなすべき毎年度に於ける自然増収額を合わせて減税的制度整理を実現すべきとして、次の建議を採択した。[21]

税制整理ニ関スル建議

一　営業税ノ軽減

営業税ハ其ノ実質決シテ良税ト看做ス能ハサルノミナラス課税ノ標準煩瑣複雑ニシテ負担ノ公平ヲ欠キ加

之税率過重ニシテ商工業ノ振興ヲ妨ケ国民経済ノ発達ヲ阻碍スルコト甚タシキモノアルカ故ニ　之レカ全廃ハ吾人ノ最モ希望スル所ナリト雖モ　現下財政ノ状態ニ之ヲ許ササルモノアリトセハ　能ク各種営業ニ対シ負担ノ均衡ト課税ノ減率ヲ並行シ　明年度ニ於テ総税額ニ対シ少クトモ三割以上ノ減税ヲ実行セラレンコトヲ望ム

二　印紙税中一部ノ撤廃　（略）

三　通行税ノ全廃　（略）

四　米及米籾税ノ全廃　（略）

五　取引所税ノ整理　（略）

しかし、この商業会議所の建議に対しては、見積った剰余金額が少なすぎるとして、「会議所の意見は普通俗人の唱うる所に盲従して事の軽重を顧みざる失あるに似たり」とも批判された。[22]

(2) 政友会

政友会は、一九一二年の歳入繰越六、〇〇〇万円と行政整理による四、〇〇〇万円の剰余金の使途について九月時点ではまだ方針を固めていなかった。政友会の小林源蔵は、減税についてはこれまでの範囲で十分であり、積極政策は政友会の主義綱領でありながら最近一両年は財政上の都合によりこれを行なうことができなかったので、「今日漸く之を施すの機運に達したるなり」として、鉄道改良、港湾修築、電信電話等の通信網の完成などの積極政策を実施するべきとの期待を示した上で、次のように述べていた。[23]

一　軍備の拡張　陸軍の二個師団増設問題が大正政変の原因となったので提起されることはないだろう。海軍が五億五千万円の理想計画があるが、「我田引水の疑を蒙れる山本首相が、陸軍の二個師団を郤けながら、之が提案をするが如きは思ひも及ばざる処なり」

二　減税　国民党は党勢拡張のため減税を主張するが、地租も所得税も軽減され営業税も約四百万円を軽減する約束があり、この上減税を行なうのは策を得たものでないので打ち切るべき。

三　還債殊に四分公債の償還　銀行家の主張に基づくものだが、桂公の失策によるもので永久に之を保存するのも一興。

四　大蔵省証券の減少案　会計年度の変更、酒税その他納期の繰下げ、製鉄所及び煙草専売運転資金の返還により大蔵省証券の発行を減少させることは新政党が支持しているが、「新政党の如く大蔵省証券の発行額を減ぜんが為に剰余金の多額を之に投ずることは断々乎として反対することに憚らざるなり。」

五　資金の充実　教育基金、水雷艇補充資金、震災基金、森林資金等で、日露戦争の際並びに治水事業等のために流用されたものが数千万円あるが、「余は之に賛成す。何となれば其資金は之に依りて独り本来の目的を達するのみならず、之を預金部に預け入るれば他の事業の財源となり得べく、亦大蔵省証券の代用も為し得るものにして一挙三得あればなり。」

(3)　海　軍

剰余財源に期待したのは、商業会議所だけではなかった。海軍の斎藤実は、海軍の艦艇増強のため予算の拡充案を練り、一一月に「海軍軍備補充計画実施ノ議」を各大臣に配布した。そこではロシアがシベリア鉄道の複線化と黒竜江鉄道の敷設に加え海軍の大拡張計画を実施しようとしていること、アメリカが、パナマ運河の開通が真珠湾の修築やフィリピンの設備完成と相まって太平洋上の兵力を倍加している他、排日論者の動きを軽視できないことなどから、三億五、一九〇万円の海軍軍備充実の計画を案出し、一九一四年度からこれを実施するように閣議決定を求めるなど、政府に海軍予算の拡充を迫った。[24]

三　一九一四年度予算方針

行政整理によって生まれた剰余金の使途をめぐり、減税を求める商業会議所と、積極政策を目指す政友会と、これまで抑えられてきた海軍の艦艇増強を狙う海軍が、大正三年度の予算編成において競い合う関係になった。陸軍は従来から強く軍事費拡大を求める勢力であったが、この時は、大正政変直後の世論を意識して要求を控えた。

一一月三日と四日の臨時閣議で高橋蔵相から一九一四年度の財政方針について初めての説明があった。『勝田家文書』からすれば、大蔵省は次のとおりの提案を行なったと考えられる[25]。

一　特別会計資金返償

戦時に特別会計から繰替使用して未だ返済していない金額七、七〇〇万円（教育基金、貨幣整理資金、森林基金に属するもの全部、軍艦水雷艇補充基金に属するものの一部）に返償する。

二　租税納期繰下げ及び歳入所属年度の改正

酒造税の納期繰下げ、専売品の延納代金を翌年度に属させる。

三　減税

先の改正法に基づく所得税の減税、営業税は先に衆議院を通過した改正法案により計算し、相続税は家督相続に対する現行の課税を半減する。酒造税は清酒とその他の種類で控除額を変更、朝鮮米移入税の免税、回送費の全額国庫負担と専売収益率の低下により塩価を引き下げる。

四　普通歳出の増加

国庫予備金、台湾関税収入繰入金を特別会計に移す。補充費途の増加、支那事件費、大礼に関する経費等は見込みで計算する。

この文書には、当時の大蔵省の事務的な考え方が示されている。海軍や政友会、商業会議所だけではなく、大蔵省自身も財政政策のために剰余財源を求めていた。大蔵省は、新しい財源によって減税に充てるのは、前議会で決められた所得税減税の実施、衆議院を通過した営業税法案の範囲の減税、相続税の軽減、酒造税の引下げ、朝鮮米移入税の免税、塩価の軽減でよいとした。それに加え支那事件費や大礼に関して不可欠な経費を計上したが、基本的にはこれまで様々な基金から流用していた基金に返済して積み立てること、租税の納期繰下げにより公債発行を減少させることなど、大蔵省が財政上の理由によって必要な基金への充当を第一としていた。しかし、軍縮剰余金の使途を巡り世論で活発化していた営業税の軽減や、海軍が求めていた軍備増強などの政策的な目的のために充当すべきとの考慮は見られない[26]。

『原敬日記』によれば、一一月四日の閣議では、海軍拡張案と鉄道資金問題については、引き続き大蔵省と当局者が調整することになったが、「高橋蔵相の提案に係る酒税納期繰下げ、営業税軽減一九一四年より実施の事は見合はす事とせり」となった[27]。営業税については、減税そのものが見送られたのではなく実施時期が延期されたことを意味しており、この段階で営業税の減税案が否決されたわけではない[28]。しかし、一九一四年度予算要求からは除外され、表から消えたことにより、軍縮剰余金を減税に充てられることを期待していた商工業者から、後に、大きな反発を招くことになった。

この日の臨時閣議について、報道では、剰余金九、八八〇万円（行政整理により一九一三年度に余らせた額約三、九〇〇万円と一九一二年の剰余金約五、九〇〇万円の合計）から、一九一三年度における減税額八三〇万円（所得税七〇〇万円、朝鮮米移入税撤廃四〇万円、塩価引下げ九〇万円の合計）を控除した差引残高が九、〇五〇万円であるが、それから一九一三年度の追加予算七六七万円を控除した後の八、二八三万円の剰余金について検討した結果、公債償還は既定計画の五、〇〇〇万円と若干の臨時償還をすること、教育基金一、〇〇〇万円の基金補填が認められたが、軍艦水雷艇補充基金の補填や、海軍拡張、陸軍増師、鉄道問題については、結論が出なかったと伝えられている。[29]

再度、一一月二五日から二八日の閣議で予算案が協議された。『原敬日記』によれば、この時、斎藤海軍大臣が三億五、〇〇〇万円の総額を提案した。これに対して高橋蔵相がこれを三期に分けて一億三、〇〇〇万円の査定案を出した。そこで原は、九、〇〇〇万円であれば一昨年来既定の額であるが、それ以上は認められないとして、斎藤海相（二億二、三〇〇〇万円）や山本首相（一億八、〇〇〇万円）の意見に反対したが、最終的に山本が一億六、〇〇〇万円として継続費を大正八年度まで一年延ばす案を出し、それ以上の異論はなかったと伝えている。[30]そして政友会の政務調査会はこの予算案を承認した。

報道では、この時の閣議において、国庫剰余金は、軍艦水雷艇補充基金（三、〇〇〇万円）、教育基金（一、〇〇〇万円）、森林資金（四〇〇万円）、貨幣整理資金（一五〇万円）、専売局益金年度区分改正（二、〇〇〇万円）に充当し、[31]営業税については、前議会で修正された案に基づき約四五〇万円程度の減税として一九一五年から実施すると伝えられている。[32]一二月初めに予算案の方向性は実質的にまとまったが、正確な数字は公表されなかった。また、営業税、取引所税、相続税の改正などが検討されていることが報道されていたが、詳細は明らかにされなかった。

この頃、大蔵省の勝田次官は、予算の内示は政治事情によって決するので「大蔵省の事務とは全然関係なきものたり」と断定した上で、「此剰余金は大部分は之れを（イ）基金填補、（ロ）各種流用資金の償還、（ハ）明年度新事業財源、（ニ）予備金増額等に充当したるが此外に於て尚幾分使途未定の剰余金を存せり　此剰余金は制度整理に伴う財政計画の変更に依りて生じたる事業の繰延に対し後年度に於て要すべき財源として之を保留するものなり」と述べて、各年度に生ずる歳入超過額は不安定なので、これを財政計画に充てることは望ましくないと主張している。[33]

第二節　営業税廃税運動

一　憲政本党系が「減税」から「廃税」へ

1　憲政擁護会の動き

組閣当初には先行きを危ぶまれた山本内閣は、行政整理及び財政整理の実施を示して国民の支持を集めた。また、一九一三年末に召集された第三一回帝国議会では、政友倶楽部からの復帰があり、与党の政友会は過半数を確保した（政友会二五〇名、立憲同志会九一名、国民党四一名、中正会三九名）。これに対し、大正政変の時、憲政擁護運動を主導し、第三次桂内閣や与党の立憲同志会を追い詰めた中正会（尾崎行雄）や国民党（犬養毅）からは脱党が相次ぎ、憲政擁護会の勢いはなくなっていた。

このような状況について、長島隆二は、「何よりもこの時代にあっては、薩摩と政友会の連合した勢力は、たしかに政界を圧倒する大勢力であったのだ。山本内閣の威風や実に堂々たるものであった。」と述べ[34]、半沢玉城は、「第三十一議会の劈頭に於ける政局の光景は恰も小春日和の閑暖を貪ぼる（中略）政府及び政友会は、傲然として其威勢を誇り、山本内閣万歳の声に謳歌されつつ、悠々と政戦の舞台に上れり」と評していた[35]。

山本内閣は、空前の行政整理を断行し、国民から強い支持を集めたが、それは結果として両刃の剣となった。行政整理で生み出された剰余金に対して、軍拡を要求する海軍、鉄道の整備や港湾の整備等による積極財政論を推進する政友会、営業税などの減税を求める商業会議所、政府債券の償還や基金の補充による財政基盤の強化を狙う財政当局の期待がある一方、増師を我慢する陸軍もあった。明治末期から抑えられてきたそれぞれの期待が大きかっただけに、多額の剰余金をめぐる要求を調整できなければ政権への不満を一気に高めてしまう可能性があったからである。

第三〇議会において、政府及び政友会や各党は営業税減税の方針を合意しており、商業会議所連合会も営業税の三割以上減という方針を固めていたことから、第三一議会開会当初は、営業税問題が大きな課題になるとは予想されなかった。

一二月二六日、憲政擁護会は尾崎行雄や関直彦の参加により総会を開催し、財政経済問題を取り上げ、減税問題についても検討することになった[36]。一月五日には第一回の憲政擁護会が開催され、尾崎行雄（中正会）と犬養毅（国民党）ほか五〇名余が参加し、「官僚的財政経済政策の因習を打破」を訴えた。しかし、この時点ではまだ営業税の取扱いについての方針は固まっていなかった[37]。

このような状況の下で、東京市会が一二月末、営業税及び通行税の全廃建議を決議し、一月四日に市会議員有志と新聞記者が営業税全廃同盟会の結成を発表し、一月一〇日には同盟会が開催され、「吾人は本期議会に於て営業税の全廃を期し飽迄其目的の貫徹に努む」との決議を行なった。国民党の高木益太郎、高木正年、村松恒一郎、中正会の岡野次郎、三輪信次郎、高野金重、東京実業組合連合会会長星野錫、同志会の添田飛雄太郎の他、野々山幸吉ら東京市会議員、東京府会議員の伊藤仁太郎らが参加した。この時点で、東京市を中心に、国民党と中正会が参加して営業税の廃税運動の動きが起こりつつあった。

憲政擁護会が営業税全廃同盟会を結成して廃税運動を取り上げたことについて、東京商業会議所会頭の中野武営は、「非政友の一団たる憲政擁護会において営業税ないし通行税の全廃を主張して政友会に肉薄しようというのはその真意あるいは政治家一流の敵本主義なるやもしれないがとにかく、その趣旨については実業家は大いに賛同するところである。しかし、もし敵本主義であるとすれば問題に対して必成を期する精神に乏しくなりがちであるために未だ以つて頼みにするには足りない感じがあることは免れない。」と述べ、これらの会合に参加しなかった[38]。

これは、憲政擁護会が営業税廃税の実現を真の目的として問題を提起しているのか、単に政府を攻撃するための政局のための材料としているのか慎重に見極める姿勢をとっていたと思われる。

これに対して、犬養毅は、「吾人の遺憾に堪えないのは、世人が一種の疑心を懐き今回の運動をもって敵本主義すなわち非政友合同の方便と解することとなり。敵本主義となすのは恐らく悪意の解釈にはあらずして誤解ならん。吾人はこの機会をもってこの誤解を解き問題の本質上当然本会に加盟すべくして来らざる多数実業家の決起を希望せざるべからず」と述べ、廃税運動に商業会議所が参加することを期待した[39]。

同志会も慎重であった。一月一一日に幹部会が開催され三総務が参加したが、税制整理方針については結論が出なかった[40]。

武富時敏と若槻禮次郎が主査となって減税案の作成に当たったが、若槻が蔵相であった時の経験から、減税だけではなく財政全般について討究し慎重な査定をした結果、政府の減税計画と伝えられるところと大差がなくなってしまったのに対して、武富時敏は「減税は容易な事ではない。只今日は減税の絶好機会である。」と、持論である全廃論を主張して立場が分かれた[41]。

加藤高明は「軽佻なる人気吸収策として実際に運用すべからざる空論的財政案を発表するが如きは我が党の方針として最も顰蹙すべく仮令夫が為に一時人気を損ふが如きあるも堅実穏健なる財政案を主張すべき」で[42]、「後日内閣を組織した場合、自分に実行の出来ないやうな政策は、いかに政略上必要でも、また、如何に人気に投じても、之を拒む外は無いと断じ」て、慎重な立場をとっていたと伝えられている。[43]

この時、商業会議所がこのように慎重であったのは、憲政擁護会の動機が政治的な「人気とり」を目的とするものであり、営業税問題が党派問題化することを嫌ったと思われるが、同時に、第七章で見るように、営業税が廃税されれば党派にかかわらず商工業者の有権者を減少させ、議会における商工業者の勢力が損なわれると懸念した可能性がある。[44]

同様に、同志会も、営業税が廃税されれば、支持基盤である都市部の商工業者の有権者を大幅に失うことを懸念していた可能性がある。

2　一九一四年度予算要綱の発表

遅ればせながら政府が、年明けの一月一三日に発表した一九一四年度予算要綱には、営業税の減税は一切盛り込まれておらず、商工業者を唖然とさせた。その一方で海軍の軍拡費が多額に計上されていることに強い反発が起こった。

すなわち、一九一二年度の決算上、一九一三年度に繰入れたる歳計剰余金が約九、三〇〇万円、一九一三年度に実行した行政整理によって生じた財源が約三、九〇〇万円と、合計約一億三、二〇〇万円が存在することが発表されたが、国民負担の軽減については前議会で決定された所得税の減税と塩価の引下げの九〇〇万円だけしか計上されていなかったからである。

特に、営業税の減税は一切含まれておらず、逆に自然増収として所得税六〇〇万円、砂糖消費税二〇〇万円、営業税一四〇万円、酒税二〇〇万円、関税二一〇万円などの税収増加を計上していた。

営業税の減税が予算案に含まれていなかったのは、営業税の改正案が三月中に公布され、これを大正三年度の納税に適用しようとすれば、大正二年一月中に施行する必要があるが、それを延ばして四月の申告にすると税務機関においては徴収手続きを完了させることができないことを理由にしていた。

そしてこれらの剰余金から、不可避の経費を除いた合計一億三、四〇〇万円の自由財源のうち合計七、二六一万円を、政府は次のように配分する案を示した。[45]

(甲) 歳出を増加するもの

一、特別会計資金返償	六、四六一万円
軍艦水雷艇補充基金	四、六七二万円
教育基金	一、〇五四万円
貨幣整理資金	二二八万円
森林資金	五〇六万円
二、国庫予備金の増加	五〇〇万円
三、治水費資金繰入の増加	三〇〇万円

(乙) 歳入を減少すべきもの

専売品延納代金所属年度改正	九七七万円

これに加えて、軍備補充費の一、〇〇〇万円の追加(軍艦製造費において総額一億六千万円として一九一四年度以降同八年度にわたり支出するものとする)を含む各省新規要求経費(三、五七九万円)、治水費資金繰入増加(三〇〇万円)、北海道及東北救済資金貸付金(六〇〇万円)、大礼費、支那事件費其他三年度追加予算財源(一、一〇〇万円)が計上されていた。

この予算については、後のシーメンス事件の勃発から、海軍の軍拡費の拡大だけが注目されているが、それだけではない。教育、森林や治水のための予算が基金として留保された上、治水費や北海道及東北救済資金貸付金など、政友会の積極政策のための予算が多額に計上されていた。また、大蔵省が「国庫の余裕金は主として一層財政の基礎を鞏固にし財政経済の調和を保つの目的に之を使用すること」と予算編成方針を示していたように、ほとんどの剰余金等を基金として預金部に留保する他、貨幣整理資金や国庫予備金、専売品延納代金所属年度改正など、大蔵省としての財政運営上必要な経費にも多額の予算が計上されていた。

この予算の姿から山本内閣は、歳計剰余金と行政整理から生み出された財源を海軍と政友会と大蔵省とが山分けし、商工業者のために新たな減税を行なう意思がないことが明確になった。

3　営業税廃税運動の始まり

このような政府の予算案を見て世論は反発した。これにより、勢いづいたのは憲政擁護会であった。予算が発表された翌日の一月一四日に憲政擁護会は、「悪税廃止有志大会」を主催し、「本会は宣言の趣旨に基き各種悪税改廃の第一着手として営業税織物消費税通行税の全廃を期す」と決議した。ここには、村松恒一郎、高木益太郎、守屋此助、風間禮助、増田義一、高木正年、林陸毅、柏原文太郎、星野錫（東京実業組合連合会会長）などの代議士や府市区会議員や新聞記者、実業団体など五〇〇名以上が参加し、前年の「閥族打破大会」以来の盛り上がりを見せた[46]。

同志会は、当初、営業税の廃税を支持することに慎重であり、むしろ通行税、地租、織物消費税の廃止または軽減を標榜していたが、世論の高まりを受けて、営業税と通行税の廃止は先行させるという方針を決めた。営業税については一九一四年度から、通行税は一九一四年四月一日から廃止することにより、約三、一〇〇万円の減税（営業税二、六五〇万円、通行税四五〇万円）を実現することとし、その財源としては、専売品延納代金所属年度のために歳入欠陥を剰余金で補填するための金額（九八〇万円）、基金返償の一部に充当する計画の廃止（五六〇万円）、予算査定によって得るべき金額（一、七七〇万円）を充てると説明した[47]。

こうして営業税廃税と通行税廃税の二案について、同志会は国民党と中正会と一致した方針をとることになり、野党三派が営業税と通行税の「廃税」を求めることで共同歩調をとることになった。そして、一月二四日、同志会は、営業税と通行税の全廃、中正会は営業税、通行税及び織物消費税の廃止法案を提出し、国民党は、営業税、通行税、塩専売、織物消費税、石油消費税の各廃止法案と地租七厘減の地租条例改正法案を提出した。

この時、同志会が営業税廃税の支持に回ったことについて、長島隆二は、桂内閣瓦解後、同志会は政友会と薩摩に対抗しなければならないと同時に、政友倶楽部の尾崎行雄と国民党の犬養毅から閥族打破の対象として攻撃を受けていた、そこで長島は山本内閣攻撃のきっかけを作るために、尾崎行雄と気脈を通じた上、国民党を共同作戦に引き込むこととし、「裏面の方の仕事は坂本（金彌）氏が一流の辣腕を以て私《ひそ》かに迫ってゐる。私は、表面から向ふ事になり、尾崎君をして営業税全廃の旗幟を挙げさせ、多軍該案《たねんがいあん》を生命としてきた国民党を何時の間にか吾々の仲間に引き込んで了った。」と伝えている[48]。

二　商業会議所と実業組合連合会

1　東京商業会議所

政府の予算要綱が発表されると、営業税の減税には一切言及がなく、かえって一四〇万円の増収を計上していることをみて、東京商業会議所は、一月二〇日に東京商業会議所臨時総会を招集し、対応方針を検討した[49]。臨時総会には、中野武営のほか、杉原栄三郎、山科禮蔵、橋本直一、岡崎久次郎（同志会）、大橋新太郎、藤山雷太、稲茂登三郎（政友会）、根津嘉一郎（同志会）他、特別議員として和田豊治、添田寿一、阪谷芳郎、安田善三郎の出席の下で、営業税について議論し、次のような「税制整理に関する建議」を決議した。

（前略）一九一四年度予算綱要に依り之れを見るに一九一三年度に於て決定したる所得税の軽減及び専売局益金の減収を計上したるの外更に何等の減税減収を計上せざるのみならず　却て営業税に於て百四十万円の増加を計上したるが如き　其他通行税、織物消費税、関税に於て何れも皆多少の増収を計上したるが如き制度整理の節約額と相俟って得たる多額の財源を挙げて悉く他の費途に充当するに至っては　実に吾人の意外とする所なり（中略）吾人の見る所に依れば　剰余金の大部分を以て軍艦水雷艇補充基金其の他の基金を填補したる一面に於て尚鉄道朝鮮台湾等の為めに多額の公債募集を必要とするが如き　又一時的に継続費の繰延を行いつつ　一面に於て海軍充実費として一億五千余万の継続費を追加したるが如きは　実に所謂制度整理の趣旨に背馳するものなきやを疑うものなり（中略）願くは一九一四年度に於ても飽迄行政及び財政の整理を続行し　不急事業の新設を抑制し之れに依りて得たる財源を以て国民の多年翹望して止まざる減税の用途に充当せんことを　是れ即ち制度整理の効果を完ふする所以にして国家財政の基礎以て鞏固なるを得べく国民経済の発展も亦期すべきなり（後略）

中野武営、大橋新太郎、藤山雷太、和田豊治、杉原栄三郎の他、同志会の根津嘉一郎と政友会の稲茂登三郎も党派を超えて実行委員となり、山本首相、高橋蔵相、山本達雄農商務相に建議した。

この時点では、商業会議所は、営業税全廃には敢えて反対は唱えないが、三割以上の減税を求めるという立場に変更はなく、社会政策上も通行税、印紙税、米及籾輸入税の撤廃も合わせてバランスよく減税の実現を図ることが望ましいとの従来の方針を貫き、営業税の全廃を掲げる憲政本党系の立場とは一線を画していた[50]。

2　東京実業組合連合会

東京実業組合連合会は、一月二三日に「営業税改廃ニ関スル評議会」を開催し、星野錫から前年一二月に大蔵大臣と農商務大臣に対して、営業税の軽減について次のような請願をしたことを報告した。[51]

一　物品販売業ト製造ニ属スル建物賃貸価格税ヲ全廃スルコト
二　物品販売業課税率ヲ左ノ如ク軽減スルコト
　卸売　甲　万分の五、乙　万分の八
　小売　甲　万分の一五、乙　万分の二四

しかし、本件が報告されると同時に、東京蒲団蚊帳同業組合代表の矢田千賀太郎から、「営業税ハ多年吾人等ノ苦痛ヲ感スル悪税ニシテ今更改メテ茲ニ論スル迄モナク営業税ハ全廃ス可キナルヲ以テ之カ運動ニ着手セラレタシ」との緊急動議が提出され、全会一致で賛成となり、次の決議をした。

政府カ行政整理ノ結果財源ニ余裕ヲ生シタルヲ以テ　茲ニ本会ハ悪税中ノ悪税タル営業税ノ全廃及印紙税法中売買仕切書ノ五字ヲ刪除シ　金高十円以下ノ受取証ハ無税トスル事ヲ期シ　極力之レカ貫徹ニ努ムル事ヲ決議ス

東京実業組合連合会も営業税の減税を求める方針であったが、ここで廃税に方針を転換した。星野錫は、東京実業組合連合会を母体に衆議院議員に選出され、一月五日の憲政擁護会による「悪税廃止有志大会」にも参加していたことから、東京市会や憲政擁護会の動きとも直接連動していたと思われるが、一月一三日に発表された政府の予算要綱を見て態度を硬化させたと思われる。

そこで、東京実業組合連合会は、星野錫を実行委員長として、小林、南川副会長を副委員長に選挙するとともに、常務委員を一五名選出した。そして、常務委員会はそれぞれ担当を分けて次のように主事を置いた。その上で、各担当に一五名ずつ委員を配置して運動に当たることとした。次のとおり分担と責任者を決め、会員が組織的に運動を展開することとした。

貴族院担当主事　土屋忠太郎、原田久兵衛、西宮新七
衆議院担当主事　牧田富次郎、光川秀孝、松崎伊三郎
政党担当主事　矢田千賀太郎、中沢総次郎、山口孝太郎
政府担当主事　西田嘉兵衛、加藤木重教、倉持長吉
民間団体担当主事　尾後貫朝吾郎、石原熊次郎、田村貞馬

続いて、一月二五日、田村貞馬、土屋忠太郎、松崎伊三郎、加藤木重教、中沢総次郎の五名が、中野東京商業会議所会頭の自宅を訪問して、「営業税全廃ノ決議」に対する趣意を説明して再考を促すこととした。中野からは同日開催される商業会議所連合会委員会で決すべきと返答があった。

衆議院担当は、次のとおり、三組に分担を決めて衆議院議員とその議員組織に陳情を行なうこととした。

第一組　主事　牧田富次郎
　東京帽子製造同業組合、東京売肉同業組合、東京メリヤス同業組合、東京売薬輸出商同業組合
第二組　主事　光川秀孝
　東京麻苧問屋組合、東京眼鏡商組合、東京革商組合、新橋輸送業組合
第三組　主事　松崎伊三郎
　東京栽落紙商組合、東京小麦粉問屋商組合、東京土木建築実業組合、東京氷商組合、東京酒問屋組合

一方、貴族院担当は、貴族院営業税全廃等に関する特別委員を分担して訪問することとした。政府担当は、倉持長吉を主事長として加藤木重教を代理とした上で、次のように分担を決め、陳情することとした。

一部　内閣総理大臣、大蔵大臣、農商務大臣、逓信大臣、内務大臣

洋紙商同業組合、刷子刷毛同業組合、文具卸商同業組合、裁革商組合、小間紙卸商組合、玩具卸商同業組合、絲問屋組合、電気業組合、材木問屋同業組合、絵具染料工業薬品荒物同業組合

二部　外務大臣、文部大臣、陸軍大臣、海軍大臣

足袋同業組合、食料蒟蒻製造販売同業組合、売薬同業組合、陶磁器同業組合、鰹節問屋組合、小間物工業組合

一月二七日、区会連合会が開催され、五名の委員が参加して廃税決議への声援を要請した。民間団体担当は新聞記者掛を置き、会の行動を新聞記者に掲載されるように交渉すること、地方市の実業団と交渉して、その地身の政友会市部選出議員に向かって尽力するように要請することとした。二九日、衆議院担当の成島と小池は山本悌二郎（政友）を、牧田、田岡は武部其文（政友）と鈴木巌（政友）を、光川は高木益太郎（国民）と稲茂登三郎（政友）を訪問して陳情をした。さらに、民間団体担当は、全国商業会議所連合会の開会前日に実行委員を訪問して陳情を行なった。

そして、東京実業組合連合会星野錫から、東京印刷業組合、東京更紗染同業組合など九三組合の代表者の連名で、各大臣、衆議院議員、貴族院議員に営業税全廃の陳情を行なうとともに、全国実業団に対しても、働きかけるように要請をした。

このように東京実業組合連合会が分担を決めて議会と政府の要人に働き、また全国の実業団に営業税の全廃を決議するように自律的かつ、組織的に運動していたことは注目される。

3 商業会議所連合会の方針転換

このように野党三党が廃税運動を始め、東京実業組合連合会も廃税運動に加わり、全国各地で営業税廃税運動が展開し始めると、商業会議所連合会がどのような方針を決定をするのかが注目された。

商業会議所連合会実行委員会は、一月二六日、東京、大阪、京都、横浜、神戸、長崎、広島の各会議所代表が協議した結果、一〇月の決議では営業税全廃をなすこと、廃止が不可能であれば少なくとも三割以上を軽減するべきとの決議を行なったが、財政を見ると全廃は可能ではないかということで、前回の決議を変更して政府及び帝国議会に肉薄するべきであるとの意見が多数を占めた[52]。

そこで、一月三〇日に商業会議所連合会が招集され、五二会議所が参加した[53]。

岡崎久次郎（東京、同志会）、谷脇静一（高知）、田村新吉（神戸）、鈴木摠兵衛（名古屋）、早乙女丈右衛門（栃木）、渋谷蓑作（長岡）、林千代（熊本）などが全廃を決議することを求める一方、宮崎敬介（大阪）、奥村七郎（博多、政友会）、磯野進（小樽）などは慎重論を唱えた。

一〇月の連合会において、三割の減税を支持した早速整爾と大橋新太郎は、昨年の連合会の時には、その前に大蔵省の主計局長、理財局長、主税局長から、行政整理の結果恒久財源が二、二〇〇万円あるが、所得税、種々の減税、朝鮮米籾税の撤廃を引き去ると残りは一、三〇〇万円しかないとの説明があったので一九・四年度から実行できる方法を決めたが、政府の予算案を見ると財源の余裕があったことを理由として全廃論に転じたと主張した。しかし、結論が出ないままに翌日に議論が持ち越された。

そこで、松橋久左衛門（長野）、垂井清右衛門（和歌山）らが政府や政党の動向を踏まえて慎重に決議すべきとの意見を述べ、奥村（博多）も「会議所は穏健で実行できるもののところに着眼してこの決議をやっていきたい。実際上行なわれないことを会議所がしたことは慎重さに欠ける。全廃というのはいかにもよいが、会議所が世間から誤解を招いたり、営業者からいろいろ言われて余儀なく意志のないところの全廃を唱えた、議会に於いて全廃を主張している党派の提灯持ちをしたというような誤解を識者から受けることは会議所として遺憾に堪えない。」と慎重論を述べた。

しかし、森久衛門（大津）、永井平助（高知）、磯野進（小樽）、鈴木摠兵衛（名古屋）、早速（広島）、大橋（東京）、増田増蔵（横浜）らは、まず全廃を決議してその実行方法を検討すべきと主張して、議論が白熱した。その上で「営業税は軽減でなく全廃すること」について採決が行なわれ、起立多数で議決された[53]。

このように元気よく全廃決議は行なわれたが、営業税三割減を主張した会議所が前会の決議を取り消して全廃の決議をしたことについて「会議所の不体裁」として批判する報道もあった[54]。

続いて、営業税全廃の決議を実現するため、各府県の選出代議士を訪問して決議の趣旨を伝え、その支持を求めるための方策が議論された。そして、九州、山陰、山陽、近畿、四国、東海、北陸、東北、関東における商業会議所の連合会を開催し、その地域の商業会議所が寄り合って域内の代議士を訪問し、その結果を商業会議所連合会協議会に報告して共有する方針を決定した。

早速、翌日の協議会には各地域の連合会を代表して、高知、岡山、京都、名古屋、横浜、函館、博多、金沢、新潟から、地元の議員に個別に働きかけをした結果として、国民党、同志会、中正会は全廃論だが政友会は思うようにはいかないとの報告があり、今後の運動方針として、貴衆両院議長、大臣や政党幹部に直接働きかけるべきこと、各地の商工団体と連携して市民大会などを開催して廃税の決議をして代議士に迫ることなどが提言された[55]。

ここで政友会に所属し、全廃決議にはあくまでも慎重であった奥村七郎（博多）も、一たび廃税の決議がなされると、関係の代議士に根回しを始め、「あまり郡部をつつくと地租の関係代議士から言うので考えて言わないとかえって妨げられるようになりはしないかということで、まずは市を第一に着手するとした。」との報告をしている。商工業者に課税される営業税廃税問題が地租軽減問題に飛び火する恐れがあったことが示されている。[56]

4　商業会議所連合会と東京実業組合連合会の連携

東京実業組合連合会は、独自に廃税運動を展開していたが、星野錫会長（東京商業会議所特別議員、衆議院議員（無所属））が東京で開催中の商業会議所連合会の会員にそれまでの活動状況を報告し、二月二日の商業会議所連合会協議会において商業会議所と実業組合連合会とが連携をとることが合意された。[57]

ここで、組織として商業会議所連合会と東京実業組合連合会が連携したことを契機にして、全国各地の商業会議所と実業組合連合会が中心となって、全国各地の実業団体、商工団体、県民大会、市民大会などが廃税運動を高揚させ、次々に廃税の決議や請願の提出を始めた。

大阪では、二月一日に堂島座で「廃税大演説会」が開催され、石橋為之助、早速整爾、尾崎行雄らが登壇し、三、〇〇〇人の聴衆が集まった。二月二日には、大阪商業会議所が主催する営業税廃止大阪実業団連合大会が開催され、「営業税は商工業を阻害する最大悪税なり　本会は今期議会に於て極力之が全廃を期す」との決議と、営業税全廃に努力しない代議士には次期総選挙に投票をしないとの決議を行なった。[58]

さらに、二月一日に、営業税全廃同盟会と各区連合会合同大会が、衆議院予算委員会の前日に市民大会を開催すべきとの検討を進めたが、警視庁が認可しない模様であり、取締も困難であるとの報告があったことから、演説会は全廃同盟会を援助するだけとした。[59]

二月四日に、東京実業組合連合会、商業会議所連合会、区会連合会、営業税全廃同盟会の四団体の会合が開催され、区会連合会の柿沼谷蔵などから、各地域の運動状況についての情報交換が行なわれた。

この日、東京実業組合連合会の実行委員会に中野武営が参加し、東京実業組合連合会が営業税全廃を決議したことは至当であり、全国商業会議所連合会もその趣旨に同意したとして、「今日ノ場合為政者ニ対シ哀願的ノ行動ハ何等奏効ノ見込ナシ切ニ望ム処ハ民力ノ強弱ニ拠ルコトト覚悟セラルヘシ」と発言した。そして、

本年一月二三日本会評議会ニ於テ全会一致ノ決議ニ係ル廃税意見ニ反シタル行動ヲ為シタル代議士ハ将来再ヒ議員ニ選挙セサルコトヲ決議ス

と、決議した。その上で、大阪実業組合連合会から上京していた、大阪府硝子製造同業組合の渡辺朝吉、大阪穀物商同業組合の上田彌兵衛、大阪金物同業組合の高尾定吉、日本貝釦業組合の青柳正吉から大阪の運動の状況についての説明があり、東京と大阪が連携を強めた。

三　大蔵省の考え方

このように商業会議所や全国各地の商工業者が廃税運動を展開し、野党三党が足並みを揃えて営業税廃税法案を提出していたが、大蔵省は営業税を廃止することは、全く考えていなかった。

これまでの研究では、商業会議所と中小事業者、政友会と憲政本党系との関係についての分析はあるが、政府の税制当局の考え方についての分析はない。いくら商工業者が動き、政治が動いたとしても、政策当局の大蔵省が税制政策上の観点から支持しなければ営業税の廃減税の実現は難しい。

この時点で、大蔵省は、営業税が悪税であるとの非難の声が高い理由は、主として税率が高いこと、課税標準の調査が困難なことであると認識していた。その救済策として、財政上許す限り、なるべく速かに税率を適度に低減する、課税標準中に苦情が多い建物賃貸価格及び売上金額等の調査については調査委員会を設置するなど適

宜の方法をとる、収税官吏の納税者に対する対応を改善するという三点を考慮すれば、全廃をして過度に財源を失い、国民の負担の均衡を失わせる必要はないと考えていた。

一方で、改正法律を直ちに一九一四年度より実施するためには、内々同三年度に限り納税書の届出期限を四月末日までとし、第一納期を七月とすれば実施上支障はないと認識していた[60]。

このような廃税論の各種論点についての考え方は高木益太郎の営業税廃税論に対する反論に示されている[61]【表四－二】。

営業税廃税運動の高揚に対し、大蔵省は、税率の引下げ、調査委員会の設置、収税官吏の納税者に対する対応の改善について、前向きに取り組むことで凌ぐよう準備をしていた。なお、大蔵省は営業税を配賦税化することも内々検討していたが断念している[62]。

四　政友会の対応と議会の審議

1　政府法案の提出

政府は、二月三日に営業税改正法案を提出した[63]。一九一五年から実施するのであれば、一九一四年度予算審議の場に減税法案を提出する必然性はなかったはずである。これについて『大正政戦史』は、「政府及政友会は尚国民の要求に耳を傾けず、恰も国民の負担を軽減するを恐るるものの如き有様なりしかば、温厚なる貴族院も終に黙視すべからずと為し二月三日に政府に対し減税案の提出を督促せり。」と記述し、『やまと新聞』も「政府は重厚なる貴族院に督促せられ、去る三日を以て初めて営業税法改正案を提出したり」と伝えている。『勝田家文書』の「営業税現行ト改正トノ税額人員対照調」には手書きで「貴族院議員に配布」との記述があることを勘案すると、実際に貴族院からの要請で政府が改正案を提案させられたことは間違いない[64]。

【表 4-2】 高木益太郎君主張営業税全廃理由及之に対する弁駁

1 世界諸強国には営業税を有するものなく若しは之を地方税に移すの傾向あり	1 仏国, 墺国, 匈国, 和蘭, 白耳義皆之を有し英国には営業税に当たるへき免許料あり 独逸連邦中普魯西は1893 年地方税に委譲したるも巴威里, ラキプチヒ等には尚之を有す 亜米利加には会社税銀行税等税, 各種免許料等あり
2 諸外国に比し貧弱なる我国に於て営業税は産業の発達を害す	2 国費多端の今日多少の負担は已むを得さる所にして産業を阻害する如き程度に非す
3 商工業者に対して営業税は所得税と共に二重の課税を為すものなり	3 一般所得税下に各種収益課税の制度を為するの必要ある以上已むを得さる所にして恰も農業者に対して地租と所得税とを併課するか如し
4 営業税は営業上の果実又は利益に課税せすして営業行為に課税す併し損失あるも尚之を納付せさるへからす	4 営業行為に課税するは営業行為ある者は営業収益ありとの推定に基くものにして営業上損失ありたるとき尚之を納付せさるへからさる場合あると同時に亦推定以上の利益あるときにも一定の税額を以て免る場合あり是所得税と異なる所以なり
5 営業税は同一物体に付製造元問屋, 仲買, 小売等数次に課税する結果其の場の諸売者は重き負担を為すこととなる	5 是れ営業税の性質を明にせさる論にして営業税は物品税にあらす 即ち消費税にあらす即ち営業税は納税者は擔税者と一致するを原則とし 彼の間接税の如く終局消費者にて擔税するものにあらす
6 営業税には累進税率適用せさる結果上流に軽く下流に重し	6 課税最低限の定あるを以て相当調和を保つことを得へし累進率は地租, 営業税の如き収益税に之を適用せんとするときは其の数の煩瑣なるに耐えすして其の浪費は実効より大なるへし
7 課税標準中売上金額は実際の収益と比例を保つものにあらす	7 売上金額は課税標準の一部にして全部にあらす 大体に於て売上金額は物品販売業の収益の一部を推定するに足り 又改正案に於けるか如く売上金額に付ても物品の種類に依り税率を異にするときは 各種物品の売上に依る収益と比例することを得へし
8 課税標準に従業者数を算入するは人頭税に類す	8 従業者は営業収益を推定するに適当のものなり 従業者中 15 才未満のものに対するに半額の税率を以てするは亦其の営業収益の程度を斟酌したるものなり
9 課税標準中に建物賃貸価格を算入するは不公平なり	9 総ての営業に対して建物賃貸価格を課税標準とするものにあらす業体に依りては建物賃貸価格は収益を代表する最も適当なるものなり 改正法案の如く実際の賃貸契約は賃貸額に依らすして評定の賃貸価格に依るは最も公平なる方法なり 仏国の営業税は所定地の人口, 建物賃貸価格, 資本等に依り税額を定む
10 営業税に於ては徴税手続きの煩累及税務官吏の圧迫誅求最も甚し	10 誠実なる申告に対しては決して煩累を与ふるのみにあらす不誠実なる申告者に対しては帳簿等の検査を為すことあるも常に民部に対しては懇切丁寧なる態度を以て接すへき旨訓示せり 税務官吏を嫌悪するは其の職務上已むを得さる人情に出づるものなり

11　営業税は負擔力なき者に対して課税を強ふる結果国民は已むを得すして其の意に反し詐欺の申告を為し延して国民道徳を傷付るものなり	11　負擔を多少軽減するの必要あらんも営業者が総て全然負擔を為すの余地なきものとは認めす詐欺の中申告に反するも負擔の重きか故のみに帰する能はす
12　営業税は国税より地方税に移さは地方自治団体の財政は豊裕となり　従つて地方税の負擔は軽減することを得へし	12　営業税を地方税に移すも地方税の軽減は必しも保つへからさるのみならす　却て地方不公平複雑なる課税を為すに至るへきは現今の地方特別税賦課の蹟に依りて推知するに難からす
13　営業税を全廃すれは産業勃興し殊に有価証券の価格を増加す	13　営業税を全廃するは商工業者の利益と相違なきも之を廃止するときは鉱業者，売薬営業者及農業者は商工業者と比し独り重き負擔を為す結果を生し　営業税創設の趣旨に反するのみならす国民をして其の能力に応し国費の分担を為さしむへき財政上の大原則を傷めるに至るへし

法案の内容は、前回の議会に政府から提案され、衆議院で政友会が修正したものとほぼ同じであったが、減税額を三一三万円から四六九万円とわずかに増額し、大正四年一月一日から施行するというものであった。また、建物賃貸価格への課税率を一、〇〇〇分の八〇から一、〇〇〇分の七〇に引き下げ、第三〇回議会に提出した政府提出法案の中で、銀行業界と保険業界から反対が強かった責任準備金や借入金への課税を撤回し、倉庫業への課税は現行法どおりとして建物賃貸価格への税率を万分の五〇から四五に引き下げただけとした。さらに、製造業などに対する積立金の四分の一を課税対象とすることに変わりはなかったが、建物賃貸価格への課税率を一、〇〇〇分の九〇から七〇に引き下げるなどの変更をした。[65]

しかし、この政府提出法案について、報道は、「昨年と今年で財政状態に差異があるのを無視し、全国の要求の廃税を無視している。税源は過大な海軍拡張費の一部を削減すればこれを補ってなお余りがある。」と政府の対応を批判した。[66]

また、東京商業会議所の中野会頭も、「国民の輿論たる営業税の廃止を始め悪税の撤廃に冷々淡々たる一方一億余円の継続費の外に更に海軍々備費九千万円を一億六千万円とする等お手盛りも極まれり　明年は増師計劃の出現す可きは明白にして国民は斯る不誠実の遺方に賛成するものなかるべし（中略）営業税の廃止は今や全国到る所の要求に係るが故若し之を放任するが如き事あらば由々敷き問題を惹起すべし」として、政府が営業税の廃税を実施せずに海軍拡張を行なう場合、あるいは政友会もそれに協力する場合には、政府に対抗することも辞さないという姿勢を明確に打ち出した。[67]

2　政友会の修正案

政友会は、一九〇九年や一九一〇年の三税廃止問題や営業税減税問題と同じように、世論の動向を見極めるまで、党の方針を固めなかった。営業税廃税問題が、山本内閣と与党の政友会を野党が攻撃する党派問題と認識されていたので、野党の成果となるような譲歩をすることはできなかった。

また、営業税の廃減税は地租の減税運動を誘発する恐れもあった。実際、一月二〇日の日記に原敬は、「高橋が営業税は悪税なので漸次減税をして遂に全廃するべきとの持論は一理あるが、目下反対党がこの問題をもって政府に迫る際においてこのような論をなすのは対議会策として妙であるだけではなく、営業税全廃論は他の税の減免も誘致すべき原因になるので軽軽しくこれを口にすべきではない」と高橋是清蔵相を注意したと記されている。[68]

そこで、政友会系の新聞として著名な『新愛知』が営業税廃税問題についてどのような論調をたどったか明らかにしたい。[69]

まず、一月末から「燎原の火の如し　民意勃然として驕る」（一月三〇日）と、「先づ商業会議所の大活動を開始せるに伴ひ、各商業組合における廃税論益々高きものあり」と、名古屋商業会議所において行なわれた有志会主催の各町総代と各同業組合の廃税大会が盛況に行なわれ、営業税廃税を決議したことを伝え（一月三一日）、この時期から二月中旬に至るまで、各地の廃税運動の展開や商業会議所連合会の運動について多くの紙面を割いて詳細に報道し、商業会議所と実業組合連合会の運動が地域の末端の商工業者まで浸透していた様子を伝えている。

さらに、政友会では、通行税の廃止と綿織物消費税の廃止については意見が一致しつつも、営業税全廃論に対しては、地租軽減論をもち出そうとするものが多いので政府の減税案には盲従できないが、海軍補充費の削減で減税の意向を求めるのは想像しうると伝えている（二月二日）。

そして、「減税の取捨」との論説で、政府案に対して、市内交通税の廃止と織物消費税中の綿織物に対する課税の廃止を加えるべきとしたが、

一　営業税の全廃は商工業者の選挙権を失わせる不利があること
二　国税として二十年の実績があること
三　一朝有事の際直接税は間接税に比べて減税の恐れがなく財政上好調の税制であること
四　一度これを廃止すると再導入することは難しいこと
五　国税として廃止されても地方税として増徴される可能性があること

と指摘して、廃税には反対するが、減税を実施すべきとした（二月一日）。

一月三〇日、政友会の東海十一州会が、「少数党の空論横議は国運を阻害し憲政を危惧ならしむるものなるを以って猛然と起こってこれを排除すること」としつつ、営業税と織物税を合わせて二、〇〇〇万円以上の減税を基礎とすることを決議したことを評価した。続いて、政友会の中国、四国代議会や近畿代議士等が減税を決議したが、関東倶楽部が一、〇〇〇万円、北信八州会が一、五〇〇万円の減税を提案したのに対して、東海十一州会が二、〇〇〇万円減税を交渉しつつあることについては、「快心の極み也」と伝えている（二月四日）。

このような『新愛知』の報道に見られるように、政友会の地方支部では、全国的な廃税運動の広がりと世論の高まりや、商業会議所や全国商工業大会をはじめとした商工業者の働きかけに動かされ、営業税の減税論が噴出していった。ここで、「営業税の全廃は商工業者の選挙権を失わせる不利があること」などから、廃税ではなく

減税でよしと主張していたことは、減税と選挙権の関係が明確に意識されていたことを示している。

全国の動きに目を転じると、二月六日に、関東倶楽部、東海十一州会、中国四国連合会、近畿及び北信が営業税減税を含む一、五〇〇万円の減税、九州会と東北会は、政府の予算を是認しある程度の減税を行なうことを予算委員と政務調査委員に申し出た[70]。

そして、政友会の一六名が、営業税について、税額一、〇〇〇万円以上の減税、申告に関する調査委員会の設置、売上金額二、〇〇〇円以下及び資本金一、〇〇〇円以下への非課税、輸出入関係品目への課税免除、賃貸価格の課税率の低減、課税標準額から従業者を削除することを内容とする減税意見を党幹部に提出した。同日、政友会は予算委員会、政務調査会、廃税委員会の連合会調査会を開催し、「国税徴収手数料を除外して一、五〇〇万円以上の減税を実行すること」を合意した[71]。

そして、政友会の代議士会が開催され、原総務、高橋蔵相、奥田義人文部相、元田肇逓信相、大岡育造、長谷場純孝ら代議士一九〇名が参加した。そして、一、五〇〇万円以上の減税という連合調査会の決議を満場一致で可決した。ただし、その扱いについては、幹部一任となった[72]。

その一方、営業税廃税運動は、「毫も歩調を緩めずして専ら政友会市部選出議員に肉薄し」約三〇人の代議士を廃税に賛成させる見通しを立て、運動を活発化させていた。政友会議員の間でも、田邊熊一は廃税に投票すると述べ、稲茂登三郎は党議拘束の除外を求めた。これによって政友会幹部も狼狽し、自らの政党への切り崩しが進む前にむしろ廃税案を急速に否決する方が望ましいと考えた[73]。

衆議院本会議に政府の予算案が提出される前の二月七日、山本内閣の最大の問題、すなわち営業税廃税問題と海軍予算拡張に関連して、山本首相から原に対して、「減税案及び海軍軍艦、水雷艇補充基金四千万円（今回填補すべき分）を産業奨励基金に改め（政友会の提案）、又営業税法改正案中に、審査委員会を設くるの規定を加へ、徴税手数料市町村に交付の分、地租に対しても他と同様になす事等に決定すべしと内話せり」と、営業税については審査委員会を設けることを、政府から政友会に提案した。[74] 公選の委員を含む調査委員会の設置は大蔵省事務方が考えていた案であった。

そして政友会は、次のような減税案を提出した。[75]

営業税	七八六万円	（政府提案より増すこと二〇〇万円）
地租	二五〇万円	（税率二厘減）
相続税	一八九万円	
通行税	三六万円	（労働者及学生に対する割引の分に限り免税す）
織物消費税	二三〇万円	
計	一、四七三万円	
地租徴収手数料交付金	二四〇万円	
織物組合検査手数料交付金	一九万円	
営業税調査会費	一〇万円	
輸出貿易製造品加工業免税	一〇〇万円	
蚕種検査手数料（半減）	六五万円	
計	四三五万円	
合計	一、八〇八万円	

その中で営業税については、次の改正案を提案した。

一　資本金一千円未満の者には課税せず
一　売上金二千円未満の者には課税せず
一　報償金額二百円未満の者には課税せず
一　物品販売業の種類により税率を区別し負担の均衡を得せしむ
一　十五才未満の従業者には課税せず
一　前年中最多数に依る従業者の計算方式を改めて前年中各月に於ける最多数の平均に依る
一　同一区域内に在る土地建物と雖も営業に使用せざるものは賃貸価格に計算せず
一　各業に通じて税率を低減す
一　納税者総数六十万人中に十九万人は免税となる
一　減税金額八百十万円にして総金額の三割を超ゆ
一　調査委員会を設け苛斂誅求の弊を防ぐ
一　調査委員会費十万円を支出す

政友会の改正案により、資本金、売上金、報償金額の免税点が倍に引き上げられ、所得水準の低い納税者は免税となった。減税金額も当初、商業会議所連合会が主張していた「少なくとも三割減」との要望に応えた形となった（【表四－三】参照）。

また、営業税の調査委員会（審査会）を設け、建物賃貸価格や売上の評価についての公平感を確保しようとした。

この二点は、当初から大蔵省の事務方が検討していた税率の軽減、調査委員会の設置という考え方に沿ったものであった。

【表 4-3】 営業税現行と改正との税額対照調

現行	政府提出案		衆議院修正案			
				現行に対する修正案税額増減		
税額	税額	現行税額に対する政府案税額増減	税額	税率変更税額	最低限度引上税額	税額計
27,825	23,138	4,686	19,722	5,090	3,012	8,102

（注） 現行とは大正２年度決定額を基礎。単位は千円。
（出所） 『勝田家文書』第 15 冊 19。

3 大日本商工協会の設立

二月四日、衆議院で営業税法案廃止案他七件委員会（営業税廃止法案、通行税廃止法案、塩専売廃止法案、織物消費税廃止法案、石油消費税廃止法案など）が開催され、本格的な法案審議が始まった。

二月七日、全国の営業税全廃有志大会が開催された。東京から星野錫、大阪から中西竹次郎、広島商業会議所会頭早速整爾ほか合計四四名の全国商業会議所委員及び地方の上京委員が会合し、営業税法案の本会議当日は政友会代議士に欠席を求め、政友会員中、商工業関係の代議士には脱会を勧告するように申し合わせた。[76]

八日、商業会議所連合会協議会が開催され、政友会が提案する一、五〇〇万円の減税案で満足するのではなく、連合会決議に基づき、あくまでも全廃を目標とすることを確認した。そして、政友会所属議員を極力説得して営業税全廃に賛成させ、もし、賛成が難しければ廃税問題の審議の時に少なくとも三〇人から四〇人の欠席者を出すことに全力を尽くし、初志を貫徹するべきとの意見が出た。東京、横浜、名古屋、京都、大阪、神戸の六会議所を委員に選定し、二月九日、高橋大蔵大臣を訪問して連合会の意見の採択を要請した。[77]

この時の商業会議所の各委員の運動の様子について、『報知新聞』には、「所属地代議士の営業税廃止に対する行動につき監視を怠らず、議会をして極力全廃の目的を達せしめんと奔走中なるが、なかんずく近畿地方の会議所員の運動は猛烈にて大阪会議所の宮崎敬介、法橋善作諸氏は五日宿所に同市選出議員三谷軌秀氏を訪い、連合会の決議を突きつけ、もし営業税全廃に尽力せざるにおいては爾後三谷氏を会議所議員乃至代議士に選挙せざるべしと膝詰談判を試みた。」との記事があり、分担を決めて激しい説得工作が行なわれたことを伝えている[78]。

続いて、「営業税全廃大演説会」が開催されると、全国商業会議所連合会、営業税全廃同盟会、東京実業組合連合会、全国実業組合及諸団体連合会、東京十五区連合会、東京府市会議員有志の六団体が参加し、六〇〇人余りが参加した。ここで初めて、それまで別々に行なわれてきた廃税運動が合流した[79]。星野錫が挨拶を行ない、中野武営が座長となり、満場一致で「営業税は最大悪税なり　全国有志大会は誓て之が全廃を期す」との決議を行ない、以下の申し合わせを決議した。

一　吾人同志は営業税全廃案に反対する代議士を再選せざることを誓う

一　右の趣旨に基づき全国代表者はその地選挙区においてこれが実行を期すること

そして、二月一二日に、全国各地の各種団体から上京した委員による「全国商工業者連合大会」が開催され、その場で、「従来、各種の団体があって種々な運動を試みたがいずれも空弾に過ぎないので今回は有力な新団体を組織し実弾を放って営業税全廃を期し、もし、今期に成功しなければ飽くまでもこの貫徹に努める」ことを目的として、全国の商工業者を結集する「大日本商工協会」を設立することとし、次の決議を行なった。

一　本会は大正三年度より営業税全廃の目的を貫徹せんことを期す
二　営業税全廃に反対した代議員に対し将来衆議院議員及びその他全ての公職に選挙しないことはもちろん、併せて一切の交誼を絶つ

商業会議所連合会は、政治運動を行なったとして政友会の多数により経費徴収権を剥奪された後、経費徴収権の復活の働きかけをしていた段階であり、商業会議所としての立場で政治運動を行なったとして批判されないようにこのような任意団体を発足させ、商業会議所幹部も個人として参加することにより、慎重に運動を展開することとした。大日本商工協会は、個別の政友会議員の切崩しに力を注いだ。政友会の各議員を訪問し、営業税全廃に賛成するべきことを説き、もし賛成しないのであれば、議場に行かせない方法を講ずることとした[80]。

そして、東京市の原十衛助役（政友会）や政友会議員を出している東京電灯会社、日清紡績、富士紡績、鐘淵紡績を訪問して説得に当たった[81]。こうした運動の高まりにより、政友会議員で東京商業会議所議員の稲茂登三郎は、脱党して廃税に賛成する意向を示し、田邊熊一は廃税の目的が達せられるのであれば廃税に賛成すると述べるなど、政友会の結束も乱れ始めた[82]。

4　営業税減税法案の成立

こうした状況を踏まえ、一三日、政友会は営業税などの減税の方針を正式に決定した。原敬は、「議院に赴き高橋蔵相と共に幹部員を集めて減税案に付協議し、其結果を以て本部に於ける代議士会に諮り、全会一致にて之を可決した皆満足を表せり」と述べている[83]。続いて原敬は迅速に動き、翌日の議事日程を変更し、営業税改正法案等を審議させた[84]。

各党が質疑の最中、政友会の山本悌二郎が質問終了の動議を提出し、政友会の指田義雄が政府提出の営業税改

正法案に対する修正案を提出した。これに対して山本悌二郎が営業税廃止法案の否決動議を提出し、記名投票により営業税法廃止法案が否決され、政友会提案の営業税法中改正案の修正案が多数によって可決された。二月一五日、衆議院本会議が開会し、営業税法中改正法律案他九件地租改正中改正法案が上程され、政府提出政友会修正の営業税法改正案が採択に付され、同法案が可決された。

一七日、衆議院では、政友会は野党が提出していた通行税廃止法案、石油消費税廃止法案、織物消費税廃止法案、塩専売廃止法案などを全て否決した。こうして、全国で盛り上がった営業税廃税運動は、衆議院において政友会が提案した減税法案という形で具体化した。

全国の商工業者が活発に展開した廃税運動にもかかわらず、廃税法案が否決されたため、議決後、営業税全廃同盟会、東京実業連合会、東京十五区連合協議会、全国商業会議所連合会有志、東京十五区々会議員、各地方団体委員など営業税廃税を推進した団体が集まり、「吾人は不屈不撓の精神を以って営業税の全廃を期す」等の決議をして、廃税運動を継続することとした[85]。

営業税廃止四団体、新聞記者団、国民党、中正会、同志会の八団体連合懇親会も築地精養軒で開催され、全国商業会議所連合会、東京実業組合連合会、東京十五区連合会、全国実業界有志、営業税全廃同盟会、中正会、国民党、同志会、記者団の名前で「営業税は最大悪税なり吾人同志あくまでも之が全廃を誓う右決す」との決議をした[86]。

大阪においても市公会堂において土居通夫大阪商業会議所会頭を座長にして納税者大会が開催され、営業税の極力全廃を期すという決議を採択し、「営業税全廃期成同盟会」を結成した[87]。

5　政友会と営業税減税

この時、政友会は、営業税（約八〇〇万円）に加え、地租（約二五〇〇万円）の他、相続税、通行税、織物消費税など合わせて一、八〇〇万円の減税を実現させた。そして、農業者を支持基盤とするにもかかわらず、商業会議所や全国商工業大会の働きかけによって院外団が動き、最終的に政府案や地租の減税額を大幅に上回る営業税の減税を実現させた。

原敬は営業税の廃税法案を否決した日の日記に、次のように記しており、営業税問題が党派問題であると強く意識していたことが示されている[88]。

反対党をして其の意の儘に行動せしむる考にて我党議員等議場に臨みたるに、反対党も其の横暴を実際に公示する事の不利益を悟りたるや、先日と異なりて静穏なりしかば議事は穏に進行し、再調査の提案が破れて我党の修正案二百一票にて通過せり　右にて本日の議事終れり台風一過の観あり（反対党等は営業税全廃を以て我に対抗せしなり、之が為めに我党議員の市選出者などは圧迫を受けるもの動からざりしなり）。

営業税の減税は、一九一〇年に政友会の院外団が地租軽減の実施を原敬に求めた時のように深刻な問題としては扱われず、二月一三日の政友会の幹部会で異論なく決定されており、原自身は廃税については党派問題であるので反対するが、減税は支持する方針であった。

6　貴族院の審議と営業税減税法案の成立

衆議院において営業税廃止が否定されたことを踏まえ、一七日、商業会議所連合会協議会は、貴族院に対して申し入れるため次のような決議を行なった[89]。

一　営業税は悪税にして全廃の要あること

一　政友会側にては三割減は昨年の会議所連合会に於ける決議にして本会は其の目的を達したりと称すれども、是牽強付会の説にして昨年三割減決議の当時政府が示せし財源は三割以上の減税を許さざりしに反し、三年度予算の内容は全廃に十分な財源を示せるにより全廃決議を為せしものにして、全廃は最初から希望なりしこと

一　新に成立せる大日本商工協会の趣旨を明にすること

貴族院の反感をかわないように、この決議を貴族院議員全員に送付することにした。協議会では政友会の法案では都市の大きな商工業に従事しているものにはほとんど恩恵がないとの懸念が出された。政友会の減税案では免税点の引上げが効いて、納税額の低い数多くの中小事業者が免税となり、軽減効果が大きかったが、高額納税者には効果が乏しかったことを示している。

そして、商業会議所は法律上の組織になっているので、差障りがある場合には大日本商工協会で制裁を受けないように運動していくこととした。

営業税問題の審議の場は、貴族院に移った。貴族院は、営業税廃税法案を否決し、政友会修正案に修正を加え、三月二〇日に衆議院に回付し、二三日に衆議院は貴族院の修正に同意して法案が成立した。しかし、貴族院は政友会の提案した通行税と織物消費税の減税については否決した。

政友会の修正案と第三〇議会に政府が提案し衆議院を通過した法案を比べると、減税額は大幅に増加し、営業税調査委員会の設置が決められ[90]、徴税方法も改善された。

しかし、営業税廃税を求める世論が強く喚起されただけに、これに力を貸さなかった政友会に対する国民の非難が高まった。一方、野党三党は実現性が乏しくても営業税の廃税を打ち出すことで、与党の政友会に打撃を与

えることができた。これについて政友会は、

東京商業会議所は昨年一一月を以て営業税三割減の希望を決議して政府に申請する処あり　我党亦之を以て其当を得たるものと認め初より其方針を計画せり　然るに反対党は減税問題を政争に利用し檄を全国商工業者に飛ばして其会合を促し遂に彼らをして営業税全廃の決議を為さしめたり　若し夫彼等の主張に従って営業税の全廃を行はんか財政上に一大欠陥を生ずるのみならず商工業者と農民との間に生ずる負担の不権衡を如何せん　商工農民党相分れて両々相対峙し我党が営業税の減税を行ふと共に農民の負担を軽減する所以即ち此に在り

と述べ、政友会としては、商業会議所連合会が当初要望していた三割減を実現したことを強調すると同時に、野党が営業税廃税問題を政争の具にしたことを批判した[91]。また、政友会が動いた結果、三割減という成果を挙げたにもかかわらず、廃税を支持しなかったことについて非難を受けていたことについては、商業会議所が変節したことを理由にした。

営業税廃税問題が大きく盛り上がるのにつれて、『新愛知』は、「農業者も亦必ず起こって民福の均等を要求せずんば止まざるに至るべし」と二月一日に農業研究会総会が開会されたことを伝え[92]、政友会の減税法案が衆議院を通過した後、「奮起せよ農業家」と題して、「苛税に苦しむや独り商工業者のみにあらずして全国民の三分の二を占むる農民を以て甚しとす（中略）商工業者は営業税全廃運動に鋭意熱中しつつあるにあらずや、若し今後営業税の全廃せらるることあらか、農民は之が為に更に負担を増加せざるを得ざること明かなるに農民の今に奮起せざるは吾人の解する能はざる所也」と、積極政策だけではなく苦痛を除去するために減租運動をすべき時期で

あると論評していた。この時点で、農村地主とのバランス論が顕在化しはじめていたことが分かる。[93]しかし、一九〇八年から一九一四年までは米価は上昇気味であり、一九一〇年や一九二二年の営業税廃税運動の際のように、農村地主の反対運動もあまり大きくはならなかった。一方、廃税運動を最も激しく展開してきた国民党は、

一般商工業者奮起して大に気勢を挙げ、議会に於ける各派亦政友会を除いて全く廃止に一致するに至り、政府案の如きは、暫く措き政友会の八百万円減の修正すら、前途頗る危殆に陥いれるは、国論の勢力真に偉大なるものあるを証すべきなり。（中略）政府提出の四百七十万円減をして遂に八百万円の減税と為さしめたるは、全く我が党が率先全廃論を主唱したる賜物と謂ふ可し

と自らの運動がなければ減税も実現できなかったであろうと自画自賛した。[94]

第三節　大隈内閣の成立と廃税運動の中止

一　営業税廃税運動の継続

シーメンス事件等で貴族院が海軍拡張のための継続費を大幅に削減し、大正三年度予算が不成立となった結果、山本権兵衛内閣は総辞職し、井上馨の強い推薦で四月一六日、後継首班に大隈重信が任命された。立憲同志会と尾崎行雄の中正会が与党となったが、営業税廃税運動の引き金を引いた国民党の犬養毅は、好意的中立と称して入閣を拒否した。ただし、同志会は九二名、中正会は三五名、国民党は三九名であり、非政友三党が合同しても

政友会二〇六名には足りなかった。

大隈内閣の主要課題は、陸軍や海軍の拡張、営業税全廃であり、限られた予算の中でこれらの要求をどのように調整するかという難問が突きつけられていた。

五月一五日、地方官会議において初めて大隈首相は自らの政策方針を発表した。「戦後民力の休養は未だ完からず、財政経済の調節未だ完からず、公債の信用を確実にし国庫の収支を改善し、此の目的を以て行政及財政の整理を施し、且つ国民負擔の軽減を謀り、大正四年度以降の財政計画と相俟て之が実行を為すべし」と訓示を行ない、若槻蔵相は、「財源の状況を審にし、国民負擔の程度を考へ、相当の減税計画を立つること」と述べるにとどまり、いずれからも営業税についての発言がなかった。[95]

若槻大蔵大臣は、営業税廃税について、減税は背水の陣でこれを実施するが、同志会が第三一議会に提出した廃税案は恒久財源があることを前提としていたが、今日はその財源は既に他に使用されてしまったので他の恒久財源を捻出する方法を検討せざるを得ない、そして、大隈内閣は非募債主義を実行するために国債整理基金からの元本償還額を減少させる方針を示しており、前内閣において同志会が唱えていた三、〇〇〇万円のうち一、五〇〇万円の減税を既に実行してその財源残額は一、五〇〇万円しかないので、今後の努力により「同志会案以上の減税をすることを言明す」と述べるに止まった。[96]

1　商業会議所

東京商業会議所会頭の中野武営は、「田租酒税等の納税繰り延べは財政収支の基礎を強固にする上で剰余金の適当な使用法であるが、減税のみを言明して廃税に一語も言及しないのは、余等の甚だ遺憾とするところである。言うまでもなく政治家はその在朝、在野のいかんにかかわらず必ずその言責に対する徳義を尊重するべきである。すでに在野時代営業税その他の廃止を公言した大隈首相である。同志会員が閣員である以上、いやしくも政治家の徳義を無視しない限り平素の言責を果たすべきであるは論なきところである。もし何らかの事情によって廃税が不可能であればその立派な理由を示すべきである。」旨述べて、大隈内閣が営業税の全廃を実行するように強く牽制した[97]。

商業会議所が初めは三割以上の減税を要望していたのに、後に廃税運動に転じたことについて、「他の政党政派のだしに使われて心ならずも斯う云ふ全廃論を唱える[98]」と批判されていたので、中野は、全廃論は商業会議所連合会の立場として十分に之を精神的に発揮しなければならない、跡が消えてしまうことがないようにする必要があると発言し、政権が交代し与党が変わろうとも商業会議所の立場を粛々と貫く姿勢を保った。

しかし、大隈内閣が営業税廃税を実現できるかどうかについては、当初から疑問視されていた。「大隈内閣は鵺的内閣なり混同内閣なり、就中減税に就ては大隈伯の大風呂敷的意見と尾崎君の七千万円減の主張と同志会の三千万円減の提唱と三種三様の意見互に相衝突し之れを統一せんこと決して容易ならず」と批評されていた。営業税全廃は、商業会議所のみならず、与党の公約であり、新聞の論調もこれを支持していたため、大隈も苦しい立場に追い込まれた。このような大隈の状況については、五月二六日の望月小太郎から井上馨の書翰において次のように伝えている[99]。

国家財政の前途に対し営業税全廃の要求、中正会、国民党、同志会の半分と加ふるに全国新聞連合会共一致候ての輿論と相成、万一にも現内閣にして之に応ぜざらん乎、容易ならざる形勢の変化起らざる乎と深く憂慮罷在候。正論より談案候へば営業上の全廃は少々無理の事に候も、本来三派一致の言質に有之、且此言質を以て全国各市を指導致来候国は今日となりて之を打切候事中々以て困難と相成、大隈伯も頗る苦心罷在候こうした中、六月一五日に第二〇回商業会議所連合会が開催された[100]。

連合会には、「営業税廃止及び通行税廃止問題は、現内閣の在野時代の一旗幟である。本年の通常議会で廃税案を政府が提出することを期待する。」との要望が出された。この連合会に参加した若槻蔵相は、「租税については内閣ができると同時に国民の負担を減ずることを声明した。必ず言責をまっとうするような案をこの暮れの議会に提出したい。負担の軽減は財源がなければできない。倹約できるか、自然増収があるか、新たな政費はいくらか等の見当をつけたい。」と表明したが、政府の方針は依然として不明確であった。そこで、商業会議所連合会は、全会一致で、

営業税を全廃するは帝国財界の現状に於いて最も緊切急要なり故に吾人は此際極力是が実行を期す

との決議を行なった。

この決定に基づき、若槻蔵相と同志会には、横浜、茨城、滋賀、大阪、愛媛、山口、金沢、若松、豊橋、小樽、東京の商業会議所が、尾崎行雄司法大臣及び中正会には、土佐、長岡、栃木、福井、四日市、宮津、伏見、広島、函館、福岡の商業会議所が、武富逓信大臣及び国民党には、山梨、大垣、高崎、仙台、名古屋、弘前、徳島、鹿児島、秋田、福山、知多の商業会議所が分担して説得に当たることになった[101]。

さらに、全国各地にある大日本商工協会支部もしくはそれと提携している団体に対して、連合会の決議を披露し、連合会と実業団体のメンバーが主人となって懇親会を開催し、同志会、国民党、中正会、無所属など営業税全廃のために連携した代議士、新聞通信記者も招待して懇親会を開催することが決められた。

連合会閉会後、大隈総理は全国商業会議所連合会会員を早稲田私邸に招聘し演説を行なったが、大隈及び若槻

の演説について、『大阪朝日新聞』は、「吾人をして益政府の租税廃減方針に関して心細き感を抱かしめたり、蔵相は曰く、減税の程度は今後の自然増収高と経費節減額及び国勢の進展に伴う支出増加の三者を予見して決定せざる可からず、政府は目下調査中なりと、首相は曰く、非募債主義を励行する以上、営業税の全廃を始めとし、各方面の要求に対し悉く満足を与うるは困難なりと、肝腎の減税方針が如上の挨拶に見ゆる如く、甚だ煮え切らざる始末」と論評し、大隈内閣のはっきりしない態度を批判した。[102]

2　全国商工大会と大日本商工協会

六月一七日、全国商工大会が開催された。[103] そこに、全国から商業会議所の主要な議員に加え、東京実業組合連合会の会員など一六三名が参加した。

冒頭、会長の中野武営から、「内閣ガ更迭ニナリマシテ地方官会議ノ場合ニ於テ政府ノ施政方針ヲ発表セラレマシタ、其ノ中ニ減税スルト云フコトハ明ニ声言セラレテ居リマスケレドモ廃税ト云フ意味ハ認メルコトガ出来ナイ」、総理大臣や大蔵大臣は営業税全廃については頻りに述べるが「ドウモ営業税全廃トイフコトハ決心シテ居ラヌヤウデアル」との現状認識が表明され、「営業税ノ全廃ハ吾人国民ノ期待スル所ニシテ今日ノ最大急務ナリ依ツテ吾人ハ協力一致是ガ実行ヲ期ス」との決議を満場一致で採択した。

議論の中で田村新吉（神戸商業会議所）は、同志会などは在野の時は廃税を「会是」とでもいうように旗印にしており、その多数が内閣に来たが、殊に大蔵大臣の発表するところは物足りない感じがする、通常予算を組む前に大いに実行委員諸君が当局に問う必要があると訴えた。

現内閣は在野の間は廃税を標榜して其旗を振り回し吾々の意見に同意を表したのが朝に起つと同時に其の意見が変わる、口が変わるなどと云うことは「誰モ鎮黙出来ヌコト」であるが、自分も会合で当局大臣に始終言っているので「此話ハ当局大臣モ空吹ク風トハ思ッテ居ラレヌヤウデアル」と述べている。

さらに中野は、翌日、全国の実業組合などを集めた大日本商工協会営業税全廃実行委員会が開催され、当局への建白、各地商工業者を始め一般の世論を喚起することについて協議がなされ、次の実行方法が決議された。[104]

一　実行委員は大会の決議を齎《もたら》し政府及び各政党本部を訪問陳情すること
二　大会の決議を実行せしむる為各地方選挙区に於いて代議士に対し賛成を求むべきこと
三　営業税全廃の請願書を調製し各市町別に請願人名簿を作製して議会に提出すること
四　支部は連絡を取るべき商工団体を有せざる地方に対しては便宜付近の支部と申合を為し支部を設置し又商工団体と連絡を取ることを勧誘すること

この営業税全廃実行委員会は、手分けして大蔵大臣や政友会などに陳情したが、若槻蔵相は、「政府の財政方針中減税云々とあるが狭義に解しては成らない。これには廃税の意味も含んでいる。政府も諸君の意を了解しなるべくその希望に添う方針で目下調査中であるが、未だ閣議を経ていないので直ちにその実行を宣言することは難しい。ただし、営業税の全廃については、営業税を廃止して一八年前の地方税に戻るつもりか、営業税廃止は選挙権に影響を与えるがどうか、営業税を廃止し営業所得税を増加することでもよいか、との三項について諸君の慎重なる賛成と研究を希望する。」と、曖昧な答えに終始した。

二　大隈内閣の苦境

1　大隈内閣の考え方

このように商業会議所、全国商工大会、大日本商工協会が営業税廃税の実現を求め、新聞もこれに同調していたが、大隈首相も若槻蔵相も、減税の実施の方針は示したものの、営業税廃税については沈黙を守った。与党の同志会や中正会は、党として山本内閣に営業税と通行税の廃止を煽った立場である以上、国民との信義からその旗を降ろすことは難しかった。実はこの時、大隈内閣は営業税廃止を実施するつもりはなかった。この当時の大隈の考え方が窺えるものとして若槻禮次郎が「老首相大隈」と題した次のような件がある。[105]

その頃、政党員の間に、三悪税といつて、営業税、通行税などは廃止しなければならんと、頻りに唱えられていた。政府としてはそれでは財政が立ち行かん。大隈侯は前から悪税廃止を唱えて居られたが、内閣の首班として、そんなことを演説でもされては、どうにもならん。そこで又私がその事を話に行つた。それから二三日して、何かの会があつて、大隈侯が演説された。私はハラ〳〵して聴いていると、大隈侯は開口一番、「営業税を廃止するなど〻、そんな馬鹿な事があるもんか。そんなことを唱える奴は馬鹿だ。」と大声叱咤された。その一言で、侯の前説などは一ぺんに吹飛んで、私どもの意見と同じになつた。それは大隈侯なればこそで、外の人には出来ぬ芸当だと、感心した次第であった。

なぜ大隈内閣は、営業税廃税の実現を望む商工業者の期待を受けながら、政権を担うようになると消極的になったのであろうか。

第一に、財政上の理由がある。大隈内閣の第一与党であった同志会の加藤高明総裁や若槻禮次郎が営業税廃税に逡巡していた大きな理由は歳入の確保であった。既に三割減が実現した中で、陸軍による二個師団増師や海軍拡張の期待を担っていた大隈としては、必要な財源を確保したいという意向があったと考えられる。

第二に、大隈首相本人と、同志会や中正会との立場の違いがあった。同志会の非幹部派といわれる党人の添田飛雄太郎、早川鐵治、小泉又次郎らは営業税全廃を「金看板」として、大隈内閣が財政整理を行なってこれを実行すべきとしていた。また、大石正巳総務も、「営業税全廃は我党の主張一貫して現内閣の政綱となれるもので毫も変更することなしと断言す」と発言していた[106]。

しかし、大隈首相は、一九一四年七月一一日に大阪経済協会において、「現内閣の同志会若くは中正会の内閣にあらずして（大隈）伯自身の内閣なり（中略）与党の党是は何等関する所無き」と発言したと伝えられたように、与党の立場と一線を画していた。

大隈は、明治四十年十二月の非増税同志懇親会において日露戦後の増税案に反対したり、三税廃止を支持したりしていたが、大正になってからは軍事費の拡張のみならず減税にも反対する発言を繰り返していた。すなわち、一九一二年秋には、

今日は大に財政を整理せねばならぬ時なり、かかる財政経済上の危急の際に陸軍の拡張を行わんとするは吾輩の解し難き処なり、又財政困難の折柄反て減税を行うと云うは矛盾なり、今日は外債の利払丈けにても困難なる時にして之を根柢より回復せんには今日は何にも彼も大に忍ばざるべからず、国民も或程度の苦痛を忍ばざるべからず（傍点筆者）

と主張している[107]。また、一九一二年一一月二八日の日本経済会においても

民力休養は多年我輩の唱導した所、そして政党においても進歩党の如きは民力休養を叫び、近来政友会の如きも、多少進歩党の力を感じてか、民力休養を説くに至った。是は元より結構な事である。我輩も戦後経営

の時には税を減じて国民の負担を軽くせよといったけれども、我輩の意見は遂に用ひられず、其の結果今日の窮状となったんであるが、今となっては最早減税どころではない。国家の窮状は其の極に達して破綻を見んとするの際であるから減税どころではない。已むを得ぬ。減税は止してよい。何よりも此の財政の危殆を救ふが急務であると信ずる。（傍点筆者）

と、同趣旨の発言をしている。[108] 明治末期から大隈の主宰した『新日本』に同志会の武富時敏は営業税廃税を訴えた論稿を出しているが、大隈自身は営業税を含め減税を訴えた論調は一切出していない。このように、大隈が、与党でありながらも同志会や中正会の党の方針と異なる意見をもっていたことから大隈が自由な立場から意見をもっていたことは不思議ではない。

　第三に、地租軽減問題の誘発がある。同志会が営業税廃税を唱えて商工業者の支持を集めようとしていたが、政友会は農民に地租軽減の運動をたきつけて対抗しようとしていた。同志会も営業税全廃とともに、地租の五厘減を唱え始めていたが政友会は二分減を訴え始めていた。[109] 営業税を廃税し、地租もそれにつれて大幅に減税することになると大きな財政欠陥をもたらすばかりでなく、農民からの支持を失う恐れがあった。それは内閣として、あるいは与党としては避けたいことであった。

　大隈首相もこの点を意識して、七月二日に東京銀行倶楽部において、

廃税と云ふ事を言はないのは何だか気に入らぬ様であるが出来ない相談である（中略）或代議士は頻りに世論であるから営業税全廃と云ふ事を議会で言明して貰ひたいと言はぬばかりに迫った東京辺の新聞迄八釜しく言ふは私は是は真の輿論ではない営業税を払はぬ者が沢山ある其れを聴かない以上は世論といふ事は出来

ない（傍点筆者）

と発言したと伝えられている。[110]

実際、七月二〇日の『原敬日記』によれば、松方正義が営業税全廃を唱えている若槻禮次郎を招き事情を糺したところ、次のように若槻は、加藤高明とともに営業税廃税に反対していたことを伝えている。[111]

若槻は同人と加藤高明とにて之を拒み居ると云へりとて、若槻蔵相に話したる大要を物語れり、営業税は元と地方税なりしを課税の不平均其他の事情により之を国税に改めたるものなるが、今之を全廃するに於ては地租軽減の声は大いに高まり国庫如何ともなすべからざるに至るべく又商工業者が全く其負担を免れんとするが如きは理由なきことなりと云ふに在りたり

原敬は、「営業税全廃の如き事を政府より提出せば、勢い地租軽減論を提起せざるを得ず（中略）政府は営業税全廃の如きはなさざる事と思ふも、萬一之を提出する如きあれば地租問題の起こるは当然の事にて、自分等も之に反対すべし」と述べ、営業税廃税を大隈内閣が実施するのであれば、地租軽減論を持ち出して政治的に論点にして与党を威嚇する方針でいた。[112]

現に、七月一〇日に、愛知、三重、静岡、滋賀、長野、岐阜の農業者代表が、地租軽減運動に関する打ち合わせをして、請願書を提出するなどの運動が始まった。[113] 愛知県では、七月一九日に減租問題農民大会が開催され、地租の定率を一〇〇分の二・五にするように決議をするなど県内に減租運動が広がっていった。[114]

第四に、選挙対策がある。農村に基盤をもつ政友会に対して、都市の商工業者に比較的強い基盤をもつと言わ

れている同志会や中正会などの憲政本党系にとって、営業税が廃税されれば、営業税を納税している商工業者の多くが選挙権を失うことになる。政友会の打破に使命感を燃やしていた大隈や、同志会の幹部がそのように政治的に不利なことを敢えてすることに難色を示したとしても不思議はない。

一九一四年の営業税減税が一九一五年一月一日から施行されると、免税点の引上げなどから営業税が三割減少したことにより、営業税を一〇円以上納めている納税者の数は、四六五、一六一人（一九一三年）から三〇二、七四六人（一九一四年）へと、三五％も減少し、営業税を納税していた選挙権者が一六二、四〇〇名ほど失われることが見込まれた（営業税納税額に応じた納税者数の変化は、【図四－一】を参照）。

このことは都市の商工業者に支持基盤をもつ憲政本党系にとって大いに不利になることを意味した。そこで、第八章でみるように、大隈は組閣と同時に自らが内務大臣を兼任し、有権者要件として国税一〇円以上とあるのを五円以上にすることや、営業税と地租で国税納税要件額に差をつけるなどにより都市部の有権者数を拡大することなどを含めて検討を始めた。しかし、この結論が出ない間に、一九一四年一二月に衆議院が解散され、一九一五年三月二五日に総選挙が行なわれることになった。

そこで大隈内閣は、「衆議院議員選挙資格に関する件」を閣議決定し、営業税減税等により納税額が一〇円を下回ったとしても、次回の選挙においては、前年の有権者に引き続き選挙権をもたせるための勅令の公布を求めた[115]。

そして、枢密院は勅令案を審査した結果、帝国憲法第八条第一項（天皇ハ公共ノ安全ヲ保持シ又ハ其ノ災厄ヲ避クル為緊急ノ必要ニ由リ帝国議会閉会ノ場合ニ於テ法律ニ代ルヘキ勅令ヲ発ス）の規定に基づき次の勅令の裁可を仰ぎ、一九一五年二月一三日付で勅令第十一号が公布された。

【図 4-1】 営業税納税額別の納税者数の変化

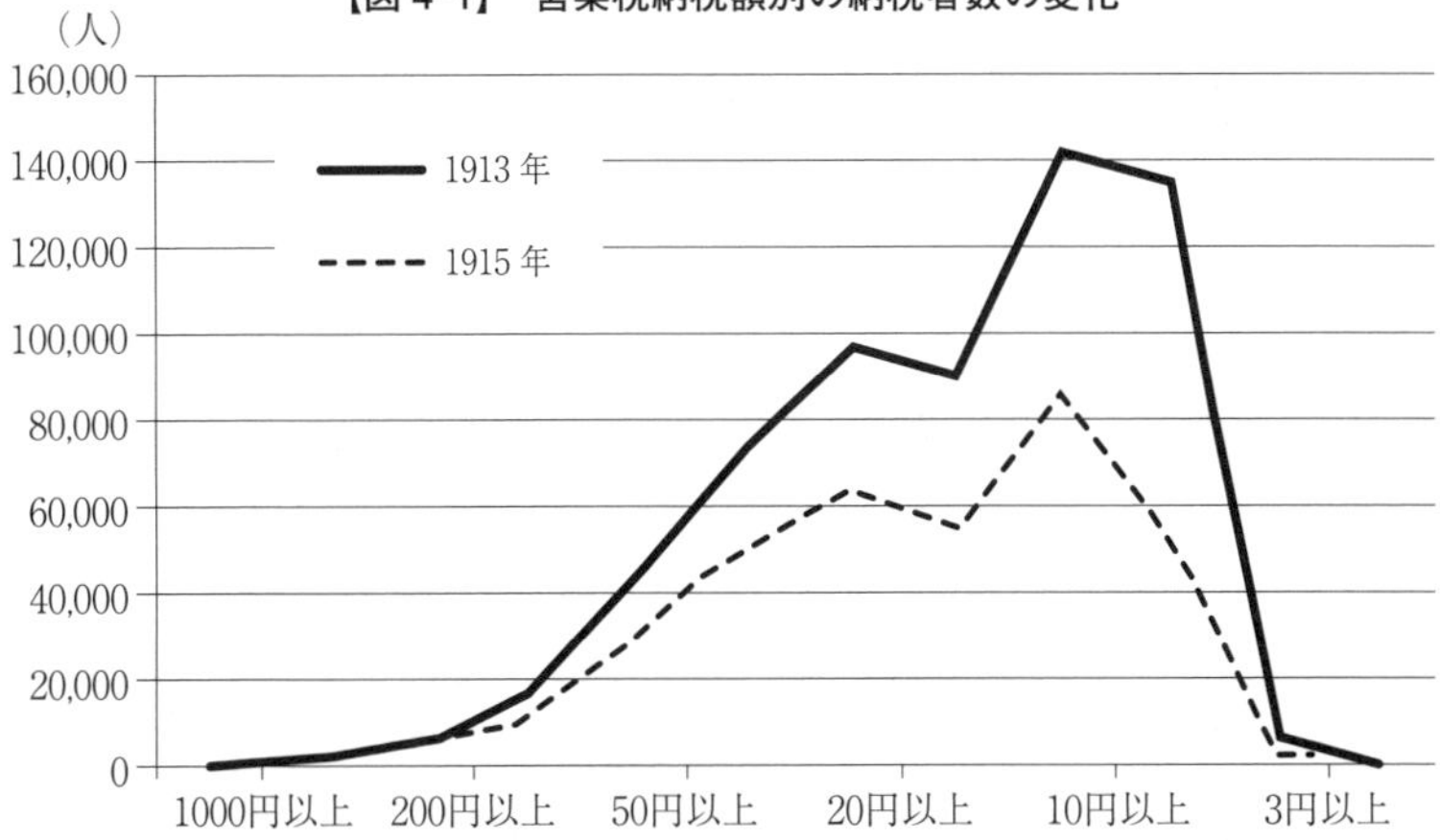

（出所）『主税局統計年報書』より作成。

勅令第十一号

衆議院選挙法第二十七条ニ依リ確定セル選挙人名簿ニ登録セラレタル者ハ同法第八条第一項第三号ノ要件ニ異動ヲ生スルコトアルモ該名簿ニ依リ選挙権ヲ失ハサルモノトス

このような勅令の公布を求めた理由は、一九一五年三月二五日に行なわれる衆議院議員の総選挙に際して、衆議院選挙の有権者は毎年一二月二〇日に確定する選挙人名簿に登録され選挙の際に直接国税一〇円以上を納める者が要件となっているが、営業税法に著しい改正（一九一五年一月一日施行）があった初年に属するため、その課税標準を総選挙前に総て調査をすることができず選挙権の有無に関して濫訴が起こる恐れがあり、「公共ノ安全ヲ保持スル上ニ於テ極メテ緊切」という理由からであった。

一月二三日に、内務省から勅令案を受け取り、これを審査した内閣法制局は、一月二五日に、勅令を発するには「公共ノ安全ヲ保持シ又ハ其ノ災厄ヲ避クル」という理由が必要であるが、「濫訴ヲ予防シ選挙ヲ再ヒスルカ如キコトナカラシムル」ということはその理由にならないこと、従来から税法改正の有無にかかわらず選挙人名簿に登録されたものは選挙の際における納税資格を問わないこととなっていること、本年の営業税法改正に問題があるとしても法律改正をすればよいのであって緊急の手段をとる必要はないことから、勅令によって規定すべきものではなく不採用すべきとの見解を出した。

しかし、この法制局の事務的な意見は無視され、一月二六日に法制局長官は総理大臣に対して枢密院に諮詢を求めることを求めた。そして、二月一〇日に枢密院は審議の結果この勅令を了承し、裁可を得て、二月二三日付けで勅令が公布された[116]。

この勅令の審議の過程で枢密院の金子堅太郎顧問官は、納税資格による有権者の減少をなくすよう選挙法を改正すべきとの意見を述べ、選挙権が税制と連動している問題の是正を求めた。

法制的には無理であるにもかかわらずこのような勅令の公布を求めたことは、いかに大隈内閣が営業税減税による商工業者の選挙人の減少に危機感を抱いていたかを察することができる。この勅令により、一九一四年の有権者数は、一、五四六、四一一人と、一九一二年の有権者数の一、五〇六、一四三人とほぼ同数にとどまったため、営業税減税による有権者の減少の影響はなくなった。

なお、この勅令第十一号は、選挙の後の五月二六日、閣議決定をして衆議院と貴族院に提出し、六月五日付けで両院の事後的な承諾を得ている[117]。

勅令の発布について、「現内閣は、商工業にして約万に近き商工有権者数が営業税の軽減によりて失はるるを総選挙に対する一大不利としてかかる方法に出でたり」との風聞も流れていた[118]。また、政友会の『中央新聞』は、本件が立法部と司法部の問題でもあり、政府が勅令で決めることは不当であると批判した[119]。

一九一五年の第一二回衆議院選挙で、政友会は半分以下の議席になり与党が大勝した要因としては、大隈人気や大浦兼武の選挙干渉、大隈伯後援会の活動などが有名であるが、その背後には営業税減税による商工業者の有権者の減少を抑えるための周到な工作があったことも見逃してはならない。

2　営業税廃税運動の展開

営業税廃税について大隈内閣は曖昧な態度を示していたが、営業税の廃税運動は着実に継続していった。東京実業組合連合会は、七月に「営業税全廃ニ関スル建議」と請願書の調印について、各区正副議長を日本倶楽部に招待し、中野東京商業会議所会頭と星野会長が、営業税が悪税であることを述べ、各区において建議書と請願書についての調印を求めたところ、三四、五一四名の調印が集まった[120]。

従来の廃税運動の主体に加え、主として大きな紡績会社の連合体である大日本紡績連合会も、はじめて営業税の問題に言及した。会長の山邊丈夫から大隈総理宛に、「吾等の苦痛を緩和すべき廃減税の問題に対し閣下の宣言鮮明を欠くは誠に吾等の遺憾とするところなり（中略）営業税の全廃は勿論苟しくも財政上能ふ限りに於て消費税の減少を断行せらるべきことは当然閣下の政策中の要素とせられざるべからず（中略）此重大なる要点を捨てて他の政策のみ遂行せらるるときは止むを得ず国民は閣下に反対すべし」との請願書を若槻大蔵大臣に提出した[121]。

七月二六日、大隈首相は施政方針の中で、風紀官紀の粛清、言論の自由、選挙権の改正を述べたのに加え、財政方針については、過去国力に応じない外債を起こしたので不信用を招いたことから公債募集を止め、酒税納期繰下げにより歳出入の調整を図ることにより大蔵省証券の発行を廃す一方、減債は五、〇〇〇万円を三、〇〇〇万円として剰余金の一部を減債基金に振り当てるとした。そして、「加之進んで減税も行わん覚悟にて目下財源の調査中なり、其程度は明らかに云ふ能はざるも二、〇〇〇万円丈の減税を行ふ丈は慥かなり」と、営業税には触れなかったが、総額減税について初めて具体的な金額に言及した[122]。

三　営業税廃税運動の中止

大隈内閣の苦境を救ったのが日本の第一次世界大戦への参戦であった。大隈内閣が成立しておよそ二ヶ月後、一九一四年六月二八日に第一次世界大戦が始まった。これを井上馨は「天佑」として、大隈首相と山県有朋に次のように有名なメモを送った[123]。

一、今回欧州の大禍乱は、日本国運の発展に対する大正時代の天佑にして、日本国は直ちに挙国一致の団結を以って、此天佑を享受すべからず。
一、此の天佑を全うせんが為に、内に於ては比年囂々たりし廃税等の党論を中止し、財政の基礎を強固にし、一切の党争を排し、国論を世界の大勢に随伴せしむる様指導し、以て外交の方針を確立せざるべからず。
一、此戦局と共に、英・仏・露の団結一致は更に強固になると共に、日本は右三国と一致団結して、茲に東洋に対する日本の利権を確立せざるべからず。

（略）

第二項に営業税廃税問題が掲げられていることに端的に示されているように、廃税運動は大隈内閣にとって「喉に刺さった棘」であった。日本政府は、日英同盟関係と東洋の平和維持を名目として、八月一五日に対独最後通牒を送り、二三日に宣戦布告を行なった。そして、当時の新聞の紙面は、欧州戦線の模様と我が国の参戦の記事で埋め尽くされた。

当時、営業税廃税運動に刺激されて農村地主たちは、愛知県から全国的に減租運動を始めようとしていたが、第一次大戦の勃発を機に減租運動の中止を決定した。
さらに、八月二〇日、神戸商業会議所会頭の田村新吉が、大隈首相に面会し、内輪の争いをやめるために廃税運動を中止するという決議書を提出した。
そもそも大日本商工協会は、八月二五日に大会を招集して各地支部との連絡をもつ団体の意見を聴取する予定であった。しかし、名古屋商業会議所は運動を中止する以外にないとして、その判断を東京に一任した。[124]
そして、東京商業会議所に東京、大阪、京都、名古屋、横浜、神戸の幹部会を開催して協議を行ない、営業税全廃の運動の中止を決定した。八月二五日、中野武営会長から「本会は、時局に対して挙国一致の実を表するため、営業税廃止の件を一時中止したり。同意を乞う。」と次のような電報を各支部団体に通牒した。[125]

吾人は夙に我が財政経済の状態に鑑みて営業税の全廃を必期し戮力事に当る茲に年あり　然るに図らざりき去月末を以て一旦墺塞の国交破るるや忽ちにして独墺白仏英も亦共に兵を交ふるに至り為に欧州の全土を挙げて戦乱の巷に化せしめ其の関係の及ぶところ　我が帝国をして日英同盟約款に基づき東洋の平和を永遠に擁保するの必要上遂に起て独逸に対し戦を宣するの止むなきに至らしめたり　此に於てか吾人は挙国一致断々乎として軍国の実を完充し以て一日も速に平和克復を実現せしむるを冀ふと同時に　機に応じ宜に従ひて益々国運の進捗を図るの最大急務なるを確認し　茲に全会一致を以て暫く営業税全廃の議を中止し此際上下心を一にして専ら軍国民たるの責務を尽くさんことを決議す

さらに、東京実業組合連合会は、八月二七日に次のような通知状を発出して運動の一時中止を伝えた。[126]

拝啓先年来ヨリ御尽力相煩シ候　営業税全廃ノ件ハ引続キ運動ヲ講シ已ニ本市ノ調印モ完成シ本月初旬之レカ提出ノ時機ニ際シ　御承知ノ通リ欧州ノ戦乱延テ我帝国ハ日英同盟約款ニ基キ東洋ノ平和ヲ永遠ニ確保スルノ必要上独逸ニ対シ戦ヲ宣スルノ止ムナキニ至リ候　是ニ於テカ吾人ハ挙国一致軍国ノ実ヲ揚ゲ速ニ平和克復ヲ実現センコトヲ希フト同時ニ益々帝国々運ノ伸張ヲ計ルノ最大急務ナルヲ確認シ本会理事会及大日本商工協会幹部会ニ於テ一致営業税全廃ノ議ヲ一時中止スルコト相成候間　此段御通知候尚又廃税運動ヲ再ヒ開始スル時期到来候場合ハ更メテ御通知申上へク候

このような経緯によって、営業税廃税運動は時局の見通しがつくまで、運動を一時中止することになった。結果的に第一次大戦では日本の戦災は少なかったが、この時点では戦争の見通しはつかなかった。

営業税廃税問題の急先鋒であった『大阪朝日新聞』は、「外患にかりて以って内政上の責任を回避せんとする一種の請託運動に非ずや」と批判したが、その他のいずれの新聞記事も扱いは小さなもので、淡々と事実を伝えているのみであり、当時の世論でも戦争勃発という非常事態により運動を中止するのは止むをえない、という空気がいかに強かったかを示している[127]。

小括

大正政変の後、山本内閣は行政整理を断行し、剰余金を捻出した。しかし、政府は、海軍の拡張費や政友会の積極政策のための財源の確保を優先したばかりでなく、大蔵省が教育基金、貨幣整理基金などの補充などに剰余金を充当することとし、商工業者が期待した営業税の減税については、前議会で衆議院で可決された程度のものさえ大正三年度から実施することが撤回された。

このため、憲政擁護会が主導した営業税廃税運動に加わることや、営業税だけを廃税させることには慎重であった商業会議所も、山本内閣の方針を最終的に確認すると対決姿勢を強め、営業税の三割減から廃税を求めることに方向転換した。

東京実業組合連合会はいち早く減税から廃税に方針を転換し組織的な廃税運動を展開していたが、商業会議所が廃税の方針を固めると、相互に連携しながら全国的に激しい廃税運動を展開して世論を喚起し、与党である政友会から営業税の三割減の法案を提出させるに至った。

同志会や中正会がシーメンス事件の追及に重心を移す一方で、商業会議所や全国商工大会などによる廃税運動により政友会の院外団も動かされ、営業税の三割減を含めた政府提案以上の大幅な減税を求めた。政友会の幹部もこれを支持し、営業税の三割減と長年の問題であった公選の委員による営業税調査委員会の設置なども実現した。

この時、政友会が地租についてはわずかな減税しか実施しないのに営業税を三割も減少させることを支持したのは、商業会議所や大日本商工協会などによる激しい廃税運動が起こり、政友会にとっても都市部の商工業者の意向を踏まえて支持を取り付けることが必要であったことは間違いない。しかしそれだけではなく、原敬は、憲政本党系の支持基盤である商工業者の有権者数を大幅に減少させる効果があることも認識していた可能性がある。

山本内閣を継いだ大隈内閣は、営業税廃税を標榜した同志会や中正会を与党としながらも営業税廃税には反対した。これは、財源の確保が必要であり、営業税廃税が地租軽減運動を誘発する恐れがあったばかりでなく、営業税廃税をすれば与党の支持基盤である商工業者の選挙権が失われ、政友会に対抗するための選挙で不利になると懸念したためと考えられる。

注

1 江口圭一『都市小ブルジョア運動史の研究』未来社、一九七六年、一二〇―一二三頁。
2 山本四郎『山本内閣の基礎的研究』京都女子大学、一九八二年、四四二―四四三頁。
3 菅原通正『菅原通敬伝　中編』一迫町、一九九五年、六四―七四頁。
4 大正政変における商業会議所の動態については、石井裕晶『中野武営と商業会議所』ミュージアム図書、二〇〇四年、五九一―六五八頁。
5 立憲政友会史出版局『立憲政友会史　第三巻　西園寺総裁時代後編』一九二五年、石井前掲『中野武営と商業会議所』七一六―七一七頁。
6 大蔵省編纂『明治大正財政史　第七巻　内国税下』財政経済学会、一九三八年、五四―六一頁。
7 『大阪時事新報』一九一三年三月一九日。
8 『時事新報』一九一三年三月二〇日。
9 『時事新報』一九一三年三月一八日。『東京日日新聞』一九一三年三月一九日。『中外商業新報』一九一三年三月二〇日。
10 『時事新報』一九一三年三月二〇日。『大阪朝日新聞』一九一三年三月二一日。
11 『東京商業会議所月報』第六巻第三号、一九一三年三月二五日。
12 『東京朝日新聞』一九一三年三月二六日。
13 前掲『明治大正財政史　第七巻　内国税下』六四―六八頁。
14 『東京商業会議所月報』第六巻第三号、一九一三年三月二五日。
15 『東京朝日新聞』一九一三年三月二七日。
16 上田外男『大正の政変』明治出版社、一九一三年、二八九頁。
17 『東京朝日新聞』一九一三年一〇月七日。
18 『第二回中国四国商業会議所連合会報告書』一九一三年、東京商工会議所蔵。
19 『東京商業会議所月報』第六巻第八号、一九一三年八月二五日。
20 『大正二年十月東京ニ於テ開会　第二十回商業会議所連合会議事速記録』一六三―一七二頁。

21 『東京商業会議所月報』第六巻第一一号、一九一三年一一月二五日。

22 『大阪毎日新聞』一九一三年一〇月二八日。

23 小林源蔵「両政整理の効果」『政友』第一五九号、一九一三年九月二〇日。

24 斎藤実「覚書」『斎藤実文書』四〇―二七。「閣議稟請書　海軍々備補充計画実施ノ議」『斎藤実文書』四〇―二八。「事項要領」『斎藤実文書』四〇―二九。室山義正「日露戦後の軍備拡張問題」井上光貞他編『明治憲法体制の展開　下』山川出版社、一九九六年、一七七―二二三頁。

25 「新財源充当経画案」『勝田家文書』第四冊一（「大正二《ママ》年度予算編成方針」の項に所在）。

26 当時の大蔵省事務次官は勝田主計であり、一九一二年一二月から一九一四年四月まで就任し、一九一三年の予算の執行と一九一四年の予算を担当した。

27 『原敬日記　第三巻』一九一三年一一月四日。

28 坂野潤治は「山本内閣は一一月四日の閣議において、一九一四年度より営業税を三割減するという高橋蔵相の提案を否決してしまったのである。」（坂野潤治『大正政変』ミネルヴァ書房、一九九四年、一六〇頁）と記述しているが、そもそも政府が三割減を検討していた事実はない。

29 『中外商業新報』一九一三年一一月六日。

30 『原敬日記　第三巻』一九一三年一一月二七日。

31 『時事新報』一九一三年一一月三〇日。

32 『中外商業新報』一九一三年一二月四日。

33 『東京朝日新聞』一九一三年一二月一四日。

34 長島隆二『政界革新の説　政戦一五年現状打破運動』長島隆二後援会、一九二七年、一〇頁。

35 半沢玉城『大正政戦史』国民時報社、一九一四年。

36 『東京朝日新聞』一九一三年一二月二七日。

37 『大阪朝日新聞』一九一四年一月六日。

38 『東京日日新聞』一九一四年一月一〇日。

39 『大阪朝日新聞』一九一四年一月一五日。

40 『東京日日新聞』一九一四年一月一〇日。『都新聞』一月一二日。
41 武富時敏「目下の財政問題」『新日本』第四巻第二号、一九一四年二月。
42 『大阪朝日新聞』一九一四年一月一二日。
43 『加藤高明』加藤伯伝記編纂委員会、一九二九年、七六二―七六四頁。
44 東京商業会議所の中野武営会頭は、一九〇八年の総選挙から東京実業組合連合会の支持を受けて衆議院議員となり、京都商業会議所の西村治兵衛らと戊申倶楽部を発足させ実業家の利害を議会に反映させることを狙ったが目的を十分に果たせなかった。しかし、一九一二年の総選挙への出馬を断念するに当たり、「実業の発展を謀るが為めには（中略）実業家が国家に対する重要な位置を自覚して、法律上与へられたる権利を充分に行使し、成るべく多くの実業家を議会に出すと同時に、是等代表者をして立法院中に実業団体を作り明確なる標榜を立て事苟も実業に関係する問題に就ては実業家の意見を代表する機関たらしむるの用意が必要である（中略）選挙法は市を持て特に独立選挙区として実業家の代表を挙ぐるに便ならしむ、乃ち法律に於ては堂々と実業家の代表を認めて居るに拘らず、実業家自身は空しく其権利の上に眠つて居て、我権力範囲を他の政党政派の畑にされつつあるをも自覚せさる如きは、実に遺憾の極ではあるまいか。」と述べて、自らは再度衆議院議員選挙に出馬しなかったが、実業家の代表を衆議院に選出させることについては引き続き強い意欲をもっていた（中野武営「全国実業家の奮起を希ふ」『東京商業会議所月報』第五巻第四号、一九一二年四月）。このことから、中野は、営業税を廃減税すれば商工業者の有権者が減少し、その代表を衆議院に送り込む上で不利になるので、営業税以外の税も含めて商工業への負担を軽減した方がよいと考えていた可能性がある。
45 「一九一四年度予算要綱」、「予算骨子」『中外商業新報』一九一四年一月一五日。「剰余金の振替内容」『中外商業新報』一九一四年一月一六日。
46 『大阪朝日新聞』一九一四年一月一五日。
47 立憲同志会「第三十一議会報告書」櫻井良樹編『立憲同志会資料集　第三巻』柏書房、一九九一年、二二〇―二二三頁。
48 長島前掲『政界革新の説』一六、二五頁。『中外商業新報』一九一四年一月七日。
49 『東京商業会議所月報』第七巻第一号、一九一四年一月二五日。

50 中野武営「減税の税目と財源」『太陽』第二〇巻第二号、一九一四年二月一日。
51 東京実業組合連合会『事業報告書』大正三年。
52 『大阪毎日新聞』一九一四年一月二七日。
53 『第二十回（継続）商業会議所連合会議事速記録（一月）』一―六五頁。
54 『東京朝日新聞』一九一四年二月一日。
55 前掲『第二十回（継続）商業会議所連合会議事速記録（一月）』六六―八〇頁。
56 前掲『第二十回（継続）商業会議所連合会議事速記録（一月）』八一―九一頁。
57 前掲『第二十回（継続）商業会議所連合会議事速記録（一月）』九一―九六頁。
58 『東京朝日新聞』一九一四年二月二日、三日。
59 東京実業組合連合会『事業報告書』大正三年。
60 「営業税ニ関スル調査　大正三年一月十九日」『勝田家文書』第一五冊二〇。
61 「高木益太郎君主張営業税全廃理由及之ニ対スル弁駁」『勝田家文書』第一五冊二七。
62 大蔵省の菅原主税局長は、営業税の問題点を取り除くため、申告税法を排して分賦税法に改め、各府県に割当てた上自治体が徴収を行なうことにすればよいのではないかとの検討を始めた（「営業税配賦税制度ニ関スル調」『勝田家文書』第一五冊二六）。
　主たる理由としては、①営業税は地方税とするのが適当であるが、財政情勢により全て地方税に移すことができないために、国庫に所要の額を地方に賦課し、地方が所要の税額とともにこれを賦課徴収した後、配賦額を国庫に納入することが望ましい、②営業税の徴収は官民の意思疎通を欠き、感情的対立をもたらすので賦課徴収を地方に任せるのがよい、③商工業者には国税の営業税や営業税付加税、地方税としての営業税、雑種税などがあり錯綜して煩瑣なので、これらを全て統一営業税として地方に賦課徴収させることが望ましい、というものであった。

　そこで大蔵省は、国内の税金でも北海道水産税（過去数年間の水産物の価格を標準として総額を定め納税団体に賦課するもの）などの例があること、外国でもフランス（地租、門窓税、人頭動産税）、オーストリア（営業税、地租）、ロシア（地租、旧人頭税）、米国（財産税）、英国（住家税）、プロシア（旧営業税、旧地租、旧等級税）、イタリア（所得税）などの例があるとした。

一方、地方税の営業税や雑種税は各県によって課税方法が異なっていたのでこれを統一することは容易ではないこと、賦課額の調査が難しいこと、地方自治体が課税標準を調査することは税務署以上に難しいこと、地方の有力者に左右され不公平になる恐れがあること、徴税費の増加が予想されることが問題とされた。

その上で、「配賦税ハ其ノ実行上種々ノ問題ニ遭遇スヘキヲ以テ之ヲ営業税ニ採用スルカ如キハ容易ニ行ヒ得ヘキモノニ非ス　須ラク現行ノ営業税ニ適当ノ改正ヲ加ヘ課税ノ衡平ヲ図リ同時ニ負担ノ軽減ヲ行フヲ以テ策ノ得タルモノナルヲ信セントス」との結論を出した。

63　「営業税現行ト改正トノ税額人員対照調」『勝田家文書』第一五冊一九。
64　半沢前掲『大正政戦史』二五二頁。『やまと新聞』一九一四年二月六日。
65　『勝田家文書』第一五冊一九、二〇、二一。
66　『大阪毎日新聞』一九一四年二月五日。
67　『都新聞』一九一四年二月五日。『中外商業新報』一九一四年二月六日。
68　『原敬日記　第三巻』一九一四年一月二〇日。
69　『新愛知』一九一四年一月三〇日から二月四日。
70　『報知新聞』一九一四年二月七日。
71　『報知新聞』一九一四年二月八日。
72　『東京日日新聞』一九一四年二月八日、『大阪朝日新聞』一九一四年二月八日。
73　半沢前掲『大正政戦史』二五四頁。『大正政戦史』は、この時政友会が置かれた状況について、「政友会は、一面において山本内閣の面目を保全させる義務を負うと同時に、国民世論に反することもできなかった。もしあくまでも政府案に謳歌服従すれば忽ち国民の信望を失墜し、党勢を支持することができない。現に、全国各都市の実業団体は悉く代表者は帝都に派して選挙区の議員を歴訪し、廃税案に賛成するように奨励して止まない。万一これに反対すれば次期選挙には必ず大打撃を蒙るに違いない。政友会においても致命傷とならざるを得ない。政友会は政府と国論の中間に挟まれて懊悩を極めるだけであった。この時に際して、最も政友会を動かしたのは、全国商業会議所を代表せる中野武営、和田豊治氏等の廃税期成実行委員及び実業界に声望高き柿沼谷蔵氏等の熱心なる運動であった。これら諸君は、あらゆる方法と手段を尽くして政友会の党議を世論と一致させようとせしめんとし或は説くに理を以ってし或いは導くに至誠を以ってし最良の努力と最善の奮闘を試みた。漸くして彼の一千五六百万円を程度とする減税を行うことのできる財源を発見しこれを同志に諮り党議を起させたのは主として田邊君等であった。最初同君と志を同じとする十七名を得てこれを営業税以下の各種目に割り当てて巧みに世論を調整したところ、忽ち三十九名の賛成者を出した。もしこの案で政友会に受け容れられないのであれば、袂を連ねて脱党すると主張したので、結束強固を誇った政友会幹部の痛心辟易することはもちろんであった。こうして政府の提案の数倍の減税案がともかくも政友会の党議となった。」と伝えている。

74 『原敬日記　第三巻』一九一四年二月七日。
75 「減税方針決定」『政友』第一六四号、一九一四年二月二〇日。
76 『東京日日新聞』一九一四年二月八日。
77 『大阪毎日新聞』、『東京朝日新聞』、『都新聞』一九一四年二月九日。
78 『報知新聞』一九一四年二月八日。
79 『大阪朝日新聞』、『東京日日新聞』、『報知新聞』、『都新聞』一九一四年二月一〇日。
80 『大阪朝日新聞』一九一四年二月一三日。
81 『大阪朝日新聞』、『東京日日新聞』、『都新聞』一九一四年二月四日。
82 『都新聞』一九一四年二月一二日。
83 『大阪朝日新聞』一九一四年二月一四日。『原敬日記　第三巻』一九一四年二月一三日。
84 『原敬日記　第三巻』一九一四年二月一四日。
85 『東京日日新聞』一九一四年二月一七日。
86 『東京日日新聞』、『大阪朝日新聞』、『大阪毎日新聞』一九一四年二月一八日。
87 『大阪朝日新聞』一九一四年二月一七日。
88 『原敬日記　第三巻』一九一四年二月一六日。
89 『第二十回（継続）商業会議所連合会議事速記録（一月）』一〇五―一〇八頁。
90 牛米努「営業税調査委員会の成立」『税大ジャーナル』第二〇号、二〇一三年一月。
91 「減税問題」『政友』第一六六号、一九一四年四月一六日。

92 『新愛知』一九一四年二月四日。
93 『新愛知』一九一四年二月一七日。
94 「反対党の報告書」『政友』第一六六号、一九一四年四月一六日。
95 「施政方針発表」『政友』第一六八号、一九一四年五月二五日。
96 『国民新聞』一九一四年五月一八日。
97 「中野武営氏の評（大隈内閣）」『東京経済雑誌』第六九巻第一七五〇号、一九一四年五月二三日。
98 『第二十回（継続）商業会議所連合会議事速記録（一月）』一〇六頁。
99 「井上宛望月書翰　二四、二一二、大正三年五月二十六日付」山本四郎編『第二次大隈内閣関係史料』京都女子大学研究叢刊、一九七九年、六一—六二頁。
100 『第二十回（継続）商業会議所連合会（継続）議事速記録（六月）』。
101 『読売新聞』一九一四年六月二〇日。
102 『大阪朝日新聞』一九一四年六月二〇日。
103 大日本商工協会『一九一四年六月　全国商工大会議事速記録』、東京商工会議所蔵。
104 『大阪朝日新聞』一九一四年六月一九日。
105 若槻禮次郎『古風庵回顧録』読売新聞社、一九五〇年、二一〇頁。
106 『読売新聞』一九一四年七月二四日。
107 『東京日日新聞』一九一二年一一月三〇日。
108 大隈重信「予の財政意見を宣明す」『新日本』第三巻第二号、一九一三年二月。
109 『大阪毎日新聞』一九一四年七月二六日。
110 『読売新聞』一九一四年七月二四日。
111 『原敬日記　第四巻』一九一四年七月二〇日。
112 『原敬日記　第四巻』一九一四年七月二五日。
113 『新愛知』一九一四年七月一二日。
114 『新愛知』一九一四年七月二〇日、七月二九日。

115 「衆議院議員選挙資格ニ関スル件ヲ定ム」『公文類聚』第三十九編、大正四年第一巻六。
116 「衆議院議員選挙資格ニ関スル件」『枢密院会議筆記』一、大正四年二月十日。同勅令に関する枢密院の審議において金子堅太郎顧問官は、衆議院選挙法を改正して、納税資格により有権者が大きく減少しないように法改正をすべきと提言している。
117 「大正四年勅令第十一号衆議院議員選挙資格ニ関スル件貴衆両院ニ於テ承諾スルコトヲ議決ス」『公文類聚』第三十九編、大正四年第一巻六、大正四年六月七日。
118 『読売新聞』一九一五年二月八日、九日。
119 「立憲国民の選挙権」『中央新聞』一九一五年二月三日。
120 東京実業組合連合会『事業報告』大正三年。
121 『大日本紡績連合会月報』第二六三号、一九一四年七月二五日。
122 「首相の減税言明」『政友』第一七一号、一九一四年八月二五日。
123 井上馨侯伝記編纂会『世外井上公伝　五』一九六八年月。
124 信夫清三郎『大正デモクラシー史Ⅰ』日本評論社、一九五四年、三〇四頁。
125 『萬朝報』一九一四年八月二六日。「廃税運動中止」『政友』第一七二号、一九一四年九月二五日。
126 東京実業組合連合会『事業報告書』大正三年。
127 『東京日日新聞』一九一四年八月二六日。『大阪朝日新聞』一九一四年八月二九日。

第五章

一九二二年の営業税廃税運動（一九一九年—一九二三年）

海軍軍縮から営業税減税へ

本章では、ワシントン海軍軍縮条約の締結を機に一九二二年初頭から営業税廃税運動が活発化し、第四六回帝国議会において、建物賃貸価格を課税標準から除くことや、利益を上回る課税がなされる場合には免税とするなどの修正により営業税の減税が実現した過程を明らかにする。

この時期の運動については、江口圭一（一九七六年）が、東京実業組合連合会の運動や、武藤山治が統率する大日本実業組合連合会の初期の運動の動態を中心に検討を行なっている。しかし、商業会議所連合会や、この時期重要な役割を担った日本綿糸布商連合会など、各利益団体の利害の異同や動態についての十分な分析がない[1]。また、営業税廃税運動に誘発された地租軽減運動を含め、営業税廃税運動がこの時代の政治構造のもとで、どのように受け止められたか、という政治過程についての分析も欠如している。

そこで、本章では拙稿（二〇一〇年[2]）を基にして、商業会議所連合会の各種資料、東京実業組合連合会の『営業税全廃運動経過報告書』や『事業報告書』、『大日本実業組合連合会会報』、『大日本紡績連合会会報』、『帝国農会報』などを活用しながら、各利益団体がそれぞれの利害を反映していかなる運動を展開したか、大規模な地租軽減運動を誘発しながらも、地租の軽減をすることなしに営業税減税が実現された背後にはいかなる政治構造の変化があったのかという点を中心にして、この時期の政治経済過程を明らかにする。

第一節　ワシントン海軍軍縮条約と営業税廃税運動の開始

一　臨時財政経済調査会とワシントン海軍軍縮条約

一九一四年に、大隈内閣が第一次世界大戦に参戦したことを契機に中止していた営業税廃税運動が一九二二年を中心に再燃したのは、大戦中に成長した繊維業者が戦後の反動不況で厳しい状況におかれた中で、ワシントン海軍軍縮条約が締結されることにより、営業税廃税のための財源が確保できる見込みができたことを契機としていた。

1　臨時財政経済調査会

一九一八年一一月に休戦協定が締結され第一次世界大戦が終了すると厳しい不況が訪れ、営業税問題が再燃した。

大阪実業組合連合会や大阪税制整理期成同盟会（一九一八年一二月二〇日の商工業者大会）、大阪商業会議所（一二月二五日総会）は、営業税を直ちに撤廃することは不可能としても、その改正を訴えた[3]。さらに、松村、竹村両商店が倒産したことをきっかけに大阪綿布商同盟会が危機感を抱き、一九一九年三月、田附政次郎は日本綿糸布商連合会を発足させ、営業税の欠陥を是正すべきとの決議を行なった[4]。

一九一九年六月の第二六回全国商業会議所連合会は「税制の根本的整理は我が商業会議所連合会多年の主張にして、平和克服の今日に於て之を実行し、以て我産業の発達を計るは刻下の急務なり」として、営業税については、「之が全廃は全国商業会議所の年来主張する所にて、斯の如き悪税は速やかに廃止せざるべからず。然りと雖も、目下直に之に代るべき税源を求め難しとせば、暫く忍んで」営業税の課税標準の変更等による減税を訴えるとともに、所得税法についても、法人と個人の課税率を接近させるべきなどの建議を行なった。[5]

原敬内閣は、一九二〇年六月に所得税法改正を実現した。この結果、総合課税主義により個人の負担力に応じて課税するとともに低所得者への税率の軽減などの社会政策上の配慮が加えられ、この改正は、所得税を「名実共に我国租税体系の中枢たらしむるに至らしめしものにして、我国税制度史上其の意義極めて重大」といわれるものとなった。[6]

それに先立ち、原内閣は、一九一九年七月、内閣総理大臣を会長として臨時財政経済調査会を設置し、「財政及経済ニ関スル重要ナル事項ヲ調査審議」し始めた。そして、一九二〇年六月に「税制整理に関する根本方針如何」との諮問がなされ、直接税は所得税をその中心とすべきではあるが、その他の直接税との脈絡または配合について、次のとおりの選択肢を検討することになった。[7]

一　所得税の外尚地租及営業税は之を存置し、之に相当の改善を加へて負担の均衡を図ること
二　地租及営業税は之を全廃して一般財産税を設け、所得税と相並で課税の権衡を相互に補完せしめること
三　地租及営業税は之を全廃し、土地・家屋・證券・営業等各種の所得に対し、其種類毎に特別所得税を課し、此等の所得を総合したる一般所得税を設けること

ただし、調査の前提として「国税タルト地方税タルトヲ問ハズ現在ノ収入ヲ減セザル程度」という条件が付されており、減税を目的としたものではなかった。地租と営業税を地方委譲するとともに、それによる国税収の欠陥を補うために財産税を創設することが最大の論点であった。

臨時財政経済調査会の議論が断片的に報道される中で、商業会議所連合会も自らの意見を反映すべく、一九二

一年六月に商業会議所連合会を開催し、次のように、行財政整理を実施せずには新税は認めないこと、営業税は速やかに廃止することとの「税制整理に関する建議」を決議し、財産税を牽制すると同時に営業税の廃止を訴えた[8]。

一　税制の整理は須く先づ財政行政の整理を前提として之が一般方針を定むること
二　税制の整理は須く先づ現行税制の不備欠陥を改廃整理することを第一義とし新税の創設は現行税制法の改廃並に財政行政整理の結果已むを得ざる場合に限り之を行うこと
三　税制整理に付我が国上下多年の懸案たる営業税の廃止は此際速に之を断行すること

2　第一次大戦後の不況による負担感の増大

この時期に営業税問題が浮上したのは、一九二〇年から二二年にかけての急激な景気後退の中で売上が急減し、物品販売業者に営業税の負担感が高まったことによる。景気が下降し、売上や利益が急減しているにもかかわらず、営業税は前年の売上高の実績に基づいて算定されたため、負担感が強まったからである。

物品販売業の売上の推移をみると、一九二〇年をピークとして急減し、特に「卸売の甲」（生活必需品や、絹糸布や綿糸布などの薄利多売品目などを対象とするもので、米、麦、豆、石油、肥料、塩、煙草、薪炭、繭、白絹糸、白絹布、棉花、白綿糸、白綿布、紙、麦稈真田、麻真田、経木真田、花筵、砂糖、麦粉、燐寸、銅鉱鉄地が対象）の売上の落ち込みが激しかった【図五－一】。

「卸売の甲」の業況に関連する綿糸布業界の業況を示すものとして、綿糸の価格（綿糸の左二〇手相場）の推移を見ると、一九二〇年三月にピークの六八三円を付けたが、その後急激に下落し、一九二一年の平均価格は二四

【図 5-1】 物品販売業の売上推移

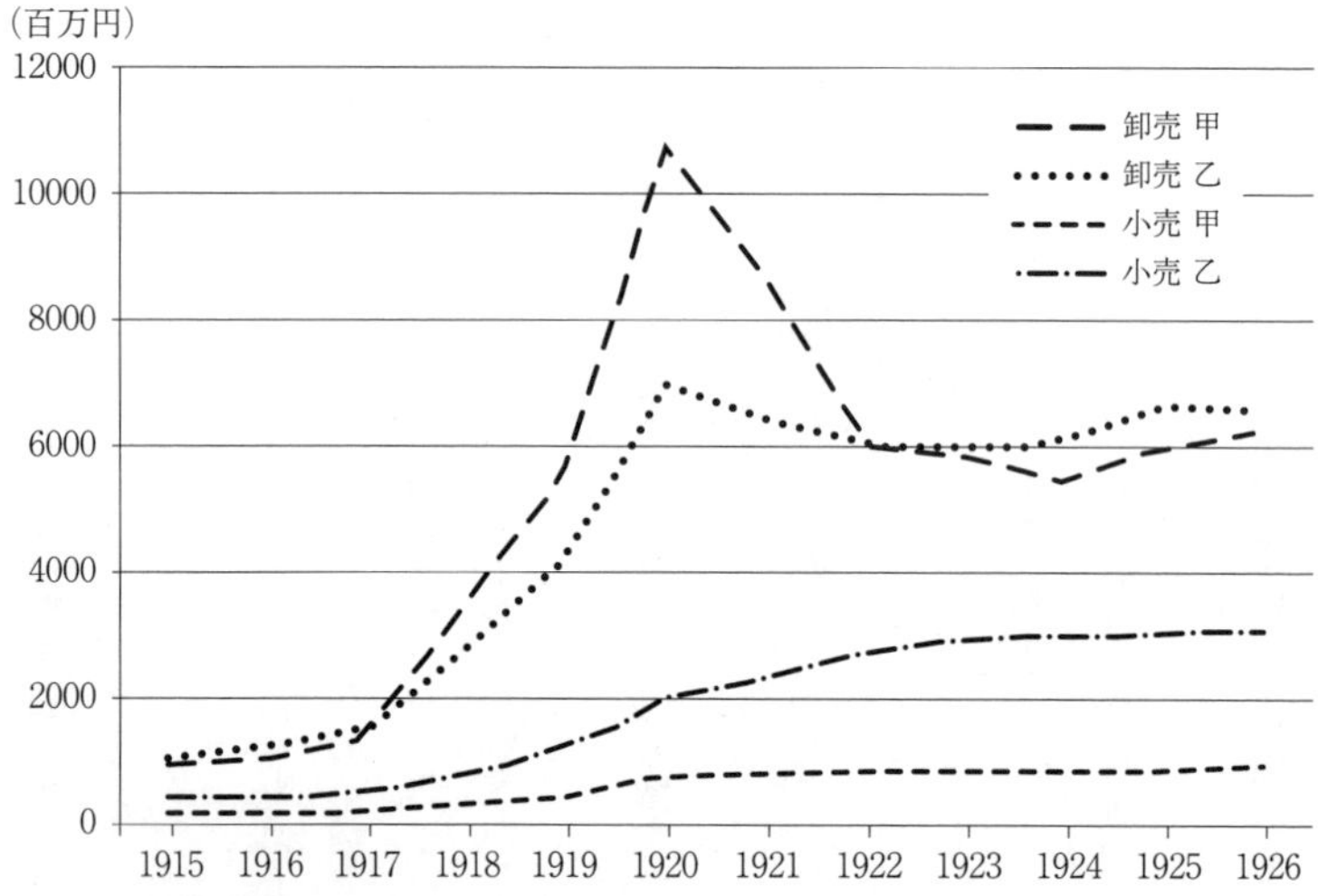

（出所） 大蔵省『主税局統計年報書』より作成。

七円、一九二二年には二二〇円となった。[9] さらに、景気の動向を示す指標の一つとして全業種の「払込資本金百円付配当金額」を選び、それを主要業種の営業税収と対比させると、【図五－二】のように、払込資本金百円付配当金額は一九一八年に一四・三二円をつけた後、一九二二年には六・五八円まで低下している。これに対して、営業税収は一九一八年から主要業種で上昇し始め、一九一八年には四、五〇〇万円であったものが一九二二年には七、九〇〇万円となった。

営業税収全体の中で業種別の負担割合を見ると、物品販売業が最も多く負担しており、一九一八年から一九二一年にかけて、三九・六％であったものが四四・八％に上昇する一方、製造業は一八・六％から一六・四％へ、銀行業は一三・九％から一二・七％へと、不況期に銀行業や製造業の負担割合は下がったが、逆に物品販売業の負担割合は上がった【表五－一】。

個人と法人の負担割合をみると、物品販売業は、個人が七七％、法人が二三％であったのに対して、製造業では個人が二五％で法人が七五％であり、製造業に比べ、

【図 5-2】 営業税額と配当金額

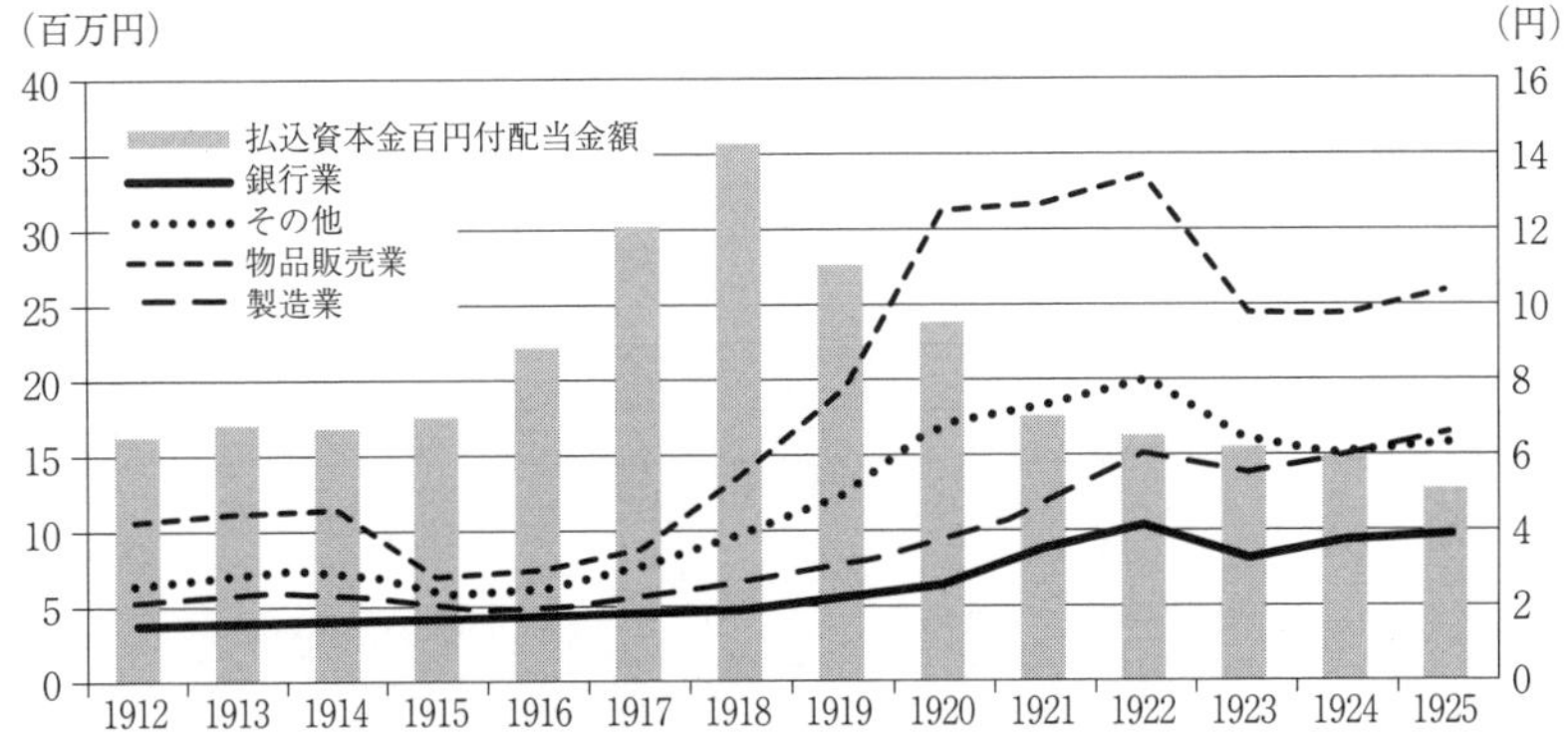

(出所) 大蔵省『主税局統計年報書』より作成。

【表 5-1】 営業税業種別負担の推移

	1912年	1915年	1918年	1921年	1924年
物品販売業	41.2%	32.8%	39.6%	44.8%	38.4%
銀行業	14.0%	19.1%	13.9%	12.7%	14.4%
製造業	20.0%	21.5%	18.6%	16.4%	23.7%
その他	24.8%	26.7%	27.9%	26.1%	23.6%

物品販売業の方が個人事業者の負担割合が大きかった。[10]

さらに、【表五－二】により、東京と大阪の売上と営業税収を見ると、「法人の卸売の甲」の売上は、大阪管内が東京管内の約二倍であり、それ以外の「法人の卸売の乙」や「個人の卸売」も大阪管内の方が東京管内よりも上回った。一方、小売の売上は、法人・個人、甲・乙いずれも東京管内が大阪管内を上回っていた。[11]

物品販売業の営業税納入額の総額を見ると、東京管内が九九四万円、大阪管内が一、〇五七万円と、大阪管内の方が東京管内よりも上回っており、両管内を合わせると全国の物品販売業の営業税納税額の六割を占めた。このことは、変動が激しく捕捉も難しい「売上」を課税標準として外形標準課税がなされた業種は物品販売業だけであり、これは東京の小売商と、大阪の卸売商を中心とする物品販売業者が営業税の廃税運動の中核となったことに符合している。

【表 5-2】 物品販売業の売上と営業税額（東京・大阪）（1922 年）

		売上金額（百万円）				税額（千円）
		卸売		小売		
		甲	乙	甲	乙	
東京	全体	1,613	1,528	224	762	9,940
	法人	829	803	8	177	2,720
	個人	785	725	216	585	7,221
大阪	全体	2,459	2,370	200	683	10,574
	法人	1,626	939	6	108	3,204
	個人	833	1,431	194	575	7,369

（出所） 大蔵省『主税局統計年報書』1922 年より作成。

3 日米の軍縮の動き

一九二二年の営業税廃税運動の引き金となった海軍軍縮条約がアメリカから提案されたのは、第一次大戦後のアメリカ国内において軍事費を削減して産業界の負担を軽減すべきであるとの世論が高まっていたことが背景にある。この時の営業税廃税運動を巨視的に見れば、第一次大戦後不況にあって税負担の軽減を求めていた米国の産業界が震源となって海軍軍縮を求め、それが日本の営業税廃税運動を誘発したと捉えられる。

米国では共和党が多数を占めていた議会において、アイダホ州出身の共和党保守派で、上院外交委員長であったウイリアム・ボラー（William E. Borah）議員が、一九二〇年一一月に海軍軍縮の決議を提案した。ボラーは、上院で米国のベルサイユ条約の国際連盟条項の批准の否決に決定的な役割を演じたことで有名な、強烈な個性の持ち主であった。

ボラーは、「第一次世界大戦が終了しても、依然として軍事費支出により財政が赤字となっており、税金の負担が軽くならず、数多くの失業者が存在している事態を改善するためには、軍事費を中心とする政府支出を削減する必要がある」、「実業家は他の誰よりも、軍事支出の拡大が、実業の将来に及ぼす影響を敏感に認識する必要がある。利益は税金でとられ、しかもその税金は富や発展を促すために使われるのではなく、全くの無駄で不毛なものに使われると認識したときに、誰が成功するために計画し努力をするだろうか。我々は、税金が合理的な範囲に収まるまで、この国において当然享受できるはずのさらなる実業の発展と復活を享受できない。歳出が合理的な範囲に収まらない限り税金は削減できない。軍備支出が合理的な範囲に収まらない限り公共支出の削減はできない。」と述べた上で、大規模な海軍力を保持し建艦競争をしている日米英が海軍の軍縮交渉を実現させるべきであると主張した[12]。

ボラーは、日英両国も海軍軍縮を望んでいるに違いないと想像し、米国の海軍拡張計画がある限り日本は軍備制限に同意しないと伝えられていること、米国の海軍力は日英同盟下の両国海軍力を基準に決められていることを踏まえ、一九二〇年一二月一四日に、「米国大統領は、日本政府と英国政府に対して、日英米各国が五年間にわたり海軍の増強を現在の半分となるように毎年削減するように働きかけること」という決議案を上院に提出した[13]。

当時は民主党のウイルソン政権の末期であり、政府は自国の海軍力を弱体化させるものとしてこの決議案に反対した。一九二一年三月に就任した共和党のハーディング大統領は、もともと大海軍の構想を支持していた人物で、ボラーの決議案に対して懐疑的であった。これに対し、ボラーは、イースターの日を、「軍備制限を祈る国民記念日」に、五月の最後の週を「軍縮週間」とするなど大衆運動を起こし、労働組合や婦人団体、宗教団体を中心にして、世論は圧倒的多数でボラーの軍縮提案を支持した。この結果、五月二五日、上院がこの決議を七〇四対〇の満場一致で可決し、下院も三三〇対四の多数で可決した[14]。

このような議会と世論の声に抗することができず、ハーディング大統領は、五月末、ボラーの決議案に反対することをやめ、海軍軍縮会議を実施することを決定し、日英政府に参加を求めた。

日本側も原敬内閣のときに軍事費は膨張し、一九二一年に直接軍事費は一般歳出の四六・八パーセントとなり、歳出の半分に達していた。そこで一九二二年一月に国民党の犬養毅総理は、行財政改革と軍備縮小を断行して

「不生産的経費」を削減し、産業立国の基礎を固めて、世界の競争場裡において優勢の地位を占めるべきとの「産業立国論」を提唱した。続いて尾崎行雄が二月八日に、衆議院に「軍備制限決議案」を提案すると、軍縮論議は一挙に高まった。この決議案が大差で否決された後、尾崎は、各地を遊説して軍縮を訴え、九月には、尾崎行雄、島田三郎、吉野作造、堀江帰一が発起人となって軍備縮小同志会を結成し、石橋湛山を含め知識人や政治家が参加した[15]。

さらに、経済界においても、一九二一年三月二日には、鐘紡の武藤山治が中心となって結成した大日本実業組合連合会が、一九二一年度の予算案について、「世界が皆大戦後で疲弊をして居りまして何れも国費を節約するといふ中で、何故に日本が独り軍備を拡張して世界から猜疑の的になる必要があるでありませうか。」と述べて、軍備費が多いので生産機関の改良その他失業等社会的施設《ママ》に対する用意が甚だ薄くなっていると、軍事費の削減を提唱した[16]。

このような両国における軍縮への機運の高まりを背景にして、原内閣は、七月に米国政府からの海軍軍縮会議への招待を受けるとこれを受諾し、一一月一一日からワシントン海軍軍縮会議が開催されることになった。

二　各種団体による営業税廃税運動の開始

1　軍縮剰余金問題の発生

このような国際的な軍縮の動きに日本の商工業者も敏感に反応した。軍縮により軍事費が削減されれば営業税などの負担が軽減される可能性ができると期待が高まったからである。

一九二一年六月の商業会議所連合会は、「国際連盟成立し今や軍備の制限列国の問題となりたるの際常に正義公道と世界の平和を念とする我国は、関係ある各国と適正の協定をなし、国際間の平和を確保し、以て産業の発達に全力を傾注するを目下の急務なりと信す」との「軍事費節約に関する建議」を決議し、軍事費の削減により、産業の発展を実現するべきとの意見を発表した。[17]

さらに、一一月の商業会議所連合会では大阪からの提案で、「日本全権及び米国商業会議所へ軍備制限賛成打電の件」が議題となり、海軍軍縮会議の成功を支持することとした。[18]

ワシントン会議でいよいよ海軍軍縮案がまとまる可能性が高まってきた一二月七日、全国商業会議所連合会決議実行委員会（山科禮蔵東京商業会議所副会頭、今西林三郎大阪商業会議所副会頭他、京都、横浜、神戸、名古屋、長崎、函館、博多、広島、金沢、小樽の各代表から構成）は次のような「営業税全廃ノ決議」を行なった。

曩ニ吾人ノ唱導セル軍備ノ制限ハ今ヤ華盛頓会議ノ協定ニ依リ愈々其ノ実現ヲ見ルニ至レリ　其結果生ズヘキ国費ノ剰余ヲ以テ税制ノ整理ヲ断行シ負擔ノ衡平ヲ図ルハ最モ緊要トスル所ニシテ　特ニ産業ヲ阻碍スルノ悪税タル営業税ヲ此際速ヤカニ全廃スルハ刻下ノ急務ナリト認メ　極力其貫徹ヲ期ス

これが、ワシントン軍縮会議を受けての営業税廃税運動の第一声となった。

翌日、決議実行委員は、首相兼大蔵大臣の高橋是清を訪ね、決議の実行を求めた。[19] さらに、近畿、東北、西部、関東、中国四国、東海、北陸、北海道各地区の商業会議所連合会が、それぞれ税制整理に関する決議を行ない、商業会議所連合会がこれらの意見をとりまとめることとなった。[20]

ワシントン条約の締結が現実のものとなり始めると、商業会議所のみならず、経済界をはじめ各界で軍縮剰余金をいかに活用すべきか、種々の論議が始まった。[21] 年が明けると、営業税廃税運動が大阪や東京のみならず全国に一挙に広がった。

2 大阪経済界の動向

こうした中、大阪における一九二二年の営業税廃税運動に拍車をかけたのは、武藤山治が主導する大日本実業組合連合会であった。それまでの営業税廃税運動と比較すると、第一次大戦中に成長した大阪の繊維関係業界が営業税廃税運動に参加して、顕著な動きをし始めたことが注目される。

大日本実業組合連合会は、関西の紡績業者、綿糸布商、織物業者を母体として、中国における関税引上げ問題に対応するため、一九一九年二月に創立された。菊池恭三会長（大日本紡績）、武藤山治委員長（鐘淵紡績）、外海鉄次郎副委員長（日本輸出莫大小《メリヤス》同業者組合連合会）、谷口房蔵（大阪合同紡績）、児玉一造（東洋棉花）の他、織物同業者組合や綿糸布商などを委員とするものであったが、実質的に武藤山治を指導者とする組織であった[22]。

営業税減税に向けて、大日本実業組合連合会は、一月九日、大阪中央公会堂で臨時総会を開催し、一六日に武藤山治から高橋是清総理大臣あてに、同会の決議である「軍縮剰余金の使途に関する陳情書」を提出し、軍縮に伴う軍人の優遇と税制整理（通行税、醤油醸造税、絹織物以外の織物消費税、塩専売は中流階級以下が負担している、営業税は営業欠損のときにも課せられ不公平である、臨時財政経済調査会で営業税の地方委譲が論じられているようだが、悪税を地方に委譲しても良税となることはない。）を提言した[23]。

大阪実業組合連合会も一九日に臨時総会を開催し、「この機を逸せず大日本実業（組合連合）会と相呼応」して運動を起こすこととした[24]。

大阪商業会議所は一四日に営業税に関する件を論じ、「右は大阪市民に重大なる利害関係を有するを以て本所中心となり営業税廃止の国民的運動を起こすことに決す」との決議を行なった上で、一七日、「華府会議の結果に伴ふ諸問題に関する委員会」を開催して、営業税の廃止をはじめ軍縮に伴う問題について検討を行なった。そして、二〇日、大阪商業会議所役員会は、「営業税全廃運動方法に関しては本所中心となり大日本実業組合連合会及大阪実業組合連合会と合同し全廃運動を起すと共に東京に常設機関を設置し之が貫徹を期する事」と決議[25]するなど年明け早々大阪を中心にして営業税廃税の声が上がった。

大阪商業会議所は、大日本実業組合連合会や大阪実業組合連合会の動きには若干遅れたが、三大実業団体が一致して対応することが重要と判断し、これらの団体と連携をとることとした。そして、近畿の商業会議所にも檄を飛ばし、近畿商業会議所連合会（大阪、京都、神戸、和歌山出席）は、二四日、「軍事縮少剰余に伴ふ税制整理問題」に関して、「華盛頓会議に於ける軍備制限協定の結果国費に多大の余剰を生ずることを得たり依て此際官民の共に悪税と認めたる営業税の撤廃を政府並に議会に要望し極力之が撤廃を期す」との決議を行なった。さらに、商業会議所連合会実行委員の一二商業会議所が中心となって廃税の決議を行なった。大阪の他、四国及び山陽道の各商業会議所は広島に、東海道の各会議所は名古屋に会合して全廃の決議を行なった[26]。

こうして大阪では、大阪商業会議所、大日本実業組合連合会、大阪実業組合連合会の三団体の運動が合流し、二月四日に大阪中央公会堂において、営業税廃止期成同盟会の演説会を開催し、今西林三郎大阪商業会議所会頭や武藤山治が熱弁を奮い、次の決議を行なった。

一　今ヤ時代ハ軍備縮少産業立国ノ新気運ニ入リ吾人商工業者ハ蹶起シテ悪税多年ノ圧迫ヨリ脱却スルト共ニ将来産業発展ノ根抵ヲ培ハンカ為メ営業税ノ全廃ヲ期ス

二　前項ノ目的ヲ達スル為メ営業税廃止期成同盟会ヲ組織シ実行委員四七名ヲ選ヒ実行ノ衝ニ任セシム

三　尚之ヲ機トシ進ンテ全国ニ渉ル永久的実業団体ヲ組織シ商工業者ノ政治的活動ノ基礎ヲ強固ニスル為メ前項実行委員ニモ之ヲ組織スル一切ノ準備ヲ一任ス

このように大阪の経済界は東京に先駆けて一致して営業税廃税運動の狼煙を上げた。しかし、その後の内紛により運動が分裂していった。

二月四日の営業税廃止期成同盟会の演説会において演壇に立った大阪商業会議所の八木与三郎議員（八木商会社長）が、「目的を達する為めにては各其議席を犠牲にして顧みざるのみならず、大阪商業会議所の解散を賭しても更に意とせざる」と発言したのに対して、大阪実業組合連合会員で商業会議所議員の中山太一が「商業会議所議員として会議所の解散を賭して営業税の全廃運動を為すは其職務を辱しむ没常識の沙汰なり」と批判を行ない、八木の処分を求める勢力とこれに反対する勢力に分かれて対立する結果になったからである。[27]

商業会議所の活動をめぐりこのような議論が生じたことには、伏線があった。大日本実業組合連合会は前年の一二月一〇日、大阪商業会議所に対して同所の組織を商業会議所法によらず自治の制度に改造するように提言した。これに対して、大阪商業会議所は、会員組織の自治的商業会議所を理想とする点については理解し、制度のあり方を調査しているが「大阪商業会議所の活動が政府の干渉により左右せらるが如き事は全然無之」と反論するなど、両者の間には緊張関係が生じていた。[28]

武藤山治らが設立した大日本実業組合連合会は、実業者の意見を政治に反映していくためには、議会での議席獲得を通じて、政治に直接参加していくべきとの立場をとっていた。武藤は法律に基づき政府の監督を受けながら営業税と同時に経費を強制徴収している商業会議所が営業税廃税運動を徹底していくことには限界があると批判していたからである。これは商業会議所という組織とは別に、実業家の代表による政党を結成するための前提条件づくりでもあった。繊維商社を営んでいる八木与三郎は商業会議所議員ではあったが、縁戚でもあり武藤を支持した。

大阪商業会議所は、全議員が上京して政府及び貴衆両院に運動することを予定していたが、二月六日の臨時総会においても意見を固めることはできなかった。また、大阪実業組合連合会と大日本実業組合連合会合同主催の協議会も実行委員を選んで衆議院と当局に運動する予定であったが、両者の折り合いがつかず中止となった。このような事態に、大日本実業組合連合会の会長の武藤山治は、「斯る永続的性質の重要問題を不誠意不熱心なる会議所側と提携運動することは面白からず」として、八日に「会議所に対し爾今一切の提携運動を断絶する」旨の通牒を発し、大日本実業組合連合会は、大阪商業会議所との連携を拒否する事態に発展した[29]。

大阪商業会議所は意見を一本化できなかったが、今西林三郎会頭ら一部議員は、二月六日、単独で上京し、高橋蔵相や政党の幹部を訪問した[30]。しかし、臨時商業会議所連合会に向けて会議所としての意見を一本化することを迫られ、今西会頭と栗本勇之助副会頭が事態収拾のため奔走した。二〇日に開催された大阪商業会議所の総会においては、事前に「解散を賭しても」との文言を挿入するかをめぐり再度紛糾したが、「営業税の全廃を期する事」との文言のみとすることを圧倒的多数によって可決し、代表者が東京に向かった[31]。

また、大阪の輸出綿糸関係者の大阪綿糸商連合会、日本綿花同盟会、輸出綿糸商組合関係四団体は提携して、会議所経費賦課の公平、営業税の廃止を訴えた。

さらに、日本綿糸布商連合会は、二月二七日に営業税撤廃の実行委員会総会を開催し、「営業税の全廃を期す」と決議し、日比谷商店、日本綿花、東洋棉花、伊藤忠、八木商店等が実行委員となり、鐘紡出身の和田豊治と三井物産出身の山本条太郎らに廃税の要望を伝えた[32]。また、政友会本部では、野田卯太郎、床次竹二郎、岡崎邦輔などの幹部の前で、「我が綿業は利益率高き化粧品雑貨と同日の論に非ず」と論じた[33]。

ここで日本綿糸布商連合会が営業税廃税運動に加わったことが注目される。日本綿糸布商連合会は、一九一九年三月に営業税問題や綿糸布先物取引規制などに対応するため、田附政次郎を中心として設立された団体であり、東京、大阪、京都、名古屋の綿糸や綿布関係の事業組合や、伊藤忠、八木商店、伊藤萬など、「関西五綿・船場八社」に名を連ねた大手の卸売業者を会員とした団体であった[34]。営業税廃税運動立ち上がりの時は、大阪の各種団体の動きにまぎれ必ずしも目立った運動をしていないが、その後の営業税廃税運動を主導していくことになる。

このように、大阪では商業会議所のみならず、武藤山治の大日本実業組合連合会、庚申倶楽部の党員であった上田彌兵衛が所属する大阪実業組合連合会、田附政次郎の日本綿糸布商連合会など、有力実業団体が、競争的に廃税の声を上げて運動を盛り上げた。

3 東京実業組合連合会

東京実業組合連合会は、一九〇八年の増税反対運動や一九一四年の営業税廃税運動に参加していたが、特に一九二二年の運動においては、『営業税全廃運動経過報告書』という詳細な記録を残しており、その冒頭に「華府会議に於いて恒久的平和の基礎を確立する為め軍備制限は協定せられ延いて吾が国に於いても巨額の軍備剰余金を生ずる結果となれり。是れ吾等商工業者の多年の宿望たる営業税全廃を絶叫し之れを貫徹すべき、好箇逸すべからず好機にて、吾が実業組合連合会が第一声を揚ぐるや全国の商工業者が一斉に共鳴して立ちたる所以なり。」と記しているように全国の商工業者の動員、商業会議所や商工団体、市会等との連携、活発な世論喚起など、組織的に運動をしたことが特筆される[35]。

東京実業組合連合会は、軍縮剰余金問題が起こると、一九二二年一月一八日に理事会を開催し、営業税問題の協議を行なった。そして、一月二三日に、正副組長による臨時大会を招集し、運動の方針を次々に打ち出し、全国の商工業者にも声をかけてこれらを動員し、世論を喚起していった。臨時大会には、機械金物商同業組合をはじめ、五四の同業組合が参加し、

政府当局は臨時財政経済調査会に税制整理に関する特別委員を任命し是れが根本方策に関し諮問する所もあ

り　該委員会審議の模様を仄聞するに　等しく其の悪税にして廃止すべきを認めたるが如きも国庫収入の減少を顧慮し一挙に本税を廃止すべきか漸次減少すべきか未だ容易に決定せざるが如きも　是れを要するに其の悪税たる点に於ては　朝野の意見一致したるものと云ふべし

と、海軍軍縮によって得られる多額の剰余金があり営業税を廃止すべき絶好の機会であるとして、全廃を決議した[36]。

この時の全国商工業者大会を受け、東京実業組合連合会は、二月二日に貴衆両議員に次のような趣旨の営業税全廃理由を送付した[37]。外形標準課税や課税評価の方法を問題としており、営業税が逆進的であるために中小零細事業者にとって負担が大きいとの指摘はないことに留意すべきである。

一　営業税は取引高に比例して課税するもので営業に精励するに従ひ重課を受け産業奨励に反す
二　地方に依り評価の標準を異にし就中建物建築賃貸価格の如き據るべき標準なく随時決定するので不公平を生ず
三　課税標準煩多で収税と納税者との間に紛議多く収税者は苛斂に陥り納税者は不徳を為し世道人心に悪影響を及ぼす
四　実際損失の営業を為し甚だしきの二分の一若しくは三分の一の欠損を忍んで処分する場合も同率の課税を受くるは負担に堪えず
五　営業行為を標準として賦課する為め経済界不況で納税者の収益激減の際も同一課税を受く過重負担に堪えず

六　営業税賦課は物価騰貴を助長し経済界に不良の現象を来す

続いて、山崎亀吉（東京実業組合連合会副会長、東京商業会議所議員）が委員長として「営業税全廃に関する特別委員会」を開催し、当局への陳情、歩調を同一とする東京商業会議所との交渉、貴衆議院議員への文書発出、各政党幹部訪問、市府各区会議長に決議文の送付、演説会の開催、全国商工業団体との交渉を行なうとともに、全国商工業者大会を開催することを決定した[38]。

二月二〇日には、東京における五八の実業組合の代表が集まり、営業税全廃運動実行委員会を開催し、政府、政党、商業会議所、区会議長への働きかけの状況を報告し、二三日に全国商工業者大会を開催するため、全国六三ヶ所の商業会議所と一、三〇〇の同業組合に招待状を発出したことを報告した[39]。

さらに、議会や世論に訴えるため、二月一七日には、東京市の営業税全廃期成区会連合会との共催により、帝国ホテルに、記者団と、赤坂区、麻布区、日本橋区、神田区などの区会議員を招聘して懇談を行なった。

そして、東京実業組合連合会は、臨時商業会議所連合会が開催された二月二三日に、東京実業組合連合会の主催による全国商工業者大会を開催した[40]。

全国各地から四三〇団体、一、〇〇〇名以上が参加し、副会長の阿部吾市は、全国商業会議所連合会が開催され自分も議員として参加したが、ここの「一千名の中、殆ど三百名程は全国各地の商業会議所関係として此度此大会」のために上京したことを紹介し、商業会議所の運動との連携を強調した[41]。

本演説会では、多くの登壇者から海軍軍縮剰余金を営業税廃税の財源に充て負担を軽減し、平和の時代の経済的国際競争の中で勝ち抜いていくようにすべきとの考え方が訴えられた。

副会長の阿部吾市は、米国は、軍備縮小のため一〇億円削減したが、この資金を「世界に向かって平和の経済の戦い、平和の戦争、いわゆる算術盤珠で打ち勝たふといふ、従来は鉄砲玉、飛行機、潜航船を以て戦いとして居た所の米国は平和の戦争を是からやろうではないかと一致採決した」と紹介し、東京の杉原栄三郎も「米国では欧州大戦後も戦時の増税が続くことに反対した二八〇の商工業の団体がハーディング大統領に「殆ど生命を賭して」迫ったために、ハーディングがワシントン会議を開催して軍縮を達成し、産業界の負担を軽減し国力を回復するための産業政策を実施するに至った」ので「我が国においても軍備縮小が決まった以上、営業税を全廃し産業の奨励を図るべきである。」と述べ、「是まで日本の国威を発揚するためには日本を背負うて居たのは即ち軍人諸君であります。これから産業上の戦争におきまして日本を背負ってたつのは商工業者である。」（大阪　粟谷喜八）と、今後の平和な世界における経済競争において商工業者が勝ち抜いていくためにも負担の軽減が必要であると訴えた。

さらに、営業税廃止を実現するために、「我々は義務を重んじ、同時に権利を主張して我々の選挙した代議士なり当局の大臣を鞭撻して、そうして此の悪税を少なくとも廃止して商工業者が安心をしてそうして我が日本の商工業の日本丸という船を海外にいたる世界の隅々まで安全に航海することに努力が必要」（東京　奥田秀治郎）、「これまで効がなかったのは運動が徹底しなかったからだ　我々はどうしても政友会に肉薄しなければならぬ。産業の発達が我が国の中産階級即ち国の脊髄である。脊髄、国の中産階級の我々商工業者である。来月五日、八月、九月の臨時議会、二年後の総選挙に我が実業界を代表して之を全廃させせない議員は一人も出さないようにする」（神戸　森田金蔵）と積極的に政治に働きかけていくべきことが合意された。そして次のような決議を行なった。

決議文

現行営業税の全廃は吾人国民の多年期待する所にして為政者をして税制の整理を断行せしめ速かに之を廃止するの途に出でしむるは今日最大急務なり仍て吾人は協力一致して実行を期す

この決議を実行するため、全国商工業者大会は、政府及び衆議院議長、各政党本部を訪問陳情すること、地元選出の代議士を訪問すること、各地方において臨時演説会を開催することを決め、本部を東京実業組合連合会内においた。二月二四日に全国商工業者大会実行委員会（東京、横浜、大阪、神戸、高崎、三重、宇都宮、和歌山、京都、名古屋、下関、小樽、函館、札幌、福井、豊橋、山形、大垣、荏原郡、横須賀、川口、土佐、富山）が開催され、全国商工業者大会に参加した商工業団体はいずれも常設委員を選任して、目的を達するまで東京に滞在させて運動を継続することとした。そして、二七日には、全国商工業者大会常設委員会において、全国の郡役所所在地において、営業税全廃問題に関して党派を離れて純商工業者だけで演説会を開き、その決議を以て選出代議士の賛成を求めること、営業税全廃理由を作成し郡部選出代議士の了解を得ること等を決定した[42]。

このような実業組合連合会の運動は報道関係者を動かし、『東京朝日新聞』の二月二一日の論説では、「軍備縮小によって生じる国庫の余裕金は減税を第一、文化施設を第二にすべきとの減税論については東京実業組合連合会の唱和するところとなり、近く全国商業会議所連合会もこれを取り上げることになる。営業税にかかわらず重税と感じているものは主張すべき。」と軍縮の剰余金の使途については、減税を第一にするべきとの商工業者の主張を支持した[43]。

4　東京商業会議所

このように大阪の経済界や東京実業組合連合会が営業税廃税に向けて積極的な運動を開始したのに対して、当初、東京商業会議所の反応は鈍かった。

一月三〇日の東京商業会議所総会において、橋本直一議員（東京実業組合連合会会員、東京市会議員）から営業税廃税運動に対する消極的姿勢について批判を受けた藤山雷太会頭は、「軍備制限により得た所の剰余金ができる、即ち財政に剰余を生ずると考へます。剰余を生ずる場合は第一に減ず可きものは悪税廃止でなければならぬ、即ち悪税となりまするとなどは営業税を第一に数へなければならぬと考えている。」と応じた。そして、自分は財政経済調査会小委員会の委員であり、営業税全廃ということについては大体において甚だしい議論はないが、軍備縮小以前だったので営業税に代えるに財産税を起こそうという議論がいろいろあった旨述べて、「もう今日に於ては、政府の支出に剰余を見る場合になりましたから、此営業税全廃に対して皆様が猛進すべき時期であろうと考えます。」と応じ、東京商業会議所としても営業税廃税運動に対して積極的に取り組む姿勢を示した[44]。藤山は、臨時財政経済調査会の委員であり、それまで税制整理の方向性について直接当事者として関与してきただけに、軍縮剰余金を営業税の減税に回すという方向に直ちに方向転換できない弱みがあったと思われる。

この時点から東京商業会議所は、各地の商業会議所のみならず東京実業組合連合会などの実業組合との連携をとりながら営業税全廃に向けて動き始めた[45]。

5　商業会議所連合会

商業会議所連合会は全国の商工業者の意見をとりまとめに動いた。二月三日、全国商業会議所連合会決議実行委員会の一二会議所の代表者が東京商業会議所に集まり、前年一二月七日の決議に基づき、全国各地区の商業会議所の決議の取りまとめを行なった。

近畿、東北、西部、関東、中国・四国、東海、北陸、北海道の地域の商業会議所連合会の税制整理決議に加え、東京実業組合連合会、営業税廃税期成同盟会（大阪）、日本輸出絹織物同業組合連合会の決議が紹介された[46]。

いずれの地域の決議においても営業税の全廃が掲げられていたが、所得税、印紙税、織物消費税、酒税、地方税、相続税、関税、登録税の改正、通行税、売薬印紙税、石油消費税、醤油税の廃止、地租の修正または廃止などの意見も提出されていた。そして、税制整理軍備縮小にともない営業税を全廃することが急務であると、次の決議を行なった。[47]

税制整理に関する決議

曩に吾人の唱導せる軍備の制限は今や華盛頓会議の協定に依り愈々其実現を見るに至れり　其結果生ずべき国費の剰余を以て税制の整理を断行し負担の衡平を図るはもっとも緊要とする所にして　特に産業を阻碍するの悪税たる営業税を此際速やかに全廃することは刻下の急務なりと認め　極力其実現を期す

そして、東京で商業会議所連合会を開催することを決定するとともに、各地方の実業団に対して、連合会と同時に上京するように、各地の商業会議所が勧誘をするように連絡した。二月二三日、臨時商業会議所連合会が開催され、次の決議を行なった。[48]この決議の内容は、外形標準課税であることを最大の問題として、営業税の問題を網羅的に指摘している点で重要である。

営業税ハ産業ヲ阻碍スルノ悪税ニシテ之カ全廃ハ吾人多年主張シタリ特ニ軍備制限ノ協定成立シテ各国ノ産業競争愈々甚ナラントスル今日速ニ之ヲ撤廃スルハ刻下ノ急務ナリト認メ極力其貫徹ヲ期ス

ソノ理由

一　現行営業税ハ売上金額、資本金額、建物賃貸価格、従業者数等ノ外形標準ニ依リテ賦課シ収益ノ有無多少ハ全ク措キテ問ワサルカ故ニ担税力ニ適応セス営業者ニヨリテ負担ノ甚シキ不公平ヲ生ス

二　外形標準課税タルノ結果営業上多大ノ損失ヲ来シタ場合モ同率ヲ以テ課税セラレ廃業ノ止ムヲ得サルニ至ル者尠カラス近時仕入品価格ノ暴落ニ依リ半値以下ニ廉売スル等ノ窮状ニ陥レルニカカハラス営業税ノ苛斂誅求ニ苦ムノ事例ハ枚挙ニ遑ナシ

三　普通ノ場合ニアリテモ本税ニ附加税、所得税ヲ加算センカ到底営業収益ヲ以テ支弁スルヲ得ス負担ニ堪エサルノ実情ニアリ

四　課税標準ノ査定地方ニ依リテ一定セス為メニ負担ノ軽重甚シク営業上ノ困難ト苦痛トハ尠少ナラス

五　法定課税標準以外ニ見込ヲ以テ区々ノ査定ヲセラレ苛斂誅求ニ陥リ営業ノ存立ヲ危クセラルル場合甚タ多シ　而モ廃業スレハ生活ノ道ヲ失フヲ以テ損失ヲ見ナカラ営業スルカ如キ事例モ少カラス

六　上述ノ如クナルヲ以テ課税標準ノ査定ニハ紛議続出シ手続煩瑣ヲ極メ税額以外営業上間接ニ被ル失費多大ナリ

七　営業収益ハ営業ノ種類ニ依リテ差異甚シキノミナラス営業地ニ依リ将又営業者ニ依リテ千差万別ナルカ故ニ之ヲ縦令数十種ニ分類スルモ到底負担ノ公平ヲ期スコト不可能ナリ　現ニ仏国ノ如キハ六十四種類ノ階級税率ヲ定メタルモ尚此弊害ヲ除去スルヲ得スシテ遂ニ営業税ヲ廃止スルニ至レリ以テ其ノ悪税タルヲ知ルニ足ルヘシ

八　営業税ニツキテ査定セラレタル課税標準ハ更ニ之ニ依リテ営業所得ヲ決定スルノ標準ニ供サラルルカ故ニ　営業税ノ弊害ハ所得税ニモ及ヒ附加税ノ過重ト相待テ二重三重ニ拡大セラルルノ結果トナル

九　課税ノ不公平ハ営業ノ競争ヲ困難ナラシメ営業ノ継続ヲ不可能ナラシムルニ至リ　産業ノ発達ヲ阻害ス

ル所甚大ナリ

十　以上ノ弊害ヲ除去セントスルニハ外形標準ニ依ラス営業ノ実際ヲ調査スルヲ必要トスレトモ　最モ活発ナル取引ヲ行ヒ日常繁劇ヲ極ムル営業ニ対シテ政府カ之ニ干渉ヲ加ヘ店舗ニ臨検ヲシテ調査ヲ行フカ如キハ　営業ノ進行ヲ阻止シ繁栄ヲ妨害スルノ結果ヲ生ス

十一　加之、営業状態調査ノ結果ハ営業ノ秘密ヲ暴露セラレ営業者ノ損失測ルヘカラス延イテ廃業ノ止ムヲ得サルニ陥ルヘシ

十二　営業税カ其性質ニ於テ上記ノ如ク悪税タルノ事実ニ鑑ミ　今日世界ノ主要各国ハ何レモ之ヲ課税セス英、米、独、仏、伊ノ諸国カ国税営業税ノ制度ヲ有セサルニ見テモ　営業税ノ廃止ノ急務タルヲ知ルヘシ

十三　特ニ軍備制限ノ協定成立シテ各国カ工業動員ニ重キヲ置キ産業競争ノ益々激甚ナラントスル今日　我国ニ於テモ産業ノ発展ヲ阻害スル営業税ヲ全廃シ其振興ヲ図ルハ刻下喫緊ノ急務タリ

十四　営業税ハ元来日清戦後軍備拡張財政膨張ノ為メニ新設セラレ　日露戦役ニ際シ非常特別税トシテ十五割ヲ増徴セラレタルモノニ係ル　而シテ戦後之ヲ廃止セラルヘキハ時ノ政府ノ声明セラレタル所ナルカ軍備拡張ノ為メ依然トシテ継続セラレ以テ今日ニ至リシモノナルカ故ニ　軍備制限ヲ断行スル以上営業税ヲ全廃スヘキハ沿革上ヨリ見ルモ当然ナリ

今後の行動計画として、各会議所からの出席者全員を実行委員として、関係地方選出の衆議院議員と貴族院議員を訪問してその趣旨の賛同を得るとともに、その結果を二五日までに報告すること、幹事は政党各派の幹部を訪問陳情して目的の達成に努めることとなった。

杉原議長と山科副議長が、宇都宮、神戸、和歌山、名古屋、函館、長崎、札幌、広島、栃木、京都、大阪、金

沢、前橋、横浜、門司、高知、徳島などから活動の結果の報告を受けたところ、憲政会、国民党はいずれも賛成し、政友会は個人としては賛成だが、幹部の意向を聞く必要があるとの意見があったと報告された[49]。さらに、決議実行委員会は三月二日、貴族院研究会、政友会本部を訪問して、働きかけを行なった[50]。

三　第四五回帝国議会における審議

第四五回帝国議会では、政友会が二八二名、憲政会が一〇九名、国民党が二七名、庚申倶楽部が二六名という構成で、政友会が圧倒的な多数を占めていた。この議会では普通選挙法案の扱いが最大の問題であり、憲政会や国民党などが推進する普通選挙法案に賛成する民衆の示威運動が院外で行なわれ、議事堂に押し寄せた民衆が警察と衝突したが、政友会の多数で否決された。予算編成時点ではワシントン会議が終結してはおらず、また、政府の臨時財政経済調査会が税制整理の在り方について審議している最中であり、当初、営業税廃税問題が争点となるとは予想されていなかった。

一九二二年一月二一日の衆議院本会議における高橋是清総理兼蔵相の施政方針演説で「華盛頓会議ノ結果軍備ノ縮小ニ依リ若干、将来財政上ノ若干ノ余裕ヲ生ズルコトニ相成リマセウガ（中略）政府ニ於キマシテハ、此ノ剰余金ニ依リ、先以テ小学校教育費ノ補助及治水事業ニ対シ、相当ノ増額ヲ計リタイト考ヘテ居リマス」と積極政策の財源に充当することを優先する方針であることを示した[51]。これに対して、代表質問に立った憲政会の濱口雄幸は、政友会は、海軍軍縮から生じた余裕をいきなり教育や治水事業の完成に充て、国民の負担の軽減や失業者の救済に充てる考えはないことを批判した。

さらに、二月八日の貴族院本会議においては、阪谷芳郎が高橋大臣に対して、軍備充実のために増税したのであるから、その事実がなくなった以上は減税に用いるのが当然ではないか、と質したのに対して、高橋は、「従来我ガ財政ハ国防充実ニ最モ重キヲ置イテ来タノデアリマスカラ、他ノ生産其他ノコトニ付テ国費ヲ費スコトガ比較的常ニ不足ヲ告ゲテ居ッタ（中略）軍縮ノ結果、国庫ヨリ生ズル所ノ余裕ガ、当面最モ急務トスル所ノ、生産其他ノ文化的ノ政費ニ充テ、尚余リアルトスルト云フ場合ニ於テハ、減税モ宜シイコトデアリマス、只第一ニ減税ヲ主トスルト云フコトハ」断言できないと応答し、減税よりも積極政策を優先するという立場を繰り返した。

こうした中、年明けからの商業会議所連合会、大日本実業組合連合会、東京実業組合連合会が中心となった商工業者による営業税廃税運動の効果が現われ、政党も動かされ始めた。

二月一〇日、憲政会は、幹部会と議員総会で地租営業税の改廃に関する決議案を提出することに決定した。海軍縮小によって生じる剰余金を差し引き、その残額の大部分を地租と営業税の改廃に振り向け、民力の涵養を図るべき、とするものであった[52]。

小山松寿院内総務は、国民党と庚申倶楽部に地租営業税改廃の決議案への協調を求めた。庚申倶楽部は、営業税の全廃を断行すべしとの条件を付して予算に賛成した経緯もあり、これに賛同した。しかし、国民党は、都市部の党員は営業税廃税を訴えているが、党としては小学校教員俸給の国庫負担、失業保険疾病保険案の財源の確保を優先し、営業税廃税については支持しなかった[53]。

憲政会の早速整爾は、三月一四日の衆議院の請願委員会に、「海軍軍備縮小協約成立ノ結果生スヘキ財政ノ余裕ハ海軍縮小ニ伴ヒ必要ナル経費ニ充当スルモノヲ除クノ外主トシテ之ヲ地租及営業税ノ改廃ニ充ツヘシ」との決議案を提案し、軍縮による財政上の余裕は営業税だけではなく、地租の改廃に充てるとともに、政府の財政整理によって生活必需品に対する間接税の減税を実行すべきと提案した。

これに対し、政友会の近藤達児は、「政府ハ速ニ税制ノ根本的整理ヲ遂ケ国民負担ノ軽減トヲ計リ案ヲ具シテ本議会ニ提出スヘシ」との決議案を提出し、軍縮条約が締結される以上、剰余金は「営業税ノ改廃」に充てるべきことを訴えた。近藤の提案理由説明では地租やその他の税の軽減には一切触れず、営業税の減税だけを要望するものであった[54]。

三月二二日に憲政会の決議案についての審議が行なわれた際、政友会の松岡俊三は、憲政会は大隈内閣以前から通行税と織物消費税に関して力を入れながら、突如として地租を出したことが了解できないと批判した。さらに、同じく政友会の野副重一が、地租及営業税の改廃に充てるということは「第一ニ営業税ヲ廃止ヲシテ、其余裕ガアレバ尚ホ地租ノ改正ニ及ブト云フ御提案ノ趣旨ト解シテ宜シイ（カ）」と確認した。

早速整爾は、「営業税ダケヲ廃シテ地租ハ改正セヨト云フノデハナイ、但シ財源ノ程度ガ分カリマセヌケレドモ、之ヲ両方廃スコトガ出来ナケレバ（中略）地租モ営業税モ同ジク双方ノ税率ヲ軽減スルト云フコトニ止メル外ハナイ」と応じた[55]。さらに、三税廃止を主張したのは事実だが、大隈内閣の時は日独開戦があったので実現できなかった、依然として通行税、醤油税、織物消費税の中の綿織物への課税を廃すべきと考えており、これらの財源は行政整理を行なって充てるべきと答えた。

憲政会は、一九一四年の営業税廃税運動とは異なり、営業税廃止を優先するものではなく、地租と営業税双方の減税を求める方針を示した。

三月二二日の衆議院本会議において、上田彌兵衛（庚申倶楽部、大阪実業組合連合会）は、徴税方法の不公平、税率の苛重、商工業の発達の阻害などの悪弊があることを理由に「営業税全廃ニ関スル建議案」を提出した。これに対して政友会の竹上藤次郎は、「現行営業税法ハ過重ニ失シ且其徴収方法宜シキヲ得サル為商工業ノ発展ヲ阻害スルモノナルニ依リ政府ハ速ニ同法改正ニ関スル法律案ヲ提出シ之カ実施ヲ期スヘシ」との決議案を提案した。

竹上は、「憲政会は山本内閣の時、同業者二千人ばかり東京に集めて、我党が一度内閣を組織すれば営業税は全廃してやると言明していたにもかかわらず、憲政会内閣ができるとそういうことはケロリと忘れたような顔をして出来ないと言った。憲政会は営業税に二枚舌を使ったのである。」と、憲政会が大隈内閣で豹変したことを批判した。[56]

このように、商工業者の営業税廃税の声の高まりにもかかわらず、商工業者を支持基盤にしていると考えられた非政友各党のうち、営業税廃税を主張したのは庚申倶楽部だけであり、憲政会は地租と営業税軽減の建議を出すにとどまり、大正三年における営業税の廃税運動を最も強く主導した国民党は営業税の廃税を支持しないこととした。逆に、農業者を支持基盤にしていた政友会の方が営業税の減税だけを具体的に提案し、地租減税には一切触れなかった。

四　議会閉会後の対応

商業会議所連合会は、第四五回帝国議会閉会の直後から次期議会に向けて、廃税運動の実行方針を決定し、一九二二年四月の「営業税撤廃に関する二十会議所幹事会」では、次の通り、各地の商業会議所が地元の商工団体と連携して廃税決議をし、それを地元代議士に働きかけて、中央の政党本部に届けさせることなど極めて具体的な行動方針を決定した。

一　廃税運動ノ開催ヲ各地商業会議所ニ促スコト
二　廃税大会ニハ各商業会議所相互ニ応援スルコト
三　各会議所ヨリ次期議会（上下両院）ニ提出スベキ廃税請願書ヲ作リ　其ノ他商工団体等ヨリ請願ヲ呈出セシムルコトニ努ムルコト

四　各地方代議士ノ廃税ニ関スル左記事項ニ対スル意見ヲ各地方別ニ受持ヲ以テ之ヲ連合会ニ報告スルコト
五　廃税門標ヲ各会議所ニテ引受ケテ其ノ区域内ノ営業者ニ貼付セシムルコト
六　各地政党支部ヨリ支部ノ決議ヲ以テ次期議会迄ニ廃税ニカンスル意見書ヲ中央政党本部ニ提出スルコトヲ努力スルコト而シテ其結果又ハ経過ノ報告ヲ連合会事務所ニ取リ纏メ印刷スルコト

そして、この決議実行のため、大阪が主査となり六大商業会議所（東京、横浜、大阪、神戸、京都、名古屋）と、地方の小樽、函館、仙台、宇都宮、松本、福井、長崎、金沢、和歌山、徳島、広島、下関、博多、鹿児島を加えた二〇会議所が中心となって運動を展開することとした[57]。

東京実業組合連合会は、帝国議会の会期末直前に、政友会の鳩山一郎から、営業税の全廃は認められないとしても改正という名目で軍縮剰余金が確定した段階で決定するとの意向があることを確認した[58]。そして、四月一日に営業税全廃に関する実行委員会を開催し、「吾人らは本目的の貫徹を見る迄運動を持続し議会閉会中と雖も極力尽瘁努力する事」と決議し、四月二〇日に、大々的に商工業者大会を開催することを決定した[59]。

第二節　利益団体の動態

一　臨時財政経済調査会への対応

政友会の内紛により高橋是清首相が辞職し、ワシントン軍縮条約の全権代表であった加藤友三郎に組閣の命が下り、六月一二日、新内閣が組閣された。加藤内閣は、陸海軍大臣を除き、貴族院の研究会と政友会に近い交友倶楽部から閣僚を求め、政友会は準与党として内閣に協力する体制をとった[60]。

折しも、六月二七日に第二九回全国商業会議所連合会が開催され、新内閣が成立したので営業税廃止に向けて総力を挙げることとし、四月の実行委員会の決定の実行に努めることとした[61]。

これを受けて、三〇日、「営業税撤廃に関する二十会議所幹事会」が開催され、東京から山科副会頭、大阪から栗本副会頭、京都から濱岡光哲会頭など有志二〇名が、加藤総理、市來大蔵大臣、荒井賢太郎農商務大臣を訪問した。そこで、商業会議所連合会が決議した藤山雷太名の「営業税全廃ニ関スル決議」を提出した上で、栗本勇之助が営業税は外形標準課税であることなどからこれを撤廃し、これに代わる正当な税法に代えるべきと主張し、森は小樽の現状から、営業税は「虚言を強いる税」であることなどを伝え、現行の営業税の廃止を直接訴えた[62]。

さらに、商業会議所連合会常任委員会は、一九一九年以来、大詰めの検討に入っていた臨時財政経済調査会が最終答申を出す前に、営業税改正案について「会議所側トシテハ当局ニ飽迄軍縮及行政整理ヲ要望シ其剰余ヲ以テ先ヅ営業税ノ如キ悪税ヲ撤廃シ此際新税ヲ起スコトハ絶対反対ナルコト」を決議した。

最大の焦点は、財産税の創設の是非であった。営業税全廃を求めている時に、新たな税制の導入は論外であり、まずは臨時財政経済調査会において、不都合な結論が出ないように阻止することが課題であった。

六月一五日の臨時財政経済調査会で答申案が審議されると、政友会の三土忠造や神戸正雄（京都帝国大学）は、地方の財源を強化するため地租と営業税の地方委譲による歳入欠陥を、財産税の創設で補完することを支持し、郷誠之助もこれを支持した[63]。

しかし、横井時敬（東京帝国大学）、水町袈裟六（元大蔵次官）、井上辰九郎（若尾銀行副頭取）らは、財産税は中流階級に負担になるとし、濱口雄幸（憲政会）は、「党派を超えて、財産の評価など技術的に不可能なもの」

として財産税創設に反対した。しかし、最終的に地租と営業税の半額委譲が可決された[64]。

政府が税制整理案を検討するのと並行して商業会議所も税制整理案の検討を重ねた[65]。商業会議所連合会常任委員会は委員会の検討状況を聴取するため、七月一七日に商業会議所に関係する財政経済調査会委員を東京商業会議所に招聘し、意見交換を行なった[66]。

調査委員側から郷誠之助、大橋新太郎、和田豊治（いずれも東京特別議員）、山岡順太郎（大阪会頭）、谷口房蔵、岩井勝次郎（いずれも大阪常議員）、鈴木摠兵衛（名古屋常議員）が、商業会議所側からは濱岡光哲（京都）、井阪孝（横浜）、瀧定助（名古屋）、杉原栄三郎（東京）、三島彌吉、服部文四郎が参加した。

商業会議所側は、営業税について改正すべき点として、建物賃貸価格への課税の撤廃、売上高を二種から三種にすること、営業収益がない場合に免税することなどを挙げた。その上、課税標準を純収益におくとともに、外形標準たる売上そのほかに関しては一定の帳簿を備えて営業税を取得税類推の手段とすべきとの提案も行なった。

これに対して、郷誠之助から、調査委員会では営業税と地租は全般的ではなく国税の資格を具備していないために、地方税に移して各地の事情に適合させることが適当であるという点について財政経済調査委員会の意見が一致したとの説明があった。

しかし、商業会議所側は、「財政経済調査会ノ決定案ハ今日トシテハ時勢ニ適合セザル憾アリ　仍テ会議所側トシテハ当局ニ対シ飽迄軍縮及行政整理ヲ要望シ、其剰余ヲ以テ先ヅ営業税ノ如キ悪税ヲ撤廃シ、此際、新税ヲ起スコトハ絶対反対ナルコト」を申し合わせ、財政経済調査会の委員に了解を求めた。

この直後の七月二〇日、臨時財政経済調査会は、総会を開催し、最終的な答申をとりまとめた[67]。

答申では財産税の創設を提言していたが、政府がこれを実施するかどうかについては、「其ノ取捨ハ政府ニマカセル」ということになり、営業税の扱いも財産税の創設も、事実上白紙に戻され、営業税廃税運動の展開には有利なものとなった。

ここで加藤内閣は、政友会を与党としていながらも、政友会が長年かけて練ってきた地租や営業税の地方委譲の構想をあっさり白紙に戻してしまった。

これは加藤内閣が政友会に同調的でなかったことを示している。市來乙彦大蔵大臣は大正五年から二年間にわたり大蔵次官の職にあり、大蔵官僚の感覚から地租委譲により国税の大きな財源を失うことの問題や財産税創設の非現実性を踏まえ、水町袈裟六や濱口雄幸などと同じ意見をもっていた可能性がある。

なお、この答申において営業税については、建物賃貸価格を原則削除すること、物品販売業の売上金の区分を見直すことなどの改正案を提言しており、その後の税制改正のための一つの参考材料となった。

二　概算要求決定までの運動

1　商業会議所

臨時財政経済調査会の答申が出た後、商業会議所は、政府が一九二三年度の概算予算を固める前に当局に働きかけることとした。

九月一九日と二〇日に、第五回商業会議所連合会常任委員会が開催され、横浜（井坂孝）、神戸（森田金蔵）、名古屋（上遠野富之助）、大阪（栗本勇之助）、京都（濱岡光哲）、東京（杉原栄三郎）、福井（駒屋節二）、和歌山（前田辰之助）、仙台（坂元蔵之允）、小樽（堀川勘吾）が営業税に関する方針について検討を行なった。そして、栗本副会頭（大阪）、前田辰之助副会頭（和歌山）、納富甚吉副会頭（長崎）、坂元蔵之允常議員（仙台）を委員に選定して市來大蔵大臣を訪問した。

二〇日の商業会議所幹事会（二〇会議所）では、杉原副会頭が、九月六日に今西会頭（大阪）、西川荘三副会頭

（神戸）、松尾書記長（京都）、三浦書記長（名古屋）等と大蔵大臣に会見した際、大蔵大臣から「営業税の全廃はどうしても出来ぬが修正に付いては主税局長に取調を命じて居る、商業会議所の運動は承知しているから全廃は全廃として此際何とか改正に付いて意見あらば聞かして貰へないだろうか」と誠意を披瀝された経緯があることを紹介して、幹事会の意見を求めた。

これに対して幹事会では、「いたずらに従来の主張に拘泥し絶対不可能なことを求めるより寧ろ実行のできる減税修正案に対し新方策を樹立しては如何」と、修正を行なうことに同調する意見も出た。七月一七日に臨時財政経済調査会の委員に対して「課税標準を純収益」にすることを提唱していたように、後に述べるように、日本綿糸布商連合会が提唱していた収益税化の議論も商業会議所の議論に浸透しつつあったと思われる。

しかし、そのようなことは、全廃を貫徹すべく委任された実行委員会及び常任委員の権限外に属するだけではなく、「策としても不可」として、「吾人は撤廃の目的を達するまでは何処までも全廃運動を継続する。」という方針で全会一致となった[68]。そして、六会議所に委任して、九月二二日に栗本副会頭（大阪）、前田副会頭（和歌山）、納富副会頭（長崎）、坂元常議員（仙台）が市來大蔵大臣を訪問して陳情を行なった[69]。

続いて一一月二日に、第六回商業会議所連合会常任委員会が開催され、大阪（稲畑）、京都（濱岡）、神戸（森田）、名古屋（瀧）、東京（藤山、杉原）らが参加し、営業税問題について、

一　来年適当の時期において臨時大会を開くこと、しかして営業税撤廃を主張する他の団体とも可成連絡をとること

二　大蔵大臣を訪問し営業税に関し確答を促すこと

を決定した[70]。

翌日、濱岡光哲、井坂孝、稲畑勝太郎、高柳松一郎、森田金蔵、瀧定助が市來大蔵大臣を訪問し、濱岡から営

業税問題について政府の意向を確認したところ、次のようなやりとりがあり、市來大臣から、政府は営業税は地方税に移される性質があるのでそれまでは簡単な修正をする方針であること、苛斂誅求にならないように税吏を指導する方針であるとの説明があった[71]。

市來　他税との関係上独り営業税のみ全廃することは不可能なりも半減ということも困難なり。政府の提出せんとする減税も新聞紙の伝うる所よりは幾分多かるべし（このとき蔵相より新聞に伝うる営業税軽減の程度に付質問あり高柳は千四百万円なりと答える）。政府は今回の修正を加え完全の域に達したり、ことに営業税は将来地方税に移さるべき性質を有するを以て、それまでには極めて簡単なる税法に改め置きたる希望なり。今後は苛斂誅求にならざるよう官吏を戒すべく実際予算以上に徴収する必要を認めず。

森田　例年予算以上に徴収されるために単に予算面の減税では十分安心を得ず。吾人は今日不完全極まる営業税に対しては何処までも全廃を主張するものなるは今年それが出来ぬものなれば強めて予算以上の徴収をなさざる点のみなりと特に言明して聊かなりと一般商工者に安心を与えられたし。

稲畑　姑息なる減税に大阪方面の中産商工業者稍々自暴自棄に走らんとする傾向があることを警告し今日は最も民力休養に専らなるべき時なり。

2　東京実業組合連合会と全国商工業者大会

東京実業組合連合会は、七月一日に特別委員会を開催し、七日に山崎亀吉、井出百太郎、西澤善七が、加藤首相、市來蔵相と荒井農商務大臣を訪問して廃税の陳情をした[72]。

実業組合連合会は、閣僚への働きかけにおいて商業会議所に先を越されていたが、七月二四日に営業税全廃全国商工業者代表者会議委員会を開催し、神戸の森田金蔵は、「収入の無減少を条件として審議せられたる臨時財政経済調査会の決議が不得要領裡に終結したるは本目的貫徹上寧ろ喜ぶ可き事なり」として、今後の活動方針を検討した[73]。

委員会では「先に全国商業会議所連合会の代表が三大臣に面談した際、営業税の全廃の代わりに収益税とすることについて異論がないと答えた」かということが問題となり、商業会議所の陳情に参加した栗本勇之助（大阪）は、「収益税云々に関し何等の言質を与えておらず」と応じた。

後に述べるように、この時点で日本綿糸布商連合会は、収益税化を提唱し始めていたが、実業組合連合会はそのような方針を支持していたわけではなく、委員の間での意見の違いも顕在化し始めていた。

翌二五日、山崎、荒木、森田の三委員と三八名が、首相官邸を訪問し、加藤首相、市來蔵相、水野錬太郎内相に面談した。

森田は、「吾人等は国費の負担を厭ふのではありません故に政府若し財源を必要とせられる場合別の形式に於て負担すること迄も辞せんとするものではありません、若し其の様な場合公平な方法で徴税せらるるならば寧ろ奮って納税思想を鼓吹すべく宣伝することに躊躇しません。」と述べ、荒木道文は、「営業税の根本的害悪は収益税に非らずして行為税たる点にあると想ひます。」と述べた上、外形標準課税であるために重税を逃れようとするために申告を欺瞞するものを生じ年々税務官吏との争論となるのは遺憾であるとして、営業税の全廃を訴えた。この時は、廃税の根拠を外形標準課税であることに求め、論理的には収益税とすることを排除しなかった。

これに対して、首相が「御話の要件は分かりました。極めて重大な事柄でありますから研究審理することに致します。」と応じた。

政友会に対する陳情では、望月圭介議員が対応し、高橋総裁も営業税が悪い点は認め、これを矯正することは認めており、現在、調査部を置いて検討中との返事があった。さらに、国民党では渡辺勝太郎議員が、「不生産的国費を減じて生産的国費に振り向くるのが我が党の主旨であり営業税の如きは全廃すべきものと信じます。」と全廃を約束した。

憲政会では、濱口雄幸総務、下岡忠治、幹事長小泉又次郎が対応した。濱口は、憲政会は前議会では所得税を中心にしつつも地租と営業税は補完税として維持する必要があるとの考えから、これらを改廃するとの方針をとったが、是とても改廃の余地は十分あると述べ、廃税は支持せず、むしろ課税を維持することが必要であるとの考え方をにじませた[74]。

貴族院の研究会では奥平昌邁伯爵、八条隆正子爵が会見に応じた。八条子爵からは、濱口との間で全廃ではなく改正でもよいとの新聞記事があることの確認があり、全国商工業大会の代表者がこれを否定したところ、「営業税は特に多く欠点を持っていることは一般に認められているので、今日の説明を聞いてその感を強くした。我々も大いに研究審議したい。」と応じた。

このようなやりとりを踏まえ、七月二六日、全国商工業者大会は、六大都市の代表者を常設委員として運動の中枢機関とすることを決定し、「来る一〇月一日から一〇日までの間を営業税全廃日と定め、全国の商工業団体はその地方の協議により適当の方法を以て営業税全廃期成大会を開き大々宣伝を行い目的の貫徹を期する事」との決議を行なって組織的、計画的に運動を行なうこととした。

八月三〇日、山崎亀吉、阿部吾市（東京）、荒木道文（大阪）、森田金蔵（神戸）、渡辺文七（横浜）、上遠野富之助（名古屋）らが第一回六大都市常設委員会を開催し、山崎、荒木、森田が、改めて市來蔵相を訪問した。

山崎からは、「当日の萬朝報では政府は地租と営業税を合わせて一、五〇〇万円の減税をなすとの方針とみたが事実関係いかん、その程度では満足できない」と述べたところ、蔵相は、記事の内容は否定した上で、「財政上

【図 5-3】 営業税全廃デーのポスター

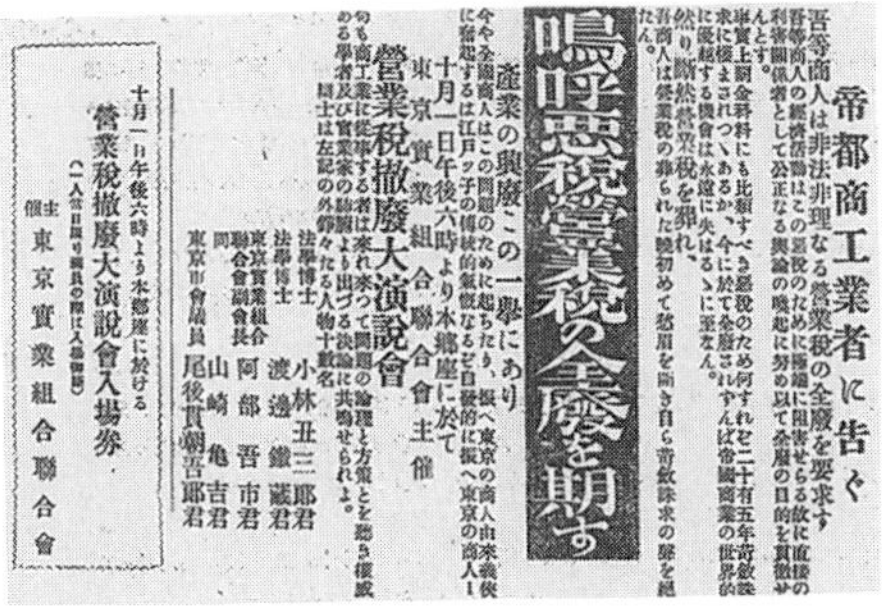

営業税の全廃は困難であり、修正の腹案があれば欲しい、なぜ好況の時代に力強く全廃の主張をしなかったのか。」と問うた。三者は、欧州動乱の結果が見えないので運動を休止したが、商工業がますます不振であり高額の営業税に耐えられないと反論した。この時、市來から「出来得限り吾々の意思に添ふ可し。」との答弁を引き出すことができた。

九月二三日に、営業税全廃運動実行委員会を開催し、一〇月一日を「営業税全廃デー」と定めて大演説会を実施すること、一〇月一〇日まで全国一斉に各組合において総会を開催して政府及び各党を訪問陳情すること、全国一斉に営業税撤廃期成大会を開催すること、ポスターを作成し【図五−三】床屋や湯屋の組合事務所に配布すること、実行委員はその区選出の代議士を訪問し賛成を求めることなどを決めた。

こうして、一〇月一日に本郷座で東京実業組合連合会主催による営業税撤廃大演説会が開催された。

本会合は政府に対する威嚇あるいは示威運動とは異なっていたが、護憲集会と同様に官憲に警戒されたため、入場整理券を発行して入場制限をした。それでも、開会前に聴衆が殺到し警官との間で小競り合いも生じた。

開会の辞を述べた阿部吾市は、「国家としても恐るべき所の戦は止めやうではないか、是からお互いに平和無事太平に此世の中を送らうではないかと云うことで、亜米利加がそれを提案せられて、世界各国すなわち軍備縮小になった。世界平和になって軍縮の結果何億と云う剰余金が生じた（以上）、日清戦争以来の約束であるから其所で廃めて貰いたい。我々が是から本当の商売で即ち算盤珠で敵を撃つ平和戦、平和の戦というのは是である。政府と我々国民と官民一致して世界の各国がやりつつある所の大成功をして、而して世界の商売戦、世界の経済戦に大々的に進むというのには官民一致、我が帝国の将来の為にわが商業発展の為に、貿易振興の為にもなるのであります。」との趣旨を述べて、営業税全廃のため懇意の代議士への膝詰談判をするなどの努力をするように訴えた。

続いて、東京白米商組合長の尾後貫朝吾郎が演壇に立ち、農業の地租に比べて営業税が圧倒的に増えていること、利益にかかわらず賃貸価格や従業者数によって課税されることを指摘した上で、「財政拡張の為に増税をし、屡々戦ひのあるたび毎に忍んで居ったのならば、今回の如き縮小が出来た時には我々の運動を俟たず政府自ら全廃をすると言っても宜かろうと考えて居った次第」であり、剰余金ができたら、地租の軽減や全廃、鉄道建設、中学校や高校の昇格、港湾の改築の要求も出て大蔵大臣も面喰っているだろうが、悪税である営業税は何とかしましょうと述べているので、我々は大いに望みをかけていると述べた。

続いて、東京実業組合連合会常務理事の樋口太吉は、綿花が日本に来てシャツの製造をして消費者が消費するまで八回税金をとられるなど、物価が高くなる原因であること、富豪階級は営業所を分割することはできるが中産以下の階級にいる国民は営業所と住宅とを別にできないために、自分たちが常に冠婚葬祭などに使う室から営業税がとられ「富者に薄く貧者に厚くと云うべきもの」との問題を指摘した（［筆者注］この指摘は、営業場が土地や家屋などに敷地で接している場合に、直接事業に用いることのない土地や家屋も課税対象となったことに、個人事業者が不公平感をもっていたことを意味しているが、この点だけを以て、営業税全体が逆進的であったとは言えないし、営業税の負担感が課税標準に起因する逆進性に起因したものであったとも言えない）。

法学博士の小林丑三郎は学者の立場から、営業税は税率が安ければどのような外形標準でもよかったが、間違った課税標準としたために税率が高まるにつれて、悪税になったので、現実の純益を課税標準とすればこのような弊害はないはずであること、大国で国税としての営業税を行なっている国はないなどの理由により営業税の廃税を主張した。

この後、一〇月一〇日、尾後貫朝吾郎以下一〇〇名が官邸に加藤首相を訪ねたが、秘書の対応となった。続いて政友会本部を訪問し、岩崎、清瀬幹事と会見した。さらに、日用品連合会を代表に約一〇〇名が加藤首相、市来蔵相を訪ねたが面会はできず、藤井参事官に対して、軍備縮小から生ずる剰余金を営業税の廃止に向けるべきと陳情した[76]。

一〇月一日から一〇日までを中心とした営業税全廃デーにおいて、全国各地で次の通りの演説会などが行なわれた。そして、営業税全廃期成同盟会が各地の決議と演説会、陳情書の取りまとめを行なった。

一　全国の動き

山形、十勝、函館（商工組合連合会）、下関（営業税全廃期成同盟会）、小樽、甲府（商業会議所、同業組合連合会）、豊橋（営業税撤廃期成同盟会）、神戸（実業組合連合会）、岐阜（商業会議所）、尾道（商業会議所）、四日市（営業税全廃期成同盟会）、弘前（商工会）、博多（商業会議所）、高岡（商業会議所）、門司（商業会議所）、直江津（商業会議所）、仙台（実業組合連合会）、和歌山（営業税全廃同盟会）、名古屋（営業税撤廃期成同盟会）、静岡（実業組合連合会）、広島（営業税撤廃期成同盟会）、徳島（商業会議所）、中新川郡（滑川町商工会）、敦賀、高知（商業会議所）、札幌（商業会議所、同業組合連合会、営業税全廃期成同盟会）、横浜（実業組合連合会）、川

越（商工会）、横須賀（実業組合連合会）、大阪（実業組合連合会）、酒田（商業会議所）

二　東京実業組合員

八王子織物同業組合、東京医科器械同業組合、東京呉服太物商同業組合、東京薪炭同業組合、白米同業組合、東京薬種貿易商同業組合、東京箪笥同業組合、東京板硝子商組合、東京洋傘問屋同業組合、東京機械金物商同業組合、東京理科器械同業組合、東京雑穀問屋同業組合

三　東京区部

芝区会、赤坂区会、日本橋区会

全国商工業者大会は、貴衆両院議員に対して廃税法案の支持の可否を問うアンケートも実施し、議員の意識を直接喚起した。このような手法は異例であり、必ずしも十分な回答があったわけではないが、衆議員議員四五六名中九七名、貴族院議員四〇三名中二〇名の回答があった。政友会は、改正又は軽減賛成一八名、廃税賛成六名で、憲政会は、廃税賛成二〇名、改正又は軽減賛成が三名であった[77]。

なお、このように全国商工業者大会が盛り上げた営業税廃税運動に対して、経済評論家の増島信吉は、利益の有無にかかわらず課税される点は確かに問題があるので臨時財政経済調査会の答申に従って課税方法を修正すればよいと主張した上で、仮に外形標準課税をやめて営業収益を課税標準とした場合には所得を隠匿する利益が大きくなるので、所得税だけを納める勤労所得者と営業税を納めている事業者の間で不公平が拡大する恐れがあることなどを指摘して、営業税の廃税論に批判を加えている[78]。

3　商業会議所連合会と全国商工業者大会の政府への働きかけ

営業税廃税運動においては、「全廃」を求める限り、全ての団体の利害が一致した。しかし、営業税をいかに修正するかということになると、具体案をめぐりそれぞれの団体の利害の相違が顕在化していった。

政府は、「営業税を仮に全廃するとせば地租も全廃しなければならぬような破目になり、国庫収入の第一位を占むる諸税に大影響を及ぼすので全廃は絶対に不可能であるが、軽減の点については考慮する」と、廃税はできないが修正には柔軟に応じるとの姿勢を示した[79]。そして、市來蔵相は、一九二二年八月一一日には全国商工業者大会実行委員に対して、九月六日には商業会議所連合会実行委員に対して、営業税を改正する場合の要望項目を提示するように求めた。

これらの団体は、あくまでも表向きは営業税全廃の旗をおろさなかったが、実際には、両者とも営業税を修正する場合の主要項目を非公式に政府に伝えた。

商業会議所連合会実行委員会は、売上代金に課税されること、特に少ない利益で多く販売するような場合に売上代金に課税されること、建物賃貸価格に課税されることを是正するべきと要求した[80]。

他方、全国商工業者大会実行委員会は、営業利益課税の方針により課税標準を選定し種目を減少させること、減損更訂範囲の拡張、免税点の引上げと税率の引下げ、原則として課税標準から建物賃貸価格を除くこと、利益皆無の年における課税免除、課税調査に際してはなるべく同業組合または各種組合・団体等に徴すること、官民合同の調査会設置と不正申告者等に対する制裁等を設けるべきことを要望した[81]。

このような要望を受けた上で、政府が営業税の改正案を含めた概算予算要求を公表する直前に、市來蔵相は、商業会議所の濱岡光哲や森田金蔵らに対して、「他税との関係上独り営業税のみ全廃することは不可能なり、半減と云うことも困難なり。政府は今回の修正案を以て満足するものに非ず第二回第三回と漸次修正を加へ完全の域に達したく殊に営業税は将来地方税に移さるへき性質を有するを以て其迄には簡単なる税法に改め置きたる希望なり。」と、直ちに廃税を実現はできないとしても政府としては相当の対応をしたことを内々に説明して誠意を示し、理解を求めた[82]。

三　概算予算案発表以降の各種団体の動態

1　概算予算の発表

政府は、一一月九日に、大正十二年度概算予算を閣議決定した[83]。そして、軍備制限及整理に依る減額（七、一〇〇万円）、行政整理に依る節減及び繰延額（六、五〇〇万円）の減額を含め、十一年度に比して、経常部と臨時部合わせて約一億七、〇〇〇万円の減少を行なうこととした。

歳入については、所得税、営業税、印紙税の三種税法の改正と石油消費税の廃止をすることを盛り込み、所得税（増収約六〇〇万円）、営業税（減収一、九〇〇万円）、印紙税（減収約六〇万円）、石油消費税（廃止約八八万円）の差引減収額として、一、四四八万円を見込んだ。そして、営業税については、次のような改正案を示した。

一　建物賃貸価格を課税標準となすものは現行法では物品販売業外一三種の多種に上っているのを制限し、建物を営業の必要条件とするもの（席貸業、旅人宿業、料理店業等）に限り其他の営業には之を除外する

二　売上金額に課税するもので売上利益が納税額を差引いた結果皆無となるものは課税を免除する

三　課税標準決定後課税標準が実際に於て其二分の一以下なるときは其程度に応じて更正する

建物賃貸価格を課税標準から除くという点は臨時財政経済調査会の答申の一部を反映していたが、利益がない場合の免税規定などは新しい考え方であった。

歳出については、土木関係の治水費増加（一、一〇〇万円）と北海道拓殖事業費増加（一〇〇万円）、教育関係の義務教育国庫補助額増加（三、〇〇〇万円）と学校昇格等の経費（三〇〇万円）、軍事費関係の陸軍兵器充実費（二

〇〇万円）と補助艦艇製造費（三、〇〇〇万円）、国債償還金（四、二〇〇万円）を増加させた。

政府が当初にとりまとめた概算要求の原案では、陸海軍の軍縮と行政整理で捻出された剰余金は、義務教育費国庫負担増額（一、〇〇〇万円）、営業税減税（一、九〇〇万円）と田畑地租の五厘減（七〇〇万円）、減債基金への繰入れなどに充当する計画としていたが、政友会が政府に強く圧力をかけ、田畑地租の減税は撤回させた上で、義務教育費国庫負担額を増額し、治水事業費として一、一〇〇万円を計上させたと伝えられた[84]。そこで政府は、農業者と商工業者への対応の不均衡を説明するため、地租軽減が行なわれないのに営業税が減税されるのは、税制上の不備を「応急的に匡正する」結果であって、国民への負担の軽減を目的としたものではないと強弁した[85]。

2　商業会議所連合会と全国商工業大会

政府が概算予算を閣議決定した際に公表された営業税の減税案について、東京商業会議所副会頭の杉原栄三郎は、「賃貸価格を標準から撤廃した事並に全然利益なき場合には免税の特権を与うるに至った事は幾分なりとも苛斂誅求の譏りを緩和するものとして政府の勇断と云ってもよかろう。」と評価し、東京実業組合連合会の山崎亀吉副会長も、「政府が良く我々の主張とせし所を汲み経済界の実状に鑑み時流に順応したる措置に出でられた事は大いに多とすべき所である。」と歓迎した[86]。

地租軽減問題が顕在化しつつある中で、東京商業会議所も東京実業組合連合会も、「全廃」は無理としても、建物賃貸価格を課税標準から除くことや、営業の利益が営業税額に達しない場合にその不足分を免税できるとしたことにより、外形標準課税に伴う問題が解決されるとともに、減税が実現することを期待した。

3　大日本実業組合連合会

しかし、大日本実業組合連合会は、政府の減税案に反対し、あくまでも全廃を求めた。同連合会は、一九二二年初めに営業税廃税運動の立ち上がりに弾みを付けた後、七月一〇日に武藤山治から臨時財政経済調査会特別委員長の林博太郎に対して次のように打電して、営業税の廃税を求めた[87]。

営業税ノ悪税タルコトハ世間周知ノコトニシテ　本会ハ軍備縮少及財政整理ニヨル剰余金ニ依リ本税ヲ全廃スルコトハ財政上不可能ノコトニ非ヅト信ズルヲ以テ　政府ニ於テ速カニ右ノ方法ヲ講ジ現行営業税ヲ全廃セラレンコトヲ望ム　就テハ貴会ニ於テ右ノ趣旨ニヨリテ立案決議セラレンコトヲ悃願ス　右委員会ノ決議ヲ以テ陳情ス

しかし、その後は、金輸出解禁に関する陳情書（八月）や解雇軍人に関する建議書（九月）を取りまとめた他、政費の節約により地租を全廃すべきことを決議（一一月）するなど、他団体が精力的に営業税廃税運動に取り組んでいた時に、武藤山治は「東京に行って頼んだって駄目です。（中略）一九二三年には少くも数十人の実業界を代表する代議士を送るようにご奮闘願ひたい。」と訴え、実業家党の設立に向けて選挙準備に力を注いでいた[88]。大日本実業組合連合会は、紡績業者と綿糸布商を支持基盤にしており、外海銕次郎が武藤山治に対して、「此際全廃の目標を去り軽減と改めた方がよろしい。」と提案すると、武藤はこれに猛反発し、「営業税を全廃するには政治上の力を得なければならない。」とする結論に落ち着いたことがあったという[89]。

武藤は、営業税の廃税運動を始めた理由について、「私共紡績業者は取引先から此営業税全廃運動を頼まれる度毎に、どうも下手に運動をして収益税にでもなると云うと紡績業者はつまらぬから、（略）久しく此運動に微温的に参加して居つた」と告白する一方、「取引先が悩んで居るのに、協力しないというのは如何にも不人情ではないか、いつたい営業税と云ふものは（略）結局我々が払つているのも同じではないか」と思ったからであると述べているように、武藤の出身母体の紡績業は製造業であり、増税になる可能性があるため営業税の収益税化を望んでいなかった[90]。

武藤からすれば、収益税化により増税されることを懸念していた紡績業者と、収益税化を求める綿糸布商の双方の要求を満足させた上、両者の支持をとりつけて政界進出への結集力に変えていくには、営業税の「全廃」を訴えることしか選択肢が残されていなかった。

その後、年末に大日本紡績連合会は、大阪綿糸同盟会や大阪綿糸布同盟会、日本綿花同業会から営業税の修正に関する意見を聴取し、営業税の全廃は支持するが、差当り物品販売業の売上金額に対する課税率を半減することを決議した[91]。収益税化されれば製造業で利益率の高い紡績業には却って増税となる恐れがあったため、課税方式を維持したままで減税する方が望ましかったからだと考えられる。しかし、この直後に開催された大日本実業組合連合会は、綿糸布商の意見も反映し、営業税の減税ではなく「営業税などの悪税の全廃」を決議した[92]。

4　日本綿糸布商連合会

政府が概算予算発表時に示した営業税の減税案に猛然と反発したのは、日本綿糸布商連合会であった。田附政次郎は、政府案は、「銀行業者には厚きに過ぎた位の優遇を与え、工業者亦相当の取扱を受けたに拘らず、多年廃税を絶叫し来つた商業者が何等顧みらるることがないとは、偏頗千万の改正案と謂わねばならぬ」と批判した[93]。

日本綿糸布商連合会も、当初他の団体と同様に廃税を求めていた。しかし、代替税源が無ければ、営業税の全廃を求めて政府当局にいくら陳情したところで現実的には実現は不可能であると認識し始め、七月に運動方針を転換していた。すなわち、単純に営業税廃税や減税を求めるのではなく、営業税を全廃しそれに代替して収益を課税標準とする「営業収益税」という新税を創設すること、さらに、もしそれで歳入の不足があれば、外形標準課税の「営業資本税」を創設して軽微な増徴に応じるとの方針を固め、実現に向けて運動を始めた。この案は税収を変えないことを前提としていたため、田附が臨時財政経済調査会委員に収益税化の提案をすると、委員や政府筋もこれを好意的に受け止めた。[94]

しかし、政府が概算予算で示したように建物賃貸価格が課税標準から除外されれば、大手の銀行、保険、工業、百貨店など大規模構造物を必要とする業種や、建物賃貸価格への課税の比重が大きかった小規模な物品販売業者には減税効果があったが、大手の綿糸布商など、建物賃貸価格よりも売上高への課税の比重が大きい事業者の負担は、増税になる恐れがあった。

政府案により、地方付加税が二五％増加すると仮定した場合、建物賃貸価格による税額が全納税割の一二％以下のものはすべて増税になるが、綿糸布商はいずれもそれよりも比率が小さいため、結果として二〇―三〇％の増税になる恐れがあった。そして、「物品販売業に付ては建物賃貸価格標準を復活存置し、之が賦課率を現行の二割七分七厘減とすること、同時に其売上高標準の付加率の各個に付二割七分七厘の軽減を為すこと」との修正意見を発表し、活発な働きかけを続けた。[95]

衆議院で営業税廃税法案が審議される直前の一九二三年二月二日から三日間、商業会議所連合会臨時会が開催されるに先立ち、一月二九日に大阪商業会議所は、「一．吾人は政府提案に係る営業税一、九〇〇万円の減税を以て満足するにあらす　行政財政の整理緊縮に依り之れから全廃を期す　二．尚ほ当面の問題としては国税に於いて一、九〇〇万円減税の結果地方税に於ても収入の減少を見るに際し之か補てんの為営業税の付加率を増加するか如きは絶対に反対す」との決議をして、あくまでも廃税を行なうことを決定していた。[96] これは、大阪の綿糸布商が政府の減税案に強く反対していたことを反映したと思われる。[97]

この時の商業会議所連合会では、大阪の綿糸布業者を中心に営業税の廃税に向けてさらに努力をすべきとの意見が出たが、神戸の森田金蔵は、自分は実業組合連合会の活動と合せて昨年二月から一二月までに一二回上京し、その内一一回は大蔵大臣に面談した結果として、「政府はこれだけの案でも出したということは、営業税全廃を叫びだしてから今度が初めてであると思ふ。」と、運動の成果を訴えた。

これに対し、田附は、「本税の六七割を課せられている物品販売業者の苦痛の声が全廃論となっている。二、〇〇〇万減税になっても地方付加税に三、四、〇〇〇万円の転嫁をされたらどうするか。比率の減少を求めても、酷なる誅求が行なわれれば比率の減少は無効である。この修正案は不公平なる程度を益々増大させる」旨発言し、建物賃貸価格が課税標準から除かれて減税されるとそれ以外の課税標準に負担がかかる上、地方税収補填のために地方付加税が増税されれば、全体として増税になるとの懸念を表明した。安宅彌吉も、デパートメントストア、銀行、製造業者は非常な緩和を見るだろうが、中以上の物販業者に対して恩恵が少ないと指摘した。

このような意見が交わされ、田附は調査委員会を設けて修正案を検討すべきと提案したが、連合会は田附の意見を否決した。そして、「吾人ハ営業税ノ一部修正ニ満足セス益々進ンテ之カ全廃ヲ期ス　一九二二年二月二日商業会議所臨時会」との決議をして、二〇会議所を幹事として実行に当たらせ、それ以外の会議所は各自極力その実行を援助することとし、田附の問題提起には応じなかった。[98]

なお、二月四日に東京実業組合連合会副会長山崎亀吉らが参加した全国商工業者大会は、「吾人は営業税の撤廃を期し目的を貫徹するため運動を持続す」との決議を行なっていたが、この時の大会はそれまでと違い、大きな世論を喚起することはなかった。[99] それは、『営業税全廃運動経過報告書』の記載が、一九二二年の秋で終了しているように、東京実業組合連合会は、建物賃貸価格を課税標準から除外する等で所期の目的を概ね達成したと考えたからであろう。

商業会議所や全国商工業者大会は政府の減税案に基本的に応じ、廃税運動の継続に消極的となっていたが、日本綿糸布商連合会は廃減税運動を活発に続けた。日本綿糸布商連合会は、政府案では、現在一万円の納税者にして賃貸価格の四―五〇〇〇円の全免に対し地方税三―四千円の増徴となり、営業税の改正が重大な打撃を綿業者に与えること、代替案がない場合には賃貸価格免税額二、〇〇〇万円の中、一、〇〇〇万円を存置し、一、〇〇〇万円を当業者の減税に振り当てるか、既定減税割合を廃止して税額按分比例の減税として増税結果の緩和を図るべきと陳情した。そして、日本棉花同業会の児玉一造（東洋棉花）、大阪綿糸同盟会の伊藤忠兵衛と田附らが政府や政党に働きかけを継続した[100]。また、中村（日本綿花）、小島（小島商事）、山本（山本商店）らが大日本紡績連合会にも支援を求めた[101]。

しかしこのような努力も実らず、衆議院で政府法案が可決されると、田附は、「従来全廃運動の中心となり其先頭に立ち来た物品販売者の主なるもの、生活必需品乃至原料品等に付薄利多量の取扱を為す営業者と貿易業者とは、今次の改正に於ては、納税額の大部分を占むる売上高の賦課率に何等の軽減若くは整理を加へらるることがない」ので、失望は転じて反抗的気勢を激成し「全廃運動は必ず継続される」と、廃税運動継続への決意を表明した[102]。

5 帝国農会

一九二二年初めから商工業者による営業税廃税運動が活発化する一方、米価が下落し、それまで沈黙を守ってきた農業者は、営業税廃税運動に刺激を受け、地租軽減運動を始めた。八月末に愛媛県農事大会は、「農業者をして自己の負担過重の実情を自覚せしむること」との決議を行なった[103]。続いて一〇月に帝国農会は、「田畑地租を百分の二個半に軽減する事、田畑地租の免租点を設ける事」などの「農業者の負担の軽減に関する決議」を採択し、地租軽減の実現を求め、政府や各党に働きかけを始めた[104]。

このような減租要求にもかかわらず、政府が発表した概算予算には地租軽減が含まれなかった。政府は当初、田畑地租の減税を検討していたが、政友会が働きかけてこれを撤回させ、義務教育費国庫負担額や治水事業費を増額したと伝えられたことから強く反発した[105]。そして、一一月二四日に大規模な全国農会大会を開催し、与野党の議員が多数参加する中、商工業者の負担を軽減しながら農業者の負担を不問にするのは「誠ニ遺憾千萬」であると、田畑地租軽減等を求める「農業者負担軽減ニ関スル要望」を決議し、政府や各党に対して強力な働きかけを始めた[106]。

帝国農会幹事の岡田温は、「現今農業者は何れの職業者に比するも比較にならぬ程多大な公課を負担して居る」として、農家も他の職業者の勤労所得に対比し均衡の取れる程度の課税にするため、重税の根源たる田畑の地租を軽減すべきこと、国税に附加する地方税の賦課法を改正すべきこと、義務教育費の国庫負担が補助の場合は町村に対し分配率を多くすべきことを主張した。さらに、農村救済の目標は自作者及び小作者の境遇改善であって地主の保護ではないとの説があるが、地租軽減が小作料の軽減を誘致するのであり地租軽減が単純に地主の保護であるとの所見は愚論であると主張して、地租の減税を求めて活発な運動を始めた。

そして、『農業者ト商工業者トノ負担比較資料』という資料を作り、営業税に対して地租の負担感の方が大きいことを分析した上で、関係者への説得に当たった[107]。

第三節　営業税の減税をめぐる政治過程

一　地租軽減問題への対応

概算予算が発表されると、政友会の小川平吉総務は、「政友会の方針は、軍縮に依りて得た剰余金を以て先づ文化的施設とか産業の発展に必要な事業の資源に向けると云うのである。（中略）憲政会の言ふが如く国民負担の軽減を目的とした廃減税は其時機で無い（中略）無論制度の欠陥に対して其の改正を為す必要があり、之が為廃税又は減税するは別問題であって此事は我党に於ても其の必要を感じ且つ之を主張してゐるのである。（中略）国利民福の増進の為に新に施設すべき事業は甚だ多いのみならず（中略）我が国も列国と競争するには是非共積極的に進まなければならない秋である。教育、治水、産業等国家的施設として必要欠くべからざる経費は悉く計上せられているが是は我党の方針と殆ど同一に帰着したものである」と述べて、概算予算を歓迎した。

一方、憲政会の早速整爾総務は、「僅々一、四〇〇万円の減税を行はんとするが如きは如何にも不徹底極まるは勿論国民負担を軽減するものとしては其の理由が備はらず税制を整理するものとしては其の主義が完徹していない。」と批判した[108]。

政府の概算予算が発表された後、帝国農会をはじめ各方面から、営業税収入一、九〇〇万円と営業付加税の一、六〇〇万円の減税が行なわれるのに対して農家の負担を軽減しないのは不公平であると、地租軽減の要求が急激に高まっていったが、政友会の高橋総裁は、各地の演説会で、軍縮によって財源が確保したからこそ積極政策を実行すべきと訴え、軍備の縮小による国庫の余裕を減税に充てるべきであるという主張を一貫して退けた[109]。

それに対し、憲政会は第四五回帝国議会から軍縮剰余金を地租と営業税の改廃に充てるべきとの主張をしており、帝国農会が地租軽減運動を始めるとこれを強く支持した。

政友会は、地租軽減を求めた一一月二四日の全国農会大会を受け、減租運動が高まる中で、三〇日に農村問題特別委員会を開催し対応策を検討した。そこで、義務教育費の補助増額や治水費等の計上等により農村は至大の恩恵を享けるが、営業税の軽減だけをして地租を軽減しなければ農民と商工業者とは負担の均衡上、著しき差異を生じることになるので「所得税営業税には何れも免税点が存じて居るのだから（中略）此際地租に就ても何等の方法を立てる必要があろう」との意見が出された。しかし、同委員会の島田俊雄副会長は、「免税点を設定する結果、納税資格に影響を及ぼし自然選挙権に関係があるであらうから、選挙権に影響を来さざるが如く他の方面よりも慎重に調査を進めて貰ひたい。」と慎重な姿勢を示した[110]。

続いて一二月一四日の農村問題特別委員会では、大蔵省から地租に免税点を設定すると地価が不均衡なことから免税点の設定によって益々不均衡が拡大すること、地租納税者が一、〇〇〇万人いる中で五円未満の納税者が約七二〇万人と選挙権喪失者が多数になり選挙法との重大な関係が生ずるとの理由から、免税点設定は困難であるとの説明があった[111]。これに対して、農村派の井上角五郎は、免税点の設定が困難であることは理解するので自作農地租全免の可能性についての調査を求めた。

これ以後の政友会の動きについて『東京朝日新聞』の記事を元にたどってみたい[112]。

政友会の農政研究会のメンバーは、一二月二六日、帝国農会において自党の代議士の取りまとめをして運動することとしたことを踏まえ、三七名の代議士を帝国農会の楼上に招き、意見交換を行ない、少なくとも営業税軽減以上の地租の減免を実現するよう、天春文衛を委員長として、井上角五郎、吉植庄一郎、渡辺修などの二三名の実行委員を設けて運動することとした。一二月二七日に憲政会が地租の二分減を求める法案を提出しており、農民党を自認する政友会の農政派議員としては帝国農会との関係で、それ以上の対応を行なわざるを得ない状況に追い込まれた。

一二月二九日、地租軽減問題を中心とした農村救済問題について、最高幹部会（岡崎邦輔顧問、床次竹二郎、小川平吉、川原茂輔、武藤金吉、中西六三郎各党本部総務、望月幹事長、横田千之助、三土忠造、島田俊雄、井上敬之助各院内総務等出席）を開催して協議した。その結果、農村救済は急務であるが、地租軽減には手を触れない、その代わりに、当面の救済策として、米穀法の運用による米価の維持、低利資金の融通、生産費の低下、義務教育費を農村に厚く配分することなどが提唱され、今後検討されることになった。この時の議論については、「党略を棄て国家的見地より農村救済策を確立しこの問題を以て今期議会の一大新政策たらしめんとの意嚮に決した様である。」と伝えられた。

一月一〇日の記事には、政友会の幹部は、税制整理の観点から地租軽減を直ちに首肯することはできない、地租と地方付加税との関係から地方財政について考慮する必要がある、今日地租減税を主張することはそれを否定してきた高橋総裁の名声を反故にし、政府との関係においても背信行為となる、二分または二分五厘の地租軽減では負担軽減の観点から姑息であり徹底しないという意向をもっているのではないかと伝えている。

農政派の井上角五郎ら二二〇名が年明けにも連判をとって地租軽減の実現を期すべく幹部に迫ることを申し合わせる中で、政友会は一九二三年一月一四日、再度、最高幹部会を開催して検討を行った。

この場で、幹部から、事前に農政派議員と「今日の時節は単に一分や二分の地租軽減に依つて農村の救済振興を図らんとするは姑息不徹底であるのみならず是がため却つて小作争議を助長するの嫌ひがあるから今日は地租軽減によらずして農民の負担軽減を図り農村の救済振興を実現せねばならぬ。」と、極端な減税論をとらないことで一致したことを紹介した上で、「新旗幟」として地租委譲と農村振興上の施設実行の二大項目を打ち出すことを決定した。農村振興上の施設としては、農業制度の改善、農業各種組合の整理統一、農村金融機関の完備、農村教育の普及拡充などの改革を行うことを掲げた。

一八日の最高幹部会において、この提案をめぐって財源確保の方法、実行時期、選挙権の失権、営業税委譲などの問題が提起されて結論が出なかった。

最終的に、一九日に床次、岡崎ら政友会幹部は、天春、渡辺、井上角五郎ら農政研究会地租問題実行委員と面会し、

一．農村振興に関し徹底的の方策を樹て速やかにこれが実行を期すること

二．行政及税制の根本的整理を遂げ殊に地方の独立の財源を付与し農村の負担を緩和しつ且つ農村の振興に資

すること

三．米価の安定に関し政府をして速やかに適当の方策を講じこれを実行せしむること

という対策の綱要を示した。

これに対して、天春と渡辺は、今帝国議会に法律として出せるものはないか、地租委譲を大正十三年度にするため提案できないかと質問したが、横田院内総務は、「(我々幹部の)決心覚悟たるや非常に重大なるものであつて我々は今後これが実現を期する責任を負ふという点に於ては法律案と何等軽重の差はないのである。」と述べて、法律案であっても建議の形式でも効果において差がないと訴えた。

そして、二一日、政友会の相談役会を開催し、農政派から、農村振興、地租委譲を含む行政及び税制の根本的整理、米価の安定の方策を実行する方が地租軽減に優るとの理解を得て、地租軽減をとらずに地租委譲を党の方針とすることを最終的に決定し、高橋総裁に報告した。

一方の憲政会は、一二月二四日、最高幹部会を開催し、ワシントン会議による海軍制限費四、五〇〇万円を、地租の二分減（二、四〇〇万円）と現行営業税法を廃止し収益に関する特別営業税を起こし一、九〇〇万円の減税を行なうとともに、一般行政整理の財源にて生活必需品に対する課税の減免をする方針を決定した。商工業者を支持基盤としているはずの憲政会が、営業税よりも地租の減税額を大きく計上した。

濱口雄幸総務は、「営業税は明治三十年から起こされて居るが大体の税は十年もたてば良税になるのに此の税だけは今日尚非難の声がある。殊に近年の如く経済界激変の時に当つては利益がないのに一定の標準で課税されるので政府のやうな改正案を出しても批難の声已むまい。商工業者に対して課税の全廃は六ヶ敷いが営業の純益に関し特別税を起こす必要がある。」と述べ、自ら減税諸法案を起草し、営業税の軽減額については、一、九〇〇万円で政府案と同額としたが、外形標準課税を止めて収益課税とする営業特別税に変更する方針を固めた。[113]

二　営業税減税と地租委譲問題

1　営業税減税の実現

第四六回帝国議会は、「減税の要望は愈々熾烈となり、特に営業税廃止の声は甚だ高く、殆ど世界大戦前に於ける状況に復せるの観を呈するに至れり」と評され、税制整理が最大の焦点となった。そして、地租軽減と営業税廃減税を中心に論戦が交わされた[114]。

憲政会は、海軍軍縮の結果財政に余裕が生じた場合には減税の資に充てるべきとして[115]、地租二分減、営業税を廃して新たに営業特別所得税を設けるとともに、織物消費税、醬油税、自家用醬油税の廃止を唱え、その歳入欠陥は主として軍備縮小と行財政整理の実行による剰余金に求めた[116]。

庚申倶楽部は地租と営業税を一九二三年度から撤廃する法案を提案した。革新倶楽部は地租を一九二三年六月に、営業税を一九二三年三月末に廃止して両税を地方税に委譲することを提案した[117]。

政府は、一月一九日に閣議において所得税法、営業税法、売薬営業法、石油消費税法、印紙税法の改正を決定し、営業税については建物賃貸価格の原則除外や税率変更などを盛り込んだ。

衆議院の審議では、憲政会の濱口雄幸や下岡忠治が、政府はなぜ営業税だけ減税して地租の軽減をしないのか、政友会が主張する地租の地方委譲の財源はどのように確保するのかということを焦点として、政府や政友会を攻撃した。しかし、政友会は他派提出の税制案はすべて否決の方針を立て、二月九日、衆議院の所得税法中改正法律案外一四件を審議した委員会において、憲政会、革新倶楽部、庚申倶楽部から提案されていた一〇本の廃減税法案を否決した[118]。

二月一一日の本会議において、早速整爾は、政府の営業税法改正案は外形標準の課税による弊害を根本から改革するものでないことから、現行どおりでは「悪税ハ何所マデモ悪税デアル」とし、農村のための地租の問題や社会政策的見地と産業発展のための消費税の問題を閑却しているとして、政府提案の減税法案に反対した。

これに対し、政友会の島田俊雄は、憲政会は、「地租ノ二分減ノ主張ヲ為ス故ニ、営業税ニ於テモ多少ノ減額ヲ為スベキ案ヲシナケレバナラナイト云フ、其御苦心ニタイシテハ、吾々ハ同情ヲ表スルモノデアル」と憲政会は、商工業者を代表するように標榜しながら真の意図が営業税の減税にあるのではないと批判した。また、革新倶楽部の地租委譲の考え方には賛成するとしながらも、大正十二年度からの実施には反対した[119]。

ここで政友会が大正十二年度から地租委譲を実施することに反対したのは、党内の調整が充分とれていなかったこと、技術的にも、地租委譲を実現するための財源の調整や法整備、委譲後の農民の選挙資格の剥奪に対応するための普通選挙法への対応などの準備期間が必要となることからと考えられる。

政府提出の所得税法中改正法律案、石油消費税法廃止法案、売薬税法中改正法案、印紙税法中改正法案は原案のとおり可決されたが、政党提出の廃減税法案はいずれも否決された。そして、貴族院においても、三月一五日に政府案が本会議で可決され、税制改正法案が成立した。

2 行政及税制ノ整理ニ関スル建議案

政友会は、地租の減税を否決し、営業税の減税法案だけを実現させたが、農村地主の激しい地租軽減の要求については地租委譲を実施することを公約することで乗り切ることとした。

一月三一日、政友会は、政務調査総会を開催し、行政財政整理と農村振興の両建議案を決定し、地租の減税ではなく地租を地方の財源に委譲することにより、低所得者層を含めた農村部の負担の軽減を行なう方針を決定した。そして、二月三日、政友会は、衆議院本会議に、「政費の節約を行い並に汎く税制を整理して国民負担の均衡を計り、殊に地租の如き独立税種を委譲し地方財政の基礎を強固にすべし」との「行政及税制ノ整理ニ関スル建議案」を提案した。

この行政税制整理建議案の提案理由について、三土忠造は、大正三年と十一年の国庫歳計は二倍、地方歳計は三・六倍になる中で国税よりも地方税の負担が激増し殊に農村の負担が激増しているため、少なくとも地租は地方に委譲すべきであると提案理由を説明した。そして、「憲政会や革新倶楽部を組織している元国民党系の諸君は、減税問題については、日露戦争後三悪税廃止の必要を唱え、つい此の間まで営業税全廃と通行税廃止を唱えていたが、今日は、営業税は全廃せずその内容、組織を改善して特別所得税として存すべきものとの提案であり、純然たる営業税全廃論ではない。殊に地租の減税論を唱えたのは憲政会が始めである。これら過去の歴史を顧みると、我が国の租税政策に対して一定の識見がないことを暴露した。」旨述べて憲政会を批判した[120]。

ここで地租委譲と普通選挙法の問題は表裏一体の問題であると意識され、議会における一つの大きな論点となった。

革新倶楽部の湯浅凡平は、地租委譲と選挙権の関係について、選挙権法が改正され納税要件が三円に引き下げられ選挙有権者の数が三倍に増加したが、続いて起る所得税の改正によって免税点の引上げが行なわれ、社会政策のおかげで折角与えられた選挙権が剥奪される悲哀を現している、と指摘した後で、地租委譲によって二〇〇万人という地方の農民が参政権を剥奪される結果になるが政友会の諸君も普通選挙について自覚し、「未練ガマシイコトヲ捨テテ、男ラシク兜ヲ脱イデ吾々ノ軍門ニ降伏シ、普通選挙ノ断行ニ御賛成アルヤ否ヤ伺ヒタイ」と指摘した。

三土は、税制の整理は担税力の強弱、負担の衡平、租税の体系から考究すべきもので、他の問題と混淆すると税制整理は円滑にいかないので、「税制整理ノ結果ヲ以テ選挙権ノ問題ヲ解決シタイ、サウシテ世界ノ所謂翻訳的ノ選挙権ノ拡張デハナクシテ、我国ノ国体、国民性、総テカラ考慮シマシテ円滑ナ解決ヲ図ルツモリデアリマス。」と応答し、税制と選挙権の問題は別個の問題であると、直接の答弁を避けた。

これに対し、無所属の田淵豊吉は、「日本ハ政党ガ政友会ハ農民党デアル、憲政会ハ商工党デアル、国民党今ノ革新倶楽部ノ中産党デアルト云フヤウナコトヲ吾々ハ聞イテ居ル（中略）憲政会ガ地租ヲ減スト、サウシタナラバ又農民党デアル筈ノ政友会ガ営業税ヲドウスルト云フコトニナッテ、入乱レテ選挙権ヲ獲得スル為ニヤッテ居ルヤウニ私等ニハ見エル」と、第三者的な立場から減税問題の背景に政友会と憲政会の間で選挙権の獲得をめぐる確執があることを喝破した[121]。

地租委譲が実施されれば現行法のままでは農村地主の選挙権が失われることが明らかであったため、普通選挙法に反対してきた政友会がどのような方針をもっているのかが注目された。

そこで、憲政会の高田耘平が、大正十二年度から地租委譲をすれば一九二三年五月の選挙では現行法のままでは多くの農民の選挙権がなくなるがそれをどのように救済するか確認した。これに対して、三土は、地租を委譲して新税を起こさないで済む場合には選挙権の拡張を考慮しなければならないが、この場合「納税資格ナルモノヲ撤廃シテシマッテ、他ノ条件ヲ以テ選挙権ヲ極メル、所謂普通選挙ト云フヤウナ程度迄ヤラナケレバナラヌガ、是ハ税制整理ノ全体ガ出来タ上デ考慮スベキモノダト思ヒマス（中略）現在ノ選挙権ヲ縮小スルコトハナラヌ、場合ニ依テハ納税資格ヲ選挙ノ条件ト違ヘルカモ知レマセヌ」と、税制整理の結果を見て普通選挙制度も排除しないことを明言した[122]。

さらに、憲政会の下田勘次は、地租営業税の委譲は制限選挙法の打壊しであり、普選即実行論者でなければ唱導する資格はないと述べた後、「大正十二年度の予算御編成ノ際ニ、大蔵当局ニ於キマシテハ、地租ノ五厘減ノ御考ガアッタト云フ話デアル、併ナガラソレモ沙汰止ミデアッタ、多数党タル政友会諸君ノ中ニハ、現在ノ農村問題ヲ憂ヘテ、自作農ニ対スル地租免除ノ御意見ヲ持ッテオヰデニナル御方ガアルト云フ事ヲ聞キマシタ、併ナガラソレモ何等本議場ニ現レズニシマッタノデアリマス」と指摘して、「総テ斯クノ如ク社会政策的ノ租税ノ改廃ハ、悉ク制限選挙ノ為ニ累サレテ居ル（中略）多数党ノ諸君ガ此行詰リヲ殊更ニ自ラ窮地ニ陥レテ、サウシテ選挙法改正ノ新タナ途ヲ開カントセラレタノデアル」と述べ、制限選挙の下で政友会が農村地主の有権者の減少を防ごうとしたために低所得の農業者への減税が阻止されていたことを批判した。[123]

このように、営業税や地租の減税や免税点の設定などが制限選挙の下ではそれぞれ選挙基盤とする有権者を減少させるということが暗黙に意識されながら討議が行なわれ、三月一七日に衆議院本会議で政友会の「行政及税制ノ整理ニ関スル建議」が可決された。

三　政治構造の変化

江口圭一は、営業税廃税が実現できなかったのは「運動の敗退」であり、それは商工業者などの民衆運動が徹底しなかったからであるとしている。[124]

しかし、この時の議会において、営業税だけを廃止する政治的可能性は皆無に等しかったと考えられる。なぜなら、国税収入に占める営業税と地租の比率は、一九〇七年の四九％（うち営業税七・七％）から一九二三年の一八・五％（うち営業税八％）に下がったが、依然として大きな歳入であり、仮に商工業者の廃税が認められれば、議会において圧倒的な政治力をもつ農業者が商工業者との均衡から地租廃税を求め、両税の収入が失われる可能性があったからである。[125]

「桂園体制」の政治構造の分析で明らかにされているように、日露戦後から、貴族院を押さえていた政府は、軍備拡張のための財源の確保を目指す一方、農業者の利害を代表して衆議院を押さえていた政友会は、地租軽減要求を抑えつつ、地方における鉄道敷設や治水事業、教育施設の充実により地方に利益を還元するという「積極政策」により党勢を拡張することを目指した。そして、政府と政友会は、それぞれが必要とする財源を商工業者の負担に求める点で利害を一致させていた[126]。

このため、日露戦後の増税反対運動や三税廃止運動が目的を達しなかったように、議会において商工業者の負担だけを軽減する法案を成立させることや、商工業者だけに負担を課す法案の成立を阻止することは決して容易なことではなかった。

これに対して、一九二二年の営業税廃税運動の結果、第四六回帝国議会では営業税の全廃は達成できなかったものの、地租軽減をせずに建物賃貸価格を課税標準から除くなどにより営業税収の三割近い減税を達成できたことは画期的なことであった。

この時、それまで営業税減税に消極的であった政府と政友会が営業税の減税を支持したこと、農村部の利害を代表するはずの政友会が地租軽減を支持しなかったこと、都市部の利害を代表するはずの憲政会が地租軽減は支持しても営業税については全廃ではなく収益税に代替すべきであると主張していたことが注目される。

その背景には、次のような政治構造の変化があったと考えられる。

第一に、ワシントン海軍軍縮条約締結により、それまでの絶えざる軍事費の拡大圧力が逆に縮小方向に転じたことで、予算編成をめぐる政府と政友会の関係が一変した。政府は、帝国議会の発足以来、軍事予算を増加させる上で衆議院の支持を得ることが最大の難関であったため、基本的に多数党であった政友会の支持を得る必要があり、同党の党勢拡張策である積極政策にも協力せざるを得なかった。しかし、軍事予算を拡大する必要が無くなれば政友会の積極政策に応じる必然性も乏しくなった。加藤友三郎内閣が、政友会を与党としながらも政友会の基本的な政策方針である積極政策に反する緊縮財政方針をとり、政友会が重視する治水事業などと財源が競合する地租軽減を支持したことはこれを示している。

第二に、この時代、農村部の利害が分化し、地租軽減が当然には農村部全体の負担軽減にはつながらなくなっていた。農村部で負担が増加していたのは、国税の地租ではなく府県税と市町村税を合わせた地方税の方であったからである。

すなわち、一九一四年から一九二二年までの間、営業税収は、二、九〇〇万円から七、七〇〇万円へと二・七倍に拡大したが、地租の税収は、七、五〇〇万円から七、四〇〇万円へとほぼ一定であった。この間に、地方税の税収は、一億七、六〇〇万円から六億四、一〇〇万円へと三・六倍に拡大し、道府県税と町村税の戸数割の付加税収の合計は七、五〇〇万円から二億四、八〇〇万円へと三・三倍に増加した[127]。この結果、地租と地方税の合計に占める地租の比重は、一九〇〇年には三六％、一九一四年に三〇％であったものが一九二二年には一〇％に下がり、地租をわずかに軽減しても、農村部全体の負担を軽減させる効果は限られた。

さらに、政友会の支持基盤である農村部で小作争議が社会問題化し始め、地租の軽減は地主の負担を軽減させても小作人の負担を直接的には軽減させないため、かえって小作争議を頻出させるのではないかとの批判も起こった[128]。

こうして政友会は、地租軽減よりも治水事業などの積極政策と義務教育費国庫負担の増額による市町村の負担軽減により、実質的に農村部全体の負担の軽減を図ることを目指した。その上で、地租委譲を公約することにより、将来的には地方税である戸数割やその付加税など、下層民に負担の大きい地方税の負担軽減により、農村部の中間層以下の負担も軽減されるという希望を与え、不満を抑えたのであった[129]。

第三に、減税が有権者数を変動させることが政党の方針に影響を与えた。地租が軽減されれば農村地主の有権者数が減少し、農村地主を基盤としていた政友会が不利となった。反対に営業税が廃減税されれば、商工業者が多い都市の有権者数が減少し、都市を基盤としていた憲政会の方が不利になった。しかし、営業税を大幅に軽減するのではなく収益税にすれば都市部の有権者数を維持することが可能であった。

第七章でみるように、一定以上の国税納税者にしか選挙権を与えなかった制限選挙制度の下では、政党がその支持基盤の有権者に減税すれば自党支持の有権者数が減少するという「逆説」(パラドックス)が、各党の素直な政策の実施を制約していることが強く認識されるようになった。さらに、第八章でみるように、政友会は、農村地主の負担軽減のために地租軽減をすれば、地租有権者を失う一方で、中小農の負担軽減のために地租委譲をすれば、膨大な地租有権者を失うことになった。このような状況に直面した政友会は、自らの支持基盤を強化、再編するために普通選挙制度を目指さざるを得なくなった。

小括

ワシントン海軍軍縮条約の締結により軍縮剰余金が生じることを期待して、それまでの営業税廃税運動の中心的な担い手であった商業会議所連合会や東京実業組合連合会が主導する全国商工業者大会に加えて、第一次大戦を経て成長した大阪の大手の紡績会社と繊維商社の双方を支持基盤とする大日本実業組合連合会や、繊維商社だけを支持基盤とする日本綿糸布商連合会も廃税運動に積極的に参加した。各利益団体は、営業税の廃税という目的では一致し、お互いに連携しながら運動を展開したが、税制を修正するとなるとそれぞれの利害の相違が明らかになった。

政府が建物賃貸価格を課税標準から除くなどの方針を打ち出したのに対し、商業会議所連合会と全国商工業者大会はこれを支持した。しかし、営業税の廃止ではなく営業税の収益税化を求めることに運動方針を転換した日本綿糸布商連合会は、売上高の大きい割に建物賃貸価格に係る課税の比率が小さいので、政府案では地方付加税を合わせると増税の恐れさえあるとして反対した。また、紡績業と綿糸布商を支持母体とする大日本実業組合連合会は、収益税化することにより利益率の高い紡績業が増税となる可能性があったため、あくまでも両団体の利害が一致する廃税を求めた。

この時期、地租軽減をせずに営業税のみの減税を実現することができた背景には、ワシントン軍縮体制となり軍事費拡大の圧力が減ったため財政的余裕ができたこと、桂園体制以来の政府と政友会の相互依存関係が弱まり、政府は政友会に反して負担の軽減を主張できるようになったこと、農村部においては地租の負担の比重が下がったばかりでなく小作争議が多発して、地租軽減が必ずしも農村部全体の負担軽減にならない状況が顕在化してきたことがあった。

さらに、憲政会は一九一四年の営業税減税で商工業者の有権者を大きく失った経験から、営業税を廃減税して有権者を失うことを恐れる一方、政友会は免税点などの設定により地租軽減をすれば農業者の有権者を大幅に失うことを懸念していたと考えられる。

このため、政友会は営業税減税の実現を積極的に推進しながら、地租軽減に反対し地租委譲を打ち出す一方、憲政会は、営業税だけではなく地租の減税も訴えたが、営業税廃税は支持せず、逆に収益を課税標準とする特別営業税を創設して税収を維持すべきとの方針を打ち出した。

注

1　「第三章　一九二二年の営業税反対運動」江口圭一『都市小ブルジョア運動史の研究』未来社、一九七六年、二三三―三〇三頁。

2　石井裕晶「一九二二年の営業税廃税運動の政治経済過程」『社会経済史学』第七六巻第一号、社会経済史学会、二〇一〇年。

3 『大阪朝日新聞』一九一九年一月三一日。

4 田附商店編『田附政次郎伝』大阪、一九三五年、一〇一頁。

5 高橋亀吉編『財政経済二十五年誌　第四巻　政策編上』実業之世界社、一九三二年。

6 大蔵省『明治大正財政史　第六巻　内国税上』財政経済学会、一九三七年、二二八―二四二頁。

7 『明治大正財政史　第六巻』二四二―二六三頁。諮問第五号関係の特別委員には、林博太郎、郷誠之助、高橋光威、濱口雄幸、田中隆三、藤山雷太、前田利定、神野勝之助、水町袈裟六、末延道成、神戸正雄、関田嘉七郎、黄金井為造、濱口吉兵衛、小橋一太、井上辰九郎、星野錫、桑田熊蔵、横井時敬、気賀勘重、馬場鍈一、米山梅吉、山本悌二郎、和田豊治、三土忠造、添田敬一郎、奥平昌添、波多野承五郎、大塚勝太郎が任命された。

8 『東京商業会議所報』第四巻第七号、一九二一年七月。

9 大日本紡績連合会『第四三次綿糸紡績事情参考書』一九二三年一〇月。

10 大蔵省主税局『主税局統計年報書』大正十一年、二〇五―二二六頁より算出。

11 物品販売業の「甲」は、①米、麦、豆、石油、肥料、塩、煙草、薪炭の卸売及び小売、②繭、白絹糸、白絹布、棉花、白綿糸、白綿布、紙、麦稈真田、麻真田、経木真田、花筵、砂糖、麦粉、燐寸、銅鉱鉄地の卸売。「乙」は、前項②項の繭その他の小売及び以上に掲げないものの物品の卸売及び小売。

12 William E. Borah, *American problems: a selection of speeches and prophecies*, edited by Horace Green New York : Duffield & Company, 1924, pp.163-165. William E. Borah, on the Necessity for Naval Disarmament, September 1921, TeachingAmericaHistoy.org

13 『日本海軍史　第三巻　通史　第四編』海軍歴史保存会、一九九五年、三四―三六頁。『日本外交文書　ワシントン会議海軍軍備制限問題　上』外務省、一九七三年、一―三頁。Claudius O. Johnson, *Borah of Idaho*, University of Washington Press, 1967, pp.264-273. *The New York Times*: December 15 and 21, 1920, January 4 and 26, February 25, March 4, April 13 and 14, May 5, 14, 20 and 26, June 2, 4, 5, 7, 30, July 7, August 12, 16, and 18, October 2 and 14, November 14 and 26, 1921.

14 Roger Dingman, *Power in the Pacific : the origins of naval arms limitation, 1914-1922*, (University of

Chicago Press, 1976), pp.150－151.

15　木坂順一郎「軍部とデモクラシー」『国際政治』通号三八、平和と戦争の研究第2、日本国際政治学会、一九六九年四月。

16　『武藤山治全集　第四巻』新樹社、一九六四年、二二六―二二七頁。

17　武藤の大日本実業組合連合会から軍備縮小に関して申出あり、四月四日の東京商業会議所役員会においてはこれを宿題として検討することとした（『東京商業会議所報』第五巻第八号、一九二二年八月）。

18　『東京商業会議所報』第四巻第一二号、一九二一年一二月。『大阪朝日新聞』一九二一年一一月一五日―一六日。

19　『東京商業会議所報』第五巻第一号、一九二二年一月。『東京日日新聞』一九二一年一二月九日。

20　商業会議所連合会『税制整理ニ関スル各地区商業会議所連合会決議概要　附録　各種実業団体ノ税制整理決議』。

21　『実業之日本』第二四巻第二号、一九二一年一二月。

22　大日本実業組合連合会『大日本実業組合連合会会報』第一号、大阪、一九二二年七月。

23　大日本実業組合連合会は、一九一九年二月一五日に、東京糸問屋組合、愛媛県織物同業組合連合会、京都実業組合連合会、日本輸出莫大小同業組合連合会、日本棉花同業会、大阪綿糸商同盟会、輸出棉商同盟会、大阪工業協会、阪神糖業組合、紀州綿ネル同業組合、愛知県織物同業組合連合会、大阪織物同業組合、大日本紡績連合会をメンバーとして発足した（前掲『武藤山治全集　第四巻』二二六―二二九頁）。

24　『大阪時事新報』一九二二年二月八日。

25　大阪商業会議所『月報』第一七六号、一九二二年一月。この時の決議内容は次のとおり。一　工業力の充実に関する事項、二　一般産業に関する事項、三　財政並税制の整理に関する事項（一）国費節約　特に陸軍減少、（二）悪税（営業税其他）の廃止、（三）負担の公平を主眼とする税制の整理、四　社会政策に関する事項、五　軍縮に伴ふ善後策に関する事項、六　国民的宣伝に関する事項。

26　『大阪時事新報』一九二二年二月八日。

27　『大阪時事新報』一九二二年二月七日。大阪実業組合の中山太一は、大日本実業組合に関与し、政治性の強い八木のみならず、翌年、荒木道文との間でも対立し、大阪実業組合と大日本実業組合連合会の関係は決裂した。

28　『大阪朝日新聞』一九二一年一二月二三日。

29 『大阪時事新報』一九二二年二月九日。『読売新聞』一九二二年二月一一日。

30 『読売新聞』一九二二年二月九日。

31 『大阪時事新報』一九二二年二月二一日。二月二三日に東京で開催された全国商工業者大会において、八木与三郎は、「商業会議所も悪なる営業税が大部分を維持することになっており、この際合理的なものを提言すれば営業税の徹底的な運動ができるのではないか。」と発言した。なお、三月四日の大阪商業会議所営業税に関する委員会においては、営業税廃止期成同盟会に本所委員が個人で参加しても相当費用を寄付することが合意された。

32 『中外商業新報』一九二二年二月二三日。前掲『田附政次郎伝』一〇四頁。『読売新聞』一九二二年二月二三日、二八日。

33 小風秀雅、阿部武司、大豆生田実、松村敏編『実業の系譜　和田豊治日記』日本経済評論社、一九九三年、二六〇頁。

34 前掲『田附政次郎伝』一〇二頁。

35 大阪、京都、名古屋、横浜、神戸、仙台、山形、甲府、高崎の各市にも実業組合連合会が存在した（社団法人東京実業組合連合会『営業税全廃運動経過報告書　第壱編』一九二二年、一頁）。

36 『営業税全廃運動経過報告書　第壱編』一八頁。

37 『中外商業新報』一九二二年二月四日。

38 『営業税全廃運動経過報告書　第壱編』二〇頁。『東京朝日新聞』一九二二年一月二六日、二月三日。

39 『営業税全廃運動経過報告書　第壱編』二七頁。

40 『営業税全廃運動経過報告書　第壱編』五九―九七頁。『東京朝日新聞』一九二二年二月二四日。

41 『大正十一年二月開催　臨時全国商業会議所連合会議事速記録』五頁。なお、江口圭一は、一九二二年二月の「臨時商業会議所連合会に参加した六四会議所二四二名のうち、全国商工業者大会に代表が参加したのは、四二会議所の一一九名にとどまった」ことを根拠に商業会議所が消極的であったと主張している（江口前掲『都市小ブルジョア』二五八頁）。しかし、そもそも商業会議所連合会が東京で開催されるのと併せて各地の実業団体も上京するように促したのは、商業会議所連合会実行委員会であった。また、会議に参加した阿部吾市は、出席者の「三〇〇名程は全国各地の商業会議所関係」と述べており（『営業税全廃運動経過報告書　第壱編』五九頁）、江口は両団体からの出席者の重複を看過していると思われる。

42 『読売新聞』一九二二年二月二八日。

43 『東京朝日新聞』一九二二年二月二二日。

44 『東京商業会議所報』第五巻第一号、一九二二年一月。

45 「二月七日　東京商業会議所役員会　東京実業組合連合会、東京日用品商連合会ヨリ営業税全廃ニ関スル陳情アリタルニ付其貫徹ニ努ムル件」『東京商業会議所報』第五巻第八号、一九二二年八月。「二月一六日の東京商業会議所役員会　営業税全廃ニ関シ日本輸出絹織物同業組合連合会ヨリ陳情アリタルニ付目的ノ貫徹ニ援助ヲ与フル件」『東京商業会議所報』第四巻第八号、一九二一年八月。日本輸出絹織物同業組合連合会（松井文太郎副組合長）は、二月一〇日に営業税全廃を決議しており商業会議所との連携を求めた。

46 全国商業会議所連合会『税制整理に関する各地区商業会議所連合会決議概要』一九二二年二月。

47 『東京商業会議所報』第五巻第二号、一九二二年二月。『東京朝日新聞』、『読売新聞』一九二二年二月四日。

48 『東京商業会議所報』第五巻第四号、一九二二年四月。

49 『読売新聞』一九二二年二月二六日。『東京朝日新聞』一九二二年二月二六日。

50 『読売新聞』一九二二年三月三日。

51 大正十一年一月二十二日『衆議院議事速記録第三号』一四頁。

52 『東京朝日新聞』一九二二年二月一一日。『読売新聞』一九二二年二月一三日。

53 『東京朝日新聞』一九二二年二月九日、一四日。

54 大正十一年三月十五日『衆議院議事速記録第二九号　決議案』七一六、七一九頁。

55 大正十一年三月二十二日「軍備縮小ニ基因シテ生スヘキ失業労働者ノ善後ニ関スル建議委員会議事録　第四回」『衆議院議事速記録』三頁。

56 大正十一年三月二十三日「営業税法改正ニ関スル建議案」『衆議院議事速記録第三〇三号』八四五—八四六頁。

57 商業会議所連合会「営業税撤廃ニ関スル廿会議所幹事会」大正十一年四月二十日。

58 政友会の議員は、廣岡宇一郎、田中定吉、穴水要七、松岡俊三、廣瀬為久、山本条太郎、牧山耕蔵、萩亮、渡辺祐策、岩崎幸治郎、川村数郎、高山長幸（『営業税全廃運動経過報告書』第壱編）。

59 『東京朝日新聞』一九二二年四月二日。
60 伊藤之雄『大正デモクラシーと政党政治』山川出版社、一九八七年、一〇三頁。
61 『読売新聞』一九二二年六月三〇日。
62 商業会議所連合会「総理大蔵農商務大臣訪問」、「営業税全廃ニ関スル陳情」一九二三年六月三〇日。商業会議所連合会「商業会議所連合会常任委員会報告」第五回、一九二二年九月二二日。同第六回、一九二二年一一月二日。
63 『政友』第二六七号、一九二二年一〇月一五日。
64 『読売新聞』一九二二年六月一六日。
65 大阪商業会議所『月報』第一八〇号、一九二二年五月。「七月一三日に営業税廃止実行委員会及財産税委員会を開催」大阪商業会議所『月報』第一八三号、一九二二年七月。
66 商業会議所連合会「財政経済調査会委員招聘営業税ニ関スル協議会報告　一九二二年七月一七日」。
67 国立公文書館「各種調査会委員会文書・臨時財政経済調査会書類・一六総会議事録」一九一九年から二四年。
68 『東京商業会議所報』第五巻第一〇号、一九二二年一〇月。大阪商業会議所においても、九月一一日に今西会頭から全国商業会議所連合会常任委員会の報告があり、各自営業税について研究することになった。栗本、田附から一二日に京都で開会した関西商業会議所協議会幹事会の報告（大阪商業会議所『月報』第一八五号、一九二二年九月）。
69 『東京商業会議所報』第五巻第一〇号、一九二二年一〇月。
70 『東京商業会議所報』第五巻第一二号、一九二二年一二月。
71 この後、一二月五日に関西五会議所（名古屋、京都、和歌山、神戸、大阪）を代表して、大阪より営業税改正の問題について希望意見を大蔵大臣に具申したことの通知が東京商業会議所にあった（『東京商業会議所報』第六巻第一号、一九二三年一月）。
72 『営業税全廃運動経過報告書　第弐編』一九―二九頁。
73 以下、『営業税全廃運動経過報告書　第参編』を参照した。
74 『憲政』第五巻第五号、一九二二年八月二五日。
75 『営業税全廃運動経過報告書　第参編』四―五頁。

76 『読売新聞』一九二二年一〇月一一日。
77 東京実業組合連合会『事業報告書』大正十一年。
78 増島信吉『営業税撤廃の是非』中外経済調査会、一九二二年。
79 『大阪毎日新聞』一九二二年九月二一日。
80 『大正十一年二月開催　臨時全国商業会議所連合会議事速記録』四―五頁。
81 『時事新報』一九二二年九月二〇日。
82 商業会議所連合会常任委員会報告「農商務大臣大蔵大臣訪問」一九二二年一一月三日。
83 『東京朝日新聞』一九二二年一一月一〇日。
84 宮崎隆次「大正デモクラシー期の農村と政党（三）」『国家学会雑誌』第三九巻第一二号、一九八〇年七月、八七四―八七七頁。『大阪朝日新聞』一九二二年一〇月一七日。
85 「中国四国各大会に於て高橋総裁の演説」『政友』第二六九号、一九二二年一二月一五日。
86 『中外商業新報』一九二二年一一月一二日。
87 『大日本実業組合連合会会報』第一号、一九二三年七月。
88 『大日本実業組合連合会会報』第二号、一九二三年一一月。
89 「実業同志会の前奏曲」『公民講座』実業同志会市民講座部、一九二七年五月。
90 武藤山治述『政界革新運動と実業同志会』実業同志会、一九二三年、一一七―一一九頁。
91 『読売新聞』一九二二年一二月八日。
92 『大阪朝日新聞』一九二二年一二月八日。
93 『大阪時事新報』一九二二年一二月一〇日―一三日。
94 『大阪朝日新聞』一九二二年七月二二日。
95 田附政次郎「綿糸布商連の営業税改正案に対する希望」『大日本紡績連合会月報』第三六六号、一九二三年二月。
96 大阪商業会議所『月報』第一九〇号、一九二二年二月。
97 『東京商業会議所報』第六巻第二号、一九二三年二月。
98 『大正十二年二月開催　商業会議所連合会臨時会　議事速記録』。『東京商業会議所報』第六巻第二号、一九二三年二月。

99 『東京朝日新聞』一九二三年二月五日。

100 『大阪朝日新聞』一九二三年二月七日。

101 『東京朝日新聞』一九二三年二月四日。

102 田附政次郎「営業税運動の跡を顧みて」『大日本紡績連合会月報』第三六六号、一九二三年二月。田附は、「一千万円以上ノ大納税者ハ何レモ付加税ニヨッテ苦シメラレテ居リマス」と述べている（大阪商業会議所『月報』第二八号、一九二五年八月）。

103 岡田温「再び農家の公租負担について」『帝国農会報』第一二巻第一〇号、一九二二年一〇月。

104 帝国農会が、加藤首相、市來蔵相、荒井農相を官邸に訪問したとき、蔵相は営業税の全廃又は制限等は未だ考慮してはいないが、地租の軽減は着々と準備中と答えたと報道されている（『大阪朝日新聞』一九二二年一〇月二八日）。

105 『東京朝日新聞』一九二二年一一月八日。

106 『帝国農会報』第一二巻第一二号、一九二二年一二月。横井時敬「地租軽減は焦眉の急である」、福田美知「地租軽減問題」『帝国農会報』第一三巻第一号、一九二三年一月。

107 帝国農会『農業者ト商工業者トノ負担比較資料』一九二三年一月。

108 『東京朝日新聞』一九二三年一一月一一日。

109 「東海近畿中国四国関東各大会に於て高橋総裁の演説」一〇月二二日、一一月九日、一一月二一日、一一月二六日。『政友』第二六九号、一九二二年一二月一五日。

110 以下、『政友』第二七一号、一九二三年一月一五日。「農村問題の研究」『中央新聞』一九二二年一二月一五日。

111 大蔵省はその後も、地租委譲は、我が国租税制度上最も重要な問題なので、税制の根本組織を変更することになるので単独でこれを決定することはできず、仮にこれを実施することがよいとしても、その方法、時期、その財源等に関し最も慎重に検討する必要があり、震災で中止せざるを得なかった税制調査委員会を再開して調査させるべきと、慎重な見解を維持していた。「地租委譲問題其他に関する所見」『昭和財政史資料第二号第二七冊、一九二四年一月一五日。

112 『東京朝日新聞』一九二二年一二月二七、三〇日、一九二三年一月一〇日、一一日、一五日、一九日、二〇日、二一日。
113 『東京朝日新聞』一九二三年一二月二六日。
114 『明治大正財政史　第六巻』二六三頁。
115 加藤高明「時事に対する所見」『憲政』第六巻第二号、一九二三年二月一日。
116 『明治大正財政史　第六巻』二六四―二六九頁。
117 『東京朝日新聞』一九二二年一二月二四日。
118 『東京朝日新聞』一九二三年二月一〇日。
119 大正十二年二月十一日「所得税法中改正法律案外十四件　第一読会ノ続」『衆議院議事速記録第十一号』二一六頁。
120 大正十二年二月三日「行政及税制ノ整理ニ関スル建議案」『衆議院議事速記録第八号』一三七―一四〇頁。
121 大正十二年二月四日「農村振興ニ関スル建議案」『衆議院議事速記録第八号』一四七頁。
122 大正十二年二月二十日『行政及税制ノ整理ニ関スル建議案委員会　第二回』二頁。
123 大正十二年三月十八日「行政及税制ノ整理ニ関スル建議案」『衆議院議事速記録第三三号』七六〇頁。
124 江口前掲『都市小ブルジョア』三〇二―三〇三頁。
125 『明治大正財政史　第六巻』五三七―五四〇頁。
126 坂野潤治『大正政変――一九〇〇年体制の崩壊』ミネルヴァ書房、一九九四年、六頁。
127 『明治大正財政史　第七巻　内国税下』財政経済学会、一九三八年、一二三―一二四頁。
128 南鼎三の発言。『衆議院本会議議事速記録』第六号、大正十二年一月三十一日、九五頁。
129 伊藤前掲『大正デモクラシーと政党政治』一〇八頁。

第六章

大正末期の営業税廃税過程（一九二五年―一九二六年）

外形標準課税から収益課税へ

本章では、一九二五年に政府が税制整理を実施し、営業税が一九二六年の第五一回帝国議会で廃止され、収益を課税標準とした営業収益税に代替するまでの過程を明らかにする。

第二次護憲運動によって形成された憲政会と政友会の連立内閣が、憲政会内閣が主導した税制整理が契機となって瓦解して憲政会の単独内閣となった後、憲政会と政友本党との連携が実現したことが、その後の二大政党制の基礎になった。このように営業税の廃止を含めた一九二六年の税制整理は政治的に大きな意味をもっているが、宮崎隆次、伊藤之雄らの代表的な大正政治史の先行研究においても、税制整理が政党政治の変化にもたらした意義についての分析は行なわれていない。

本章では、拙稿（二〇一〇年）[1]を基にして、『昭和財政史資料』や商業会議所関係資料などの一次史料などを参照しながら、税制整理の過程で営業税の修正に向けて、各種の利益団体はそれぞれの利害を反映してどのような立場をとったか、それまでの商工業者による廃減税運動では実現ができなかった営業税の廃止や、通行税の廃止と織物消費税などの商工業者に関わる諸税が廃止されたのはなぜか、社会的政策を標榜した税制整理において営業税を廃止して営業収益税を創設したことにより実際にはどのような効果があったのか、という点を中心に明らかにする。

第一節　営業税廃税運動と政府の税制整理方針の発表

一　一九二三年の営業税減税決定後の動向

第四六議会閉会後、政友会の支持を得た加藤友三郎内閣は、地租委譲問題を検討するため、一九二三年六月に大蔵省に税制調査委員会を設置し、地租委譲の方法及びその利害得失、営業税を地方に委譲すべきかどうか、地租及び営業税を地方に委譲した場合の方法と利害得失などの調査を始めたが、加藤友三郎内閣から山本権兵衛内閣への交代と一九二三年九月の関東大震災の発生により、調査は中止された[2]。清浦内閣に反対して第二次護憲運動が起こり、一九二四年五月の総選挙で護憲三派が多数を占め、憲政会を第一党とする護憲三派内閣が成立すると、護憲三派内閣は普通選挙法の成立を最重要の課題としたため、税制整理問題が再浮上するのは、普通選挙法案が上程されて成立した一九二五年の第五〇回帝国議会になってからとなった。

この間の注目すべき動きは、日本綿糸布商連合会が主導して商業会議所連合会が営業税廃税を訴えたこと、清浦内閣が開催した帝国経済会議において営業税の収益税化が決議されたこと、武藤山治を中心とする実業同志会が結成され、営業税廃税を一つの大きな政策綱領とする政治団体が結成されたこと、関東大震災後被災地における営業税の免税運動が起こったことである。

1　営業税廃税運動と帝国経済会議の営業税収益税化の提言

日本綿糸布商連合会会長の田附政次郎らは、第四六回帝国議会で営業税の減税法案が成立した直後から、営業税廃税運動を始め、一九二三年五月の商業会議所連合会に働きかけた結果、連合会は、五月二四日、次のような営業税の全廃に関する決議をして、加藤友三郎首相や、市來大蔵大臣に要望した[3]。

営業税の産業を圧迫し其の発達を阻碍する悪税なること並びに喋々するを須ゐす之か全廃は吾人多年の主張なり、然るに今や営業税法改正せられ其実施を見たるも其の改正や極めて姑息にして課税物件の種類によりては却て増税となりたるものあり且つ其の付加税の制限率は甚しく高率となりたるか為め当業者は依然として苛斂誅求に苦み延いては産業の発達を阻碍すること極めて大なり　是を以て吾人は斯くの如き一部の改正に満足せず　進んで極力之が全廃を期す

続いて、六月九日に大阪の中之島で大阪実業組合連合会が主催して全国商工業者大会を開催（東京実業組合連合会の山崎亀吉、神戸商業会議所副会頭森田金蔵、大阪実業組合外海銕次郎が参加）し、七月五日に全国商工業者大会実行委員会の渡辺文七らが大蔵大臣に全廃の陳情をした。[4]

全国市会は、一九二三年六月二四日に、近藤達児を座長として営業税廃止決議をして、全国市会実行委員会が農商務省の岡本英太郎次官、黒田英雄主税局長、政友会、憲政会、革新倶楽部に陳情した。[5]

ここで関東大震災が起こり、営業税廃税に関する全国的な動きは中断したが、一九二四年四月、清浦内閣は、首相を議長とし、政官財等各界からの代表を委員とする帝国経済会議を開催し、大震災後の経済政策の在り方についての検討を行なった。

そして、総辞職の直前の六月七日に、帝国経済会議貿易部会は、藤山雷太部会長のもとで「諮詢第二　外国貿易特ニ輸出貿易ノ振興ニ関スル方策如何」に関し、「営業税中販売金額ニ依ルモノハ之ヲ収益税ニ改ムルコト」及び「在外貿易又ハ企業ノ利得ニスル所得税ニ対スル免除スルコト」の二点を決議した。[6]

その後、多くの繊維商社が立地し、震災問題には直接には関わりの薄かった大阪商業会議所が営業税廃減税問題についての主導権をとった。大阪商業会議所は、一九二四年九月六日に税制調査委員会を開催し、営業税につ

いては、総額の半減、物品販売業に対する税率分類の改正（甲乙二種類を甲乙丙の三分類にすること）、営業税付加税の制限遵守を厳格にすること、税法に関する件については、行財政整理による剰余金は之を廃減税に向けるのが至当との決議をした。[7]

続いて一〇月四日には、行政財政を徹底的に整理断行して国費の節減民力休養を図ることは刻下の急務であるとして、大阪商業会議所の稲畑会頭を座長として、大阪商業会議所、大阪実業組合連合会の主催の下で大阪実業家大会が開催された。そして、両政整理により二億円の節減を図るのであれば、主として不公正なる諸税の廃減に充当されることを建議し、法人の配当所得税を廃止することなどの所得税改正についても決議した。[8]

他方、東京商業会議所も、一〇月二日、委員長を添田寿一として、会頭、副会頭、特別議員阪谷芳郎を含め一二名の委員で、税制調査小委員会を開催して検討を行ない、一〇月一四日に次のような意見をとりまとめた上、一一月一日の六商業会議所連合会に提案することとした。[9]

営業税撤廃に関する意見

政府は今や行財政整理緊縮を断行して、財政基礎の鞏固を図られんとす寔《まこと》に機宜に適切なるの措置と謂ふべし。然れども真に財政基礎の鞏固を図らんとするには　更に進んで産業の発達と民力の涵養とを期すべからず。然るに営業税は産業の発達を阻碍するの弊甚大にして、之が撤廃は吾人多年の主張たり、当局亦其の必要を認めらるるも財政上の関係より未だ之が実現を見るに至らず深く遺憾としたる所なり、仍て政府は此行政の整理と関連して営業税の廃止を断行し以て産業発展の基礎を堅実ならしめられんことを要望す全国商工業者大会は、一〇月一五日に、星野錫、山崎亀吉、六大都市の会頭を実行委員として営業税廃止決議をした。そして、一一月四日に大阪商業会議所において商業会議所連合会が開催され、「国税廃減に関しては一四年度の予算編成に際し節約額を以て目下産業界の不況と租税の過重に困憊せる国民の負担を軽減する為主として不公平な諸税の廃減に充当すべき事」と決議し、当局に建議することとした。[10]

2 実業同志会の結成

武藤山治の率いる大日本実業組合連合会は、第四六回帝国議会終了後、衆議院選挙に向けて議員を選出することを目的として、一九二三年四月二三日に武藤を会長として大阪中央公会堂で実業同志会を発足させた。実業同志会は、「我が国の政治はいわゆる専門政治家に壟断せらる」として、次の政策綱領を掲げて発足した。この綱領に見られるように、実業同志会は、営業税等の廃止を政策綱領に掲げてはいたが、むしろ、実業家の利害の代表を議会に送り込む「実業家党」を結成することを主眼に政治的活動を開始した。[11]

一 実業家又は実業家にあらざるも、本会の綱領及び政策に賛成する同志の代議士を議会に遣り、党弊の廓清を図ること。

一 普通選挙の問題を今日の如く未決の儘に置くは、国民思想に悪影響を及ぼすを以て、速やかに普通選挙実行時期を定め、官民共に其の準備に着手すること。

（中略）

一 営業税、通行税、醬油醸造、織物消費税其の他の悪税を廃止する事。

一 所得税に付きては資本の集中を妨ぐるが如き法人の留保所得課税制度を改正すると共に、勤労所得税金額の最低限度を引上げ、其他適当なる軽減を加ふること。

一　地租の廃止に賛成すること。
一　関税は我国生産の発達を妨げざるを方針とし、廃減する事。
（以下略）

この後、東京をはじめ各地に支部を設立して選挙の準備を行なうとともに、一九二四年一月二三日に第三回大会を開催し、武藤会長、添田寿一顧問、久保要蔵、松井文太郎、森田金蔵ら七〇〇名余が参加し、次の決議をした[12]。

一　一般会計及特別会計を通じて一カ年の国費を三億円緊縮する事
一　震災復旧に要する費用及震災のために生じたる国庫収入の減少其他国庫の蒙る負担は総て臨時震災特別会計を設け公債により支弁する事とし、其公債に要する利子と償還基金とは前記三億円の中より支弁する事
一　前記三億円中より左の諸費を全廃する事
　一　営業税
　一　通行税
　一　織物消費税
　一　醤油醸造税
一　現行所得税中、資本の集積を妨ぐる如き法人の留保所得課税制度を改正すると共に勤労所得課税金額の最低限度を引き上ぐる事

一　地租を半減する事
一　農村における義務教育費中国庫より七千円を補助する事
（以下略）

実業同志会が結成されると、大阪の輸出綿布同業者会、大阪綿布同盟会、大阪綿糸同盟会は、これを支持することを表明した。[13]

一九二四年五月一〇日の総選挙に実業同志会は候補者を立て、八名の公認候補と中立議員一名の合計九名の議席を確保した[14]（憲政会一五一名、政友会一〇五名、革新倶楽部三〇名、政友本党一〇九名）。

この実業同志会については、市原亮平や江口圭一などの先行研究がある。[15] 江口は、営業税廃税運動は、「独占的大産業資本を代表する日本工業倶楽部が関心を示さず、ブルジョアジーの上層の機関である大都市の有力商業会議所が冷笑なり軟弱な態度をとる状況のもとで、不況下の重課にあえぐ小資本家・小ブルジョア層によってもっぱらたたかわれることになった。」ので、このように疎外された小資本家・小ブルジョア層には、「渡米・苦学して身をおこし大鐘紡を建設し日本紡績界に君臨するにいたった武藤山治こそ、独占に重圧され重税にあえぎながら到富・栄達を夢みずにはおられない小資本家・小ブルジョア層にとってまさに彼らの理想像ともいうべき存在であったろう。」との評価をしている。[16]

しかし、中小事業者にとって武藤山治はそのような「理想像」的な存在であり、実業同志会は全国の営業税廃税運動を担う商工業者のよりどころとなるような政治的存在であったのか。

第五章で見たように、廃税運動をめぐり大阪商業会議所と、実業同志会の母体の大日本実業組合連合会は一九二二年二月に決裂し、一九二三年二月一六日には、大阪実業組合も大日本実業組合連合会から脱退した。東京実業組合連合会の星野錫会長は、実業同志会が発足した直後、「武藤氏の趣旨は諒とするが本会としてはこれと同一の行動を執ることは出来ない。併し各組合員が自発的に同志会に加盟又は同一の行動を執ることは敢て阻止するものでなく選挙の際実業家又は商工業に理解を有するものに投票することは最も望ましきことである。」と、組織として実業同志会に加わることを拒否した[17]。

その上で東京実業組合連合会は、一九二三年六月一日に営業税撤廃に関する特別委員会を開催し、全国の実業組合を連合させ、実業同志会の動きに対抗して、営業税問題のみならず商工業者の政策課題を検討する「全国実業組合総連盟」の実現の検討を行なった。星野は、「全国実業組合総連盟」の構想は、「政治的結社でない為政党政派の間にあり何等の反感を招くことなく頗る自由に活躍することを得ることもその特長の一」として、自分等の「此の運動は最近に計画したものではなくその発端は故中野武営氏が東京商業会議所会頭の当時副会頭を勤めて居た自分が中野氏と共に時の大隈内閣に対し営業税全廃の必要を力説する手段として全国会員三万人の請願書を集め之れを長持四五杯に充満さして議会に送り込もうと計画した時に発して居るのである（中略）武藤氏の同志会の向うを張る様に思われるかも知れないが其目的とする処は同一で唯武藤氏の現在の運動は余りに理想に趨り過ぎ之れが貫徹は至難と思われるので我々はもう少し歩む道を変えて穏健なる方法を以て目的を掴もうとするに外ならない。」として、六大都市の実業組合だけではなく全国の実業組合の力を結集し営業税撤廃を求める団体として発足することを検討していると述べている[18]。

この全国実業組合総連盟は提唱に止まり、実現することはなかったが[19]、実業同志会に対して、江口圭一が「小資本家・小ブルジョア層」の代表的存在として位置づけていた東京実業組合連合会も武藤に対峙したことを示している。実際に、武藤を支持したのは、大阪の紡績業者など大手の製造業や一部の綿糸布商にすぎなかった。

こうして実業同志会は中小事業者の利害を反映させる全国団体とはなりえず、関西の一部の繊維関係者を中心とした支持を得るにとどまった。武藤の政治的野心への不信感もあり、江口が評価したように「(武藤が)小資本家・小ブルジョア層にとってまさに彼らの理想像」であったというには、程遠かったことを示している。

ただし、実業同志会が営業税廃税を綱領としていたことには変わりなく、不安を感じた大蔵省の事務方は、次のように営業税に問題があることは認識しつつも、税制制度全体の見直しの中で検討すべき問題と整理して、営業税の廃税論が高まることに予防線を張った[20]。

営業税ハ悪税ナルヲ以テ之ヲ廃止スヘシト多年一部納税者側ヨリ唱エラレタル所ニシテ　従来議会ニ於テモ要問題トナリ今議会ニ於テモ恐ラク実業同志会等ヨリ廃止法案ヲ提出セラルヘシ　一般ノ税制ヲ整理シ出来得ヘクンバ相当ノ廃減税ヲ断行シテ国民ノ負担ヲ軽減スルコトハ政府ニ於テモ希望スル所ナリト雖　営業税廃止ノ問題ハ租税制度全般ノ組織ニ深キ影響ヲ及ホシ負担ノ均衡並ニ財源ニ付キ十分ノ研究ヲ遂クル必要アルヲ以テ　営業税ノミヲ単独ノ問題トシテ直ニ之ヲ廃スルコトハ実行困難ト認ム

3　関東大震災後の営業税減免論

一九二三年春以降盛り上がっていた営業税廃税運動は、九月一日に関東大震災が発生すると中断された。この間、東京では震災の復興や被災者の支援のために営業税の負担を軽減させることが中心課題となった。

震災直後の九月一二日に緊急勅令が公布され、震災被害者が納付すべき一九二三年分の第三種所得税及び営業税はこれを軽減し、震災地において同年度に納付すべき地租、所得税、営業税、相続税は被害の有無にかかわらず徴収を猶予することとした。さらに、一九二四年二月に緊急勅令が公布され、大震災により営業の状況が激変し課税標準中に著しく減損するものがあると認められたものは、一九二四年度分に限り予算をもってその課税標準を算定することとし、地租、第一種所得税及び相続税について一部その徴収を猶予することにした[21]。

しかし、これだけでは不十分であるとして、震災地の十三区は期成同盟会を設立して陳情し、東京実業組合連合会も一九二四年一二月に実行委員会を設けて営業税の免税を求めた[22]。それまで商業会議所連合会は、営業税を全廃することを基本方針としてきたので、時限的に免税をすることは一貫性に欠けるという面もあったが、東京市会議員でもある橋本直一の強い意見により、東京商業会議所としても、緊急的な措置として実施するように建議した[23]。

東京商業会議所の藤山会頭は、一九二五年二月六日、罹災地営業税減免に関する陳情委員の橋本直一らとともに、貴族院に於いて濱口蔵相、黒田主税局長に会見し、震災地に於ける営業税の減免に関し詳細に陳情した[24]。また、東京実業組合連合会は、二月九日に阿部吾市実行委員長などが演説会を行ない、ポスター三万枚を組合員の店頭、湯屋、床屋、飲食店などに掲示するなど、免税を求めて積極的に宣伝を行なった。東京市会も、一九二三年度から二八年度までの営業税の減免を求め、橋本直一市会議員が提案した「国税営業税及所得税ノ減免ニ関スル意見書」を決議し、総理大臣、大蔵大臣、内務大臣に提出した。こうして、二月二三日に、関直彦ら東京市選出議員が中心となって、震災被災地営業税免除に関する法律案は、衆議院の多数で可決された。

衆議院から回付された法案について貴族院の委員会は、著しく損失を受けたる営業者に対して一九二五年分及び二六年分に限り営業税の二分の一を免除すると修正したが、貴族院の本会議はこの修正案を審議未了としたため、廃案となった[25]。

二　憲政会による税制整理の検討

一九二五年の第五〇回帝国議会において普通選挙法案が成立したことにより、初めての普通選挙では、有権者総数が約三三〇万人（一九二四年）から約一、二四〇万人（一九二八年）へと約四倍に拡大し、新たに膨大な低所得者層が有権者として加わることになった。

各党にとって、普通選挙法を成立させた後の最大の政治課題は、納税資格が撤廃され膨大な低所得者層が有権者となる初の普通選挙において、どれだけ新たな有権者を自らの政党の基盤に組み込み、単独政権を実現できるかということになった。

このような文脈の中で、税制整理問題を政治的争点に選んで政友会に挑んだのは憲政会であった。憲政会は、緊縮財政方針を基本とした上で、税制整理や社会政策の方針を打ち出していた[26]。

加藤高明総理大臣は、一九二五年一月二二日、普通選挙法案を上程した第五〇議会の施政方針演説において、「政府ハ本期議会終了ノ後、直チニ税制整理ニ関スル慎重ナル調査ヲ遂ゲ、次期通常国会ニ成案ヲ提出スルニ至ランコトヲ期スルノデアリマス」と述べて、早くも次期議会において抜本的な税制整理を提案することを約束し、一九二五年度追加予算で、調査費が計上された[27]。

政府は閣議決定により税制整理については大蔵大臣に一任することとし、第五〇回帝国議会が閉会すると、その翌日の三月一一日に大蔵大臣を会長とし、関係省庁からの若干の官吏を委員とする税制調査会を大蔵省に設置することを閣議決定した[28]。そして、四月二日に、会長の濱口蔵相は、税制調査会の第一回会合を開催した。委員は、次のとおり、大蔵省の高等官から大蔵大臣の命じたものと関係各省高等官から大蔵大臣の嘱託したものであり、大蔵省や内務省の官僚を中心に非公式に検討を行ない、政府案を作成することとした。

税制調査会には、政治任用の憲政会の政務次官である早速と参与官の三木武吉が加わり、憲政会と政府案を調整する役割を担った[29]。

会長　大蔵大臣　濱口雄幸
委員　大蔵政務次官　早速整爾、大蔵次官　田昌、大蔵参与官　三木武吉、大蔵省主計局長　河田烈、大蔵省主税局長　黒田英雄、大蔵書記官　青木得三、同　藤井真信、東京税務監督局長　勝正憲、内務次官湯浅倉平、内務省地方局長　潮恵之輔、法制局参事官　黒崎定三
幹事　大蔵省主税局長　黒田英雄、大蔵書記官　藤井真信、内務書記官　田中広太郎ほか

この顔ぶれを見ると明らかなように、一九二三年に加藤友三郎内閣の時に設置された税制調査委員会と同じく、経済界や政界などの代表者を入れなかった。さらに「成案を確定するまでは会外に対しその内容を絶対に秘密に付すべきとの申合の上」審議が行なわれた[30]。

第一回の会議において、濱口蔵相は、税制整理の問題は臨時財政経済調査会並びに大蔵省における税制調査委員会等においても調査をしてきたが、「今日は最早議論の時に非ず」として、第五〇回帝国議会において政府の方針を声明したように、「大体に於いて歳入総額に増減を来たさしめざる方針」により調査を進めるとの方針を示した。

そこで、国税に関して、社会政策的見地からの通行税などの廃止の必要性、内務省側から提起された地租や営業税の委譲の必要性、地租、営業税、所得税の課税標準と課税方法の見直し、財産税、特別所得税、資本利子税、家屋税及び奢侈税の創設、醤油税、織物消費税の廃止や、地方税に関して、煙草税の引上げ、戸数割、各種の府県営業税の廃止などが議題に上った。そして、税収入を増減させない大前提で直接国税、間接国税、地方税の順序で調査検討を行なうことを決めた[31]。

政府は、税制調査会の審議を急いだ。五月二一日の幹事会においては、「営業税は収益税とするに意見一致」と

伝えられ、営業税の廃止についての骨格となる案が示されていった[32]。

三 営業税の収益税化を巡る利害対立

1 大阪商業会議所の議論

政府が税制整理の検討に入ったのを受けて、商業会議所も検討を始めた。税制整理の項目の中で、最大の関心は営業税の収益税化の問題であった。営業税の収益税化は、日本綿糸布商連合会が第四六回帝国議会の前から提唱しはじめ、同議会で憲政会が営業税廃税と営業収益税創設の法案を提案した経緯があった。

製造業をはじめ、売上ではなく資本金額と従業員数などの課税標準により課税されていた業種や、利益の高い企業は、課税標準を純収益に変更されると、かえって増税になるのではないかと懸念した。営業税の全廃を目標とする限り、業種等による利害の対立は表面化しないが、税制の修正の議論となると、課税方法によって利害得失が表面化するので、会議所として一つに意見を取りまとめることは難しくなった。

このことは、大阪商業会議所において行なわれた収益税化をめぐる議論によって窺うことができる。

大阪商業会議所は、四月二七日の総会で、税制整理に関する調査委員会を設置し、田村駒治郎、藤岡貞次郎、安住伊三郎、森平兵衛、竹原荘治郎、中山太一、安宅彌吉、岩井勝次郎の八名が委員となって営業税の在り方について、(イ)全廃、(ロ)収益主義により課税、(ハ)原案により改正の三種について検討を行なった結果、五月一四日、次のような委員会報告をまとめた[33]。

国税営業税は全廃を期するも国家財政の現状に鑑み暫く之を存置し左の趣旨に依り負担し易く改正することを可とする

一　各種税率を通じ大体に於て半減となす事
二　生活必需品及重要輸出品に対しては特に低率となす事
三　直接輸出品に対しては免税する事
四　税率適用の区別及品目の分類は現時に適応せざるものあるを以て之を改正する事
五　減額更訂の範囲を拡大し四分の三に達せざる場合之が適用を為す事に改正する事
六　地方付加税の制限率を拡張せざる事、尚ほ本税を地方に委譲せざる事
七　減額更訂、減損更訂の調査手続きは出願の日より三か月以内に完了する事

すでに、政府が営業税を営業収益に応じた特別所得税とする方向で検討していることが報道で流れており、調査委員会は、特別所得税とする案も検討したが、結果的には、現行営業税の税率軽減を骨格とする提案をまとめた。

これに対して、綿糸商の田附政次郎は、営業税の悪税たる所以は外形標準課税であるとした上で、本税を万分の八から四に減税しても、万分の一四の付加税を合わせた総額を比較すれば万分の二二から一八に軽減するだけであること、一千円以上の大納税者は付加税によって苦しめられていることを指摘し、「営業収益税即チ物品販売ノ営業ニヨリ生ズル収益ニ対シテ課税スル、営業収益税トイフモノヲ設クル事已ムヲ得ズ」提案すると主張した[34]。

児玉一造（三井物産出身で、一九二〇年に三井物産から棉花部が独立した東洋棉花株式会社専務）は、「営業税ノヤカマシイノハ営業税ノ中ノ物品販売業デアラウト思ヒマス。物品販売業ノ中デモ比較的扱ガ多クシテサウシテ利益ノ少ナイモノノ声ガ一番多イト思ヒマス、例ヘバ綿糸或ハ棉花商或ヒハ原料ヲ扱フモノ、或ハ生糸ヲ扱フモノ

ハ徒ラニ金高ガ多クテモ利益ノ伴ハナイ商売人ノ不平ガ多イト思ヒマス」と述べ、売上高に掛かる点を改正しなければ営業税改正の趣旨は徹底しないと主張し、自らも大蔵省や農商務省に陳情するとともに帝国経済会議は既に決議として発表していると述べた。

代替財源がなければ全廃は非現実的であるなどの意見が相次ぎ、営業税全廃論も出たが否決され、収益課税とすべきとの議論が優勢になり、いったん収益税とするとの意見が可決された。

これに対して、中山太一（製造業のクラブ化粧品の創立者）は、「収益税ガ多数ト云フコトニ付テハ賛成者ハ各種ノ多クノ商工業者ニ対シテ増税サレテモ可ナリト云ウコトニ付テ責任ヲ負ハルルヤ否ヤ、之ヲ一ツヨク考慮シテ（中略）賛成サレタ人ハ寧ロ記名投票ニシテ責任ヲ負フテ貰ヒタイ」と激しく反発した。収益税になったからといって現在の営業税よりもよくなる保証はないなど、収益税への警戒感を示す反対意見も出て議論は振り出しに戻った。そして、収益説を基にして営業税問題に対する委員を七名選定して検討を継続することになった[35]。

それまで商業会議所が営業税を悪税として批判してきた最大の理由が、営業税が外形標準課税であり、収益の有無にかかわらず課税されることにあったが、収益税化が具体化してくると、業種や企業への具体的な損得の対立が表面化することになった。

最終的に収益税賛成者は過半数の二四名となり、五月二七日の総会においては、純収益主義をとることだけを決定し、扱いは委員長に一任された。

東京商業会議所は、商業会議所連合会定期総会において営業税を中心とする税制整理問題を議題とすることとして予め各会議所への意見を求めていた。このため営業税調査委員会の菅沼豊次郎委員長は、五月の総会の議論を踏まえて改めて検討し、収益説を取り入れた上で次のような案を取りまとめて、六月一三日の総会に報告をした。

一　現行法中物品販売業及請負業者に対する課税標準を改め営業収益に依り課税し現行税率を適当に改正すること
二　各種税率を通じ出来得る限り軽減すること
三　生活必需品及重要輸出品の製造業及販売業者に対しては特に低率となすこと
四　業種の分類及税率を適当に改正すること
五　減額更訂の範囲を拡大し四分の三に達せざる場合之が適用を為す事に改正すること
六　減額更訂、減損更訂の調査手続きは出願の日より三ヶ月以内に完了し、過納税金の還付は調査完了後二ヶ月以内に処理すること
七　地方付加税の制限率を拡張せざること

生活必需品等の免税については、収益税を前提として低税率とすることとし、地方に委譲しない点については国税営業税への決議なので当然のこととして削除したことを説明した。そして、外海銕次郎（繊維製品の丸松合資会社創立者）は、営業税全廃論、湯川忠三郎、田村駒治郎（繊維会社の田村駒創立者）、森平兵衛（丹平製薬創立者）は、純収益主義を物品販売業と請負業だけではなく、広く全体の営業者に及ぼすべきとの説を維持したと補足した。

この提案は、物品販売業と請負業者だけが総収入に対して課せられているのであるから、それだけを収益税にすればよいとの案で、中山と田附の間の妥協案であった。

この案については、阿部房次郎（東洋紡績専務のち社長）が、純収益主義を物品販売業と請負業だけに限定することに反対した。さらに、中山太一は、「純収益主義ニ依ルコトハ多クノ商業家ガ困ル、私ハ製造工業者デア

ルカラ構ヒマセヌガ多クノ物品販売業者ガ困ル、一部ノ利益ハ別デアリマスガ多クノ小売業者及卸売業者ガ困ルカラ此ノ困ル迷惑ヲ受ケル税金ニ変エルヨウニ会議所ガ何デ決議スル必要ガアリマスカ。」と収益主義に強く反対した。

しかし、中山の提案した第一項の削除という提案は否決され、原案も否決された。この結果、大阪商業会議所は意見をまとめることができないまま、商業会議所連合会に臨むこととなった。そして、現行営業税法を改正して純収益主義に基づいて課税するという抽象的な意見だけをもって、連合会に臨むこととなった[36]。

2 商業会議所連合会の建議

東京商業会議所は、八税務署管内の営業税調査会税制整理調査会を開催し、会議所から会頭のほか菅原通敬顧問（大蔵省主税局長、大蔵次官を経て貴族院議員）らが加わって検討を行なった[37]。さらに、六月三日、指田義雄会頭、大山斐瑳磨副会頭のほか、阪谷芳郎、根津嘉一郎、土方久徴、添田寿一、菅原通敬が加わり、特別議員会が営業税法で修正すべき項目について協議を行ない、その上で、東京商業会議所特別議員会と役員会の連合の会議が開催された[38]。

このように、東京商業会議所では特別議員である大蔵省の出身者や経済界の枢要な人物も参加して、収益税化を含む制度改正について検討を行なった。

東京実業組合連合会は、四月二九日に、営業税、所得税、印紙税についての改正要望を三点にまとめて発表していたが、商業会議所連合会の開催に先立ち、六月一六日に全国商工業者大会常任委員長の山崎亀吉から商業会議所連合会会長あてに、「一吾人ハ今次ノ税制整理ヲ機トシ吾等多年ノ主張タル悪税営業税ノ全廃ヲ期ス」との決議を行なったので営業税問題について、目的貫徹のため同一趣旨により極力尽力との要請がなされた[39]。

六月一七日、東京商業会議所において商業会議所連合会の定期総会が開催され、全国の七四か所の会議所が参加した。

高岡商業会議所が、「営業税全廃ニ関シ建議」を提出し、外形標準課税で収益に比例しないこと、付加税が制限外に極度に課税されていること、税務調査に際し官民相互に憂慮など弊害が続出していることなどから、政府は税制調査会を設置して税制の根本整理に着手することになったので、完全なる収益課税主義による税制整理を基礎として営業税の全廃を断行することを要望するとの提案を行なった。[40]

そして、「吾人ハ営業税ノ全廃ヲ期ス　但シ機宜ノ措置ハ之ヲ会議所実行委員ニ一任ス」との決議を行なった上で、全国商業会議所連合会の閉会後、東海六大商業会議所常任委員会は、連合会から委託された税制整理案について協議を行なった。指田東京商業会議所会頭は東京商業会議所特別議員と濱口大蔵大臣を非公式に訪問して懇談した報告をして、次のとおり決し、加藤首相官邸に内閣書記官長の江木翼を訪問した。[41]

営業税及所得税ニ関スル決議

一　現行営業税法ヲ廃止セラレタキコト

二　商工業者ノ所得ニ対シテハ負担能力ニ応シ安ンシテ納税シ得ル制度ニ改メラレタキコト　但シ現下経済界ノ実情ニ鑑ミ負担ヲ現行ノ半額程度ニ軽減シ産業ノ振興ヲ図ラレタキコト

三　若シ今直ニ前項ノ実行ヲ期シ難キ事情アリトセハ応急ノ対策トシテ前項ノ趣旨ヲ尊重シ負担ノ均衡ト其ノ軽減ヲ期スル方針ノ下ニ現行営業税法ニ改正ヲ加ヘラレタキコト

この決議は現行営業税法に改正を加えるか、負担能力に応ずる課税方法をとるかにかかわらず、負担の半減を求めるものであったが、仮に現行の営業税法を修正する方法を選ぶ場合には、次の点を考慮すべきとの意見が付加された。

一　営業種目の加除分合を行ひ適当に改正すること
二　原則として課税標準より従業者を除くこと　但し従業者を課税標準として存置する場合に於ては従業者の計算は総て前年中各月末に於ける月割平均に依ること
三　課税最低限を引き上げ現行の二倍程度と為すこと但し地方営業税に関しては国税を超えさる程度に制限すること
四　税率を引き下げ現行の半額程度にすること
五　物品販売業の売上金額に対する税率を少なくとも甲乙丙の三種に区分し且小売の税率を卸売の税率に接近せしむること
六　課税標準たる資本金額の計算方法は会社と個人に於て異り不権衡なるを以て之を同一にすること
七　課税標準の更訂を四分の三に達せさる場合に迄拡大し尚其処分及過納税金の還付は迅速に之を行ふこと
八　納税者に対する煩累を除かしむること
九　収税官吏の待遇を改善すること
十　地方付加税の制限を厳にすること

大阪商業会議所で議論が伯仲したように、この時点においても、純益に課税する収益税が望ましいのか、現行の営業税を改善すればよいのか、商業会議所全体として提言を一本化できなかった。

ここで商業会議所連合会が、従来の廃税だけを訴える立場から方向転換し、収益税化の実現を原則としたことは画期的であった。しかし、増税を懸念して、現行税制のまま減税を求めることが望ましいとの意見も強く、決議は双方が妥協した内容となった。このように廃税については業種を超えて意見が一致するが、修正を加えるとなると、業種や企業の収益状況などによって得失が顕在化したことが示されている。[42]

第二節　営業税の収益税化に対する利益団体の対応

一　税制整理案骨子の発表

憲政会の蔵相の下で、政府が着々と税制整理案を策定している中で、政友会の検討は出遅れた。政友会は、党首に田中義一を迎え、革新倶楽部が合流した。新政策として「産業立国」を掲げ、伝統的な積極政策と農工業振興、運輸交通機関の整備による積極政策を復活させるとともに、地租委譲を標榜した。[43]普通選挙制度になれば、自らの支持基盤である農村地主の失権を恐れることなく、地租の税収を国から地方に委譲し戸数割やその付加税という地方税負担を軽減することにより、中小地主や新たに有権者になる小作人などの農村の低所得者層の期待に応えることができるはずであった。

そこで、政友会は一九二五年六月四日に田中義一総裁邸で緊急最高幹部会を開催し、地租と営業税の両税の委譲を本年度から実施する方針を固め、武藤金吉と大口喜六が両税委譲の具体案を作成することになった。すなわち、地租営業税を廃止して市町村に土地収益税を創設すると同時に、両税廃止により一億二、三千万円の義務教育国庫負担を廃止するとともに、所得税の改正で六、七千万円を増徴して補填する案を固めた。[44]

護憲三派内閣において、与党として存在意義が薄れてきていた政友会は、単独政権奪取に向けて、両税委譲を前に出して政友本党との合同を目指すとともに、解散も視野に入れつつ、憲政会と対決姿勢を強め始めた。

政友会が地租委譲論を打ち上げていく一方、憲政会は、「税行政地方制度改正に関する特別委員会」において検討を行ない、地租の委譲に対しては慎重な立場をとった。さらに、憲政会政務調査会の税制整理委員会は、地租移譲の可否、資本利子税の新設、家屋税の新設、通行税の廃止等の点について、町田忠治を委員長として検討したが、政府が検討しているとする案と相違はなかった。農村部に対しては、政友会の両税委譲に対して憲政会は地租の減税で対抗した[45]。

大蔵省の事務方も、地租と営業税に代わる代替財源がないこと、地租委譲は賦課徴収の不公平が発生する恐れがあることを指摘した上で、問題は地方歳出の膨張を抑えなければ地租と営業税を合わせた全体の国民負担は却って大きくなると指摘し、両税委譲は、「得策ナラスト認ム」との結論を出している[46]。

税制調査会は、ほぼ三ヶ月の集中的審議を経て七月七日に国税整理方針を固め、濱口蔵相から加藤高明首相に報告された[47]。そして、七月二二日、政府がとりまとめた税制整理案大綱を濱口蔵相が憲政会と政友会の閣僚に口頭で説明した[48]。

政友会は、初めての普通選挙を控え、地租委譲により農村部のみならず、都市部における低所得者層の支持拡大を図るための基本方針である地租委譲を無視した政府の税制整理案に反発した。濱口が素案を口頭で説明し、書類さえ渡さなかったことも小川平吉司法大臣や岡崎邦輔農林大臣の反感を招いたといわれている[49]。

二九日の閣議において、小川司法相は、「税制整理案と予算とを切り離すことはできない。中央の税制整理だけでは地方税の整理が閑却し、整理が国策の確立に伴わない。」と反対すると同時に、憲政会の主張のみに基づいて作成された整理案は、政友会の主張を遺却し、協調の誠意を疑わせしめると述べ、閣議で激論となった[50]。

この時、政府がまとめた税制整理案は、次のとおり、所得税を中心として、補完税として地租と営業税に適当な改善を加えてこれを存置し、新たに資本利子税を創設することを柱とするもので、中流以下多数の国民の負担を軽減して社会政策的な効果を上げることを狙った。営業税については外形標準による課税方法を改め、免税点を設定した上で、営業純益に対して比例税を課すこととした他、所得税の免税点の引上げ、地租の免税点の設定、相続税の免税点の引上げ、綿織物消費税の免除、通行税・醤油税・自家用醤油税・売薬印紙税の全廃、地租の課税標準を賃貸価格とすること、田畑地租に対する減税などが盛り込まれた。一方、歳入を補填するため、酒造税や酒精及び酒精含有飲料税、ビール税の間接税の増税を行なうこととした。[51]

其一　税制整理方針

今回の税制整理は歳入に著しき増減なからしむる範囲内に於て（一）租税の体系を正し負担の均衡を図るの理論と（二）税務行政実行上の便否と（三）現下財政経済上の実況に対する観念と、此の三者を出来得る限り調和せしむことを期し、大体左記各項の如き方針の下に之が整理案を立てたり。

第一　直接国税の体系上は大体に於て現在の制度を是認し、所得税を中心とし、之が補完税として地租、営業税に対し適当なる改善を加へて之を存置し、新に軽度の資本利子税を創設し、家屋税は国税としては之を起さず。

第二　事業の基礎を鞏固にし、産業の発展を助長し、及負担の均衡を図るが為め、左記の改正を為せり。

一　法人の留保所得に対する累進課税を撤廃し、最低率百分の五の比例税を課す（以下略）。

二　営業税の外形標準課税を改め、営業利益に対して比例税を課すこととし、同時に減税の営業収入に対して若干の軽減を行ふ。
三　地租の課税標準を賃貸価格に改め、田畑地租に対し相当の減税を行ふ。
第三　中流以下の多数国民の負担を軽減し、社会政策的の効果を挙ぐる為め左の改正を為せり。
一　所得税の免税点八百円を千二百円に引上ぐ。
二　地租に免税点を設く。
三　営業税の免税点も前二者に比準して営業純益四百円とす。
四　相続税の免税点を引上げ、家督相続五千円、遺産相続千円とす。
五　綿織物消費税を免除し、通行税・醤油税、自家用醤油税、売薬印紙税を全廃す。
第四　新税は成るべく之を避くるの方針を採りたるも、租税の体系を整へ、負担の均衡を得しめ又他の租税の税源を擁護し、且廃減税による歳入の減少を補填せむが為、左の二種の新税を起すこととせり。
甲　資本利子税　百分の二の比例税を課す。
乙　清涼飲料税　一石十円とす。
第五　第二項及第三項に因る歳入の減少を補填する財源として、前項新税の外左の増税を行ふこととせり。
甲　相続税　家督相続に於ける課税財産四万円を超ゆるものより適当に増率し、五百万円を超ゆるものに至りて最高百分の十三を課す。其の他之に準じて増率す。
乙　酒造税　清酒一石三十三円を四十円とす。其の他之に準じて増率す。
丙　酒精及酒精含有飲料税　清酒に準じて増率す。

丁　麦酒税　一石十八円を二十五円とす。

（以下略）

この案は、普通選挙で初めて投票権をもつ可能性のある都市部の低所得者層や商工業者に対し、日露戦後から悪税と言われていた通行税や織物消費税の廃減税や営業税の収益税化などを実現して支持を得ると同時に、地租の軽減等により農村部の支持を得るというパッケージであった。

この時大蔵省が営業税の外形標準課税を収益税に改めることを決断したのは、次のとおり、大正十二年の改正において相当の減税を行なったにもかかわらず依然として批判が収まらないのは、負担が過重であることではなく、最大の欠点が外形標準課税によって利益に順応していない点であることを認識したからであった[52]。

営業税ノ課税標準ハ　業態毎ニ外形標準ヲ採レル現行制度ヲ改メ各業ヲ通シテ全部之ヲ純益ニ依ラシムトス

既ニ述ヘタルカ如ク　営業税ニ付テハ大正十二年之ニ多少ノ改正ヲ加ヘ其ノ結果相当ノ減税ヲ行ヒタルコトアルモ　本税ニ対スル批難ハ依然トシテ変ル所ナシ　蓋シ現行営業税ノ最モ大ナル欠点ハ　其ノ負担ノ一般的ニ過重ナルカ為ニ非スシテ　寧ロ利益ノ有無ニ拘ラス売上金額資本金額ヲイフカ如キ外形標準ニ依テ課税スルカ故ニ其ノ負担実際ノ利益ニ順応セサルノ点ニ在リト認メラルルヲ以テ其ノ負担ノ公正ヲ図リ　併セテ産業ノ発達ニ資セムカ為ニ営業税ノ課税標準ハ全部之ヲ純益ニ改ムルヲ可トス

濱口蔵相からこの国税整理方針を見せつけられた政友会は、地租委譲など、政党の旗印にかかわる問題を無視し、憲政会の主張のみに基づいて作成された整理案は協調の誠意を疑わせしめるなどとして閣僚を引き上げた[53]。

七月三一日、加藤高明首相は、一四ヶ月にわたり連立内閣を率いたが「臣高明曩《さき》ニ大蔵大臣ヲシテ閣議ニ税制整理案ヲ提出セシメ之カ審議ノ際臣ト農林司法両大臣トノ間ニ意見ノ一致ヲ欠キ為ニ政務ノ進行ニ支障ヲ来シ恐懼ニ堪ヘス依ツテ職ヲ解カレタク謹ムテ聖断ヲ仰ク」と税制整理問題を理由に内閣総辞職をした。しかし、元老西園寺公望は加藤の方針を是とした。翌八月一日に加藤高明に再度大命が降下し、憲政会の単独内閣が組閣されることになった。

内閣総辞職の前に、政友会の岡崎邦輔は、松本剛吉を訪ね、濱口の税制整理案について次のように述べている。[54]

濱口と云ふ男は大蔵省の計算技師にして、若槻はやはり同様なれども胡魔化すことの上手な男である。其の二人が寄り、選挙区に都合のよい遅蒔きの通行税とか綿布税とか云ふ様なものを竝べ立て、地租委譲に反対すべく作戦を為したるものにして、現状国民の痛苦を感じ居るものには何等及さず、頗る時勢遅れのもの也、これは憲政会から喧嘩を仕掛けたるものにして、斯んな事で協調の続けらるるものにあらず

ここには、税制整理問題が両党の連立を破綻させる契機になったのは、「根本的にはそれが両党の財政政策と支持基盤の相違を反映した問題」という観念的な問題であった[55]ばかりでなく、初めての普通選挙が予定される中で、普通選挙によって初めて参政権を得る膨大な低所得者層を、減税という手段でいずれの党が効果的に取り込むことができるかという党勢拡大の基本戦略に関わる現実問題であったことが示されている。

地方税制整理については、大蔵省と内務省の連合幹事会にかけられた後、八月二六日に閣議決定され、府県税として家屋税を創設して戸数割廃止によって生ずる減収補填の資に充てること、府県税戸数割を廃止して市町村税として創設すること、地租免税点以下の土地に対して特別地税を創設すること、地租戸数割は市町村税として

創設すること、義務教育国庫負担金の増額は主として市町村における税制整理の資源に充てさせることなどを中心とした税制整理の方針と大綱を発表した。

こうして、税制整理問題が内閣を左右するほどの衝撃を与え、三派内閣が崩壊して憲政会の単独内閣となるという政変が発生した。

政府が発表した税制整理案の骨子について、財界の山室宗文や各務謙吉などは評価し、菅原通敬が間接税の軽減をもう一段できないかと求める一方、大阪商業会議所会頭の稲畑勝太郎や矢野恒太は減税の不徹底を批判した[56]。東京商業会議所専務理事の渡辺銕蔵は、地租と営業税は地方に委譲し、都市開発の財源にすべきことを主張した[57]。

税制調査会の委員であった憲政会の三木武吉（大蔵参与官）は、社会政策的な配慮など、税制整理の基本的な考え方を是とした[58]。一方、政友会の小川郷太郎は最も劣悪な改正と批判し、実業同志会の武藤山治も、「加藤子、濱口君の誠意は認めるが到底今回の税制整理案のごときものでは必ずや財政上にも行き詰まりが来ると信じる。」と批判した[59]。

なお、菅原通敬は、「建国の歴史に遡り土地と国家との関係を見る必要がある。地租に対する国民観念は租庸調の時代から皇室中心主義、国体維持の上にも尊重が必要である。」と地租委譲論に反対する独自の持論を展開し、論争を引き起こした[60]。

このような中で、大蔵省の事務方は、営業税の改正に向けての事務的検討を進めた。八月二九日には、「営業税法中改正スヘキ事項」[61]を、九月七日には「個人の所得及び営業純収益算定に関する腹案」[62]をまとめ、また、地租についても課税標準を賃貸価格にするための技術的な論点の詰めを急いだ[63]。

二　商業会議所

1　東京商業会議所と大阪商業会議所

商業会議所連合会は、営業税が外形標準であることが最大の問題であることを理由にして廃税を一貫して唱えてきたが、政府が主導権を握って収益税化の方針を出すと、全体として現行の税負担よりも軽減されるかどうかはっきりしないこと、また、仮に税収が一定であっても負担が重くなる企業や業種と軽くなる業種との間で利害が分かれてしまうことで、それ以前の営業税廃税運動のように明快な方針をまとめることができなくなった。

東京商業会議所が委員会を設置して政府案についての検討を始めると、収益税化をすれば増税になるのではないかとの懸念が高まったため、一〇月一〇日に税制整理問題委員会を設置し、菅原通敬を招いて、政府案についての意見を求めた。

菅原は、日本では間接税の比率が高いのに、今回の税制整理では、直接税の減税が多く、社会政策上問題であるとした上で、営業税については、特別所得税として所得税の補完税とするならば所得税率を引き上げればよいのであって所得税と異なった賦課徴収をするのだから負担が減ることはない、政府案では物品販売業を例にとっても軽減されると思われないし、五〇〇万円が減るような数字が示されているが反対のように見えると指摘した[64]。このような議論を踏まえ、東京商業会議所は、税制整理問題委員会でさらに検討を行なうこととした[65]。

大阪商業会議所は、一二月一八日に総会を開催し、安宅彌吉が商業会議所連合会に出席した報告として、商業会議所連合会としては全廃を要求していくが、全廃が行なわれない場合、大阪としては、個人と法人を同一税率とすること、営業所得税になった場合に繰越を認めること、税負担を半減すべきであること、税務署と納税者の申告に相違がある場合には同業組合または商業会議所が仲裁することなどを常任委員会で主張したことを紹介した。[66]

2 商業会議所連合会

政府の税制整理綱要が発表されると、一二月二一日、商業会議所連合会常任委員会は六商業会議所書記長会議を開催して審議し、次のとおりの決議をした。[67]

今回政府発表の営業税整理綱要においては純益課税の主義を採用せられたるも　本会建議の重大案件たる商工業者の負担は却て著しく加重するの結果を見んとする実情にして　本連合会においては之が対策として更に営業税所得税及資本利子税に関し左の如く決議したるを以て　政府当局においても又現下産業不振の情勢並商工業者の負担の実況に鑑み　税率その他の案配に因りその負担の半減を図られ度然らざれば　寧ろ現行営業税法を適当に改正して商工業者の負担を軽減せられむことを希望す

一　現行営業税の負担を半額程度に軽減するを目途として税法を改正すること
一　若し現行負担の半減程度の軽減行はれさる限りは寧ろ現行税法に対し適当の改正を加へ負担を軽減すること
一　課税標準を純益に改むるとせは損失を見越したる場合は　之をてん補するまで営業税を課せさること
一　個人営業の純益算定に当りては法人同様負債の利子を控除すること
一　課税方法は法人個人の差別を設けす同一とすること
一　申告を尊重し若し甚だしき相違ありと認むるときは商業会議所又は同業組合等に諮問すること
一　課税標準の更訂を決定額の四分三に達せさる場合にまで拡大し尚その処分後過納金の還付は迅速に行ふ

こと

一　地方付加税の制限を厳とすること

この決議は商業会議所の苦しい立場を示していた。これまで外形標準課税であることが営業税の問題としてきたが、いざ純収益に課税する方針が出されると、税負担を軽減することが最も重要な課題として認識されるようになった。

三　全国商工業者大会

一一月一五日に、大阪実業組合連合会会長の森平兵衛（貴族院議員）や東京実業組合連合会会長の星野錫が参加した全国商工業者大会が開催され、「吾人は政府の不徹底なる営業税改正案を認めず飽くまでも諸税の全廃を期す」と決議した。そして、実行委員会を開催し、翌年一月二日頃、東京で大会を催すこと、全国各地で大会、陳情などを行なうことを決定した[68]。

しかし、一八日に実行委員がこの決議をもって濱口蔵相と協議したところ、逆に収益税化を支持するように説得され、その足で本部に戻って再度議論した結果、現行営業税と政府案と比較対照して増減に関する調査を行なった上、もし不適当な場合には適当な方策を講じることに決定した[69]。

ここで、全国の中小事業者を動員して営業税廃税運動を展開してきた全国商工業者大会も、廃税一本槍ではなく、収益税化を容認する方向に転換した。

四　日本綿糸布商連合会

この時期に営業税の収益税化に向けて、各党に最も強力に働きかけを行なっていたのは日本綿糸布商連合会であった。

同連合会は、法人の卸売業者を主たる構成員としていたので、明確に業種として利害関係を共有し、収益税化という明確な目標の達成に向けて精力的に働きかけを行なった。

田附政次郎とともに営業税の収益税化実現に向けて運動をしていた伊藤忠兵衛は、政友本党と憲政会への働きかけについて次のように伝えている[70]。

一九二五年秋九月初頭、時の政友本党の中村啓次郎先生から間接税の改廃があることを聞き、中村とともに床次総裁に面会し、営業税に深き理解があることを確かめ、直ちに永田町の蔵相官邸に向かつた。政務次官の武内佐平は大阪出身で辱知の間柄なので、本党の意向を伝へたところ、事務官会議中の濱口蔵相を拉して座に現れ、もし本党の意向が確かなら妥協の方法もあり、再び確かめてくれと言はれ、その確かなることを蔵相に伝へた。それを基調に政策協定が進められたのは政治の転機が何処に潜み居るか。サア最後の猛運動だと、その年の議会の始まるまでの数ヶ月間の東上頻繁、たまたま日本工業倶楽部が臨時ホテルに四五階を開放しておつた時恐らく最大の顧客に田附翁を数えておつた。

この伊藤忠兵衛の説明が正しいとすると、政友本党は、田附らの説得により営業税の廃止と営業収益税の創設を税制整理案に含め、憲政会と妥協の余地のある案を固めたことになる。

確かに一〇月初めに政友本党が発表した税制整理案では、政友会の主張する地租委譲に強く反対する一方、営業税の廃止と営業収益税の創設をはじめ、資本利子税の導入、通行税、醤油税、織物消費税の廃止や清涼飲料税創設については、政府の国税整理方針を踏襲したものとなっている。ただし、所得税の改正と地租の一分減については政府案に反対し、独自に自作農の免税、義務教育国庫負担の増加などを主張していた[71]。

五　実業同志会

実業同志会の武藤山治は、濱口蔵相の方針について「真面目に国務に鞅掌せられる点は敬意するが、税制については糠よろこびである。剰余をもってはじめて効果を表す。通行税を減らしても一銭で煙草を吹かせば三銭とられるので社会政策ではない。利益に課税することは一見公平のようであるが、利益に対しては所得税を納めているものが、さらに営業収益税を課せられる理由はない。」と政府の税制整理案が社会政策とは言えないこと、営業収益税の創設に反対した[72]。

そして、実業同志会は、一一月二九日に大阪の中之島公会堂で第六回全国大会を開催し、「第一　国民負担の軽減を目的とせざる現内閣の税制整理は真の税制整理と認めず因て本会は負担軽減を目的とする真の税制整理の実現を期す」との決議をして営業税の収益税化には反対し、あくまでも全廃を訴えた[73]。

ただし、武藤は有力な支持母体の一つである綿糸布商が営業税の「収益税化」の実現を求めても、決してそれを支持しなかった。こうした武藤の態度に、綿糸布商らは実業同志会が綿業者を中堅とするなら綿業者の意見を政綱とするのが当然であろうと批判をし、武藤への不満を高めた[74]。

実業同志会は、全国の実業界の利益を代表する政党と標榜して衆議院に進出したが、実態は、商業会議所連合会や全国商工業者大会という全国的な実業者の団体と連携ができなかったばかりではなく、こうして大きな支持母体である綿糸布商との距離も広がっていった。

六　帝国農会

営業税廃減税運動が起こると注目されるのが農業者の動きであった。一九一〇年の営業税減税や一九二二年の営業税減税の時は、農業者による地租軽減運動が誘発され、営業税減税問題の帰趨に大きな影響を与えた。

帝国農会の総会は、一九二四年一〇月、「農業者負担軽減ニ関スル建議」を決議し、地租委譲を求めるが、財政状況によって全廃が難しい場合には「営業税法ヲ改正シ商工業者ノ負担ヲ軽減セル事例ニ従ヒ」地租の税率の低下を求めることや、府県戸数割付加税の負担軽減、義務教育費国庫負担の増加などの要求をしていた[75]。

しかし、税制整理の政府案が示された後の一九二五年一〇月の総会では、政府の税制整理により「農家負担ノ軽減サルルコト尠カラサルヘシト信ス」と一定の評価を加えた上で、国庫の負担に帰すべき経費のうち、地方費支弁に委ねられているものが二割あるので「国庫負担タルヘキ地方費ハ之ヲ国家ニ移シ地方経費ノ縮小ヲ図ルト共ニ、他面地方税制ノ徹底的改革ヲ断行サレ度」と決議したにとどまった。あえて地租委譲に言及することもなかった[76]。

続いて、政府、政友会、政友本党の最終的な税制整理案を示されると、帝国農会は、「農民や地主の見地より考察すれば、野党二案の方が政府案に比しより多く利益なるが如く想像さるゝが、如何せん未完成品であるから充分の信頼を置き難い点もある。然るに政府案は不十分ながらも国税地方税を通じて形体を具備したる税整案であって、特に実行上の点に付ては深く思いを運らして作成されている。故に政府案は野党二党に比すればより多く即行の可能性がある。」と評価し、暗黙に政府案を支持した[77]。

第三節　営業税の廃止と営業収益税の成立

一　政府案の決定と経済界

1　政府案の決定

一二月一一日、税制整理について蔵相官邸で国税整理に伴う各法改廃に関する省議を開催し、七本の法律を制定し[78]、営業税については、夏の要綱に対して次の六項目の修正を行なうことにした[79]。

一　営利法人に対しては全て営業収益税を課すること。ただし、漁業及演劇興行等は例外とすること（課税業体は従来通りとしたる前回の決定の変更）

二　個人営業中、運河業、桟橋業、船舶碇繋場業、貨物陸揚業、鉄道業の如き営業者が極めて少ない種目は之を課税業体から削除すること（同上変更）

三　個人営業の純益は所得税と同時に所得調査委員会に於て調査すること

四　法人には課税最低限を設けさること（純益四百円を最低限度として法人個人の区分を設けさりし前回閣議決定の変更）

五　税率は「法人百分の三・六」、「個人百分の二・八」とすること（法人百分の四、個人百分の三として尚考究の上決定すること丶なしたる前回閣議決定の変更）

六　各種の補完税の重複課税を避くる為め、法人の営業収益税額中より地租及資本利子税額を控除し個人の営業収益額中より地租額を控除すること（追加）

続いて大蔵省は、一二月二一日に大正十五年度予算の内示を行ない、営業税を廃止し、大正十六年一月一日から営業収益税を実施するとの方針を固め、「税率は法人百分の三・六、個人は百分の二・八とすること、法人の営業収益税額より地租及び資本利子税を控除し個人の営業収益額中より地租額を控除すること」と、当初案（法人四・〇、個人三・〇）に比べ税率を下げ、約二割に当たる五、一七一千円の軽減により、平年では六、〇四七万五千円の減収を見込んだ。

2 商業会議所連合会

商業会議所連合会は、政府案によるとかえって増税となるのではないかとする菅原通敬の見通しもあり、営業税整理の過渡期の大正十五年の軽減は一割以下になるのではないかと危惧した[80]。

そこで、一月二一日、商業会議所連合会は営業税に関する実行委員会を緊急に招集し、二六日に次の決議を行ない、関係閣僚に提出することとした[81]。

営業収益税法案ニ関スル決議

一　産業不振ノ状勢並商工業者ノ負担ノ実況ニ鑑ミ税率其ノ他ノ按排ニ因リ負担ヲ半減セラレタシ。負担ヲ半減シ能ハストセハ寧ロ現行営業税法ヲ適当ニ改正シテ負担ヲ軽減セラレムコトヲ望ム

一　税率ハ法人百分ノ二、個人百分ノ一・五トスルコト

一　減損更訂ヲ四分ノ一ニ迄拡張スルコト

一　第二五条ヲ削除スルコト

一　損失ヲ繰越シタル場合ハ法人個人ヲ問ハス補填スル迄ハ課税セサルコト

一　地方付加税ノ制限ヲ厳ニスルコト
一　調査委員ノ数ヲ増加シ且其権限ヲ拡張スルコト
一　個人ノ負債利子ハ必要ナル経費トシテ控除スルノ趣旨ヲ明確ナラシムルコト

商業会議所は、五分以下の配当の企業だけが減税の対象になり、他は増税になることを懸念し、負担の半減を譲らないことにした。

そこで、大阪商業会議所の稲畑勝太郎会長が、決議の前日、濱口大蔵大臣と早速農林大臣を訪問して、増税となることへの懸念を伝えた。しかし、「早速農林大臣は、負担が増えるというのは自分と意見が違う。もしそうなら農林大臣の立場として大蔵大臣に意見を言う。」との旨を述べたと紹介し、政府の方は菅原が懸念していたように増税になるとの認識は共有していなかった[82]。

また、大蔵省の事務方は、この商業会議所の論点にそれぞれ順に対応した次の旨の反論メモを作成し、政府答弁の基本となる考え方を整理していた。政府の方針が収入を一定とする以上半減はできないこと、商業会議所はこれまで営業税の外形標準課税を批判してきたのに、税率を引き下げる方を優先することは矛盾があることなどを指摘している[83]。

一　（負担の半減）　負担の半減は歳入の関係上実行することはできない。純益課税を正当と主張しながら（大正十四年六月の決議）半減されなければむしろ現行法に適当な改正を加えよと主張する理由を発見しがたく、その真意が理解できない。
一　（税率）　負担半減の目的であって採用困難である。
一　（減損更訂の拡張）　前年実績により純益を計算する原則を採る場合において減損更訂の範囲をなるべく制

限すべきである。課税標準計算方法の主義は現行営業税法に準ずるものであって減損更訂の程度もこれに準じて現行の二分の一とするのが適当と認める。

一 （第二十五条削除） 課税の公平を期するために必要な規定である。必要の場合に帳簿を検査し、または質問をしないで適実の課税は困難である。この規定は現行営業税法（第三十三条）にもあるもので、実行上慎重の注意を払いこれを濫用するようなことがないようにすべきは無論であるが、これを全く削除する場合には負担の衡平を図るべき基準をえる方法を失うので相当ではない。

一 （損失繰越） 前年度の益金が本年度の益金とならないとすると、同じく前年度の損金は本年度の損金ではなくなる。ゆえに毎年の利益に課税することを目的とする本税において繰越欠損金を控除することは適当ではないと認める。例えば甲乙二人の営業者が本年度等しく五万円の資本によって同一営業を行なった場合、甲は既往において十万円の資本をもったものであるため、その資本が十万円に回復するまでは少しも課税せず、乙は従来から五万円の資本であるのでその年の利益の全部に課税するというのは、恰も甲には永久に十万円の資本をもつ特権を与え、乙には五万円以上の資本をもたせる必要はないとするなど決して公平な課税とは言えない。

一 （地方税附加税制限） 地方税制に付いては政府においても十分注意を払っている。しかし、絶対的な制限を設けることは地方財政の現状では、困難である。

一 （調査委員の数増加と権限拡張） 権限拡張の意義が不明であるが、調査委員会に決定権を与え税務官庁は絶対にその決議に服従すべきであるという趣旨であるとすれば種々の弊害を生じる虞があるので採用できない。現在において調査委員会の意見と税務官庁の意見とが一致しないで政府決定を行なうものは、毎年全国を通じて三四か所にすぎないので、実際上委員会に権限を拡張する必要はない。

一（個人負債利子控除）　営業上の負債の利子は必要な経費であることは疑いなく特に明文を置く必要はない。営業に関係ない負債の利子を控除すべきではないことは当然である。

緊急常任委員会の決議を受けて、指田義雄会長と稲畑副会長ら実行委員会は、「営業収益税法案ニ関スル決議」という印刷物を配布しながら、憲政会の藤澤幾之輔、頼母木桂吉、政友本党の金光庸夫、政友会の三土忠造、武藤金吉、大口喜六、同交会の上埜安太郎、井上虎治、実業同志会の森田金蔵、新正倶楽部の湯浅凡平、永田進之允に対して申し入れを行なった。[84] さらに、常任委員会議所（六会議所）は、営業収益税になってどれだけ増税になるか、緊急に調査を実施することとした。

3　全国商工業者大会

東京、大阪、神戸、名古屋、横浜の各実業組合連合会の全国商工業者大会実行委員会は、一月一九日、次の趣旨の「営業税改正ニ関スル意見書」を決議し、税率の引下げや免税点の引上げなどを政府に要望した。[85]

地租は農民のみならず商工業者も負担するものであって営業収益税は地租と対立するものではなく商工業者のみが特別に負担する偏頗過重の租税であり、廃止して国民の負担を公平にすべきである。もしこれを直ちに全廃できないとしても大いに之を軽減する趣旨から左の改正をすべきである。

イ　営業収益税の税率を法人百分ノ二、個人百分ノ一・五とすること

ロ　営業収益税の免税点を一千円に引き上げること

ハ　納税者の申告を尊重することとし、その趣旨を実現するため調査委員の権限を拡張すること

4　日本経済連盟会

日本経済連盟会は、前年の一〇月一二日に税制整理調査会を発足させて検討を始め、一月二五日に次の旨の「税制整理ニ関スル意見書」を総理、大蔵大臣あてに提出した。[86]

今回の整理案で、所得税に関して、本会の先に主張した国債利子の課税、法人留保所得に対する累進税の廃止、公社債および銀行預金の利子を法人の課税所得より控除する件、第三種所得免税点の引上げ等の趣旨が採択されたのは結構だが、なお次の点について案の修正を要望する。

一　株式配当税は源泉徴収とし、新税の資本利子税中に編入すること
一　第三種所得の所得金額及び税率を細分化すること
一　外国において専ら経営する事業より生ずる所得に対して所得税を免除すること
一　地租、営業税および所得税の地方付加率は法律の規定する範囲に止むべき制度とすること

営業収益税が設置されることにより、日本経済連盟会の会員である銀行や製造業者などが増税される可能性があったが、この意見書では営業税については触れられていない。営業収益税を評価する立場と、製造業や銀行業、利益率の高い企業には増税になる恐れがあり、商社が負担感を訴えている地方付加税の問題を除き、意見をまとめられなかったと考えられる[87]。

二　衆議院の審議と憲本の妥協

一二月二五日、第五一回帝国議会が開会し、二八日の衆議院の本会議では、憲政会と政友本党の提携により全院委員長に多木粂次郎（政友本党）が大多数により選出された[88]。これを引き金として、政友本党の中橋徳五郎、鳩山一郎や吉植庄一郎ら政友会との合同派一二名は、二九日政友本党から脱党し、同交会を設立したが、二月一二日に政友会に合流した。

護憲三派体制が崩れ、憲政会の単独政権となったものの、衆議院では憲政会、政友会、政友本党もいずれも単独で過半数をとれなかったので、それぞれが政友本党との連携を目指した。第五一回帝国議会においては、税制

整理法案の審議が最大の争点となり、税制整理問題を焦点として政局が動いた。

一月二一日、加藤高明総理大臣の施政方針演説と濱口雄幸蔵相による財政演説がなされ、本格的な議会の審議に入った。

加藤首相は、この中で、「根本の方針は歳入に著しき増減を来さざる程度において租税の体系を整へ国民負担の均衡を図ると共に社会政策的の見地に立って可成多数国民の福利を増進せんとする点に在る」と国税整理の基本方針を示した。

政友会は、地租委譲を目的とする市町村地租法、市町村税地租法の施行に関する法律案をもって第五一回議会に臨むことにした[89]。政友本党は税制整理案を義務教育増額法案とともに衆議院に提出した。こうして、税制整理法案が衆議院本会議に一括上程され、一月二五日から審議が始まった。

新聞には「解散、非解散のかぎを握る重大討議いよいよ開始」との見出しがあり、当初から税制整理問題は、政局を左右する問題として受け止められていた[90]。

一月二七日、所得税法中改正法律案外二七件の委員会（税制整理委員会）は政友本党の元田肇を委員長に選出した。第一党にもかかわらず憲政会が委員長の候補者を立てなかったことは、政友本党との接近を進めるためのメッセージであると受け止められた。

法案審議が始まった直後の一月二八日、加藤首相が急逝し、続いて二月三日に若槻禮次郎に組閣の命が下った。ただし、濱口蔵相をはじめ閣僚や政務官などは全員留任した。

税制整理委員会において、政友会の三土忠造は、蔵相が在野時代に負担の軽減を主張しながら今回の税制改革で軽減を実行しない理由を詰め寄ったのに対して、濱口蔵相は負担の公平を期しかつ現行営業税の悪税であるに鑑み従来の主張どおり改正したのであって、税体系全体において減税しえなかったのは震災のためであると反論した。また、小川郷太郎は、税制整理の減と関税収入の増の差引歳入増を教育費国庫負担の増額に充てるつもりはないかと問うたが、濱口は、国庫の増収になるのは三、四年後であり、財政計画を変更しないと困難であると答えるにとどめた。

三土は、廃減税の効果について、営業税については生活必需品四〇種の営業種目について増税になるのは卸売業において二八種、小売で二五種、減税になるのが卸売業において一二種、小売で一一種に過ぎないなど、収入増加が過小に見積られていること、新税や煙草値上による増収は内輪に見積っているので増税となる可能性が高いこと、所得税、地租、営業税、相続税、資本利子税等の直接国税は一、四七〇万円の減税になるのに綿織物消費税、通行税などの間接税は、六六〇万円程度の増税となっており、中産階級への擁護にならないことなどを挙げて政府案を批判した[91]。

他方、実業同志会の森田金蔵は、収益税と所得税は二重課税であり、免税点がなぜ一、二〇〇円と四〇〇円と違うのかなどの技術的質問をしたに過ぎず、営業税の廃止あるいは減税についての意見を述べることはなかった。営業税廃税を期待されて選出された実業同志会であったが、このように営業税廃止に関する根本的な議論に参画することはできなかった。

税制整理委員会は、二月一五日に逐次審議を終え、小委員会を設置して審議を行なうこととなった。そして、税政友本党が固執する義務教育費増額と自作農の免税、憲政会が在野時代から主張してきた地租減税について、税制整理委員会の審議を通して、憲政会と政友本党は、お互いにニュアンスを確認しながら、妥協の可能性を模索した。

税制整理委員会における政友会の攻勢の中で、若槻首相は、一四日の朝、興津の元老西園寺公望を訪ねて施政報告を行なった。そして、自作農免税と義務教育費国庫負担金の増加を求める政友本党に対し、憲政会は地租免税点の設置（地価二百万円未満）とそれを上回る場合の地租一分減を主張し、政友本党の元田肇税制整理委員長と濱口大蔵大臣が、政局をかけてぎりぎりの調整を続けた。

こうした中、政友会は、一六日に招集された税制整理委員会小委員会が、政友会が反対したにもかかわらず設置されたことは特別委員会の権限を無視する不法不当なものであるとしてこれに出席せず、憲政会、政友本党、新正倶楽部が秘密会で調整を行なった。そして最終的に、一七日に、免税対象を地価二〇〇円の自作農地とし、地租一分減を取り下げ、義務教育費国庫負担金の増額を一、〇〇〇万円増やして三、〇〇〇万円とすることなど、憲政会と政友本党の間で、次のような妥協が成立した[92]。

一　政府提出にかかる地租一分減は本党の意見を尊重してこれを見合わせること

一　自作農の免税については本党の趣旨を尊重し唯その意義を明確にして歳入に異同を生ぜしめざるため政府案の地価二百円未満の条件を付帯すると共に左の如き条件を以てこれを制限すること

イ　地租を納付すべきもの　法人を除く住所地市町村及その隣接町村における田畑地価の合計金額がその同居家族の分と合算して二百円未満なる時は命令の定むる所に依りその田畑の地租を免税すること

ロ　但し所有田畑といへども小作に付した田畑はすべてこれを免除せざること

ハ　従来の永小作権者にして地租を負担しているものは免除せざること

一　義務教育国庫負担額は政府は三千万円を増加して合計七千万円を提案せるに対して、本党は四千万円を増加して八千万円を要求したが政府もこれに同意すること

一　但し財政上の都合により、十五年度増加額は三千万円とし、国庫負担額を合計七千万円とすること

一　他の残りの一千万円は十六年度以降において財政に余裕を生ずるに至りたる時他の緊急なる施設と共に

篤と考慮すること

一　義務教育費の増加三千万円の財源としては地租一分減を削除した結果生ずる約一千万円をこれに充てること

一　但し右は地租一分減の修正削除分貴族院を通過した時政府は追加予算としてこれを議会に提出し現実三千万円を実行すること

一　所得税については小川郷太郎氏の提案通り本党案を採用して法人の留保所得は第一種より控除せず従ってこれに付加税を付させる

一　法人の資本利子税については政友会の大口喜六氏の提議を容れてこれに地方税を付すこと

一二月初旬から憲政会と政友本党で地租一分減、義務教育費増額、自作農奨励党の財政策について協定案を進めていたが、議会における膠着状況を踏まえ、研究会常務の渡辺千冬が政友本党の床次総裁、新正倶楽部の関直彦が桜内院内総務と会見し、税制整理についての妥協に向けて調整役を果したという。この時の状況について、若槻禮次郎は、「私の内閣の第一の任務は、加藤内閣の政策を成立せしめ、死せる加藤の志を遂げることであった。その主たるものは税制整理案で、これはすでに議会に提出されている。私はまずこれを成立させなければならない。」との意欲をもって議会に臨んだ。しかし、憲政会は議会の過半数を占めていなかったため、「政友本党と接近する外はないと考え、その方針で進んだ。そして、私と政友本党の床次君との接近は、貴族院研究会の青木信光、水野直の両君の斡旋によるものであった。」と述べ、研究会が衆議院との調整の役割を果したことを伝えている。[93]

憲本の妥協によって、税制整理問題の峠を越え、一九日の税制整理委員会小委員会において、関係法案が可決された。そして、二〇日の衆議院本会議に上程された。

実業同志会は営業税の廃減税の実現をきっかけにして結成されたが、本会議において、武藤山治が営業収益税法案について、純益が四〇〇円であることを証明するために争いが起こった場合に法第二十五条において実施される帳簿の検査の在り方という技術的な問題だけを質問し、税制問題の審議にはほとんど存在感を示すことができなかった[94]。また、新正倶楽部の増田義一は商業会議所の意向を踏まえ、「帳簿物件検査の規定を削除」との条項を含めたが、賛成少数で否決された。そして、政友会が提出した市町村税地租法案、市町村税地租法施行法案が、憲政会と政友本党の反対で否決された後、政府提出案二一件と政友本党提出法案一件が可決され、貴族院に回付された。

三　商業会議所連合会による税率引下げ要望

収益税化することによる増税の懸念は払拭されず、商業会議所連合会は、営業税に関する実行委員会を緊急に招集し、一月二二日に、緊急常任委員会と二会議所実行委員会は、「税率ハ法人百分ノ二、個人百分ノ一・五トスルコト」等の決議を行ない、関係閣僚に申し入れた[95]。また、全国商工業者大会実行委員会（東京、大阪、神戸、名古屋、横浜）も、商業会議所に歩調を合わせ、「営業収益税の税率を法人百分ノ二、個人百分ノ一・五とすること、営業収益税の免税点を一千円に引き上げること」などを決議した[96]。そして、遅ればせながら、二月一八日の商業会議所連合会役員会に、東京、大阪、名古屋、神戸、京都、横浜の六大商業会議所傘下の合計八二七法人を対象とした、営業収益税にした場合の租税負担の増減調査の結果が報告された[97]。

それは、政府の説明に反して、銀行や製造業などの大企業も含め、東京では一五二社のうち三分の二が増税、大阪では六三五社のうち三分の一が増税となり、全体として六割近い大増税になる、との驚くべき結果であった。

現行営業税額　　九、三一五、五〇〇円
営業収益税額　一四、六九五、一〇五円
増税額　　　　五、三七九、六〇四円
増額割合　　　　　五割七分七厘

東京による業種別調査によれば、営業収益税により金銭貸付業の営業税負担が五七％減少するが、物品販売及び製造業（一〇七％）、物品販売業（二三％）、製造業（七七％）、銀行業（三三％）、印刷出版（一七四％）などには著しい負担の増加があると見込まれた。[98]

このような結果を踏まえ、二月一九日に商業会議所連合会臨時会は、営業収益税を前提として一月二一日の実行委員会が行なった決議を、連合会として改めて決議とした上で、その趣旨を貫徹するため次の決議を行なった。[99]

営業収益税法案ハ之ニ依リテ五百万円ヲ減税スルモノナル旨政府当局ノ声明セラルル所ナルモ　吾人ノ実際調査ニ依レハ非常ナル増税ノ結果トナルコト明確ナリ　吾人カ多年営業税ノ廃税ヲ主張シタルハ民力ノ休養ト産業ノ振興ヲ期シタルニ因ル　然ニ今ヤ却テ負担ノ加重ヲ招来セントスルハ実ニ忍フ能ハサルトコロナリ而モ帳簿物件ノ店頭臨検及個人収益ノ外形認定ノ弊ハ依然トシテ存続セラレントス　仍テ吾人ハ此ノ際極力曩ニ決議シタル営業収益税法案ニ関スル修正事項ノ貫徹ヲ期ス

さらに、二〇日には、指田会長が、政友会の岩崎勲、秋田清、井上孝哉、小野義一、山崎達之助、新正俱楽部の増田義一、政友本党の清水市太郎、金光庸夫、憲政会の総務町田忠治と原脩次郎に陳情した結果、各派を通じた意見は営業収益税実施の結果が増税になるかどうかは断定できないこと、仮に増税になれば税率は緩和されるべきであること、税務官吏が店頭に臨んで帳簿物件を検査すること（第二十五条）の削除について各派は同意したが政府は脱税の恐れがあるから消極的であった旨の紹介があった。そして、貴族院については、研究会の青木信光子爵、牧野忠篤子爵、渡辺千冬子爵、八条隆正子爵、馬場鍈一博士と茶話会の内田嘉吉に説明し、今後、公正会、交友倶楽部にも説明すると述べた。

こうして二〇会議所の実行委員、特に六会議所の実行委員が衆議院と貴族院の各会派への積極的な根回しを実行し、各商業会議所の所在地または縁故の深い議員を訪問して報告することになった。

さらに、指田会長から、「商業会議所の権力は議員を通じて議会に意見を発表するか、新聞紙そのほかの機関によって国論を喚起するか、到底自己の主張を直ちに政治の上に実現することはできないので、隔靴掻痒の感があるが、商工業者大会、実業組合連合会そのほかの機関によって言論機関を通じて国論を喚起することに尽力を願いたい。」と述べ、商工業者や実業組合との連携をとって働きかけることを確認した。

ただし、この時点では衆議院では憲政会と政友本党が妥協して、税制整理の骨格が決定した後となったので、「税制問題で商業会議所連合会が遅まきの運動。不満の声もある。」と批判も上がった[100]。そこで商業会議所連合会は、貴族院の審議に望みを託した。

四　貴族院の審議

商業会議所が貴族院に望みを託したのは、根拠がないわけではなかった。

一九二五年の貴族院改革により、多額納税者の枠が一五名から六六名以内へと拡大した結果、一九二六年二月時点において、商業会議所関係議員が三四名を占めるまで増加しており、貴族院に対する商業会議所の影響力は格段に強まっていたからである【表六―二】。

二月二四日に貴族院所得税法中改正法律案について、濱口蔵相が本会議において提案理由説明を行ない、二五日から審議が始まった。貴族院は概して政府案に肯定的であった。研究会は大体賛成し、地租委譲論については「地租委譲によって地方民を釣ろうとしている。」と批判的であると伝えられていた[101]。

商業会議所連合会は、商業会議所関係貴族院議員の営業収益税問題に関する懇談会を開催し、大阪の稲畑会頭などの現役の会頭や副会頭のほか、東京の特別議員である阪谷芳郎や前東京商業会議所会頭の藤山雷太、東京実業組合連合会副会頭の山崎亀吉など、営業税廃税運動のリーダー格の多数の商業会議所関係議員ら二六名（二月

【表 6-1】 商業会議所関係貴族院議員

	爵位	商業会議所	会派	就任
中島久萬吉	男爵	東京特別	公正会	1904
郷誠之助	男爵	東京特別	公正会	1911
阪谷芳郎	男爵	東京特別	公正会	1917
井上準之助	男爵	東京特別	会派不属	1924
中村是公	勅撰	東京特別	同成会	1917
藤山雷太	勅選	東京特別	研究会	1923
馬越恭平	勅選	東京特別	研究会	1924
添田寿一	勅選	東京特別	同成会	1925
稲畑勝太郎	勅選	大阪会頭	無所属	1926
今井五介	多額	松本会頭	研究会	1918
中村圓一郎	多額	静岡特別	研究会	1918
横山章	多額	金沢特別	研究会	1918
森平兵衛	多額	大阪副会頭	研究会	1925
田村駒治郎	多額	大阪議員	研究会	1925
伊澤平佐衛門	多額	仙台会頭	研究会	1925
西本健次郎	多額	和歌山議員	研究会	1925
宇田友四郎	多額	高知会頭	研究会	1925
斎藤喜十郎	多額	新潟特別	研究会	1925
澤山精八郎	多額	長崎特別	研究会	1925
吉野周太郎	多額	福島議員	研究会	1925
金子元三郎	多額	小樽特別	研究会	1925
山崎亀吉	多額	東京議員	研究会	1925
左右田喜一郎	多額	横浜議員	研究会	1925
佐々木志賀二	多額	岡山特別	研究会	1925
小林暢	多額	長野特別	研究会	1925
磯貝浩	多額	名古屋議員	同成会	1925
田村新吉	多額	神戸議員	同成会	1925
橋本萬右衛門	多額	郡山会頭	同成会	1925
藤安辰次郎	多額	鹿児島副会頭	交友倶楽部	1925
林平四郎	多額	下関特別	交友倶楽部	1925
山上岩二	多額	岡山会頭	交友倶楽部	1925
田中一馬	多額	京都議員	公正会	1925
小林嘉平治	多額	津特別	無所属	1925
吉田羊治郎	多額	大津議員	会派不属	1925

（出所）「商業会議所関係貴族院議員芳名」（東京商業会議所役員会大正 15 年 2 月 18 日付表），衆議院・参議院編『議会制度百年史　貴族院・参議院名鑑』，『議会制度百年史　院内会派編　貴族院・参議院の部』1990 年より作成。

二六日)、一九名(三月九日)を招待し、商業会議所側の懸念を伝えた[102]。

これを踏まえ、二月二六日、貴族院本会議で質問に立った阪谷芳郎は、「地租を軽減し営業税を全廃するということが最もこの整理中の重きをなすものと思う。営業税の全廃は絶えたことはない。今度の政府の税制整理案として現れたものを見ると、税率として重いし、取扱の手続きも煩瑣である。」と主張した。

濱口蔵相は、政府は、歳入見積りに当たって全国の相当の機関を設け精密に調査したから計算に誤りはないと答弁した。

二月二七日に、大蔵省は「六大商業会議所が現行営業税額と新法による営業収益額を比較し、増加となるものが四〇七社のうち三〇九法人で、現行営業税額に比べ五七・七%の増加」と主張していることについて、次のとおり、商業会議所の見積りが過大となっているとの反論を用意していた[103]。

一　現行営業税額を過少に計算している(東京税務監督局などの調査に基づく政府による営業税の決算額と比較して過少)。

二　純益を過大に評価している。

三　資本利子及び地租の見積りが過少である。

四　六大都市以外の営業収益額を六大都市における比較的大法人の増加割合をもって計算することは不可(大法人の方が営業成績良好)

三月三日、税制整理委員会(所得税法改正法律案外二一件特別委員会)が開催され、冒頭に質問に立った井上準之助は、「営業収益税で政府は五百万円の減税となるというが、商業会議所連合会が六大都市で調査した結果は減税にならないが事実はどうか。」、藤山雷太は貴族院議員として、「純益に課税することは大変結構なことであるが、純益を算定するのに今までのようなやり方をすると始終争いが起きるのではないか。」との質問をした。

政府委員の黒田英雄は商業会議所の見積りに誤りがあることを指摘し、濱口蔵相は、所得税の算定をする担当者が営業収益税の算定をすることになるので知見が生かせるのではないかと応じた。このように、商業会議所の関係者が貴族院議員として、政府の姿勢を糾すこととなった。

三月九日、稲畑（大阪商業会議所会頭）、田村（神戸）、山崎（東京実業組合連合会副会長）、藤山（前東京商業会議所会頭）、森（大阪商業会議所副会頭）の各貴族院議員が営業収益税問題についての経過報告を行なった。

貴族院における税制整理に関する特別委員会においては、研究会の前田利定と公正会の阪谷の両正副委員長と各派が懇談をしたが、研究会と公正会の意向が相いれず調整がつかなかった。ただし、加藤高明内閣は組閣以来、貴族院研究会の有力者の水野直を陸軍政務次官に起用するなどの関係強化を図ってきたこともあり、憲政会、政友本党と研究会との関係は良好であった[104]。

三月二三日の本会議において、公正会の阪谷芳郎は、「政府は在野時代から営業税全廃を唱え営業税を全廃したことは立派であるが、営業収益税に看板の塗替えとなって、全国の商業会議所が反対を唱え、従来の営業税をそのままにしてもらった方がよいとの意見も出て、在野の時に現内閣が多年標榜していた目的が殆ど裏切られたような状況になった。二三の修正をすれば不平の声が静まるのではないかと思う。」として、商業会議所の要望に沿ったように、次の三点についての修正提案を行なった[105]。

一　営業の純益算出の方法に付ては大蔵大臣に於て重なるも商業会議所十か所以内の会頭より成る委員会を組織し其の意見に基き命令を以て之を定む其の変更を要する時亦同し
二　法人の税率は、百分の三・六を百分の二・六、個人の税率は百分の二・八を一・八とする
三　収税官吏は営業者に質問をすることを得、収税官吏は営業者か速に質問に答へす又は答ふるも答弁要領

得さるときは営業者の営業に関する帳簿物件を検査することを得、前項の場合に於て収税官吏は帳簿物件検査の必要を認むる理由を具し所得税調査委員会の同意を得予め其の旨を営業者に通知すへし

しかし、研究会の馬場鍈一は、

一　営業収益税実施ノ結果政府当初ノ予算ニ超過シ多大ノ増収ヲ期シタル場合ニ於テハ其ノ税収カ同税法所定ノ税率ノ関係ニ基クモノナルトキハ政府ハ宜シク同税率ノ低減ヲ図ランコトヲ望ム

一　政府ハ営業収益税法ノ実施ニ当リ同法第二五条ノ規定ニツキ厳ニ濫用ノ弊ナキヲ期スルト同時ニツトメテ納税者ト税務官吏トノ間ニ於ケル紛争ヲ避ケ税法ノ円満ナル施行ヲ図ランコトヲ望ム

との希望条件を付すことで十分であるとして、阪谷の修正意見には反対した。また、添田寿一も、時間がないので法案の修正は避けたいとして馬場を支持した。そして、阪谷の修正意見は否決されたが、馬場の提案した希望条件は可決された[106]。

商業会議所には、勅選議員や多額納税議員を中心に貴族院に多くの足がかりがあったが、貴族院研究会と、政府と政友本党の関係が協調的であったため、阪谷が代表した商業会議所の修正意見を反映させることはできなかった。憲政会と政友本党と研究会の蜜月により、政府の税制整理法案は貴族院から支持された。

五　営業税法の廃止と営業収益税法の成立

こうして二一件の税制整理法案はすべて成立し、日露戦後から長年懸案とされていた税制整理が実現した。そ

して、この過程で、三年間近く政府と商工業者の間で対立を引き起こしていた営業税が廃止され、代わりに営業収益税が創設された。一九二六年夏の国税整理方針の閣議決定を契機に政憲の連立が瓦解した後、第五一回帝国議会における法案審議過程で憲政会と政友本党や研究会との連携が実現したように、この時の税制整理問題は、護憲三派体制から、その後の二大政党制を生み出す上での一つの大きな政治的な契機となった。

これは、政友会と憲政会が普通選挙を睨んだ上で、税制整理問題が新たな選挙権者を自らの政治基盤に取り込む前哨戦となると意識されていたからであった。

この点を見抜いた安部磯雄は、政府と各党の税制整理案が「殆ど社会政策の競争の観を呈して居ると云つても差支ないやうである。過去の税整案に比較して見ると、此度のそれは非常に進歩的であり、改革的であるが、之は畢竟普選の賜物であるといふことが出来やう。普選の実施を前にして、大多数の民衆を相手にしなければならない政府及び政党が、その税制整理案に於て社会政策を標榜することは甚だ当然である」と論評した[107]。

憲政会の内閣は、一九二六年の税制整理において、商工業者という特定の業種の負担軽減に焦点を当てるのではなく、「社会的政策」という視点から「中産階級以下多数国民の負担を軽減する」との方針で、農業も含め業種横断的に税制全体を見直す方針で臨んだ。実際の結果はともかく、普通選挙法の成立後、社会低所得者への配慮という要素が、現実の政治を左右する基軸として機能し始めたことを示していた。

また、営業税を廃止するものの収益税化して税収はほぼ一定に保つことにより、伝統的な農業と商工業の間の微妙なバランスを保ち、農業者の不満を誘発させずに調整を行なうことができた。

その際、外形標準課税の負担を最も強く感じ、一刻も早く収益税化を実現するという明確な目的をもった日本綿糸布商連合会の利害と、収益税化により、緊縮財政方針と両立しながら、追加財源なしで商工業者への支持基盤の拡大を狙った憲政会の政治的思惑とが一致したのであった。

第四節　営業税廃税の効果

「社会政策の実行」を標榜して、税制整理が行なわれたとは言え、収益税化により、実際の負担はどのように変化したのだろうか。[108]

歳入決算額を調べると、営業収益税が導入された初年の一九二七年の税収は、昭和恐慌による景気の悪化もあり、前年の約六、三〇〇万円から約四、九〇〇万円と、政府が見積っていた五〇〇〇万円よりも大幅な一、四〇〇万円の減額（二二％）となった【表六－一二】。

しかし、業種別の負担の増減は、明暗が分かれた。必ずしも全調査ではなく統計の精度も確認できないが、大蔵省が一九二七年九月に法人営業収益税の結果について調査をしたところによれば、営業税と比較して法人営業収益税の負担は、物品販売業（▲四一・〇％）、物品貸付業（▲四一・六％）など大幅に減少する一方、保険業（五三・三％）、製造業（二二・六％）、印刷業（二六・七％）などは大幅に増加した[109]【表六－一三】。

これは、田附政次郎が目標としていた収益税化による物品販売業の負担減少や、武藤山治が潜在的に恐れていた製造業の負担増加を裏付けている。

同様に、個人営業収益税に関する大蔵省調査により個人営業収益税の一人当たり税額を見ると、前年に比べ物品販売業（四〇・四％）、製造業（三・八％）、印刷業（四四・一％）、出版業（五四・六％）が増加した。他方、銀行業（▲四九・七％）、一九二三年の改正で建物賃貸価格に課税が存続していた旅人宿業（▲二四・七％）や料理店業（▲二三・六％）の負担は減少した。[110]

個人事業者は一九二三年の改正により建物賃貸価格が課税標準から除外されて減税されていたが、収益税化されたことにより逆に多くの個人事業者が増税される結果となった。政府は、社会政策的効果を上げると標榜していたが、この点だけを見ればそうとは言えなかった【表六－四】。

これについて、東京実業組合連合会の星野錫は、「この新税法の適否如何の論は暫く措き」と、収益税化を無条件に歓迎した訳ではなかったが、「政府が該法を以て不公正不合理なりとする本会の主張を認めたる結果に外ならなかった。」と、租税の公平性が実現できたことについては、自らの功績も含め評価した[111]。

一方、大手の綿糸布商であった伊藤忠兵衛は、「収益の大小によつて一率に賦課さるることになり、萬民頗る公平にお上に奉じ得らるるに至つて今日に及んだ。」と歓喜したが、田附政次郎から「時の内閣が政策上の主張の正しいのと、その実行力の強さに対して至大の敬意を払ふのは当然ながら、個々の感情よりして謝辞はつつしむべ

【表 6-2】 営業収益税による税収変化

	営業税	営業税	営業収益税	営業収益税
年度	大正 14 年	大正 15 年	昭和 2 年	昭和 3 年
予算額	57,282,534	59,477,601	50,961,935	50,962,935
調定済額	66,567,984	62,944,096	48,853,415	58,817,805

（注） 単位は円。国の決算から作成。調停済額は，税収として確定した額。

【表 6-3】 法人営業収益税負担状況調

業　　名	営業税額（円）	営業税額に対する営業収益税額の割合
物品販売業	6,816,026	0.6
銀行業	9,184,609	1.0
保険業	680,558	1.5
無尽業	44,190	1.6
金銭貸付業	752,800	0.6
物品貸付業	100,442	0.5
製造業	13,322,390	1.2
印刷業	102,524	1.2
出版業	45,187	1.3
写真業	963	0.9
運送業	1,601,299	0.6
運河業	1,438	0.6
桟橋業	107	1.2
船舶場業	8,480	1.3
貨物陸揚場業	2,012	0.4
倉庫業	207,369	0.7
鉄道業	1,450,532	1.2
請負業	712,194	0.7
席貸業	7,809	0.9
料理店業	115,073	0.8
旅人宿業	53,419	1.3
周旋業	71,021	0.8
代理業	136,433	0.5
仲立業	106,717	0.6
問屋業	935,700	0.8
信託業	81,775	1.5
合　　計	36,638,736	0.968

（出所）「法人営業収益税負担状況調」『昭和財政史資料』第 2 巻第 33 冊。

きだ」と諭されたと伝えている。[112] 綿糸布商の目的が達成された結果、他の業種や事業者に負担の増加を招いたことを意識しての配慮であったと思われる。

【表 6-4】 個人営業税及び営業収益税納税者

業　名	営業税	営業収益税	営業税額に対する営業税収益税の割合
物品販売業	2,216	3,112	1.40
銀行業	50,590	25,421	0.50
無尽業	7,794	11,393	1.46
金銭貸付業	4,432	5,134	1.16
物品貸付業	2,215	3,236	1.46
製造業	4,694	4,875	1.04
運送業	2,793	3,828	1.37
倉庫業	6,885	4,719	0.69
請負業	2,507	3,165	1.26
印刷業	2,852	4,110	1.44
出版業	8,093	12,516	1.55
写真業	2,534	3,166	1.25
席貸業	4,036	4,377	1.08
旅人宿業	3,599	4,213	0.75
料理店業	5,846	4,463	0.76
周旋業	1,440	2,350	1.63
代理業	2,488	3,619	1.45
仲立業	2,697	3,615	1.34
問屋業	13,023	12,225	0.94
その他	778		
合　計	2,659	3,484	1.31

（注）「その他」は運河業，桟橋業等営業収益税を課せられるもの。

（出所）「個人営業税及営業収益税納税者一人当税額比較表」『昭和財政史資料』第 2 号第 33 冊。

第五節　営業収益税のその後

若槻内閣は第五一回帝国議会で税制整理法を成立させ、第五二回帝国議会において、積み残しである登録税、印紙税、砂糖消費税の整理のための関係法案を提出し、いずれも成立させた。

若槻内閣は昭和金融恐慌が起こったため退陣し、田中義一内閣が組閣され、政友会が与党となって地租委譲を中心とする税制整理の検討に入った。営業収益税が施行されたものの、「法人の収益税は地租及び資本利子税を控除するために五六割の納税軽減となるものもあったが、中小商人は四百円の最低限度を少しでも越した純益の最多数のものは、営業税は六円であったものが、営業収益税では一一円に上り、重大問題となった。」との批判の声が上がったため[113]、政友会の高橋是清蔵相が負担の軽減を約束した[114]。

商業会議所連合会は、個人に対する課税標準の最低限度を八〇〇円とすること、法人の税率は一〇〇分の三・六、個人は一〇〇分の二・八であったが、これを法人は一〇〇分の三、個人は一〇〇分の二とするように要望した[115]。六大都市実業組合連合会も免税点を一、〇〇〇円に引き上げること、税率は、法人は一〇〇分の三へ、個人は二・〇とするように要望した[116]。

これに対して大蔵省は、営業の純益が一、五〇〇円以下の個人については純益金額から一〇〇円を控除し、残額に税率を適用することとする「営業収益税法中改正法律案」をとりまとめ、一九二八（昭和三）年四月一日から実施するように準備を行なった[117]。

しかし、この法案の提出は一年延期された上、最終的に法案提出が取りやめられた。政府は「行政上の手心を加えて税額決定のときに改正と同様の軽減をなす。」として、税収に変更を加えることなく徴税の負担感を軽減することで対応しようとした[118]。

また、田中内閣は、地租委譲の実施のための法案を第五四議会に提出したが、本会議に提出される前に議会が解散され、総選挙の結果、政友会は過半数を確保できなかった。このため、政友会は実業同志会と「政実協定」を締結し、地租委譲とともに営業収益税も地方委譲することを合意し、一九二八年一〇月に地租及び営業収益税委譲に関する大綱の決定を行ない、地租及び営業収益税の委譲、所得税の増徴、地租及び営業税の地方委譲が実施されるまでの間は、営業収益税については個人営業に対する免税点を一、〇〇〇円に引き上げることとした。

これに対して、日本商工会議所（全国商業会議所連合会の後身）は、地租営業税を地方委譲することにより新税や増税を行なわないこと、所得税法と営業収益税法の減損更訂の上限を拡大すること、繰越損金を当期の損益に参入すること、個人の営業所得算定に適用する利益標準を適正化すること、地方税を整理することを求める決議を行なった。

こうして地租委譲のための関連法案は、衆議院に上程され、二三三票対二一七票により衆議院で可決されたが、貴族院では反対が多く、審議未了として廃案となった。そして、これを最後に地租委譲論はたち消えになった[119]。

その後、不況が続いて国民負担の軽減を求める声が高まり、一九二九年七月に民政党の濱口内閣となった後、日本商工会議所は次のような「民力休養に関する建議」を決議し、営業収益税の減税を求めた[120]。

一　個人に対する免税点を八百円とすること
二　税率を個人百分の二、法人百分の三と改正すること
三　減損更訂を四分の一迄拡張すること
四　税法第二十五条を削除すること（帳簿物件の検査及び店頭臨検）
五　繰越損失の場合は法人個人問はず之を補填するまで課税せざること
六　地方付加税の制限を厳重にすること

一九三〇年四月、日本商工会議所は、前年一〇月のロンドン軍縮条約の批准により約一億三、四〇〇万円の余剰財源を得たことを理由に、この軍縮剰余金を国民負担の軽減に充てるよう、初年度は約九〇〇万円を地租、営業収益税、砂糖消費税及び織物消費税の減税に充て、その後は一、五〇〇万円の減税を実施すべきなどの建議を行なった。

翌年の五月の日本商工会議所臨時総会では次のような「国民負担軽減に関する決議」を行ない、営業収益税の軽減を求めた。

一　営業収益税中

イ　個人に対する免税点を八百円とすること

ロ　税率を個人百分の二、法人百分の三とすること

二　織物消費税を全廃すること

三　砂糖消費税を適当に減税すること

一一月の日本商工会議所定期総会で、「海軍軍縮による剰余財源は吾人の建議した趣旨を容れて、海軍軍縮剰余財源五億八百万円のうち、一億三、四〇〇万円を減税に充当し、地租、営業収益税、織物消費税及砂糖消費税を軽減したのは、要望の一部を採択したものとして努力を多とするが、これによる減税額は初年度九〇〇万円、第二年度二、五〇〇万円に過ぎないので、不十分である。」と決議して、さらなる減税を求めた。

そこで政府は、一九三一年に、法人の税率は、三・六%から三・四%に引き下げ、個人の税率は一律に二・八%から、純益一、〇〇〇円以下のものは二・二%、純益一、〇〇〇円を超えるものについては、その純益一、〇〇〇円の範囲は二・二%、それを超えるものについては二・六%に引き下げ、全体として五・五%の軽減を実現した[121]。

このように営業収益税が施行されてから、税率の引下げや最低課税水準を引き上げることにより低所得者への配慮をするように、商業会議所も訴えたが、営業税廃税運動の時のように、外形標準課税という制度を批判して

廃税するべきとの議論や運動は起こらなかった。しかも、一九三〇年代になると、中小商工業者の関心事項も、「金融」が圧倒的な比重を占めるようになり、中小事業者にとって「税の減免廃止」への関心は低下し、営業収益税の負担問題の比重は小さくなった[122]。

その後、一九四〇年の税制改正で営業収益税は、地方営業税とともに営業税と改められた上、同年に創設された地方分与税制度により、国税として徴収されるものの地租・家屋税とともに道府県に分与（還付）されることとなった。そして、戦後、一九四七年、営業税が地方税に移管され、翌年に営業税は事業税として引き継がれた。

小括

普通選挙法が成立したことにより、新たに有権者となる膨大な数の低所得者の支持を広汎に集め、単独政権を作ることが普通選挙法成立後の政友会と憲政会の最大の課題となり、憲政会は税制整理問題を争点に政友会に対抗しようとした。

憲政会は、「社会的政策」を標榜し「中産階級以下多数国民の負担を軽減する」との方針で、新規に膨大な選挙権をもつ都市部の商工業者や労働者に対しては商工関係諸税の廃減税を実施し、農業者には地租の減税などを実施して支持を得ようとした。一方の政友会は地租委譲を標榜して、税源を市町村に委譲することにより、農村部のみならず都市部の負担を軽減し、低所得者層の支持の獲得を得ようとした。

営業税の廃止を求める限り、各種利益団体において大きな立場の差はなかったが、営業税を修正する場合にはその方法によって利害対立が先鋭化した。繊維の商社など薄利多売の大手の物品販売業者は収益税化を積極的に推進したが、紡績業など利益率の高い製造業は収益税化により増税になる可能性があったことから慎重であった。

このような業界による利害の差異を反映して、商業会議所は統一的な意見をまとめることが難しくなり、負担の増加にならないような税制改正の実施を求めることがせいぜいとなった。

こうした中、営業税の減税よりは収益税化を明確に求めた日本綿糸布商連合会の利害と、緊縮財政方針と両立しながら追加財源なしで商工業者への支持基盤の拡大を狙った憲政会の政治的思惑とが一致し、政府と与党が収益税化を支持したことから営業税が廃止され営業収益税が創設されることになった。

営業税は営業収益税に替わったものの、結果として法人営業収益税は、物品販売業の負担を減少させたが、製造業の負担は、増加した。逆に個人営業収益税は、物品販売業や印刷業、出版業などで増加したが、銀行業や旅人宿業などの負担は減少した。

既に個人事業者は一九二三年の改正によって建物賃貸価格が課税標準から除外されて減税されていたが、収益税化されたことにより、逆に多くの個人事業者が増税される結果となってしまった。政府は、社会政策的効果を上げると標榜していたが、この点だけを見ればそうとは言えなかった。

外形標準課税ではなく応能原則が徹底する営業収益税となってから、営業収益税という制度そのものを批判した議論や運動は起こらなくなった。

注

1　石井裕晶「大正末期の営業税廃税過程」『日本歴史』第七四八号、二〇一〇年九月、吉川弘文館。
2　大蔵省『明治大正財政史　第六巻　内国税上』財政経済学会、一九三七年、二七〇―二七二頁。
3　『商業会議所連合会第三十回定時会報告書』大正十二年五月東京ニ於テ開会、一九二三年五月。この連合会が開催された時、武藤山治が連合会出席の議員三〇〇名を築地精養軒に招待した（『武藤山治全集　第五巻』新樹社、一九六四年、五頁）。その際、席上馬越恭平が武藤に対して衆議院選挙への出馬を奨めたという（『公民講座　武藤山治追悼号』実業同志会市民講座部、一九三四年）。

4 『東京朝日新聞』一九二三年六月一〇日、七月六日。

5 『東京朝日新聞』一九二三年六月二五日、二六日。

6 議長清浦奎吾、副議長前田利定、金融部長阪谷芳郎、貿易部長藤山雷太、農業部長志村源太郎、工業部長団琢磨、社会部長窪田静太郎、拓殖部長添田寿一、交通部会野村龍太郎。貿易部会には、伊藤米治郎、稲畑勝次郎、堀越善重郎、井阪孝、服部金太郎、岩井勝次郎、堀啓次郎、高田釜吉、南條金雄、三宅川百太郎、原富太郎、門野重九郎、瀧川儀作、野澤源次郎、喜多又蔵、山下亀太郎、児玉一造、金子直吉が委員であった（山本義彦編『第一次大戦後経済・社会政策資料集　第三巻』柏書房、一九八七年、三五七―三六〇頁）。

7 大阪商業会議所『月報』第二〇八号、一九二四年九月。『東京商業会議所月報』第六巻第一一号、一九二四年一一月。

8 大阪商業会議所『月報』第二一〇号、一九二四年一一月。

9 『東京商業会議所月報』第六巻第一一号、一九二四年一一月。

10 『大阪朝日新聞』一九二四年一一月五日。『東京商業会議所月報』第六巻第一二号、一九二四年一二月。所得税改正については、日本経済連盟と日本工業倶楽部も一〇月に意見を建議している（社団法人経済団体連合会『経済団体連合会　前史』一九六二年、一三八頁）。

11 『武藤山治全集　第四巻』新樹社、一九六四年、四〇一―四〇五頁。

12 『武藤山治全集　第五巻』新樹社、一九六四年、六二―七四頁。

13 『読売新聞』一九二三年四月一一日。

14 伊藤之雄『大正デモクラシーと政党政治』山川出版社、一九八七年、一六三頁。

15 市原亮平「実業同志会の結党――日本政党史における実業同志会の役割――（一）」『経済論叢』第七一巻第二号、一九五三年二月。市原亮平「実業同志会の結党――日本政党史における実業同志会の役割――（二）」『経済論叢』第七二巻第一号、一九五三年七月。江口圭一「実業同志会の成立」『人文学報』第二〇号、一九六四年一〇月。山谷正義「実業同志会についての一考察――一九二八年の「政実協定」を中心に」『歴史評論』第二七五号、一九七三年四月。滝口剛「実業同志会と大阪財界――武藤山治と平生釟三郎の関係を中心に」『阪大法学』第五五巻第三―四号、二〇〇五年一一月。

16 江口圭一『都市小ブルジョア運動史の研究』一九七六年、未来社、三一九―三二〇頁。

17 『大阪時事新報』一九二三年四月二九日。

18 『大阪時事新報』一九二三年六月一〇日。

19 東京実業組合連合会は、一九三二年九月にも日本実業組合連合会の結成に向けて着手したが実現することはなかった（社団法人東京実業連合会『七十年史』一九七五年）。

20 「国税課ノ懸案事項」一九二四年八月二七日、『昭和財政史資料』第二号第二一冊。

21 大蔵省昭和財政史編集室編『昭和財政史　V』一九五七年、東洋経済新報社、四四―四五頁。

22 社団法人東京実業連合会『実連八十年――歩みと展望』一九八五年、一〇五―一〇六頁。

23 『東京商業会議所報』第八巻第三号、一九二五年三月。

24 『国民新聞』一九二五年二月七日。

25 中村是公市長が、会期末直前に貴族院の各派に同法案が通過すれば東京市の財源に大きな欠陥が生じ市政の運用に重大なる影響を及ぼすとの反対意見を説明したためそのような事態になったと、東京市会では、激しく市長への批判が巻き起こった（東京市会事務局編『東京市会史　第六巻』七二四―五頁）。

26 奈良岡聰智『加藤高明と政党政治――二大政党制への道』山川出版社、二〇〇六年、三三九―三四〇頁。

27 大正十四年二月二十三日『第五十回帝国議会衆議院議事速記録第三号』一三頁。

28 公文類聚・第四九編・一九二五年・第四巻・官職二・官制二（大蔵省・陸軍省・海軍省・司法省・文部省一）。同調査会は、一九二六年五月二一日に廃止（同資料第五編第六巻）。

29 『明治大正財政史　第六巻』一七二―一七三頁。早速整爾は広島商業会議所会頭として商業会議所連合会を通じて三悪税廃止運動や営業税廃税運動を主導した有力な人物であった（石井裕晶『中野武営と商業会議所―もうひとつの近代日本政治経済史』ミュージアム図書、二〇〇四年、三四八、六一一、六七三頁）。

30 藤田武夫『日本地方財政発展史』河出書房、一九四九年、三六〇頁。

31 『東京朝日新聞』一九二五年四月二〇日、二一日。
32 『東京朝日新聞』一九二五年五月三日、七日、九日、二五日。
33 大阪商業会議所『月報』第二一六号、一九二五年五月。
34 伊藤忠兵衛の「営業税廃止運動ものがたり」『田附政次郎伝』(田附商店、一九三五年、一〇九頁)は、一九二三年の税制改革において、賃貸価格税と人頭税に近い従業員税が廃止されたことは、銀行、保険、工業家、百貨店に等しい営業で大規模構造物を必要とする業種に比して、事務所の割合に業高の大きい問屋業は地方税の賦課により増税になったと指摘している。
35 大阪商業会議所『月報』第二一七号、一九二五年六月。議事録は同誌第二一八号、一九二五年八月。五月一五日に関西商業会議所連合会(大阪、名古屋、一ノ宮、岐阜、大津、京都、四日市、津、和歌山、神戸、姫路)、六月九日に近畿商業会議所連合会(大津、京都、和歌山、神戸、姫路、大阪)が菅原通敬から話を聞いたが、意見はまとまらなかった。
36 大阪商業会議所『月報』第二二〇号、一九二五年九月。
37 『読売新聞』一九二五年六月二日。
38 『読売新聞』一九二五年六月三日、一六日。
39 『実連八十年』一一〇頁。八月に、倉持長吉を長とする委員会を設け、税率の軽減を求め、営業収益税に反対することとした。一九二五年一一月に営業税法・営業収益税法の委員会を設置(東京実業連合会前掲『七十年史』、一三八頁)。『商業会議所連合会常任委員会報告』一九二五年—二六年。
40 『大正十四年六月開催　商業会議所連合会第三十一回定期会報告　議事速記録』三三五—三三七頁。
41 商業会議所連合会『営業税問題実行運動の経過』。なお、七月二日にも、指田会頭と阪谷芳郎、添田寿一、菅原通敬が税法ノ件について濱口蔵相を訪問し、早速整爾政務次官が同席している(国立国会図書館憲政資料室蔵『阪谷芳郎関係文書』一九二五年七月二日の日記)。
42 「東京商業会議所は、七月一日、特別議員会に井上準之助、米山、阪谷、佐々木、百済、土方、添田に正副会頭が参加して税制問題を協議し、商工業者はその能力に従って応分の負担をすべきであって収益課税主義による特別法を制定してもらいたいと決議をするため、郷誠之助、大橋新太郎と阪谷芳郎、井上準之助、添田寿一の五名が特別委員となった。」(『読売新聞』一九二五年七月一日)とあり、東京の商業会議所の税制の専門家は、収益税の論点を検討していた様子がうかがえる。
43 土川信男「政党内閣と産業政策一九二五―一九三二(一)」『国家学会雑誌』第一〇七巻第一一・一二号、一九九四年。
44 『読売新聞』一九二五年六月二日、四日、五日。『東京朝日新聞』一九二五年六月五日。
45 『読売新聞』一九二五年六月七日、二八日。『東京朝日新聞』一九二五年六月二五日。
46 「地租委譲ハ必スシモ地主ノ負担ヲ軽減セス」『昭和財政史資料』第二号第二七冊、一九二五年五月三日。「地租委譲論ニ就イテ」『昭和財政史資料』一九二五年六月三日。
47 『東京朝日新聞』七月八日、九日、一四日。
48 計数の算定については、「税制整理ニ因ル税額調」算出方法説明概要(未定稿)において次のように説明がある(『昭和財政史資料』第二号第四〇冊、一九二五年七月二二日)。
① 個人営業税については、一三年度所得決定額(九五九、二四八千円)の二割を営業所得八百万円未満として控除し、残額にその一割増加したものをもって、所得四百円以上の者の分と推察した額から、さらに一割を減じて推算(七五九、九二四千円)。これに税率三パーセントをかけて算出(二二、七九一千円)。
② 法人営業税については、第一種所得概計額から推察した留保、配当所得合計額(一、〇〇一、四三三千円)の内、九割を営業税が課せられるべき法人と推算して税率四パーセントをかけて算出。
49 『東京日日新聞』一九二五年七月二四日。
50 加藤伯伝記編纂委員会編『加藤高明 下』一九二九年、六三六―六四〇頁。石上良平『原敬没後――政党史論』中央公論社、一九六〇年、二二四―二三一頁。
51 大蔵省昭和財政史編集室前掲『昭和財政史 V』一九五七年、五三―五九頁。
52 「国税ノ整理ニ付テ」『昭和財政史資料』第二号第四〇冊、一九二五年一〇月七日。
53 小川平吉「税制整理案閣議の顛末」『政友』第二九四号、一九二五年九月一五日。濱口雄幸「税制整理の根本義」一九二五年、川田稔編『濱口雄幸集――論述・講演篇』未来社、二〇〇〇年。
54 岡義武、林茂 校訂『大正デモクラシー期の政治――松本剛吉政治日誌』岩波書店、一九五九年、一九二五年七月二七日の条。
55 伊藤前掲『大正デモクラシーと政党政治』二〇二頁。奈良岡前掲『加藤高明と政党政治』三四〇頁。
56 『大阪朝日新聞』一九二五年八月一日。
57 渡辺銕蔵「政費の膨張と税制整理」『中央公論』一九二五年八月。
58 三木武吉「現内閣の税制整理案に就いて」『憲政公論』第五巻第九号、一九二五年九月。
59 『東京朝日新聞』一九二五年八月一日。『大阪時事新報』一九二五年八月二日。
60 菅原通敬「地租委譲反対の理論的根拠」『憲政公論』八月号。菅原通正他『菅原通敬伝 下巻』一迫町、二〇〇二年。
61 「営業税法中改正スヘキ事項」『昭和財政史資料』第二号第四四冊、一九二五年八月二九日。
62 「個人の所得及び営業純収益算定に関する腹案」『昭和財政史資料』第二号第四四冊、一九二五年九月七日。
63 『東京朝日新聞』一九二五年九月八日、一二日。
64 『税制整理に就いて』(菅原通敬氏講演)、東京商工会議所蔵。
65 東京商業会議所『商工月報』第一巻第一号、一九二六年六月。
66 大阪商業会議所『月報』第二二五号、一九二六年二月。
67 「営業税改正ニ関スル件」商業会議所連合会『営業税問題実行運動の経過』一九二六年、六―八頁。もともと第二項は、「若し現行負担の半減程度の軽減行はれざる限りは、所得と重複課税なる新税の創設を避け現行税法を適正に改正して」とあったが、傍線部分を削除してとりまとめた(東京商業会議所『商工月報』第一巻第一号、一九二六年六月)。
68 『読売新聞』一九二五年一一月一八日。
69 東京実業組合連合会『事業報告書』大正十四年度。
70 田附商店前掲『田附政次郎伝』一一二頁。
71 『読売新聞』一九二五年一〇月二日。
72 『大阪時事新報』一九二五年一一月二六日。『武藤山治全集』第五巻、三四七―三四八頁。
73 『読売新聞』一九二五年一一月三〇日。

74 国民租税協会『税』第三巻第一〇号、一九二四年一〇月。
75 『帝国農会報』第一四巻第二二号、一九二四年一一月一五日。
76 野崎新太郎「税制整理案と農民負担(二)」『帝国農会報』第一五巻第二〇号、一九二五年一〇月一五日。
77 「政府政友会及政友本党の税制整理案の比較」『帝国農会報』第一六巻第二号、一九二六年二月一日。
78 『東京朝日新聞』一九二五年一二月一二日。
79 「税制整理綱要中追加変更すべき事項」『昭和財政史資料』第二号第四〇冊、一九二五年一二月一七日。
80 『読売新聞』一九二六年一月一七日。『東京朝日新聞』一九二六年一月一九日。
81 「営業税ニ関スル実行委員会報告」及び「営業税ニ関スル実行委員会小委員会」第一日 大正十五年一月二十一日、第二日 一月二十二日、東京商工会議所蔵。
82 『読売新聞』一九二六年一月二二日。
83 「商業会議所連合会の税制整理に関する建議に対する意見」『昭和財政史資料』第二号第四〇冊。
84 「営業収益税法案ニ関スル決議」商業会議所連合会『営業税問題実行運動の経過』一九二六年、八―九頁。
85 『実連八十年』一一〇頁。ただし、この意見についても大蔵省は同様に反論を用意していた。「全国商工業者大会実行委員会の営業税改正に関する意見書に対する意見」『昭和財政史資料』第二号第三三冊、一九二六年一月。
86 『経済団体連合会 前史』経済団体連合会、一九六二年、一三九頁。
87 設立期の日本経済連盟の主要役員は、常務理事として東京手形交換所、東京銀行集会所、東京商業会議所、大日本紡績連合会など、金融、貿易商、紡績、海運などの代表が就いており、理事にも銀行、保険、海運、製紙、紡績、商社、工業、電鉄などの他、六大商業会議所が理事に就任している(竹内壮一「独占ブルジョアジー」『近代日本経済史を学ぶ(下)』有斐閣、一九七七年)。
88 『東京朝日新聞』一九二五年一二月二九日。
89 立憲政友会史編集局『立憲政友会史 第六巻』一九三三年、一二三頁。
90 『東京朝日新聞』一九二六年一月二六日。
91 大正十五年二月四日「所得税法中改正法律案(政府提出)外二十七件委員会議事録 第四回」一〇―一六頁。
92 『東京朝日新聞』一九二六年二月一八日。千葉了「農村問題と妥協調整」『税』第四巻第四号、ぎょうせい、一九二六年四月。

93　若槻禮次郎『古風庵回顧録』読売新聞社、一九五〇年、三〇九―三一〇頁。

94　『武藤山治全集　第五巻』三九〇頁。

95　商業会議所連合会「営業税ニ関スル実行委員会報告」一月二一日、一月二二日。

96　『実連八十年』一一〇頁。ただし、商業会議所連合会や全国商工業者大会の意見に対して、大蔵省は「税率や免税点の引上げは歳入の関係から採用できない。また、免税点の引上げは地方税との関係上、必ずしも営業者の負担を大きく軽減させるとの趣旨と一致するものではない。」と反論を用意している（「商業会議所連合会の税制整理に関する建議に対する意見」一九二六年、『昭和財政史資料』第二号第四〇冊。「全国商工業者大会実行委員会の営業税改正に関する意見書に対する意見」一九二六年、『昭和財政史資料』第二号第三三冊）。

97　商業会議所連合会「営業収益税負担ニ関スル調査」『大正十五年二月　営業税問題の決議と其の実行の経過』。

98　大蔵省は、商業会議所連合会の見積りが、現行営業額を過少に計算し純益を過大に評価するなどの問題点があると分析していた（「商業会議所連合会の調査に係る法人営業収益税額に関する件」『昭和財政史資料』第二号第三三冊）。

99　『大正十五年二月東京ニ於テ開会　商業会議所連合会臨時会報告　付議事速記録』二一―二二頁。

100　『読売新聞』一九二五年二月一八日。

101　大正十五年二月二十四日『帝国議会貴族院議事速記録』第十四号、二七一―二八一頁。

102　『大正十五年二月開催　商業会議所連合会臨時会報告　議事速記録』。

103　「商業会議所連合会の調査に係る法人営業収益税額に関する件」『昭和財政史資料』第二号第三三冊。

104　今津敏晃「第一次若槻内閣下の研究会――政党内閣と貴族院」『史学雑誌』（第一一二編第一〇号、二〇〇三年一〇月）において、衆議院が鼎立状態で貴族院の研究会が衆議院を含めた影響力をもちえていたことを明らかにしている。第五一議会においては、研究会（一五一名）、公正会（六八名）、交友倶楽部（四一名）、同成会（三〇名）、茶話会（二八名）、無所属（二八名）、純無所属（五八名）の構成となっていた。奈良岡前掲『加藤高明と政党政治』三四九頁。『貴族院の会派研究会史　明治大正篇』尚友倶楽部、一九八〇年九月。

105　『帝国議会貴族院議事速記録』第二十九号、大正十五年三月二十三日、七五七―七六五頁。

106 故阪谷子爵記念事業会編纂『阪谷芳郎伝』（一九五二年）では阪谷がこの希望条件を提案したと記述されているが、誤りである。
107 「三党の税制案と其社会政策的立場」『中央公論』一九二五年一二月号。
108 税制整理全体の効果については、神野直彦「社会政策的租税政策の展開――一九二〇年代の租税政策」『経済学雑誌』第八六巻第三号、一九八五年。
109 「法人営業収益税負担状況調」『昭和財政史資料』第二号第三三冊。
110 「個人営業税及営業収益税納税者一人当税額比較表」『昭和財政史資料』第二号第三三冊。
111 星野錫翁感謝会『星野錫翁伝』一九三五年、一三六頁。
112 田附商店前掲『田附政次郎伝』一一三頁。
113 『読売新聞』一九二七年五月一九日。
114 「営業収益税改正に関する陳情一覧」『昭和財政史資料』第二号第三三冊、三五。
115 『大阪毎日新聞』一九二七年六月一七日。
116 社団法人東京実業連合会『七十年史』一九七五年一〇月、一三九頁。
117 「営業収益税改正の研究」『昭和財政史資料』第二号第三三冊、三一。「営業収益税法中改正法律案」『昭和財政史資料』第二号第三三冊、三二。
118 『読売新聞』一九二八年一月二六日、三月一六日。
119 大蔵省昭和財政史編集室前掲『昭和財政史　V』一九五七年三月、一二四―一三二頁。
120 高橋亀吉『財政経済二十五年誌　第四巻　政策編（上）』実業之世界社、一九三二年、一三六及び一六〇頁。
121 久保平三郎『営業収益税法　臨時利得税法精義』東洋出版、一九三五年。
122 金澤史男「大正デモクラシー状況の転換と経済政策」金原左門『近代日本の軌跡四　大正デモクラシー』一九九四年、吉川弘文館。一九三二年に東京市の中小企業に対して産業関係上の「希望」を確認したところ、収益税納付者（年収益四〇〇円以上）では、金融が二二〇件、税の減免廃止が一二一件、百貨店が四五件、営業税納付者（年収四〇〇円未満）では金融が四九一件、税の減免が一八九件、百貨店が九二件となっている（東京市役所『東京市に於ける中小商工業者の実際　下編』一九三二年、七八三―七八五頁）。

第七章

営業税廃税運動の政治経済構造

本章では、第二章から第六章において行なった各時代の営業税廃税運動の実証分析を踏まえ、政治と経済にまたがる全体の政治経済構造を分析する。

第一節では、営業税廃税運動の経済的原因、経済主体の利害を代表して政府や議会に働きかける利益団体の動態、政策当局による政策上の対応について考察を行なう。

続いて第二節においては、制限選挙制度下における就業構造、税と選挙権の関係を検証した上で、第三節において営業税廃税に至る政治経済構造を分析する。

第一節　経済的原因、利益団体の動態、財政税制政策

一　営業税廃税運動の原因

先行研究では、営業税は業種にかかわらず「逆進的な負担感」を感じた「小資本家・小ブルジョア層」を中心とした運動であると結論づけている[1]。しかし、それは誤りであり、営業税廃税運動の中心主体は、利益の有無にかかわらず課税する外形標準課税という課税方法によって最も負担感を感じていた物品販売業者であった。すなわち、営業税廃税運動は、「階級」による負担感ではなく、「業種」の負担感に起因する問題であった。その理由は次のとおりである。

1　業種としての負担感

営業税は業種ごとにそれぞれ異なる課税標準と税率を設定していた【表一‐一】。この中でも物品販売業は、主として売上と建物賃貸価格を課税標準によって課税されたことにより、最も強く営業税の負担感を感じていた。物品販売業は、営業税全体の四割程度を負担しており【表一‐二】、納税者数から見ても、一八九七年の営業税納税者数合計五一万人の五七％の二九万人、一九二六年の営業税納税者数合計の一〇八万人の約七三％の七九万人を占めており、営業税廃税運動の中心となった。

売上が課税標準であることにより負担感が大きかった理由は、売上高は景気による変動が大きいものの、利益とは必ずしも相関していないため、負担感が大きく感じられたからであった。特に景気の下降局面では前年の売上に応じて課税されるため、誅求感が強くなった。また、税吏による帳簿確認が厳しかったことや、適正に申告を行なう事業者とそうでない事業者の間での不公平感も強かった。

さらに、物品販売業は、課税評価についての恣意性が大きかった建物賃貸価格も課税標準となっており、この点でも負担感は大きかった。請負業は、売上に相当する請負金額を課税標準としていたが建物賃貸価格は課税標準としていなかったため、物品販売業ほど誅求感はなかった。

これに対して、銀行業や製造業の主たる課税標準である資本金額は、毎年の変動も少なく、比較的客観的に評価ができたため、物品販売業に比べれば外形標準課税による負担感や徴税の誅求感は少なかった。

2 企業規模の関係

営業税廃税運動には、伊藤忠、八木商店、伊藤萬、東洋棉花など大手の繊維商社が顕著な役割を果したように、中小事業者のみならず大手の企業も積極的に廃税運動に参加していた。これは、事業者の規模にかかわらず物品販売業に課税の負担感が存在したからであった。

営業税の課税方法について不利な影響を受けた業種が、企業の規模にかかわらず反対運動を起こしたことも、事業者の規模が問題でなかったことの証左である。

例えば、一九一〇年の営業税法改正の際は、物品販売業の分類の変更により増税となりうる業種や、新たな課税対象となった出版業などから反対運動が起こった。また、一九一三年の政府の営業税法改正案に対して、倉庫業界は資本金額への税率引下げと建物賃貸価格の税率引上げに反対し、保険業界と銀行業界は課税標準の資本金額に準備金を含める改正に反対した。しかし、様々な制度改正が行なわれたにもかかわらず、「売上」を課税標準とする物品販売業の不満だけは解消することができなかった。

以上のことから、営業税廃税運動には中小の物品販売業者が数多く参加したが、中小事業者であったから営業税廃税運動の主力になったとはいえない。

3 外形標準課税と逆進性による負担感

【表 7-1】 営業税の免税基準

物品販売業	1 年の売上金額 1,000 円未満
金銭貸付業・物品貸付業	資本金額 500 円未満
製造業	資本金 500 円未満又は職工労役者を通して 2 名以上使用しないもの
運送業	雇人 2 名以上を使用しないもの
印刷，写真業	職工雇人を通して 2 名以上使用しないもの
土木請負業，労力請負業	1 年の請負金額 1,000 円未満
席貸業	建物賃貸価格 50 円未満
旅人・宿業	雇人 2 名以下
料理店業	雇人 2 名以下
周旋・代弁・仲立・仲買業	1 年の報償金額 100 円未満

（注） 明治 30 年時点での基準。
（出所） 『明治大正財政史』第 7 巻より作成。

【図 7-1】 地租と営業税の納税額別有権者数分布（1913 年）

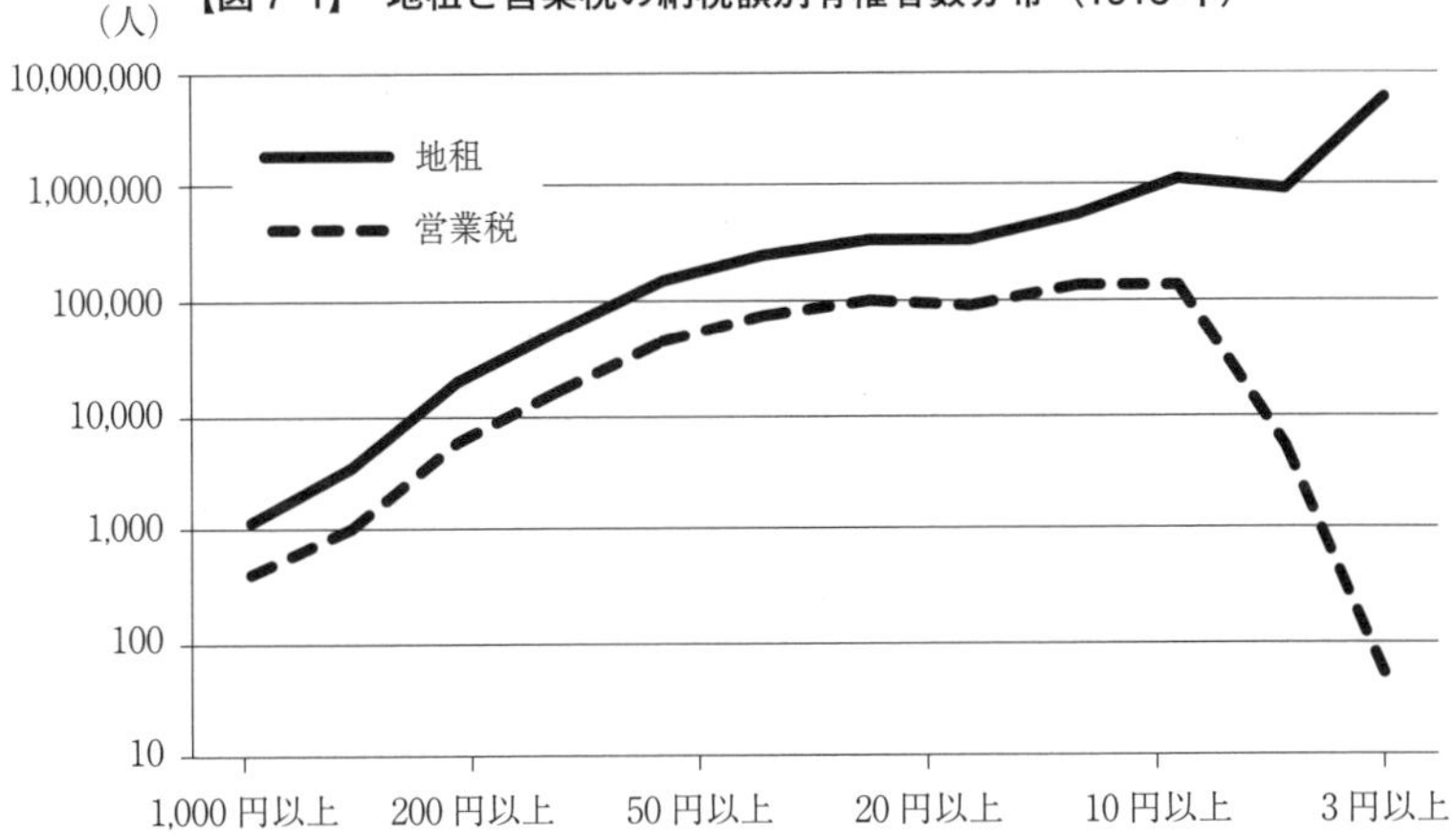

（出所） 『主税局統計年報書』から作成。

逆進性による租税の負担感と外形標準課税による負担感は性質が異なる。逆進性による負担感は、所得の大きいものよりも低いものの方に実質的に高い税率で課税がなされることに起因するが、外形標準課税による負担感は、利益の有無にかかわらず課税がなされることに起因する。それは所得の大きさとは独立であり、外形標準課税であるから逆進的であるとは限らない。

また、営業税には免税点があったため、低

所得の営業者は免税され、地租納税者に比べると低所得者の負担者が少なかった【表七‐一】。

例えば一九一三年に、納税額三円以下の納税者が地租では全体の六割を占めていたが、この水準の営業税の納税者はほとんど存在しなかった【図七‐一】。このことは低所得者層への課税という点では、地租の方が低所得者への負担が大きかったことを示している。

さらに、一九二六年に課税標準を営業収益とする営業収益税が制定され、応能主義による課税方法に変更されたことにより、税率の軽減を求める運動はしばらく続いたが、制度自身を廃止しようとする廃税運動が収束したことは、運動の原動力が外形標準課税という課税方式の問題にあったことを傍証している。

二　利益団体の動態

先行研究では、商業会議所は、「地域のブルジョアジーの利害を代表するブルジョアジーの機関」であり、商業会議所連合会は、「全国のブルジョアジーを代表する」ものと評価している[2]。そして、商業会議所は「各地域のブルジョアジーの上層によって組織され、支配され、もっぱらブルジョアジーの上層の利害を代表する機関であった」ために廃税運動に対して消極的であり、「財界の底辺の組織ともいうべき各地の同業組合を中心とする実業諸組合とその連合会あるいは商工会等」が廃税運動を主導したと結論づけている。しかも、東京商業会議所の議員の選挙権及び被選挙権者の納税要件などが大都市ほど高かったことを根拠にして[3]、大都市の商業会議所ほど保守的なブルジョアジーの利害を代表していると規定している[4]。

しかし、このように利益団体を階級により二分した上で、商業会議所がブルジョアジーの利害を代表したゆえに運動に消極的であったとの評価は妥当ではない。その理由は次のとおりである。

1　物品販売業者の団体

営業税廃税運動は、企業の規模にかかわらず、営業税により最も負担感が重い物品販売業者の利害を代表する各種の利益団体が展開した運動であったからである。

営業税廃税運動には、各地の商業会議所や全国商業会議所連合会、東京実業組合連合会を中心とした全国商工業者大会に参加した実業組合等の団体の他、特に第一次大戦以降は、大手の綿糸布商が中心となって設立した日本綿糸布商連合会や、紡績業者と綿糸布商が母体となって設立した大日本実業組合連合会が加わって活発な運動を展開した。

これらの団体において共通することは、構成員の多数が物品販売業者であったことである。次に見るように、商業会議所の議員選挙権者や役員の中では、物品販売業者の比重が最も大きかった。また、東京実業組合連合会は、全体の組合数のうち約九割の数の組合員が物品販売業の組合であった[5]。大日本実業組合連合会や日本綿糸布商連合会も、大規模な物品販売業者（綿糸布商）が構成員であり、いずれも物品販売業の利害を強く代表する性格の団体であった。

2　商業会議所と日本工業倶楽部

商業会議所は、地元の商工業者が選挙権者となって議員を選び、その議員が執行部を選出するといういわば「議院内閣制の議会」ともいうべき制度であった。しかも、商業会議所の議員選挙権者は、地区内で一定額以上の営業税等の税金を納める法人と個人全員に、事業規模にかかわらず平等に選挙権が与えられ、これらの選挙権者の選挙によって議員を選出し、この議員が、役員（会頭、副会頭その他の常議員）を選出し、役員会が組織運営の基本的な意思決定を行なった。そして、総会には全議員が参加し、役員や特別議員の選出などの重要事項が付議された[6]。

東京商業会議所の議員選挙権者の構成をみると、物品販売業者の議員選挙権者数が全体の議員選挙権者数に占

【表 7-2】　東京商業会議所議員選挙権者の業種別分類

業種分類	1907 年		1925 年	
	総計（人）	構成比(%)	総計（人）	構成比(%)
物品販売業	2,111	64.2	3,257	51.9
銀行業	171	5.2	397	6.3
製造業	236	7.2	858	13.7
請負業	38	1.2	393	6.3
その他	730	22.2	1,365	21.8
合　計	3,286	100	6,270	100

（注）個人事業者も企業経営者もそれぞれ１票として数えている。「その他」は上記以外の 19 業種と分類不明のものの合計であるが，単独で 5％以上の比率のものはない。
（出所）東京商業会議所『東京商業会議所選挙権者名簿写』（1907 年）及び東京商業会議所『東京商業会議所議員選挙人名簿』（1925 年）より作成。

める割合は、一九〇七年には六四・二％であり、一九二五年においても五一・九％と、過半数は物品販売業者であった【表七－二】。最も経済が進んだ東京においても議員選挙権者の過半数が物品販売業者であったことは、それ以前、あるいは地方においてはさらにその比重が大きかったことを意味している。[7]

東京商業会議所では、これらの選挙権者が五〇名の議員を選出し、その中から一五名の役員（常議員）が選出された。[8]一九二二年時点の役員構成を見ると、大日本製糖出身の藤山雷太会頭を除けば、著名な大企業の出身者はおらず、理事の半数近くは物品販売業を中心とした地場の企業の経営者で、様々の業種にまたがる複数の会社の経営に関わっているものが多かった【表七－三】。

通常の議員に加え、議員の選挙または会議所及び地方長官が任命するものを合わせて議員定数の一定範囲内の特別議員が存在したが、選挙や予算や決算など組織運営上の主要事項についての議決権はなかった。例えば、東京商業会議所では、一九二二年当時、和田豊治、郷誠之助らの経済人が特別議員であり、会議所の重要課題について、政府と非公式に意思疎通を図る場合に媒介役を果たすことなどがあったが、経常的な意思決定には参画していなかった。[9]

さらに、先行研究では、大企業が会員である「日本工業倶楽部が問題にしたのは所得税と戦時利得税についてであり、営業税についてはまったく触れようとしなかった」のは、「営業税の負担がブルジョアジーの上層にな

【表 7-3】 東京商業会議所常議員（1922 年）

常議員	主要経歴	主たる事業	主たる業種背景
藤山雷太	会頭	大日本製糖，帝国商業銀行，三十四銀行，東京株式取引所，東京印刷，日本火災保険，明治製煉，日華生命保険，東京瓦斯，日本染料製造，日本絹布，東洋製鉄，函館水電，大日本紡織，日本絹布，日本電気鉄工，極東煉乳，上海取引所，豊国セメント，台湾紡織，南洋貿易，東京鉛板，帝国証券信託	製造業
杉原栄三郎	副会頭	杉原商店（雑貨），長田銀行，北武鉄道，共益倉庫，東京米穀商品取引所	物品販売業
山科禮蔵	副会頭	日本海事工業，山科汽船	請負業
指田義雄		東京米穀商品取引所，北武鉄道，北陸水電，帝国グリセリン，帝国電燈，武蔵水電，帝国精油，東洋製糖，内外鉱業，帝国電気工業	米穀商品取引所
稲茂登三郎		帝国火災保険，倉庫銀行，千代田製紙，東京信託，東京市場建物，東上鉄道，日本電線	保険業
岩崎清七		岩崎商事，南洋貿易，日東製菓，日本柑橘，東京精米，日清紡績，磐城セメント，満洲製粉，台南製糖，東洋製鋼，東京アルカリ工業，南洋殖産，王子煉瓦，岩崎醤油，岩崎商事，千島興業，大正商船，日華窯業，大和商会，東京醸造，日米信託，日本製粉，千代田工業，東京紡績，東京商船，横浜骸炭酸素製造，台湾拓殖製茶，輸出興産，東京製錬，東京瓦斯，千代田自動車，白山水力電気，永楽	物品販売業，問屋業
三島彌吉		内外水産，福徳貯蓄銀行，千代田製紙，東洋電気，日高造船所，建物鉱業	多種
森盛一郎		織田信託，太陽制帽，ボルネオ護謨，日華窯業，日清生命保険，日章信託，由多加商会，日章火災再保険，東京会館，日本活動写真，管川商会，大正商船，日本電気鉄工	信託業
河合佐兵衛		東京銅鉄，東亜鉛鍍金	物品販売業
中根虎四郎		東京米穀商品取引所，北海道産業，小田原電気鉄道，京浜電気鉄道，東京穀物信託，蒲郡臨港線，日本鉛筆製造，加富登麦酒，気仙水力電気	米穀商品取引所
大塚栄吉		大塚工場（鉱山機械），日本護謨，日本染絨，栗木鉄山，大正制帽，日本銑絨，ヤマトメタル商会，井口鉄工所，岩淵鉄工所，関西カーボン，中華紡織	製造業
皆川芳造		皆川商店，豊玉織物，大正商船，皆川商会，日本鋼管シャフト，日英製造	物品販売業
関根親光		日本商工銀行，日本洋瓦，日本コナミルク，日本醸造工業，中外製菓，日本倉庫，東京米穀商品取引所	米穀商品取引所
守谷吾平		守屋商会，日本銑鉄，日本電気装飾，山東起業，日本テープ紡織，中華紡織，岩淵製鋼所，大日本紡織，東亜電気，東洋護謨	物品販売業

（出所） 人事興信所『人事興信録』1921 年，交詢社文庫『日本紳士録』1922 年から作成。業種分類は『東京商業会議所議員選挙人名簿』（1925 年）参考。

るほど相対的に軽度になったのに反して、所得税の負担は所得高に比例して増大」したからであると指摘している。[10] しかし、日本工業倶楽部が営業税を大きな問題としなかったのは、同倶楽部の主たる構成員が製造業であったため、所得税に対しては敏感であったが、物品販売業のように強く業種としての負担感を感じなかったからである。

この点については、製造業である鐘淵紡績の武藤山治が「紡績業者というものは営業税の問題に対しては利害が極めて少なく負担が重いということはないのである。故に私共紡績業者は取引先から営業税全廃運動を頼まれる度毎に、どうも下手にこれに運動して収益税にでもなるというと紡績業者はつまらぬから、なるべく微温的にやって欲しいって（中略）久しく此運動に微温的に参加して居った。」と告白していることからも裏付けることができる。[11]

その上、三井、三菱などの財閥系企業の参加が目立たなかったのは、企業の規模が大きかったからではなく、主要財閥の事業の中心が製造業や金融業であり、商事・貿易業の比率が低かったことによると考えられる。[12] 一般的に大企業が多い銀行業界や保険業界も、大正二年の営業税法の改正法案に反対したように、自らの利害に強く関わる場合には業界を挙げて反対している。[13] また、財閥であったからといって営業税廃税運動に消極的であったわけでなかったことは、商事・貿易部門の比重が最も大きかった三井財閥が、大正九年に三井物産の棉花部を東洋棉花株式会社として独立させ、その社長の児玉一造が営業税廃税運動に積極的に参加していたことに示されている。

3 経済団体間の連携

先行研究は、主たる構成員の規模の差によって商業会議所と実業組合連合会などの団体との間にブルジョア階級内での階級的な利害対立があったことを強調する。[14] しかし、実際には相互の機能に補完関係があったことから、両者は密接に連携しながら運動を展開していた。

商業会議所は、法律に準拠して設立され、経費の徴収については国税滞納処分が準用される権限を与えられ、商工業の利害に関する意見の表明や、行政庁の諮問に応じるなど、公的な役割などを担う法人であった。商業会議所の議員や特別議員は経済界や地域の名士で、衆議院議員や貴族院議員、各種調査会の委員などの公職に就く人も多く、政府や議会との間で高いレベルのネットワークをもっていた。

ただし、商業会議所には、一九〇八年に増税反対運動をしたことが政治運動に当たると批判され、政友会の提出した議員立法が貴族院においても支持されて、一九〇九年から一九一六年まで商業会議所の強制経費徴収権を剥奪された経験があった[15]。

そこで、商業会議所連合会の主要参加メンバーは、東京実業組合連合会を含め、全国の商工業者の団体から構成される大日本商工協会という任意団体を設立（一九一三年）し、商業会議所の幹部が個人で参加したり、議会への廃税請願書を「其の他商工団体等」から提出させた上、一九二二年の廃税大会には個人の資格で参加したりするなど、公的な組織による政治運動と受け取られないように注意しながら運動を展開した。

東京実業組合連合会は、傘下に多数の中小事業者をもつ各種の同業組合の連合体であったが、商業会議所のように公的な関与が強い団体ではなかった。このため機動的に大阪、京都、名古屋、横浜、神戸における実業組合連合会など、同種の団体と連携して、全国商工業者大会を開催し、全国レベルで膨大な数の商工業者を動員することができた[16]。

廃税運動で成果を出すためには、政府や政党などへの高いレベルでの働きかけが必要であるが、同時に、各地域の代議士への働きかけや全国各地で世論を喚起することも必要であった。商業会議所は、全国商工業者大会の活動の自由度と草の根のネットワークを活用する一方、全国商工業者大会は、商業会議所の公的機能と高いレベ

【表 7-4】 各組織への所属状況（1922 年）

	商業会議所	実業組合連合会	同業組合	議員	大日本実連	綿糸布商連合会
杉原栄三郎	東京副会頭					
阿部吾市	東京	東京副会長	石炭同業組合			
山崎亀吉	東京	東京副会長	貴金属品製造同業組合	東京市会		
橋本直一	東京	東京	東京帽子問屋同業組合	東京市会		
尾後貫朝吾郎		東京	東京白米商同業組合	東京市会		
渡辺文七	横浜	横浜	横浜蚕糸貿易商同業組合	横浜市会		
武藤山治	神戸				○	
田附政次郎	大阪	*	大阪綿布組合		○	○
八木与三郎	大阪	大阪	大阪綿糸組合		○	○
栗本勇之助	大阪副会頭	大阪	*			
上田彌兵衛	大阪	大阪	大阪穀物商同業組合	庚申俱楽部		
森田金蔵	神戸副会頭	神戸	*		○	

（注）（*）については確認がとれない。
（出所） 東京実連『営業税全廃運動』，『大日本実業組合連合会報』，『東京市会議事速記録』，『日本商業会議所之過去及現在』から作成。

ルのネットワークを活用しながら、相互補完的に運動を展開した。商業会議所が主導し、全国商工業者大会を商業会議所連合会の日程と合わせて開催し、相互の参加者の便宜を図るなど、密接な連携をとったのもその例である。

また、廃税運動を展開した団体の指導者や会員は、それぞれ他の団体にも重複して所属していたことから、利益団体の相互の連携が事実上保たれていた【表七－四】。

例えば、東京実業組合連合会を指導した阿部吾市と山崎亀吉はいずれも東京商業会議所の議員であった。神戸商業会議所副会頭の森田金蔵は、神戸実業組合連合会や大日本実業組合連合会の会員でもあり、それぞれの団体の立場から大蔵大臣への陳情活動などに加わった。高知商業会議所の谷脇静一は、全国商工業者大会代表委員となって「営業税廃税デー」を発案し、名古屋の上遠野富之助や和歌山の垂井清右衛門ら、商業会議所の会頭も全国商工業者大会に参加した[17]。

さらに、市会とも連動し、東京市会議員の橋本直一（東京商業会議所議員、東京実業組合連合会会員）は東京市会に廃税建議を提出し、これを採択させた。同じく東京市会議員であった山崎亀吉（東京商業会議所議員、東京実業組合連合会会員）も各地の市会に働きかけた結果、大阪、京都、神戸、徳島、大垣などの市会も営業税廃税の決議をして、全国商工業者大会にも参加した。[18]

このように、この時代の経済主体は、自らの経済的利害を政策に反映させるため、利益団体を通じて政府や政党、帝国議会や市会の議員などに対して積極的な働きかけを行なっていたこと、そして各利益団体は、政府に対しても自律性を確保しつつ、求心力をもって支持母体の経済的利害を忠実に反映すべく運動を展開していたことが示されている。

三　財政税制政策上の対応

いくら商工業者が営業税廃税を求めても、歳入の確保、税種間の均衡など、税制政策上の観点から問題がなくならない限り、政府としてはこれを支持することはできなかった。

明治期から大正中期まで、政府は増加する軍事費を支弁するため、あらゆる手段を講じて歳入の確保に努めた。その中で、農村地主に対する地租と、商工業者に対する営業税が対峙されており、営業税の廃減税は地租の廃減税を誘発し、両者合わせると大幅な歳入減になる可能性もあり、その実現は困難であった。

しかし、第一次大戦後には所得税が基幹税となり、地租と営業税の歳入に占める比重が大幅に低下し、営業税を減税しても大きな歳入欠陥にはならない状況になってきた。また、ワシントン軍縮条約の締結により軍事支出が削減されたため歳出全体に余裕が生まれ、歳入面からみても営業税廃減税の実現の可能性は高まった。

こうした中で、いくら税制の微修正をしても外形標準課税を続ける限り、納税者の不満は解消しないと判断し

【図7-2】 主要歳出項目の一般会計と臨時軍事費特別会計の純計に占める割合

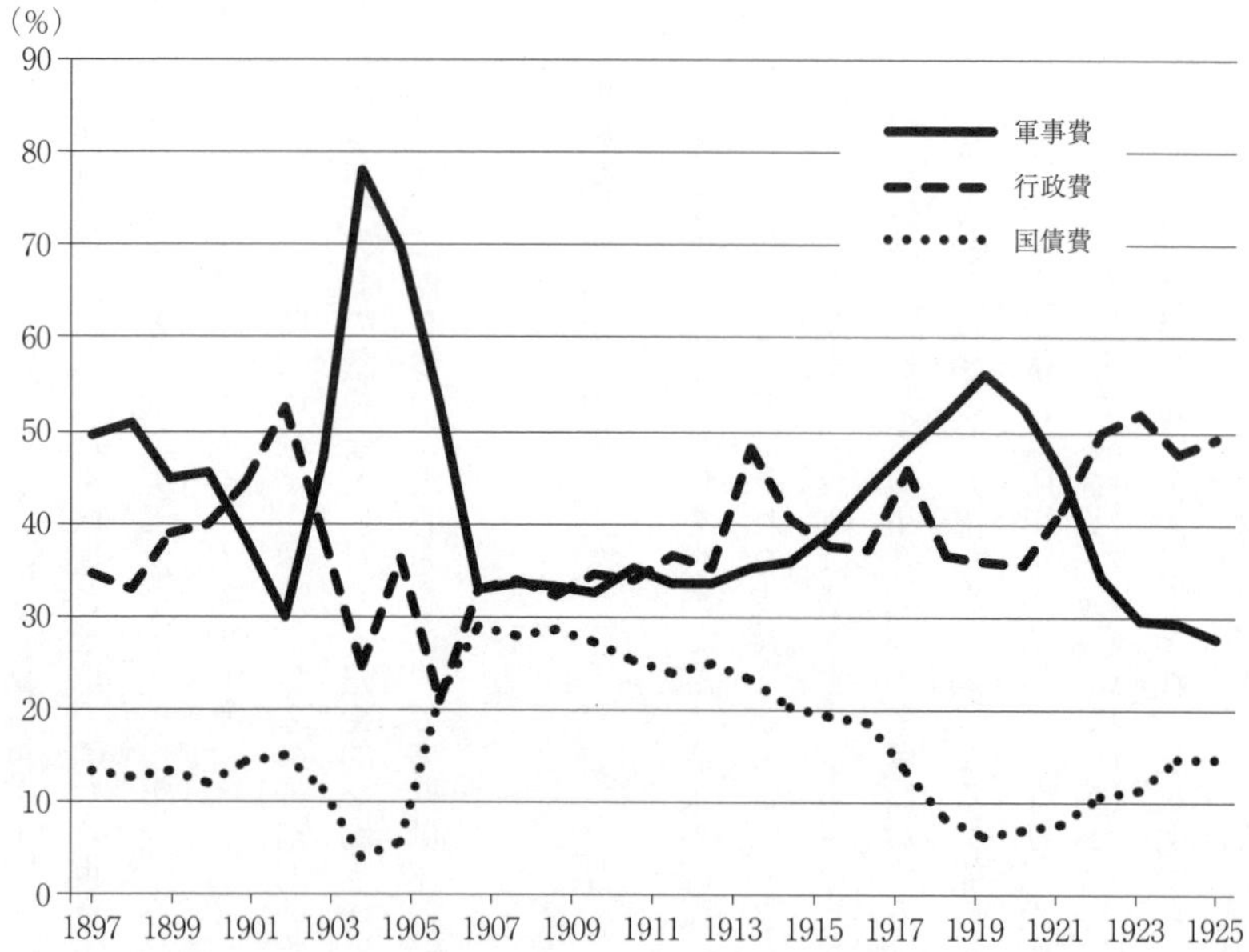

(出所) 『大蔵省史』第2巻(1998年)より作成。

て、政府は、大正末期の税制整理の中で、営業税を応能原則が徹底する収益課税に転換することとした。

1 歳出構造の変化

日清戦後、一般歳出の五割近くが軍事費となったが、日露戦争において一般会計の八割近くが軍事支出となった【図七-二】。日露戦後は、一九〇七年から一九一〇年頃まで戦時公債の利払いや償還のための国債費が急激に増大し、国の財政を圧迫した。特に一九〇七年からの不況により財政状況が悪化し、兌換制の維持さえ危ぶまれる事態となった。そこで大蔵省は、明治四十一年度の予算編成において軍事費を中心とした事業繰延を図るとともに、不況にもかかわらず増税を断行した。このような財政状況が続く限り、三税廃止や営業税廃税により歳入を減少させることは、財政上許容できる状況ではなかった。

第一次大戦により景気は回復し財政状況も好

転していったが、大戦やシベリア出兵のため軍事費支出が増加し、一九二一年には一般会計と臨時軍事費特別会計の純計の五割以上に達した。しかし、ワシントン海軍軍縮条約締結がされ軍事費が急速に低下した結果、一九二三年以降は、行政費の割合が五割程度に達する一方、軍事費は三割以下に低下した。こうして、軍事面からの歳出拡大圧力は弱まり、商工業者への廃減税のための財源確保の余地が拡大した。[19]

2　税制制度の変化

日清戦争の戦後経営のため、政府は、軍事費の拡大に応じる税収の確保に迫られたが、農村地主の代表が多数を占める衆議院においては地租の増徴が困難であったため、営業税の国税化や各種の間接税の新設・増徴により、歳入の拡大を図った。

直接国税の中では、農村地主の納める地租と、商工業者の納める営業税が対峙して位置づけられたため、営業税の税収額は地租に比べれば低かったが、営業税の廃減税はそれ自身の税収を失うのみならず、地租の減税も誘発する可能性があり、政策当局は、営業税の廃減税を実施することに慎重であった。

また、政府が、消費税など逆進性の強い間接税を次々に導入したため、租税収入に占める間接税の比率は、第一次大戦期に戦時利得税が課税された時期を除き、五割を超えた。このため、直接税である営業税を廃止して、代替財源として消費税などの間接税を増税することには限界があった。

営業税は歳入の中でほぼ一致して五―一〇%の比率を保っていたが、第一次世界大戦後、所得税が国税の基幹税となり、所得に弾力的ではない地租が税収に占める割合を低下させた。一九二〇年代になると地租と営業税を合わせても税収の二割以下に低下した。この結果、大正末期から国から地方への地租委譲や両税委譲（地租と営業税）の地方財源への移管が提唱されるなど、営業税の廃減税を実施しても税収全体に与える影響が少なくなった。

3　徴税制度の変化

大蔵省は、営業税を国税化した時点から、営業税の問題点は、営業所得を課税標準としない外形標準課税であること、建物賃貸価格などの課税評価が恣意的になりがちであること、税吏の臨検が取引の妨害になるなど評判が悪いこと、所得税のように公選の調査委員会がないので公平性に欠けることなどの、徴税方法に起因する面が大きいことも認識し、特に税率が高くなるとその負担感が誅求感になると考えていた。

しかし、税制そのものを廃止すれば大きな税収を失うことになるので、廃税を行なうことについては一貫して消極的であった。

そこで、大蔵省は、営業税廃税運動が起こるたびに、これらの徴税上の問題点を少しずつ修正していった。国税化直後の紛擾に対しては、徴税に際しての課税標準の決定を寛容にした。また、一九一〇年には、物品販売業の小売と卸売で税率を変更し、建物賃貸価格などの税率を引き下げ、税務署ごとに営業税審査委員会を設置することとした。一九一四年には、物品販売業の課税率を品目ごとに細分化したり、公選の委員を含む営業税審査委員会を設けたりして、課税額の評価の公平性を確保することとした。さらに、一九二三年には建物賃貸価格を課税標準から除き、利益を超える営業税の課税を免除するなど、外形標準課税による問題を緩和しようとした。

けれども、このように税制を修正しても物品販売業者を中心とする不満は絶えることなく、大蔵省は、「営業税ニ付テハ大正十二年之ニ多少ノ改正ヲ加ヘ其ノ結果相当ノ減税ヲ行ヒタルコトアルモ本税ニ対スル批難ハ依然トシテ変ハル所ナシ（中略）営業税ノ課税標準ハ全部之ヲ純益ニ改ムルヲ可トス」と判断し、営業税の課税標準を純益と改めることにより、最終的に外形標準課税の方式を応能主義に変更することとした。

第二節　就業構造、税と選挙権の関係

一　制度変革に関係する利害関係者

営業税の廃減税法案の実現可能性など、政治経済にまたがる制度変革を分析するためには、税制政策に責任をもつ大蔵省の政策方針はもとより、議会関係者が、それぞれどのような利害関係に基づき、どのような方針で支持、あるいは反対をしたかという政治過程を明らかにする必要がある。

そこで第二章から第六章の分析に基づき、営業税や地租、三税（織物消費税・通行税・塩専売）についての廃減税運動に対して業界、政府全体、大蔵省、政友会、憲政本党・憲政会系、貴族院が、それぞれどのような方針で対応したかについて、一覧としたのが【表七－五】である。

この表に示されていることは、明治憲法下の分権的な統治構造の下では、大蔵省、多数与党、貴族院などの権力がいずれも反対しなければ廃減税は実現できるが、いずれか一つの勢力でも反対すれば実現できないことである。

制度改革の原動力が民衆運動であるとの視点からすれば、民衆運動の強さが制度の改廃を決めるとの暗黙の前提がある。しかし、民衆運動の高まりは、世論を動かし、制度を変革するための必要条件の一つではあったが十分条件ではなかった。

一九一〇年や一九一四年に当初予定よりも減税額が増額したことや、一九一三年に営業税減税を貴族院が審議未了にしたことを除けば、大蔵省の方針と最終結果の間の相関性は高い。これは政府の中で税制を担当する大蔵省が財政、税制政策上の観点から妥当性を認めなければ、いくら政治が主導しても事実上実現は難しかったこと

【表 7-5】 営業税廃減税等をめぐる関係者の対応

	内閣	目的	業界		政府		議会				結果
			商工業	農民		大蔵省	政友会	憲政本党系		貴族院	
								憲政会系	国民党系		
1896 年	松方	営業税国税化	△	—	◎	◎	○R	○		○	○
1898 年	山県	営業税減税	◎	—	×	×	◎R	◎		×	×
1908 年	西園寺	増税反対	◎	—	×	×	×R	◎	◎	×	×
1909 年	桂	三税反対	◎	—	×	×	×R	△	◎	×	×
1910 年	桂	営業税減税	○	—	○	○	◎R	○	○	○	○
		地租減税	—	◎	○	△	◎R	◎	○	○	○
1913 年	山本	営業税減税	△	—	○	○	◎R	○	×(廃)	×	×
1914 年	山本	営業税減税	○	—	△	△	◎R			○	○
		営業税廃税	◎	—	×	×	×R	◎	◎	×	×
	大隈	営業税廃税	◎	—	×	×	×	×(減)R	—	—	—
1922 年	高橋	営業税減税		—	—	—	○	△(軽)		—	×
		営業税廃税	◎	—	×	×	×		○	—	×
1923 年	加藤 (友)	営業税減税	○	—	○	○	◎R			○	○
		営業税廃税	◎	—	×	×	×R	△(収)	×(委)	×	×
		地租減税	—	◎	△	×	×R	◎	○	×	×
1926 年	加藤 (高) 若槻	営業収益税化	○	—	◎	○	○	◎R	—	○	○

(注) ◎は積極的支持，○は支持，△は反対せず（消極的支持），×は反対，×（減）は減税・×（廃）は廃税，△（軽）は一般的負担の軽減，△（収）は収益税化，×（委）は地方委譲の支持を示し，—は明示的に確認できないことを示している。Rが付してあるものは与党の場合を示す。憲政会系は，憲政本党，立憲同志会，憲政会，国民党系は立憲国民党，革新倶楽部を示す。

を示している。

また、貴族院は、概ね政府と同じ立場をとり、その判断は最終な帰結といつも一致していたことも注目される。

ここで注目すべき点は、憲政本党・憲政会系は、商工業者の支持を背景に日露戦後の三税廃止や一九一四年に営業税廃税を強力に主張したが、その後は営業税の廃税を主張しなくなったこと、それに対して、農村地主を支持基盤とした政友会は、一貫して一定の営業税の減税は支持するが、地租減税には慎重であったことである。

二　衆議院議員選挙権の変動要因

営業税は主として都市部の商工業者が負担する税であり、商工業が発展し都市化が進み、都市や商工業者の就業者数が増えれば、衆議院においてその利害を代表する議員数も増え、議会においても商工業者の要求を支持する議員数が多くなっていくと想定される。

しかし、普通選挙法が成立するまでの衆議院議員の有権者の動向を見ると、商工業者数が着実に増加し、都市化が進展したにもかかわらず、それに伴って商工業者や都市部を代表する有権者数が増加したわけではなかった。また、第四章と第五章で指摘したように、商工業者を支持基盤とするはずの憲政本党・憲政会系は、一九一四年の営業税廃税運動以降、営業税廃税を積極的には支持しなくなる一方で地租軽減に積極的に取り組んだ。この時代の政党政治においてなぜこのような逆説的な状況が起こったのか。この疑問を明らかにするために、本稿では、制限選挙制度の下で、衆議院議員の選挙権を与えられた有権者が、地租、営業税、所得税を最低納税額以上納税した成人男子に限られたことにより、これら三税の税制・税率の改変や、衆議院議員選挙権を与える最低納税額の引下げという選挙制度の変化によって有権者数が変動したことに着目して分析を行なう。

そこで、まず本節の以下では、選挙制度の変化、税制・税率の変動が有権者数にどのような影響を与えていた

【図 7-3】 産業別国内純生産の構成

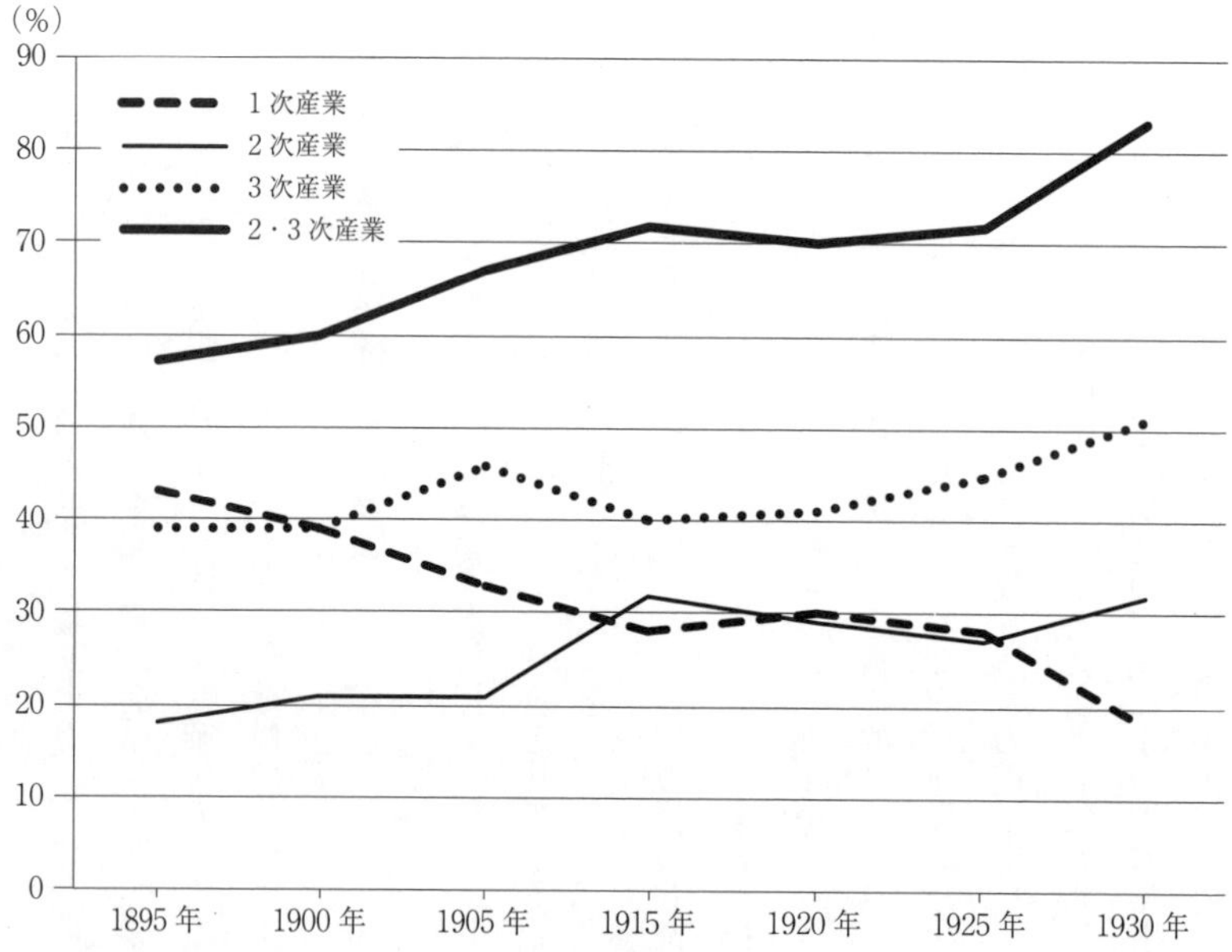

(出所) 中村隆英『日本経済』(1978年, 岩波書店) より作成。

か、その結果、地租を納税して選挙権を得た地租有権者と、主として都市部において営業税を納税して選挙権を得た営業税有権者や所得税を納税して選挙権を得た所得税有権者数の相対関係にどのような影響を与えたかという点について分析を行なう。

その上で第三節では、税制・税率や選挙制度の改変による有権者数の変動が、農村地主を支持基盤としている政友会と、商工業者や都市の勤労者を主たる支持基盤としている憲政本党・憲政会系の政党の行動にどのような影響を与えていたか、それが政治過程にどのように反映されていたかという点を検証する。

1 衆議院議員選挙権者数の変動要因

営業税が国税化された一八九七年前後から、一九二五年に廃止される頃まで、産業構造も、産業別就業者も商工業者の比率が高まった。また、衆議院議員の職業も、農業の比率が下がり、営業税を負担する業種の出身議員の比率が高ま

【図 7-4】　産業別就業者数（千人）

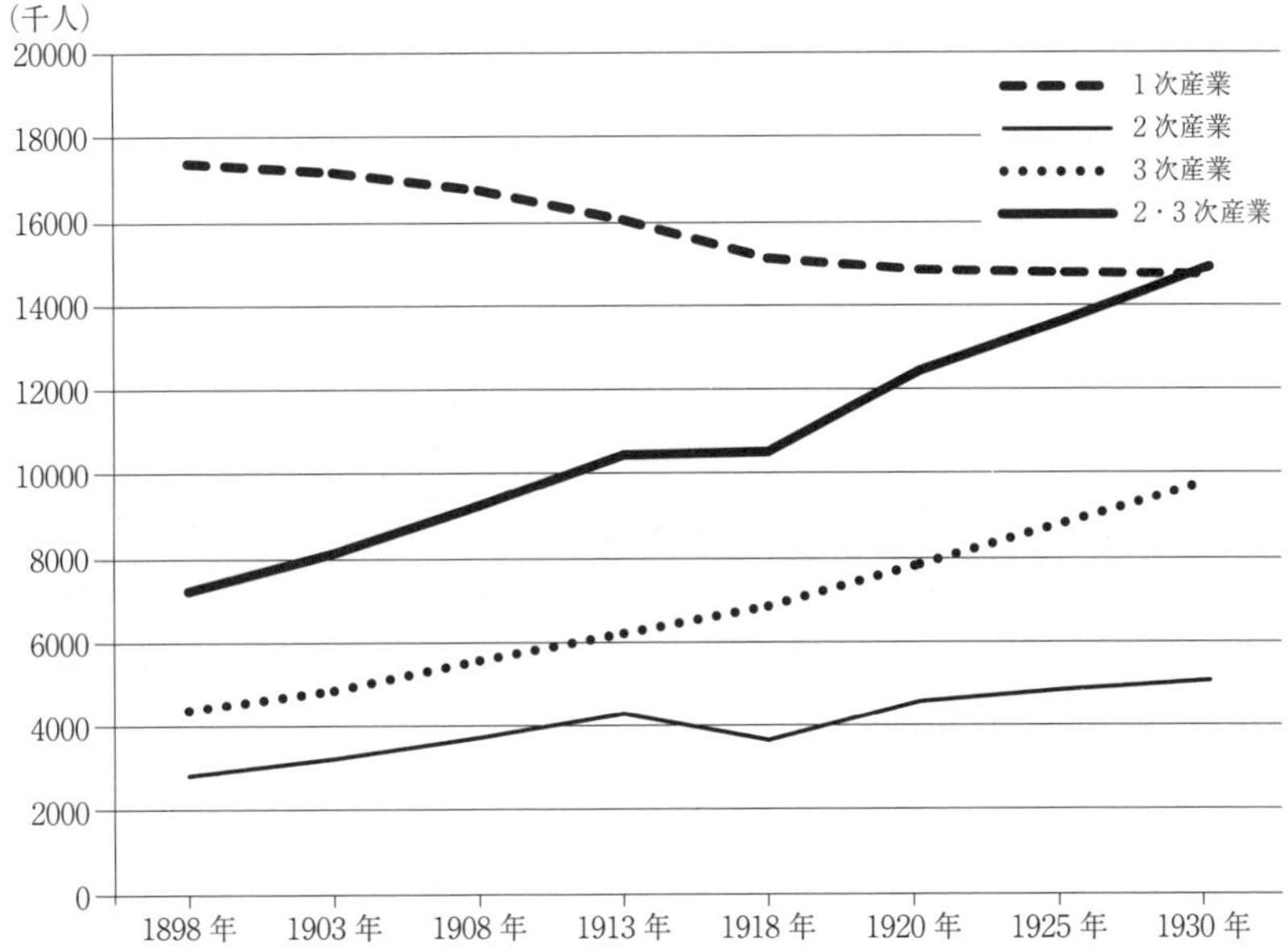

（出所）　大川一司『日本の経済成長率』（1956 年，岩波書店）より作成。

った【図七－三】。

ただし、制限選挙制度下においては、一定の最低納税額以上の直接国税を納めた成人男子などの要件を満たしたものだけにしか選挙権が与えられなかったため、必ずしも就業人口に比例して有権者数が増えたわけではなかった。また、税制・税率の変化があればそれに応じて有権者数も増減した。

こうした衆議院議員選挙権者数を規定した選挙制度や税制・税率の改変は、次のとおりであった[20]【表七－六】。

(1)　最低納税要件額の引下げ

衆議院議員選挙法上の議員選挙権を付与する直接国税の最低納税額は、一八八九年に一五円以上であったが、一九〇〇年に一〇円以上に、一九一九年の改正で三円以上と引き下げられ、一九二五年の普通選挙法の成立により納税要件が撤廃された。これにより衆議院議員選挙権者数は、一八九〇年の第一回総選挙の時に四五万

【図 7-5】 衆議院議員の職業割合

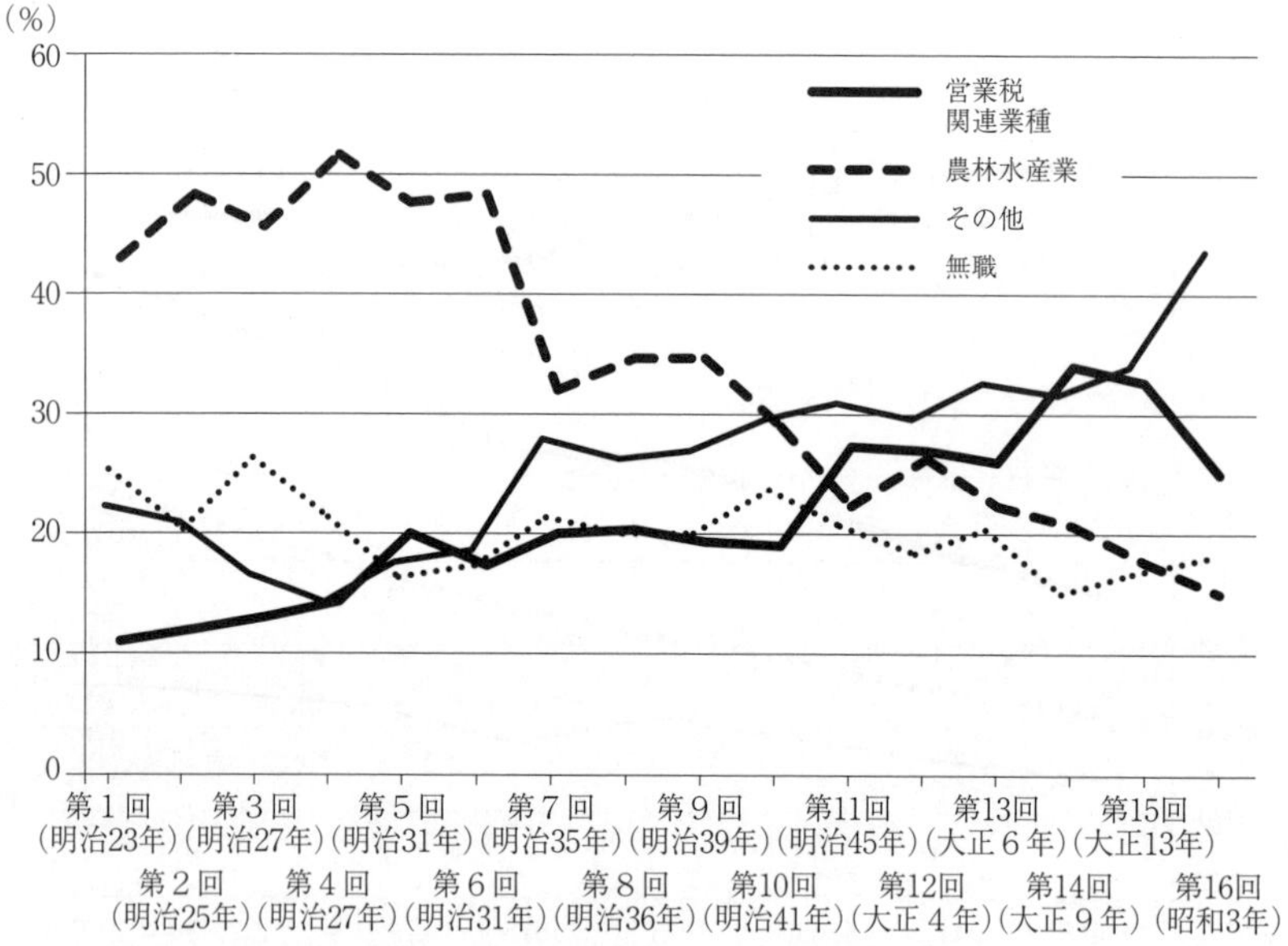

（出所） 衆議院事務局『衆議院要覧（乙）』昭和３年より作成。

人であったものが、一九〇二年に九八万人、一九二〇年に三〇七万人に、一九二八年の普通選挙実施の時には、一、二四〇万人に拡大した。

なお、衆議院総選挙の有権者が全人口に占める比率は、第一回総選挙（一八九〇年）に有権者は人口の一％（直接国税一五円以上）、一九〇〇年の改正（直接国税一〇円以上）で二・二％、一九一九年の改正（直接国税三円以上）で六％、一九二五年の改正（男子普通選挙）で二〇％となり、一九四五年（婦人参政権）で四八・七％へと拡大した[21]。

（2） 選挙権を与える直接国税の種類の拡大等

衆議院議員選挙法が制定された時、参政権を与える対象となる直接国税は地租と所得税だけであったが、一八九七年に直接国税に営業税が加えられた。さらに売薬営業税（一九一一年）、鉱業税と砂鉱区税（一九二〇年）が追加された[22]。また、営業税の課税業種として鉄道業（一九〇

【表七－六】 税制と衆議院議員選挙権

	衆議院議員選挙権に影響する税制改正の推移	衆議院選挙法の推移
一八八九年		直接国税（地租と所得税のみ）を一五円以上納めるもの。 年齢二五歳以上の男子で、選挙人名簿調整の時期から満一年以上その府県に本籍を有す。 地租については一年以上、所得税については三年以上住居していること。
一八九〇年	地租条例（地租は地価の二・五％） 所得税法（三万円以上は三％、最低三百円以上一％）	
一八九七年	一月一日から営業税法施行	営業税が直接国税となる。
一八九九年	地租増税（一八九九年から一九〇三年まで市街宅地は地価の二・五％、その他の土地は地価の〇・八％賦課） 所得税増税（三万円以上の所得は五・五％）	
一九〇〇年		国税納税要件額は、地租一〇円以上、所得税と営業税、又は地租とこれらの税を合わせて一〇円以上。 地租については一年以上、それ以外については二年以上の在住。
一九〇三年	一月一日から営業税法改正（鉄道業を加え、公なる周旋業、代弁業、仲立業の税率を五〇％増加）	
一九〇四年	三月三一日から非常特別法による増税 地租は市街宅地は地価の五・五％、郡村宅地は三・五％、その他の土地は一・八％増加、営業税は税額を七〇％増加、所得税は税額を七〇％増加。 一二月三一日に非常特別税改正による増税 地租は市街宅地は地価の一七・五％、郡村宅地は五・五％、その他の土地は三％増加、営業税は税額を一五〇％増加、所得税は税額を一〇〇から二七〇％増加。	

一九一一年	一月一日から地租条例改正（非常特別税による増税を廃し、宅地は地価の二・五％、田畑は四・七％、その他の土地は五・五％とする） 一月一日から営業税法改正（非常特別税による増税を廃し、業名の変更、税率の変更等実施し減率）	売薬営業税が直接国税となる。
一九一三年	一月一日から所得税改正（非常特別税による増税を廃し減率）	
一九一五年	一月一日から営業税改正（課税標準の最低限度を概ね二倍等に引上げ減率） 四年分地租から地租条例改正（田畑地価は〇・二％引下げ等）	営業税減税で納税額に変動があるので、一九一五年の衆議院選挙では前回の選挙人名簿で実施。
一九一六年	一月一日から営業税法改正（無尽業を追加）	
一九一八年	四月一日から所得税法改正（第三種所得税率が一四％から二三％増加、第二種所得の社債利子税率五〇％増加）	
一九一九年		国税納税要件が三円以上に引下げ。在住要件は、地租については六ヶ月に短縮。
一九二〇年	四月一日から所得税法改正（第三種所得税については、勤労所得控除の引上げ、扶養家族控除の引上げ、免税点の引上げ）	鉱業税と砂鉱区税が直接国税となる。
一九二三年	一月一日から営業税法改正（建物賃貸価格を原則課税標準から除き、売上利益が納税額を差引いた結果皆無となるものは課税を免除し減率）	
一九二五年		満二五歳以上の男子 一定の欠格事由を除く（一九二八年の衆議院選挙から実施）

（出所）「明治二十三年以後各総選挙有権者数及選挙関係税制法改正ノ沿革」『小橋一太関係文書　選挙法改正参考書（大正八年）、普通選挙関係綴込』国立国会図書館憲政資料室蔵より作成。

三年）、無尽業（一九一六年）が追加された（直接国税ではあったが相続税や登録税、通行税などの納税者には選挙権が付与されなかったことに注意すべきである）。

（3） 地租、所得税、営業税の増減税

衆議院の選挙権は、地租や営業税、所得税の納税額に直結していたので、これらの税が増税されれば、各税を納税した有権者数が増え、逆に減税されると減少した。例えば、地租が増税されれば、地租有権者数が増加し、営業税が減税されれば営業税有権者数が減少した。

営業税が施行されてから第一回の普通選挙が実施されるまでの間で、有権者数を大きく変動させた税制改正は、次のとおりである。

① 増税により有権者数の拡大効果があった税制改正

山県内閣の地租増徴と所得税増税（一八九九年）、第一次桂内閣の非常特別税増税（地租、営業税、所得税）（一九〇四年）、寺内内閣の所得税増税（一九一八年）

② 減税により有権者数の減少効果があった税制改正

第一次桂内閣の地租増徴の停止（一九〇三年）、第二次桂内閣の地租と営業税の減税（一九一〇年）、第一次山本内閣の所得税減税（一九一三年）と、営業税減税及び地租減税（一九一四年）、原内閣の個人所得税減税（一九二〇年）、加藤（友）内閣の営業税減税（一九二三年）

2 税別の有権者数の推移

そこで、地租、営業税、所得税の増減税という税制・税率の改変と、最低納税額の引下げという選挙制度の改変が、それぞれの税を納税した有権者数をどのように変動させたかを明らかにしてみたい。

このためには、有権者のうち地租や営業税、所得税の納税者数を把握する必要があるが、それを直接示す統計

【表 7-7】 地租・営業税・所得税の納税者数と有権者数

	地租		個人営業税		個人所得税			有権者数
	納税者	潜在有権者①	納税者	潜在有権者②	納税者	潜在有権者③	潜在有権者総数①+②+③	
1904	8,125,379	1,006,242	508,911	174,069	700,549	187,031	1,367,342	982,868
1905	8,158,870	1,469,547	491,069	378,399	765,296	252,423	2,100,369	958,322
1906	8,301,154	1,620,209	496,201	388,000	827,498	267,813	2,276,022	762,445
1907	8,406,106	1,742,985	510,497	397,313	916,964	301,355	2,441,653	
1908	8,539,832	1,796,981	558,046	450,922	1,124,584	375,572	2,623,475	1,590,045
1909	8,734,415	1,766,981	589,671	475,476	1,231,467	408,307	2,650,764	
1910	8,936,833	1,822,768	598,446	484,666	1,256,535	420,848	2,728,282	
1911	9,127,736	1,760,530	585,731	476,008	1,275,718	420,647	2,657,185	
1912	9,300,578	1,707,908	595,685	454,293	1,342,071	458,126	2,620,327	1,506,143
1913	9,442,715	1,709,669	605,044	466,451	956,346	459,210	2,635,330	
1914	9,573,658	1,710,912	598,297	465,161	979,020	484,827	2,660,900	
1915	9,685,843	1,680,917	355,995	302,746	968,618	463,605	2,447,268	1,546,411
1916	9,876,612	1,674,137	370,136	314,578	957,068	454,484	2,443,199	
1917	10,045,154	1,674,717	402,416	346,052	1,023,695	511,349	2,532,118	1,422,126
1918	10,168,728	1,678,263	469,099	410,548	1,027,320	781,036	2,869,847	
1919	10,306,287	1,733,898	548,889	487,378	1,387,485	1,115,479	3,336,755	
1920	10,429,960	3,850,420	687,896	687,866	1,314,701	1,098,398	5,636,684	3,069,148
1921	10,541,308	3,873,659	771,725	771,657	1,575,307	1,317,344	5,962,660	
1922	10,645,941	3,926,799	859,949	859,943	1,804,442	1,546,479	6,333,221	
1923	10,801,387	3,944,870	927,679	927,665	1,804,366	1,804,366	6,676,901	
1924	10,977,192	3,989,369	999,206	999,155	1,850,017	1,850,017	6,838,541	3,288,405
1925	11,160,690	11,160,690	1,042,906	1,042,824	1,898,621	1,898,621	14,102,135	
1926	11,344,950	11,344,950	1,041,111	1,041,111	1,104,191	1,104,191	13,490,252	
1927	10,143,906	10,143,906	778,834	778,834	1,002,616	1,002,616	11,925,356	
1928	10,547,706	10,547,706	780,200	780,200	946,688	946,688	12,274,594	12,408,678

（注） ここで「納税者」とは各税の納税者の全人数を，「選挙権者」とは，1920 年以前は各税を 3 円以上納税している者の人数をいう。ただし，1926 年以降の営業税及び 1923 年以降の所得税納入者は 3 円未満の数値がないため，選挙権者数は全数としている。1923 年の 3 円以上の地租納税者は統計が欠けているので前年の比率で推定した。選挙権は 1902 年から直接国税（地租，営業税，所得税）10 円以上，1911 年に直接国税に売薬営業税追加。1920 年から直接国税 3 円以上で鉱業税，砂鉱区税追加。1925 年に普通選挙法成立，1928 年に第一回普通選挙実施。1915 年の総選挙では，例外的に 1912 年の営業税納入者に選挙権が与えられた。

（出所） 『主税局統計年報書』，及び『大蔵省主税局統計年報書』の各年，総務省統計局の『選挙統計』より作成。

【図 7-6】 主要な増減税等と潜在有権者数の推移

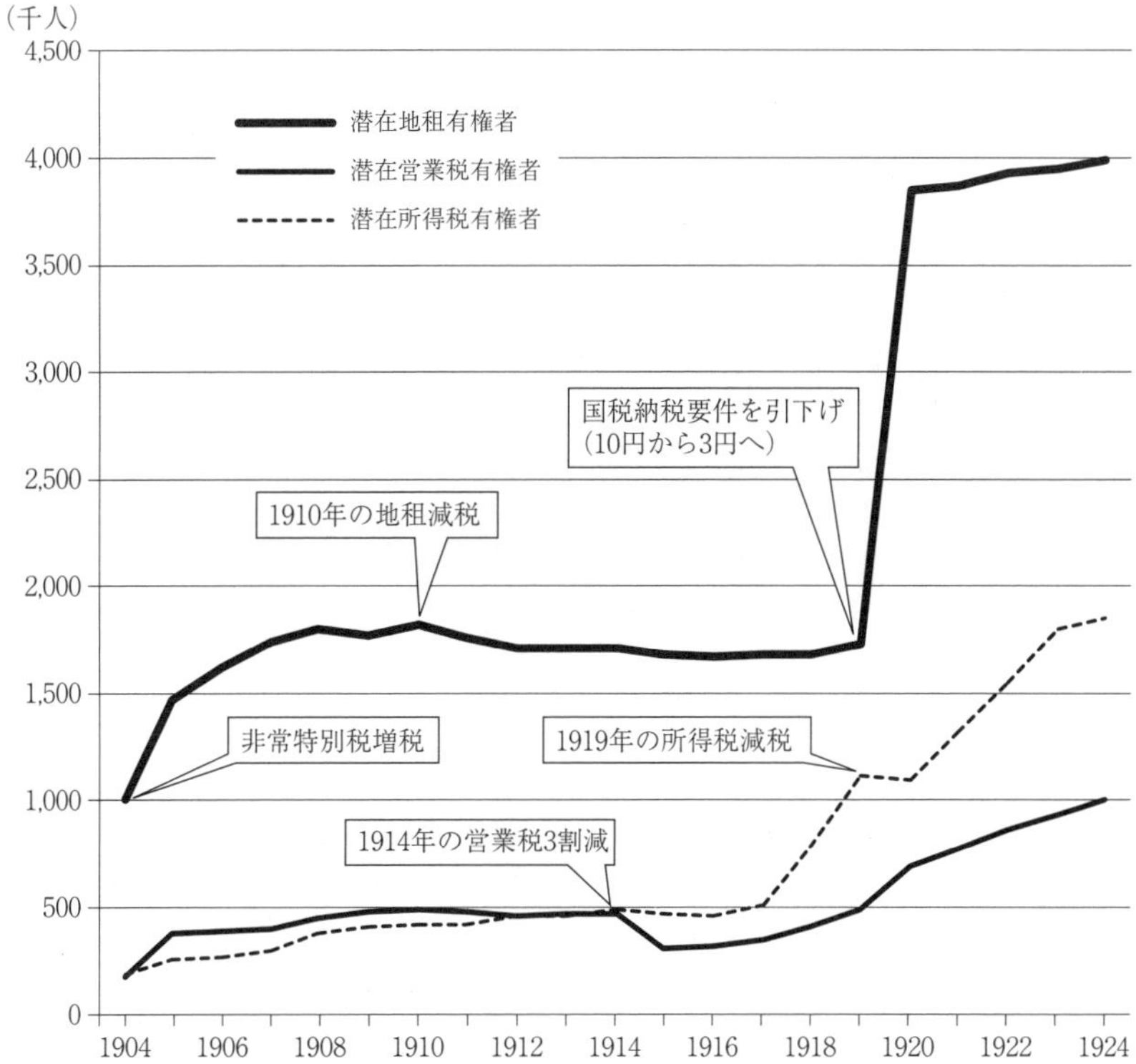

がないため、統計が入手可能な一九〇四年以降の大蔵省の『主税局統計年報書』の各年における地租、個人営業税、第三種所得税（個人）の納税額別人員表を基にして、一九一九年までは一〇円以上、一九二〇年以降は三円以上納税した人数がどれだけ存在したかを一覧表にしたのが、【表七―七】であり、これを図にしたのが【図七―六】である。[23]

ここで、各直接国税をそれぞれ最低要件額以上納税したものを「潜在有権者」、地租を納めた潜在有権者を「潜在地租有権者」、営業税を納めた潜在有権者を「潜在営業税有権者」、所得税を納めた潜在有権者を「潜在所得税有権者」と定義することとする。[24]

ただし、複数の税で最低納税要件

額を満たす有権者が存在したこと、定住要件や満二五歳以上の男子という条件を満たしていない場合があったことから、実際の有権者数は税別の潜在有権者数合計の約六割程度となっている。

また、有権者数は、税制だけではなく所得や売上、地価など景気や経済の影響で変動したので、増減税だけで有権者の変動を説明できるわけではないことにも注意する必要がある。

以上の留保から、【表七‐七】の「潜在有権者数」が、増減税や最低納税要件額の引下げによって各税に対応した有権者数をそのまま反映するとはいえないが、だいたいの傾向を把握できると考えられる。

こうした留保を踏まえた上で、【図七‐六】を見ると、それぞれの曲線は、各税の増減や最低納税要件額の引下げの結果を反映した軌跡になっている。地租、営業税、所得税の増税が行なわれれば、それぞれを納税する有権者数が増大し、減税されれば減少したこと、衆議院議員選挙権の最低納税要件額の引下げにより、営業税と所得税に比べて地租の有権者数が大きく増加したことが示されている。

一九一九年の最低納税要件額の引下げで地租有権者が相対的に大きく増加した理由は、営業税と所得税納税者数が相対的に少なかったばかりではなく、免税点が多く認められていたために、地租納税者数に比べて少額納税者の比率が少なかったからであった【図七‐二】。

ここで特に注目すべき点は、全就業者に占める農業就業者の比率は減少していたにもかかわらず、全体としてみると潜在地租有権者数は逆に上昇する傾向にあったことである。

3　地租有権者数と営業税・所得税有権者数の相対的変化

ここで、農村部と都市部の有権者がバランスがとれていたかという観点から、産業別の就業者数【図七‐四】と税別の潜在有権者数【図七‐六】を総合して、「農業就業者数が商工業就業者数の何倍であるか」という比率と、「地租有権者数が、営業税有権者数及び所得税有権者数の合計の何倍であるか」という比率の推移を明らかにし

【図 7-7】 地租と営業税・所得税の有権者と就業者の比率推移

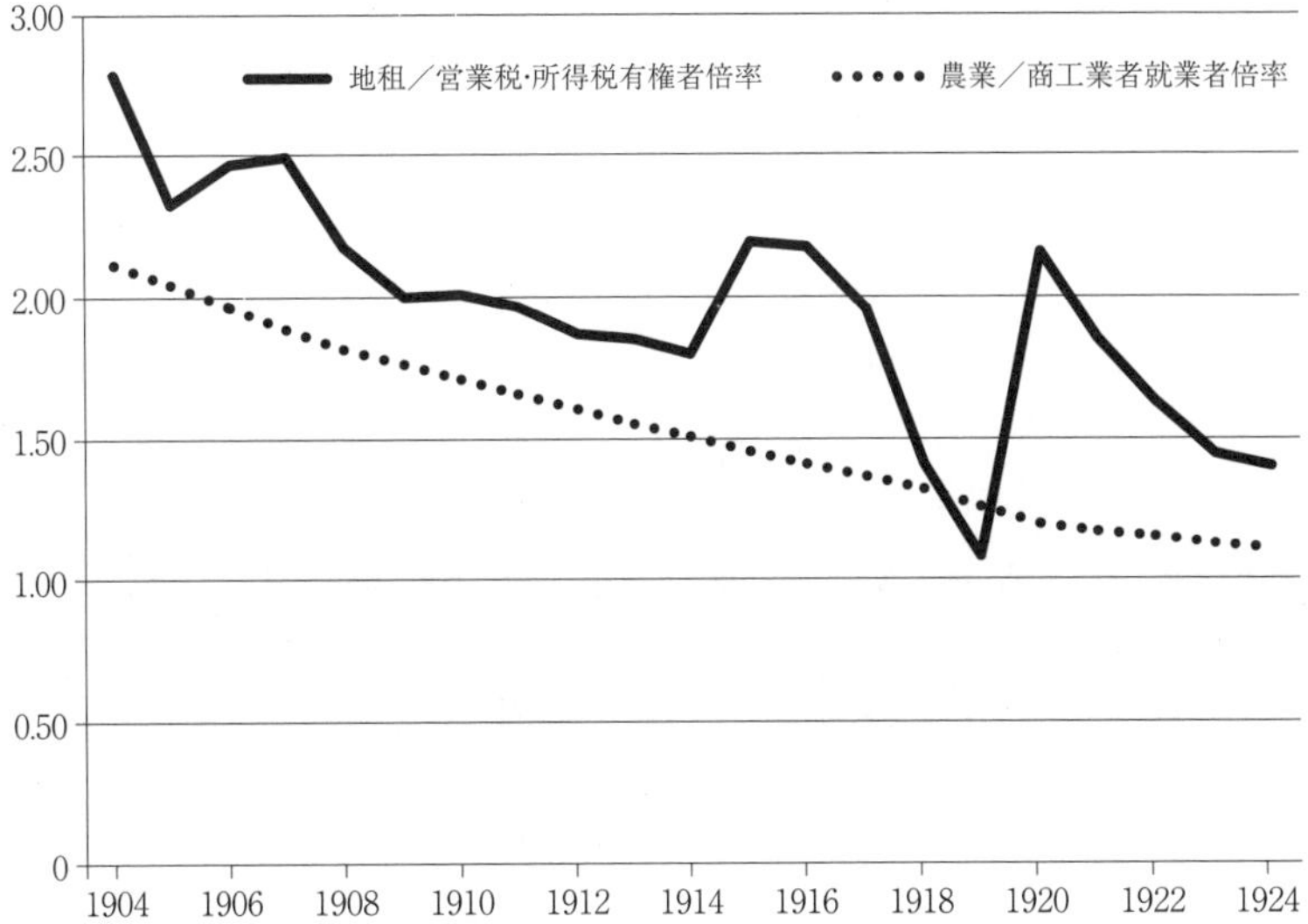

（出所） 大川一司『日本の経済成長率』と大蔵省『主税局統計月報』から作成。

たい。

両者が一致すれば、就業者数を基準としてみたとき、農村部と都市部が同様の比率で選挙権を与えられたことになるが、前者が後者を上回れば、農村部の方が都市部に比べて相対的に多くの選挙権（代表性）を与えられたことになる。[25]

そこで、潜在都市有権者数（潜在営業税有権者数と潜在所得税有権者数の合計）を一とした場合の潜在地租有権者数の倍率を「地租／営業税・所得税有権者倍率」と定義し、「農業／商工業者就業者倍率」を、商工業従事者数を一とした場合の農業就業者数の倍率と定義する。

こうして、両者の比率の推移を示したのが**【図七-七】**である。

この図を見ると、制限選挙制度の下では、「地租／営業税・所得税有権者倍率」はほとんど「農業／商工業者就業者倍率」を上回っている。

すなわち、商工業の雇用者数の増加により、有権者数に占める農業者の有権者の比率は自然に下がる

（商工業者の有権者の比率が相対的に高まる）ことが予想されるが、そのようには推移しておらず、ほぼ一貫して農村部の方が都市部を上回って過大に選挙権を与えられていたことが示されている。

また、相対的に都市部の有権者数の比率が上がりそうになると、農村部の有権者数の比率が都市部の比率を上回るように税制・税率や選挙制度が変更されていることが示されている。

すなわち、「地租／営業税・所得税有権者倍率」は非常特別増税で上昇したが、一九一〇年の地租減税で低下し、一九一三年の所得税減税で僅かに上昇した。さらに、一九一四年の営業税三割減の結果、「地租／営業税・所得税有権者倍率」が急増した。都市部の要求である営業税や所得税が減税されることによって営業税や所得税有権者数が減少し、結果として地租有権者数が相対的に増加するという逆説的な事象が起こったことを示している。

続いて第一次大戦以降、景気拡大により所得税納税者数が増えたことなどから、「地租／営業税・所得税有権者倍率」は、「農業／商工業者就業者倍率」をいったん下回るに至った。

しかし、原内閣が一九一九年に衆議院議員選挙法を改正して、最低納税額を三円に引き下げた結果、地租有権者が急増する一方、一九二〇年の個人所得税減税によって所得税有権者数が減少したことにより、「地租／営業税・所得税有権者倍率」が大幅に増加した。

「地租／営業税・所得税有権者倍率」が最高に達して、就業者数に占める地租有権者数の比率が最も高くなった年に、原敬が衆議院の解散総選挙を実施した結果、農村地主を支持母体とする政友会が圧勝し、この選挙結果が一九二四年まで維持されたことが示されている（ただし、一九二〇年の総選挙には所得税減税の効果は反映していない）。

このように、産業化や都市化の進展に伴って都市部を中心とする商工業者や都市の勤労者数が増加していたにもかかわらず、税制・税率や選挙制度が政治的に改変された結果、逆に地租有権者数が、相対的に増加していたことが示されている。

第三節　「減税のパラドックス」と営業税廃税運動の政治過程

一　制限選挙制度下の「減税のパラドックス」

本節では、制限選挙制度における税制・税率や選挙制度の改変による有権者数の変動が、農村地主を支持基盤としている政友会と、商工業者や都市の勤労者を主たる支持基盤としている憲政本党・憲政会系の行動にどのような影響を与えていたか、それが政党政治にどのように反映されていたかという点について検証してみたい。

【図七－六】が示しているように、制限選挙制度では、地租の減税は農村部の地租有権者数を減少させ、地租の増税は逆に地租有権者数を増大させた。また、営業税や所得税の減税は、都市の営業税有権者数や所得税有権者数を減少させた。

したがって、農村地主を支持基盤としている政友会が、地主からの要望で地租を減税すれば、自らを支持する地租有権者を失権させることになった（逆に地租を増税すれば地租有権者は増大した）。一方、都市の商工業者や所得税納税者を主たる支持基盤としている憲政本党・憲政会系が、支持基盤の要望で営業税や所得税を減税すれば、自らを支持する営業税や所得税有権者を失権させることになった。

このように、制限選挙制度の下で、政党が自らの支持基盤を満足させるように地租、営業税、所得税の減税を行なうと、支持する有権者を失権させてしまうことが、政党の選挙戦略にとっては不利になり、逆に支持基盤が望まないこれらの税を増税することは、結果として支持する有権者を増加させるという「逆説」が起こったことを、本稿では、「減税のパラドックス」と呼ぶこととする。

これまでの近代史研究において「減税のパラドックス」の原理があることは知られていなかったが[26]、営業税廃税運動の政治過程のみならず、明治から大正期の政友会や憲政本党・憲政会系の政党行動を規定していた可能性が高い。

そこで、第二章から第六章までの分析を踏まえ、各政党がどのように「減税のパラドックス」を強く意識して行動していた可能性があるかについて検証する。

二　政党の支持基盤

初めに、政友会は農村部の農村地主を、憲政本党・憲政会系は都市部の商工業者や所得税有権者を支持基盤としたという前提について確認してみたい。

1　日清戦後の政党の行動

一八八九年に衆議院議員選挙法が制定された当初、有権者は満二五歳以上の男子であって、直接国税を一五円以上（地租は一年以上、所得税は三年以上）納税したものにのみ選挙権が与えられた。所得税は、年収三百円以上の収入があるものに課税されたので所得税有権者数は少なかった。このため初期議会においては、いずれの政党も農村地主が望む地租軽減が争点になった。

日清戦争後の一八九七年に営業税が国税化され、衆議院議員選挙権を与える直接国税とされた。この時、自由党も進歩党も営業税の国税化を支持し、農村地主の利害を強く反映する衆議院には、商工業者の意見をまとめた商業会議所による営業税制の変更や廃止の建議を支持する政党は存在しなかった。

一八九八年末の第一三回帝国議会に、山県内閣が地租を一七％増徴する法案を提出した際、政友会の前身の憲政党は、積極政策の実施と併せて一八九九年度から一九〇三年度までの五年間に限り増徴することを支持したのに対し、憲政本党は地租増徴に反対した。続いて翌第一四回議会に山県内閣が国税納税要件を一五円から一〇円に引き下げるとともに、市部を独立の選挙区として都市部を優遇するように衆議院議員選挙法の改正法案を提出すると、憲政党はこれを支持したが、憲政本党は市部の独立により都市部を優遇することに反対した[27]。一九〇三年には、山県内閣で憲政党が支持した地租増徴法について、政友会の原敬が憲政本党と連携して、その継続法案を否定して地租を軽減させた[28]。

このように、日清戦後から日露戦前までは有権者の大半は農村地主であり、いずれの政党も農村地主の支持を得ることが不可欠であった。その中で、政友会はどちらかといえば積極政策を重視し、憲政本党系は地租軽減と都市部を重視する傾向が見られたが、その後のように、政友会が地租減税に消極的で積極政策によって農村地主を中心に支持を固め、憲政本党系が商工業者への減税などにより都市部の支持を固めるという特徴は顕著ではなかった。

【表7-8】 選挙権者数の推移

年	選挙権者数	国税納税要件を満たす者の数
1890	453,474	503,541
1891	452,156	500,327
1892	460,914	511,209
1893	457,309	505,138
1894	464,278	514,065
1895	467,887	517,130
1896	467,607	517,199
1897	467,401	515,543
1898	501,459	555,538
1902	983,293	1,075,840
1903	952,860	1,073,943
1904	757,788	893,383

（出所） 相原重政『議員選挙有権者に関する統計上の考察』東京統計協会，1908年，早稲田大学中央図書館所蔵。

2 一八九四年から一九〇八年までの総選挙結果

次に、日清戦後から日露戦直後までの間の総選挙において、税制・税率の変化改廃と選挙制度に注目しつつ、総選挙の結果はどのようになったか、一八九〇年から一九〇四年までの選挙権者数の推移【表七－八】と、一八九四年から一九〇八年までの総選挙における、政

【図 7-8】 当選議席数

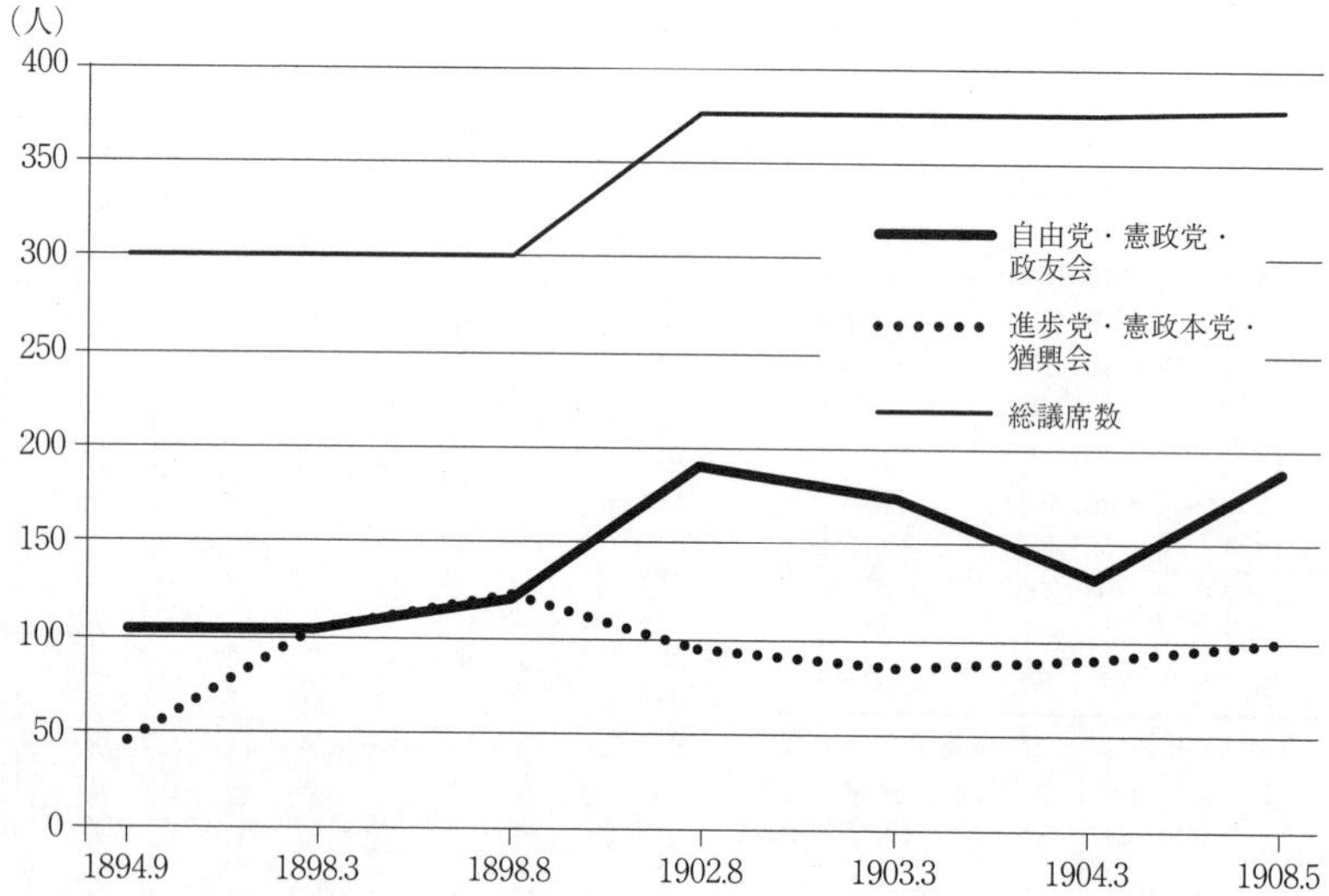

（出所） 遠山茂樹他『近代日本政治史必携』より作成。

友会（自由党・憲政党・政友会）と憲政本党系（進歩党・憲政本党・猶興会）の議席数の推移【図七－八】と得票数の推移【図七－九】を踏まえて検証してみたい。

一八九八年の営業税の国税化直後の選挙では、政友会に比べ憲政本党系が得票数や議席数を伸ばした。また、山県内閣が地租増徴を実施した後、市部を独立させると同時に最低納税要件額を一〇円に引き下げた後の一九〇二年八月の総選挙では、選挙権者数が五〇万人から九八万人へとほぼ倍増し、結党直後の政友会は、一八九八年の総選挙の当時（憲政党）に比べて得票数を倍増させ、一九〇議席を獲得した[29]。

しかし、一九〇三年度末に地租増徴が終了して地租が引き下げられると、一九〇四年における有権者数は七六万人へと二二％減少した。その直後に行なわれた一九〇四年三月の総選挙では、政友会の議席数は一三三議席と、その前の選挙の時に比べ四二議席も減少した。

この時、政友会の得票数（約三七万から約二三万（四一％減））は、憲政本党（約二二万から約一七万（二二

【図 7-9】 得票数の推移

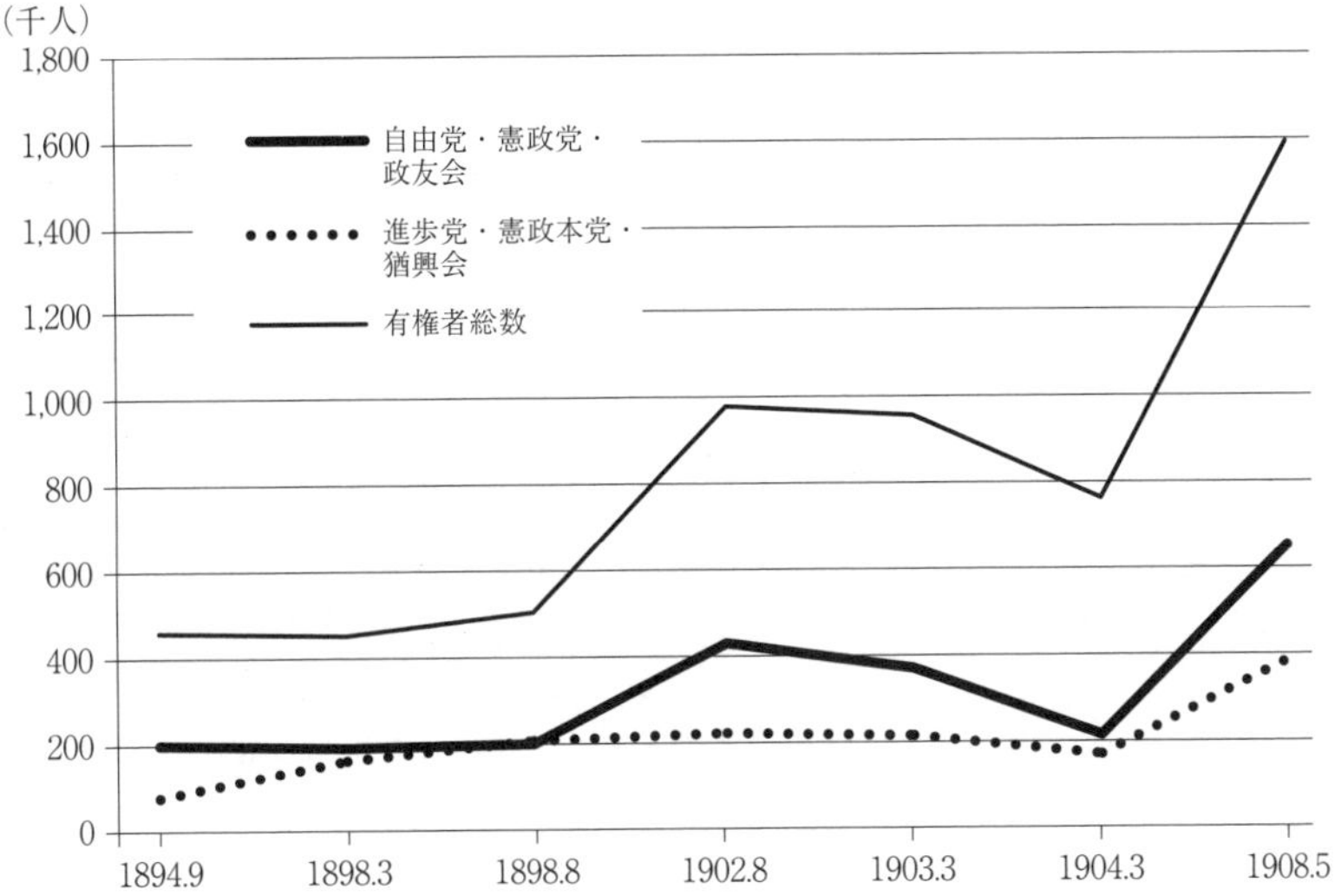

（出所） 遠山茂樹他『近代日本政治史必携』より作成。

%減））に比べて大幅に減少している。

続いて、日露戦争中に非常特別税によって、地租、所得税、営業税が増税されると、有権者数全体は、一九〇四年から一九〇八年にかけて約七六万人から一五八万人へと二倍以上に増加した。この間、潜在地租有権者は一〇一万人から一八〇万人に、潜在営業税有権者は一七万人から四五万人に増加した。比率としては潜在営業税納税者の方が大きく増加したが、絶対数は地租有権者の増加の方が大きかった。

そして、非常特別税増税後、最初に行なわれた一九〇八年の総選挙では、石油消費税や砂糖消費税などの増税を支持した政友会が激しく批判されたにもかかわらず、大勝した。

以上のとおり、日清戦後から日露戦争直後までの総選挙の結果を冷静に評価すると、地租を増税したり、最低納税額引下げをしたりすることが政友会への得票数と議席数を引き上げる結果となる一方、地租を減税すると政友会の得票と議席数を引き下げる結果になっていたことが示されている。

【表 7-9】 市区部と郡部の選挙区配分

	明治35年	明治36年	明治39年	明治41年	明治45年	大正4年	大正6年	大正9年	大正13年
	第7回	第8回	第9回	第10回	第11回	第12回	第13回	第14回	第15回
定員	376	376	379	379	381	381	381	464	464
市部・区部	20%	20%	21%	21%	21%	21%	21%	24%	24%
郡部・島嶼部	80%	80%	79%	79%	79%	79%	79%	76%	76%

（注） 市部・区部とは，東京市，京都市，大阪市，堺市，横浜市，神戸市，姫路市，長崎市，新潟市，前橋市，高崎市，水戸市，宇都宮市，奈良市，津市，四日市市，名古屋市，静岡市，甲府市，大津市，岐阜市，長野市，仙台市，若松市，盛岡市，青森市，弘前市，山形市，米沢市，秋田市，福井市，金沢市，富山市，高岡市，鳥取市，松江市，岡山市，広島市，尾道市，下関市，徳島市，和歌山市，高松市，丸亀市，松江市，高知市，福岡市，小倉市，久留米市，門司市，佐賀市，熊本市，鹿児島市，札幌区，函館区，小樽区の選挙区をいう。第14回と15回には，八王子市，横須賀市，尼崎市，佐世保市，高田市，長岡市，豊橋市，岡崎市，浜松市，大垣市，松本市，呉市，福山市，八幡市，大牟田市，若松市，大分市，函館区，旭川区が追加。郡部・島嶼部は市部・区部以外の選挙区。
（出所） 江川喜太郎『政戦録』（1925年，民衆社）より作成。

3 日露戦後から大正期の政党の支持基盤

日露戦争頃から都市化や産業化が進み、営業税有権者や所得税有権者などが増え始めていたが、非常特別税増税により地租、営業税、所得税の各有権者数が増えた。

この頃から、政友会は原が主導しながら、鉄道、港湾、治水事業などの積極政策を通じて農村部を中心に利益誘導し、有権者の中で最も多数の農村地主（地方名望家）を支持基盤として固めていった。[30]

一九〇八年の総選挙で政友会が大勝した理由について、先行研究では不況下の積極政策期待や与党選挙の有利性が指摘されている。[31] しかし、それだけではなく、政友会が地方への影響力を強める中で、非常特別税増税により地租有権者数が営業税や所得税有権者数と比べて著しく増加し、それが原敬の主導の下で農村部における基盤を強化し始めていた政友会に有利に働いた結果が反映していると考えられる。

これに対して、憲政本党系は、「三悪税」（三税）と呼ばれた織物消費税や塩専売、通行税の三税反対運動や、一九〇八年の石油消費税などの増税反対運動を展開するとともに、一九一四年には営業税廃税運動を積極的に支持し、都市の商工

【図 7-10】 政友会と憲政本党・憲政会系の議席推移（郡部と市区部）

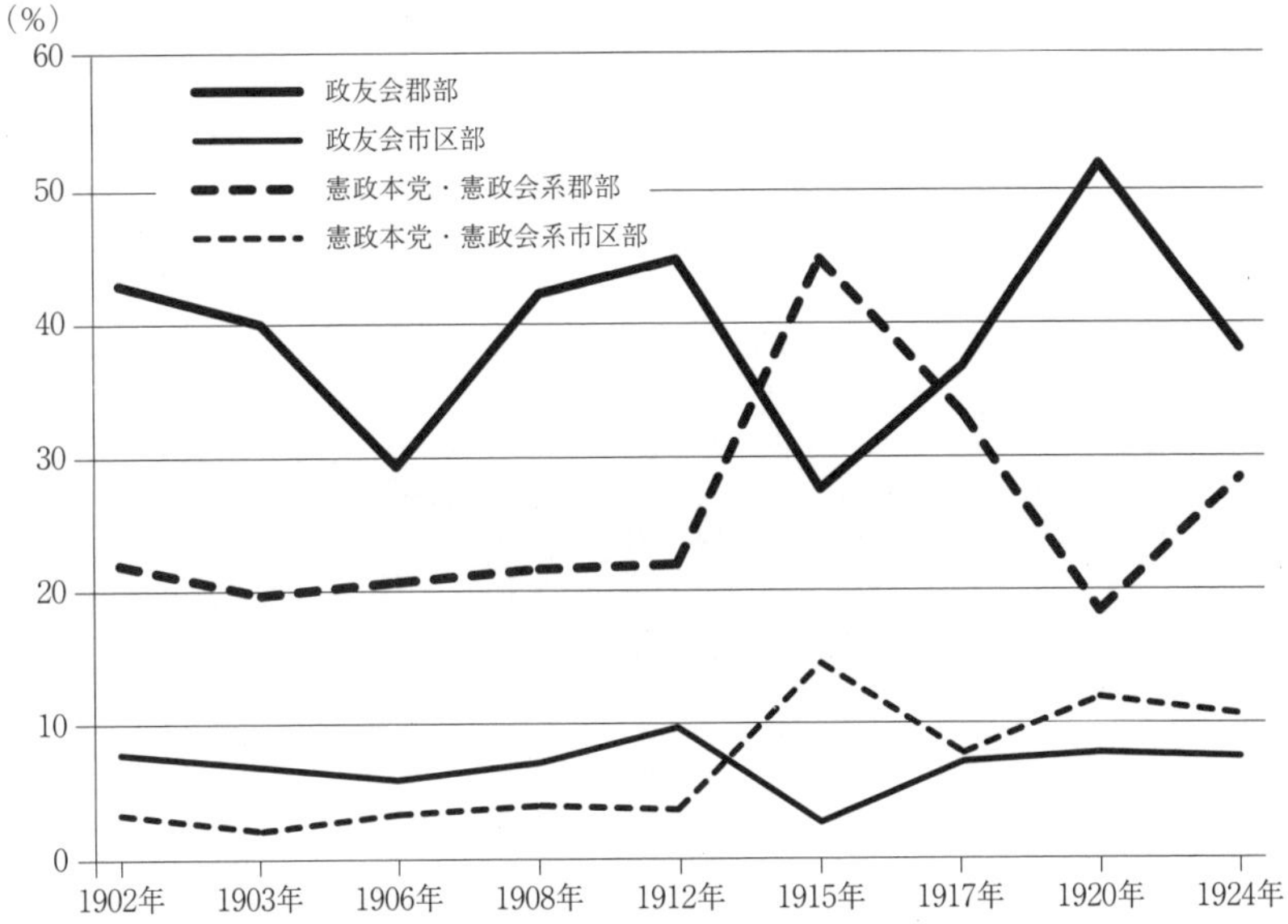

（出所） 江川喜太郎『政戦録』1925 年より作成。

【表 7-10】 市区部選出議員比率

年	憲政本党・憲政会系	政友会系
1907	14.3%	16.5%
1908	15.0%	14.4%
1911	19.2%	17.9%
1915	24.3%	8.7%
1917	19.1%	16.2%
1920	39.3%	13.3%
1924	24.5%	16.4%

（出所） 江川喜太郎『政戦録』（民衆社，1925 年）から算出。

業者の利益を代表して積極的に行動し始めた。

ただし、憲政本党・憲政会系は商工業者を支持基盤としたとはいえ、市区部に割り当てられた議席数は、一九一七年までは全体の二一％（一九二〇年からは全体の議席数の二四％）【表七－九】に過ぎなかったため、憲政本党・憲政会系も郡部の支持がなければ議席を拡大することはできなかった[32]。

それでも、憲政本党・憲政会系は、都市部への比重を高めていった。政党の全議席に占める市区部選出の議員の比率をみると、【表七－一〇】のとおり、一九〇八年を境にして憲政本党・憲政会系が政友会を上回った。憲政本党・憲政会系の郡部と市区部の議席数の推移は【図七－一〇】に示されている。

以上のような政党の政策や、政党内の市部や郡部選出議員の比重の推移を踏まえると、日露戦後から政友会が農村部を、憲政本党・憲政会系が都市部を比較優位のある基盤としてそれぞれ確立し始め、それが一九二〇年代になると顕著になったといえよう。

三　営業税廃税運動の政治過程

「減税のパラドックス」が、政党の行動にどのような影響を与えていた可能性があったか、重複を厭わず第二章から第六章までの実証分析の要点を示したい。

1　営業税の国税化と課税標準の修正法案（一八九七年と一八九九年）

衆議院の各党は、営業税を地方税から国税とすることを支持した。また、営業税の国税化による商工業者の負担を軽減するために、憲政本党と憲政党などの有志が党派を超えて、営業税の課税標準を簡素化し、営業税調査委員会を設置するための営業税法改正法律案を提出した。しかし、これに政府が反対し、貴族院が審議未了で廃案に追い込んだ。

この時点では、憲政党と憲政本党の間で営業税の廃減税問題について党派間の対立は鮮明化していなかった。商業会議所が営業税法の廃止を建議していたのに対して、衆議院では農村地主の利害を代表する議員が大宗を占めており、商業会議所の廃税論を政治的に支持するものはいなかった。農村地主を代表する衆議院議員は、国税の負担を商工業者にも分担できることや、営業税の納税者に選挙権が与えられたことを歓迎したと考えられる。

この時代は、地租と営業税の納税者をそれぞれ支持基盤とする政党の輪郭が強く現れておらず「減税のパラドックス」は働いていなかった。むしろ、政府と貴族院が協調しながら衆議院の民党を抑えるという、初期議会の構造を強く反映していた。

2　三税廃止問題（一九〇八年と一九〇九年）

日露戦後、商工業者は、織物消費税、通行税、塩専売の三税廃止を訴えるとともに石油消費税や砂糖消費税の増税に反対し、憲政本党系はこれらを実現する法案を提出したが、政友会はいずれも否決した。

政府は、軍事費等の歳出をまかなうための財源、政友会は積極政策実現のための財源を確保するため、商工業者に対する増税の実施と三税廃止を阻止する点で利害を一致させていた。

さらに政友会は、三税廃止は非政友合同の鍵となっていたため、党略上もこれを阻止する必要があった。それだけではなく、増税の対象となった消費税や三税は営業税とは異なり、選挙権を与える国税には該当していなかったので、これらの税を廃減税しても「減税のパラドックス」が働かず、与党の政友会にとっては反対党の支持者数を減らすという選挙戦術面での効果も期待できなかったと考えられる。

3　地租減税と営業税減税（一九一〇年）

桂内閣が、所得税と営業税の減税を打ち出すと、地租減税運動が誘発された。この時、原敬は、「余の考えを露骨に云ふときは、国庫に余裕があらば消極的に使用せずして積極的に国家の発展に使用したし、交通機関の如き港湾の如き整備を待つもの甚だ多し」と述べて、地租の減税には反対し、同じ財源があれば公共事業に充てる方がよいと主張した[33]。

しかし、激しい減租要求により政友会の院外団が動かされ、政府案の減税率を五・五%から四・七%に引き下げることが決まった。当初案以上の地租減税法案が成立すると、原は一転して営業税の減税に動き、政府が当初案では六・六%減税する方針であったものを八%の減税に上乗せさせた[34]。

原が、支持者が求める地租減税に敢えて反対し、公共事業による積極政策を推進したのは、地租を税収として確保しつつ、その財源を積極政策に活用して支持者に還元すれば、地租有権者を失わずに農村地主の支持を拡大できると考えていた可能性が高い。

また、原が、前議会であれほど問題となった三税廃止法案は否決したが、営業税減税には積極的に応じたことは、商工業者の政友会への反発を宥めるとともに、地租減税で大幅に地租有権者数が減少することに対応し、営業税を少しでも多く減税して反対党の支持基盤である商工業者数を減少させることを狙っていた可能性がある。

原は、このような「減税のパラドックス」を認識していることを自らは明らかにしていない。しかし、減税が有権者数を変動させることについての認識があったことは、地租軽減が決まった後、原敬の腹心の吉植庄一郎が衆議院において、地租や営業税が減税されるとそれによってそれまでの有権者が失権するという「奇観」を呈している、と表明して普通選挙法案を支持したことからも間違いない[35]。

4 営業税減税（一九一四年）

一九一四年に、憲政擁護会（国民党の犬養毅と中正会の尾崎行雄）が営業税の廃税運動を始めた。

これに対して、商業会議所連合会は営業税を全廃することに慎重であり、営業税の廃税をするだけの財源があれば、印紙税や通行税、米及米籾税、織物消費税も合わせて減税すべきとした。また、同志会も同様に営業税の全廃には慎重であり、営業税の減税だけではなく通行税、織物消費税と地租の減税をすべきとした。両者がこのように慎重であったのは、営業税が廃税されれば、支持基盤である都市部の商工業者の有権者を大幅に失うことを懸念していた可能性がある。

しかし、同志会や商業会議所は、行政整理による剰余金の使途について政府が最終的に発表した政府予算案に、営業税減税がほとんど含まれていないことに商工業者が強く反発し、全国的に廃税運動が高まっていったことに対応し、最終的に廃税支持に転換していった。

この時、政友会は、政府提案の営業税約五〇〇万円の減税案に対して、減税額を約三〇〇〇万円増加させた上で、地租二五〇万円、相続税や織物消費税など合計約一、八〇〇万円の減税案を提案して成立させた。

政友会は、政府案を大きく上回る減税を実現させたものの、廃税に反対したことから世論の批判を浴びる結果になった。

しかし、免税点の引上げを中心にして営業税が約三割減少したことにより、国民党、中正会、同志会の支持基盤である営業税有権者を三五％も減少させることに成功した。

しかも、政友会は、営業税を三割も削減しながら、地租を二％しか下げなかったため、支持基盤の地租有権者をほとんど失うことはなかった。

5　大隈内閣（一九一四年と一九一五年）

大隈内閣が成立すると、与党となった同志会の中で営業税廃税運動を積極的に推進していた議員は、廃税の実現を目指したが、大隈首相も若槻蔵相もこれに反対した。政府として歳入を確保する必要があったことに加え、農村地主を支持基盤とする政友会に対抗する上で、与党の支持基盤である営業税有権者数が大幅に減少することを懸念していたからであると考えられる。

このことは、大隈内閣が、一九一五年の第一二回衆議院選挙を実施前に、営業税が減税されると選挙人が変動して選挙権の有無について訴訟が起こる可能性があることを理由に勅令の公布を求め、例外的に選挙人は前年の選挙人名簿のとおりとしたことに示されている。

営業税減税により本来、営業税有権者が六二、八〇〇人程度減少するはずであったが、この勅令により、これらの有権者は失権なく、そのまま選挙権が与えられた。この勅令による下支えもあり、都市部を基盤とする与党の同志会、中正会、大隈伯後援会と国民党は議席を伸ばす一方、政友会は市区部を中心に大幅に議席を減少させた[36]。

この時の選挙において与党が圧勝した要因としては、大隈人気や、大浦兼武内務大臣の選挙干渉、大隈伯後援会の活動などが著名であるが、その背後には営業税減税によって、与党の支持基盤である都市部の商工業者の有権者の減少を押さえるための周到な工作があったことも見逃してはならない。

しかし、次の一九一七年に寺内内閣の下で実施された総選挙では、政友会が憲政会と国民党の合計を上回るほど議席を回復させた。第一次大戦中の工業化や都市化の進展により商工業者や都市の勤労者数が増加し、それだけでも憲政本党・憲政会系は有利になるはずであったが、わずか二年の間に、投票結果が激変した背景には、この時の総選挙から、一九一五年に実施された営業税減税による営業税有権者が大幅に失権した影響が出始めたことがあったと考えられる。

この時の選挙で政友会が憲政会や国民党に対してわずかに上回る議席を得たことを土台に、原内閣の時、国税納税要件額の引下げと小選挙区制を成立させ、一九二〇年の総選挙で圧勝した。これが、「苦節十年」といわれたように憲政会が低迷する一因となった。

6　個人所得税の増減税（一九一八年と一九二〇年）

寺内内閣は、一九一八年に所得税法を改正して個人所得税率を一四％から二三％に増税し、潜在所得税有権者は七八万人から一一二万人に増加した。

これに対して原内閣は、一九二〇年に法人に対しては超過所得に増税する一方、個人所得税については、勤労所得控除の引上げ、扶養家族控除の創設、免税点の引上げによる所得税減税を実施した結果、一九一九年から一九二〇年にかけて所得税納税者数は一三九万人から一三一万人に減少し、潜在所得税有権者数は一二七万人から一一〇万人に減少した。

この時、政府案では所得税の免税点を五〇〇円から六〇〇円に引き上げることになっていたのに対して、都市を支持基盤とする憲政会や国民党が免税点を一、〇〇〇円に引き上げることに成功した。

しかしこの結果、自らの支持基盤の有権者数が減少したことに対して、憲政会の永井柳太郎は、「社会政策上、より遥かに肝要なるべき参政権が、この免税点の引上げの結果として自然消滅する等の如きは、如何にも噴飯に堪えざる所である。」と嘆いている。[37]

7　国税納税要件額の引下げ（一九一九年）

第八章において詳細にみるが、原内閣が一九一九年の選挙法を改正し、最低国税納税要件額一〇円から三円に引き下げられたことにより、有権者数は、約一四二万人（一九一七年）から約三〇七万人（一九二〇年）に二八〇%増加した。しかし、この結果、地租有権者数が圧倒的に増加する一方、所得税や営業税には免税点があったことなどから、営業税有権者や所得税有権者の増加は、絶対数でも比率でも地租有権者の増加に比べて小さかった（【図七－六】参照）。

このため、翌年に原内閣が、普通選挙についての民意を問うと称して突然に行なった解散総選挙の結果、農村地主を支持基盤とする政友会は衆議院の四六四議席のうち二七八議席、中でも農村部で二四一議席を獲得して圧勝した。

政友会がこの時の選挙で圧勝した理由は、多数党の政友会に有利な小選挙区制を採用したことばかりでなく、原は制限選挙制度を維持しつつ最低国税納税要件額を下げれば、政友会を支持する地租有権者の比率が圧倒的に増加することを周到に見込んでいたからであった。

この点について坂野潤治は、原内閣が選挙法を改正し、国税納税資格を一〇円以上から三円以上に引き下げて総選挙を実施した結果、政友会が大勝し、これをもって普選反対の民意があったとしたことは「巧妙という言葉を超える政治トリックである。」と指摘している。[38]

8 ワシントン海軍軍縮による減税(一九二二年と一九二三年)

ワシントン海軍軍縮条約が締結されることとなり、一九二一年末から軍縮剰余金によって生まれる財源により営業税の廃税を実現するように商工業者が活発な運動を始めた。しかし、「営業税全廃ニ関スル建議案」を議会に提出し廃税を支持したのは、実業家を支持母体とする庚申倶楽部だけであり、一九一四年の廃税運動で主力となった憲政会や国民党は営業税の廃税を支持しなかった。

憲政会は軍縮剰余金を地租と営業税の改廃に充てるべきとして、営業税の廃税を支持せず、むしろ地租の軽減を求めた。これは一九一四年の営業税減税による「減税のパラドックス」で支持基盤を大幅に失った苦い経験を反映していたからと考えられる。

これに対して、農村地主を支持基盤とする政友会は、営業税の減税と制度の改善を行なうよう法律を提出することを求める決議を出したが、地租の減税は一切求めなかった。

政府は、大正十二年度概算予算に営業税の減税に加え田畑地租の減税を盛り込んでいたのに対し、政友会は、営業税の減税は支持したものの、地租の減税には反対し、その代わりに治水事業費と義務教育国庫負担額増加等に変更させた。これに反発して農村地主からの激しい地租軽減運動が起こったが、政友会は免税点の設定などによる地租の減税にはあくまでも反対し、その代わりに地租委譲を実施することを公約した。それは主として、免税点の引上げなどにより地租軽減を実施すれば「減税のパラドックス」により、農村地主の有権者を失権させてしまうという問題に直面したからであった。

一方、都市を基盤とするはずの憲政会は、政友会のアキレス腱ともいうべき地租の減税を支持することで政友会の基盤である農村への切り込みに成功した。しかし、憲政会は営業税の大幅な減税や廃税を否定し、収益を課税標準とした特別営業税の創設を提案した。特別営業税に代替すれば一定の税収は維持されるため営業税有権者数の減少も防ぐ効果があると考えたと考えられる。

9　普通選挙法成立後の税制整理（一九二五年）

初めての普通選挙を控え、政友会も憲政会も、それぞれ農村地主や都市部の商工業や勤労者を伝統的な支持基盤にしながらも、その枠を超えて新たに有権者となる低所得者層に訴える政策を打ち出すことが必要になった。

【表 7-11】　産業別就業者数

年	1 次産業（農業）	2 次産業	3 次産業	2 次・3 次合計（商工業）
1898	17,356	2,832	4,384	7,216
1903	17,187	3,234	4,877	8,111
1908	16,737	3,691	5,543	9,234
1913	16,062	4,266	6,194	10,460
1918	15,132	3,626	6,860	10,486
1920	14,848	4,593	7,822	12,415
1925	14,785	4,865	8,792	13,657
1930	14,721	5,067	9,831	14,898

（注）　単位は千人。
（出所）　大川一司『日本の経済成長率』より作成。

【表 7-12】　産業別就業者数に占める地租と営業税の納税者数の割合

年	地租納税者割合	営業税・所得税納税者割合
1908	51%	18%
1913	59%	15%
1918	67%	14%
1920	70%	16%
1925	75%	21%

（出所）　大川一司『日本の経済成長率』と『主税局統計年報書』各年より作成。

産業別就業者でみると農業者数の方が商工業者数よりも多いが【表七－一一】、一九二五年の農業就業者のうち地租納税者の比率は七五％と、既にほとんどの農民が既に有権者であったの対し、商工業の就業者のうち営業税または所得税の納税者数の比率は二一％であり、普通選挙が実施されることにより新たに参政権を得る都市の有権者数の伸び率の方が高くなる可能性があった【表七－一二】。このため普通選挙により農村を支持基盤とした政党か、都市を支持基盤とした政党のいずれが有利になるかは一概には断定できなかった。

そこで憲政会は、所得税や相続税、営業税の免税点の引上げと収益税化、通行税の廃止、織物消費税の減税などにより都市の低所得者層に支持を拡大するとともに、農村部に対しては免税点の設定により地租減税を実施して中小地主の支持を得ようとした。

一方、政友会は地租委譲により、主として農村部の市町村の財政的負担の軽減を図ることにより、新たに広がる農村部の低所得者層の有権者に支持を広げようとした。

一九二五年の夏に、憲政会と政友会の連立政権が税制整理の方針をめぐって決裂にまで至ったのは、来るべき普通選挙において税制政策を通じていかに低所得者層を取り込むかということが選挙戦略上焦点となっていた中、政友会が農村部の低所得者を取り込むための手段である地租委譲について、憲政会が政友会の意向を一切汲まなかったためであった[39]。

加藤内閣を継いだ若槻内閣は、政友本党と妥協し、自作農の免税点設定、所得税や営業収益税の免税点の引上げなど、制限選挙制度の下では、「減税のパラドックス」により、いずれの党においても主張しにくかった内容を含む税制整理案を成立させた。

四　「減税のパラドックス」の政治的意味

地租有権者数と営業税・所得税有権者数の相対的変化（第二節二）と政党の支持基盤（第三節二）において検証した税制・税率や選挙制度の変化とそれが政友会と憲政本党・憲政会系に及ぼす全体的な影響と、営業税廃税運動の政治過程（第三節三）において検証した政党の行動を踏まえると、各党の指導者は「減税のパラドックス」や、衆議院議員選挙権の最低納税要件額の引下げ（第八章参照）を内心は強く意識しながら行動していた可能性が高いことが示されている。

これを営業税廃減税に対する行動についてみると、農村地主を支持基盤としていた政友会は積極政策を実施するための財源としてそれなりに税収が確保できれば、営業税の減税は政友会の都市部における支持を拡大させるとともに、相対的に都市の商工業者を強い支持基盤としている憲政本党・憲政会系の有権者数を減少させることができた。

一方の憲政本党・憲政会系は、日露戦後、三税廃止や一九一四年の営業税廃税運動を積極的に展開し、商工業者の支持を鮮明にしていったが、営業税の三割減により自らの支持者が失権した後、営業税の廃税には反対し、一九二三年には特別営業税という収益税に代えるべきと主張しはじめた。

また、地租減税に対する各党の行動をみると、農村地主を支持基盤としていた政友会は、地租を軽減して地租有権者数を減少させるよりは、地租を維持して有権者数を維持しつつ、その税収を財源として公共事業等を通じた積極政策を通じて農村地主の支持を固めた方が、地租を減税するよりも望ましかった。

これに対して、憲政本党・憲政会系は地租減税を一貫して主張し、農村部での支持を求めた。しかも地租軽減が実現されれば農村地主を主たる支持基盤としている政友会の有権者数を減少させる効果があった。

このように、憲政本党・憲政会系は、商工業者を支持基盤としているからといって営業税廃税に必ずしも積極的ではなく、むしろ地租減税を推進し、政友会の幹部は農村地主を支持基盤としているにもかかわらず地租減税は一貫して否定し、むしろ営業税の減税を実現した。

このような「減税のパラドックス」をはじめとする税と選挙権の関係を自覚し、これを活用しながら、政友会の党勢を巧みに拡張していったのが原敬であったと考えられる。

これまでの通説では、原敬の党勢拡張策の核心は、鉄道や河川・港湾の改修、学校の整備等の積極政策を推進することにより地方に利益を誘導し、農村地主（地方名望家）の支持基盤を固めることにより衆議院の安定多数を実現したとされている。それに加え、原が多数党に有利になる小選挙区制を実現させたことも党勢拡張に大きく貢献したことも確かである。

しかし、原の党勢拡張戦略はそれだけではなく、これまでの本稿の分析によって明らかにしたように、制限選挙制度を維持しつつ、地租減税を回避する一方で営業税や所得税の減税を実施するとともに、最低納税要件額を引き下げ、自らの中心的支持基盤である地租有権者の数が、憲政本党・憲政会系の支持基盤である営業税有権者や所得税有権者の数よりも上回るように、意識的に行動していた可能性が高いと考えられる。

日清戦後から日露戦争直後まで、原敬は、政友会は、地租が増税されると増大し、減税されると減少するという現実に直面してきた。

その上で、原は、政権にあって、第二次桂内閣では一九一〇年の地租減税に反対すると同時に、これが実施されると、同時に営業税の減税の深掘りをした。また、山本内閣では、所得税の減税と営業税の大幅減税を実現し、原内閣においては、所得税減税を実施するとともに、選挙制度を改正し最低納税額の引下げを実施した。これらの施策は、いずれも地租有権者の比率を引き上げる効果をもった。原没後も、政友会が一九二二年に地租減税要求が高まりながらもこれに反対する一方で、営業税減税を実現したことは、この戦略に合致したことであった。

このように、原敬は、制限選挙制度下の税と選挙権の関係を巧みに活用しながら、

① 地租減税を避け収入を確保し、鉄道、治水、港湾、学校などの整備を通じた積極政策により利益誘導して農村地主（地方名望家）の支持を固める。

② 制限選挙制度の下で地租減税を避けることにより地租有権者数の維持をしつつ、営業税や所得税の減税を実施することにより憲政本党・憲政会系の主たる支持基盤である営業税有権者数や所得税有権者数を減少させ、また、最低納税要件額を引き下げることにより地租有権者数を増加させて、有権者数全体の中の地租有権者数の比率の維持・上昇を図る。

③　小選挙区制により多数党の優位を確保する。

という「三重構造」による党勢拡張戦略を実現し、都市化が進み商工業従業者数が農業者数に比べて相対的に増加しながらも、農村地主の支持を固めることで衆議院の圧倒的多数を確保できる体制を意識的に完成させた。そして、その後の政友会の指導者もこのような戦略を引き継いだ。

政党の行動が、「減税のパラドックス」の原理だけで説明できると主張する考えはない。この時代の政党の選挙戦略を実証できるだけの詳細な史料は、管見の限り十分なものはない。しかし、政友会が農村地主を、憲政本党・憲政会系が都市の商工業者を支持基盤にする傾向が顕著になり始めてから、各党の指導者は「減税のパラドックス」や「国税納税要件引下げ」が有権者数を変動させる効果があることを強く意識して行動していた可能性が高いと考えられる。

営業税廃税運動の政治過程は、都市部を支持基盤とする憲政本党・憲政会系が支持し、農村地主を支持基盤とする政友会が反対するという単純な経路では進まなかった。これは、以上分析したように、制限選挙制度の下では、「減税のパラドックス」により政党の政策が自由度を失い、各党は、自らの選挙基盤の有権者に訴える表向きの政策と、税制・税率の変化により自党の選挙基盤の有権者数が相対的に有利になるように維持、拡大させるという党勢拡張戦略のバランスをとりながら、地租や営業税の増減税問題や、選挙制度の在り方について対応せざるを得なかったからである。

注

1　江口圭一『都市小ブルジョア運動史の研究』未来社、一九七六年。
2　江口前掲『都市小ブルジョア』二九頁。

3　東京商業会議所の議員選挙権資格（個人）は、営業税・鉱産税四〇円以上であったが、大阪・横浜は三〇円以上、京都・神戸・名古屋は二〇円以上、その他は一〇円以上であった（『東京商工会議所八十五年史』一九六六年、東京商工会議所、七九〇―七九八頁）。

4　江口前掲『都市小ブルジョア』一六〇―一六五頁。

5　東京市商工課『東京市実業組合一覧』（一九二六年三月）から算出。

6　『東京商工会議所八十五年史』七七一―八一四頁。

7　明治二〇年代と四〇年代の大阪商業会議所と京都商業会議所を対象にした分析においても、議員選挙権者や議員の構成の中で圧倒的多数は物品販売業者が占めていた（上川芳実「明治期大阪商業会議所の議員構成」『社会科学三八』同志社大学人文科学研究所、一九八七年三月。上川芳実「明治期京都商業会議所の議員構成」『社会科学四七』同志社大学人文科学研究所、一九九一年八月）。一九二四年の上田商業会議所では、議員選挙権者の七九％が物品販売業者であり、議員二六名のうち、その他は、銀行業三名、倉庫業一名、生糸製造業一名、味噌醤油醸造業一名だけであった（竹内壮一「大正期における地方商業会議所――長野県上田商業会議所の有権者・議員分析」『千葉史学』第二号、一九八三年一月）。一九二〇年の松本商業会議所では議員の八三％が物品販売業者であった（木村晴寿「地方商工会議所の歴史的性格――戦前の松本商業（工）会議所」『松商短大論叢』第四五号、一九九七年三月）。一九二六年の川越商業会議所では議員選挙権者数の七九％が物品販売業者であった（白戸伸一「戦間期における地域商工団体の構成と権能に関する若干の検討――埼玉県の事例について」『明大商学論叢』第八二巻第三号、二〇〇二年二月）。この他、高嶋雅明「明治期の和歌山」（安藤精一編『紀州史研究』一、国書研究会、一九八五年）、『日本産業経済団体名鑑』（梅坂昌業編纂、大日本帝国産業総聯盟、一九三二年）によっても大多数の商工会議所において物品販売業の比重が最も大きかったことが示されている。

8　「東京商業会議所定款抄録（議員選挙ニ関スル規定）」『東京商業会議所議員選挙人名簿』（一九二五年一月）によれば、議員の定数は五〇名、任期は四年、単記無記名により一人一票となっている。

9　東京商業会議所特別議員数は、議員定数の五分の一の範囲内とされた。一九二二年の時点での特別議員は、福原有信、後藤新平、阪谷芳郎、添田寿一、志村源太郎、和田豊治、大橋新太郎、伊東米治郎、池田謙三、松方巌、根津嘉一郎、団琢磨、郷誠之助、遠藤柳作、馬越恭平、星野錫、小野金六、大倉喜八郎、木村久壽彌太であった

（『東京商業会議所報』第五巻第八号、一九二二年八月）。

10　江口前掲『都市小ブルジョア』二五九頁。江口は、阿部勇『日本財政論・租税編』（改造社、一九三二年）の第三四表（三一三頁）と第三七表（三一六頁）から「下層になるほど重課され営業税に対する不満も下層になるほど強い」と結論づけているが、同第三四表と第三七表の出典は明記がなく、江口の結論には統計的な根拠がない。

11　武藤山治『政界革新運動と実業同志会』実業同志会、一九二三年、一一七―一一八頁。

12　主要財閥の事業構成を一九二八年の払込資本金によって見ると、三井（金融業八・七％、工業六七・三％、商事・貿易業一七・四％）、三菱（金融業二〇・一％、工業五六・七％、海運業一四・五％、商事・貿易業三・六％）、住友（金融業三二・四％、工業三三・八％、建物倉庫三〇・八％、商事・貿易業〇％）、安田（金融業六〇・一％、工業一四・六％、電力・ガス九・二％、商事・貿易業四・二％）であった（植村正治「財閥の諸類型」安岡重明編『財閥史研究』日本経済新聞社、一九八〇年）。

13　一九二二年八月に設立された日本経済連盟会は、三井合名理事長の団琢磨を会長として、銀行業、紡績業などの工業、運輸業、電力、商社のほか、商業会議所などからの代表者等を結集し、業種横断的に主として大企業の利益を反映させることを目的とした組織であった。その創立の時、「軍備ノ縮小及行政財政ノ整理ニ依ル歳計ノ余剰金ハ之ヲ減税其他国民ノ負担ヲ軽減スベキ目的ニ向ケ充当スルヲ至当ナリト信ズ」と減税の支持を決議している。日本経済同盟会の財政調査会の委員は、池田成彬、井阪孝、橋本圭三郎、渡辺義郎、中島久萬吉、矢野恒太、喜多又蔵、平生釟三郎、杉原栄三郎であった（社団法人日本経済団体連合会編『日本経済団体連合会前史』一九六二年、一二二頁）。

14　江口前掲『都市小ブルジョア』二二六―二二七頁。

15　石井裕晶『中野武営と商業会議所――もうひとつの近代日本政治経済史』ミュージアム図書、二〇〇四年、四三四―四四〇頁。木村晴寿「戦前日本の商業会議所立法――商業会議所法の制定・改正・再改正」『松本大学研究紀要』第七号（通刊第五九号）（二〇〇九年一月一五日）。

16　東京実業組合連合会が設立された翌年の一九〇六年には八六の商工業組合が加盟し、組合員就業者数が三万人を超えていた（社団法人東京実業連合会『東実百年史』二〇〇五年、五〇頁）。

17　東京実業組合連合会『事業報告』大正十一年度。

18　東京市役所「通行税及営業税廃止ニ関スル建議」、「営業税法及通行税法廃止ニ関スル実行委員会設置ノ建議」東京市会事務局編『東京市会議事速記録』東京、一九二二年。『営業税全廃運動経過報告書』第参編、四六―五一頁。『東京朝日新聞』大正十二年二月六日。

19　杉山伸也『日本経済史　近世―現代』岩波書店、二〇一二年、二六七―二七七頁。

20　全国選挙管理委員会事務局『衆議院議員選挙法沿革』一九四八年一〇月及び「選挙資格ニ関スル諸表」『小橋一太関係文書』「選挙法改正参考書（大正八年）、普通選挙関係綴込」国立国会図書館憲政資料室所蔵。「選挙制度論」『時事新報』一九一五年七月二八日から八月三日。

21　『選挙のあゆみ』国政参政一〇五周年・普選七〇周年・婦人参政五〇周年記念会、一九九五年。

22　明治四十四年勅令第一三五号及び大正九年勅令第三七号。ただし、一九二一年で売薬営業税の営業人数は約三一、〇〇〇人、鉱業税の鉱区は、試掘と採掘を合わせて二一、九二六、砂鉱区数は二、五二九であり、この総数よりも有権者数は少ないと考えられる。

23　政府は、一九一一年施行の地租減税と一九一二年施行の所得税増税が有権者をどれだけ失権させたかという点について正確な数字をもっていないと答弁している。『衆議院議員選挙法中改正法律案委員会』（一九一四年一月二八日）における国民党の関和直の質問に対する内務省地方局長小橋一太の答弁。

24　川人貞史も、同様にこの数値を、有権者の構成比を推定する指標として用いている（川人貞史『日本の政党政治――一八九〇―一九三七年』東京大学出版会、一九九二年、一六五―一六六頁）。

25　一九〇一年に第三種所得税納税額に占める田畑の割合が三〇％、一九二五年には一七・一％に低下している（『昭和財政史　第六巻』一九三七年七月）こと、及び、潜在所得税者数と潜在営業税納税者数との相関性が比較的高いことから、ここでは営業税納税者と所得税納税者を合わせておおよその都市の有権者を代表させることとする。厳密には、女性や二五歳未満の人口数などは控除する必要がある。

26　石井裕晶「一九二二年の営業税廃税運動の政治経済過程」『社会経済史学』第七六巻第一号、二〇一〇年五月。

27　伊藤之雄『立憲国家と日露戦争』木鐸社、二〇〇〇年、三四―三九頁。

28　伊藤前掲『立憲国家と日露戦争』一六三―一七〇頁。

29　『主税局統計年報書』には一九〇三年以前の納税額別人数の統計がないことなどから、この時代の税制・税率の変化が、政友会（憲政党）と憲政本党系の得票数にどのような因果関係で影響を与えたかについて検証することは難しい。
30 三谷太一郎『日本政党政治の形成』東京大学出版会、一九六七年。テツオ・ナジタ『原敬――政治技術の巨匠』読売選書、一九七四年。
31 坂野潤治『大正政変』ミネルヴァ書房、一九九四年、四六頁。川人前掲『日本の政党政治』一七七―一七八頁。
32 伊藤之雄は、政友会と憲政会系（同志会、憲政会、民政党）の都市部と全国の得票比を比較して、憲政会系が都市部により傾斜していくのは一九二〇年以降とした（『伊藤之雄『大正デモクラシーと政党政治』山川出版社、一九八七年、二〇八頁）。また、川人は、政友会と憲政本党（国民党、猶興会）、同志会系（憲政会、民政党）のそれぞれの得票率と納税者の比の相関関係を検証し、一九二〇年以降は実証されたがそれ以前はそれほど明瞭な関係があるとはいえないとしている（川人前掲『日本の政党政治』一七六―一七九頁）。
33 『原敬日記　第三巻』一九〇九年一〇月一四日の条。
34 『原敬日記　第三巻』一九一〇年三月一日の条。
35 『衆議院普通選挙ニ関スル法律案委員会議事録』明治四十三年三月七日、四頁。
36 政友会の市部・区部での議席数は、第一〇回総選挙では二七議席、第一一回では三七議席、第一二回では一〇議席、第一三回では二七議席、第一四回では三七議席（江川喜太郎『政戦録』（民衆社、一九二五年））。
37 永井柳太郎「唯物政治より新理想主義政治へ」『憲政公論』第一巻、一九二一年四月。
38 坂野潤治『日本近代史』筑摩書房、二〇一二年五月、三一九頁。
39 石井裕晶「大正末期の営業税廃税過程」『日本歴史』第七四八号、吉川弘文館、二〇一〇年九月。

第八章　補論

普通選挙法の成立過程再考

税と選挙権の関係からのアプローチ

本章では、営業税廃税運動の分析の延長線上の問題として、戦前期の制限選挙制度では、税と選挙権が直結した問題であった点に着目し、政党政治の観点から普通選挙制度の実現過程を再検討する。

普通選挙制度の成立過程については、杣正夫が選挙制度史の観点から概観し、松尾尊兊が包括的な研究を行なっている[1]。松尾は、明治末期からの民衆運動がどのように普通選挙制度の実現につながっていったかという視点を中心に詳細な分析を行なっているが、選挙権のない院外の民衆がいくら声を出しても、それだけでは議会の支持は得られない。

普通選挙により新しい有権者が加わることで選挙が不利になる政党はこれに反対し、普通選挙に反対する元老から警戒されて政権が遠のくと考えれば積極的には支持しない。しかも、衆議院で普通選挙に反対する政党が多数を占める限り、法案が成立することはありえない。普通選挙制度は、このような制約を乗り越えなければ実現できなかった。

大正時代になると産業化・都市化が進み、農村部と都市部の利害の対立が顕在化したばかりではなく、都市部においては労働運動、農村部においては小作争議などが頻発しはじめ、階級的な対立も顕在化し始めた。こうした中で、地租、営業税、所得税の最低納税要件額を設けて選挙権を与える制限選挙制度は、農村地主という地域的にも財産上も偏った有権者が衆議院において過剰に代表性を与えられる制度であり、農村地主以外の利害を政治に反映させる枠組みとしては限界となっていった。

そこで、本稿では、これまでの分析で明らかにしたように、制限選挙制度の下では税と選挙権が直結し、直接国税三税の増減税問題が有権者数を左右したことや、最低納税要件額の引下げが直接国税の税種ごとの納税者の変動をもたらしたことが、政党の行動やその結果としての政治構造を規定していたことに着目しつつ、普通選挙制度の成立過程を再考する。

第一節と第二節においては、都市部の代表性の拡大の検討が進み、普通選挙運動が高揚したにもかかわらず、原内閣による最低納税要件額引下げと小選挙区制の導入により、逆に農村地主の代表性が強化され、それを基盤とする政友会の支配体制の確立に帰結したことを明らかにする。

第三節においては、原が確立した政友会の強固な支配体制が農村部における小作騒動などから揺らぎ始め、政友会自らが普通選挙を前提とした地租委譲を打ち出すに至った経緯を示す。

第四節においては、衆議院で多数を占める政友会が普通選挙制度に抵抗する中で、官僚勢力が普通選挙の実現を急ぎ、主導権を握ったことを明らかにする。

第五節においては、政友会と民政党の二大政党制に移行したのは、制限選挙制度から普通選挙制度に移行したことによる政治構造の変化があったことを示唆する。

第一節　都市部の選挙権拡大の検討

普通選挙法案は、一九〇一年の第一六回帝国議会の衆議院に提出されて以来、いずれも未決となるか、または否決されていた【表八－一】。

一九一〇年二月一八日に、日向輝武・吉植庄一郎（政友会）、田川大吉郎（国民党）など一四名（政友会一〇、国民党と中央倶楽部各二）の提出者、花井卓蔵他八二名（政友会六九、国民党一二、又新会二）の賛成者によって、普通選挙法案が衆議院に提出され、自由投票の結果、初めて委員会と本会議においてこれが可決されるに至った。しかし、貴族院では、穂積重陳が「此普通選挙の案は此貴族院の門に入るべからず」と発言して否決された[2]。

この時、第三章と第七章で分析したように、政友会の吉植庄一郎は、「一方ニ於テ国民ノ負担ヲ軽減シナケレバナラヌト云フ点カラ、選挙権ハ縮少シテ往カネバナラヌト云フ奇観ヲ呈スル」と、有権者の負担を軽減するために地租や営業税が減税されれば、それにより有権者の選挙権が失われるという矛盾が生じることを指摘して普通選挙法案に賛成した[3]。

一　大隈内閣の選挙法改正方針

このように、直接国税の減税が行なわれると既存の有権者が失権するという問題が先鋭化したのが、大正三年の営業税減税問題であった。

第四章で分析したように、全国の商工業者を巻き込んで高揚した営業税廃税運動が、有権者の多数を占める農村地主を支持基盤とした政友会の反対により、営業税の廃止という目標を実現できなかったことは、衆議院にお

【表 8-1】　普通選挙法案上程経過

議　会	召集年月	内　容	提　出　者	経　過
第 16 議会	1901 年 12 月	納税額廃止，20 歳以上，大選挙区	中村彌六　他 3 名	否決
第 18 議会	1903 年 5 月	納税額廃止，20 歳以上，大選挙区	板倉中　他 5 名	未決
第 24 議会	1907 年 11 月	納税額廃止，25 歳以上，大選挙区	松本君平　他 2 名	否決
第 25 議会	1908 年 12 月	同	日向輝武　他 4 名	未決
第 26 議会	1909 年 12 月	同	同　他 14 名	否決
第 27 議会	1910 年 12 月	同	同　他 21 名	衆議院可決 貴族院否決
第 42 議会	1919 年 11 月	納税額廃止，25 歳以上，独立生計，中選挙区 納税額廃止，20 歳以上，大選挙区	武富時敏　他 6 名 古島一雄　他 4 名	討論中解散 撤回
第 43 議会	1920 年 6 月	納税額廃止，25 歳以上，独立生計，中選挙区 納税額廃止，20 歳以上，大選挙区	武富時敏　他 7 名 椎名悦二郎　他 2 名	否決 否決
第 44 議会	1920 年 12 月	納税額廃止，25 歳以上，独立生計，中選挙区 納税額廃止，20 歳以上，中選挙区	武富時敏　他 7 名 椎名悦二郎　他 2 名	否決 否決
第 45 議会	1921 年 11 月	納税額廃止，25 歳以上，大選挙区	安達謙蔵　他 10 名	否決
第 46 議会	1922 年 12 月	納税額廃止，25 歳以上，大選挙区	同　他 11 名	否決
第 49 議会	1924 年 7 月	納税額廃止，25 歳以上，大選挙区	西岡竹次郎　他 1 名	委員会未決

（出所）『議会制度百年史　議会制度編』1990 年。

ける商工業者の議席数が過少であるとの認識を新たにした。

それに加え、営業税の廃税は実現しなかったものの営業税は三割の一、八〇〇万円の減税、地租も二厘の約六〇〇万円の減税が実現したため、特に営業税有権者には、約三五％もの失権者が出ることになった。このため、同志会など都市を支持基盤とする非政友各派には、自らの支持基盤が損なわれるという問題も顕在化した。[4]

そこで、大隈首相は、一九一四年四月に内閣が発足すると、五月の地方官会議で発表した政綱の中に「選挙に伴う諸般の弊害は、近者愈々繁きを加うるが如し。政府は選挙に関する法規を励行すると同時に、必要なる改正を図り、以て憲政の運用を完くせんことを期す」との項目を掲げ、選挙法の改正に意欲を燃やした。[5] そして、大隈自らが内務大臣を兼任し、廃減税による失権者の引上策や商工業者への選挙権の拡大策などについて検討を始めた。[6]

内務省を中心に具体的にどのような案を検討していたかは明らかではない。新聞には、年末までに、現行選挙人資格の納税額を一〇円から五円に引き下げ有権者数を二〇〇万人増加する、人口三万以上を有する独立市区を一四認め全体で六一人増加するほか、[7] 下岡内務次官が地租については五円、営業税については三円に引き下げることを検討していると報道されていた。[8]

これに対し国民党は、第三〇回帝国議会（一九一三年三月）と第三一回議会（一九一三年一二月）に、選挙人の年齢を二〇歳、最低納税要件額は五円以上とし、その他に中学校程度若しくは同等以上の学校卒業の免状をもっている者にも選挙権を与えるべきとの選挙法改正案を提出した。それに比べると、報道された政府案は、選挙権拡張が不十分であるとの批判もあった。[9]

選挙法改正についての政府の結論が出る前の一九一四年一二月二五日に衆議院が解散され、一九一五年三月二五日に総選挙が予定された。

ところが一九一五年一月一日から営業税の三割減の減税措置が実施されることになっていたため、衆議院議員選挙法第三十八条（選挙人名簿に登録された者が選挙権を失効した場合投票できない）により、そのままでは営業税納税者六万二、〇〇〇人、地租納税者二万八、〇〇〇人が最低納税額要件を満たさず、選挙権を失うことになった。[10]

そこで、第四章で分析したように、大隈内閣は、「衆議院議員選挙資格ニ関スル件」を閣議決定し、一九一五年の総選挙においては、納税資格を喪失した前年の有権者に、引き続き選挙権をもたせるための勅令[11]の公布を求め、枢密院の審査を経て二月二三日付けで公布された。

この結果、この時の総選挙に限り、営業税減税による商工業者の失権の影響はなくなった。三月二五日に行なわれた第一二回総選挙では、同志会、中正会と大隈伯後援会という与党と国民党が勝利し、政友会は惨敗した。この時の選挙において営業税減税による失権効果の影響を受けなかったことが商工業者を基盤にもつ与党に有利に働いた可能性があることについては、これまで注目されてこなかった。

二　衆議院議員選挙法改正調査会

総選挙後の一九一五年七月八日、大隈内閣は衆議院議員選挙法改正調査会官制を公布し、選挙制度の在り方について正式に調査会を発足させ、検討を始めた。調査会は、「憲法付属ノ法律ニ属シ事頗ル重要ナルヲ以テ予メ関係各庁及貴衆両院議員中ヨリ委員ヲ設ケ慎重審議ヲ悉スノ必要アリ」との認識の下で、「内務大臣ノ監督ニ属シ衆議院議員選挙法ノ改正ニ関スル事項ヲ調査審議」することとした[12]。内務大臣の一木喜徳郎を会長として、貴衆両議院、各省庁からの委員三七名以内で構成され、貴衆両院議員の割当は各派按分比例された。そして、内務省が衆議院選挙法の改正案を示し、超党派で議論を尽くして政府提出法案をまとめた上で、次期帝国議会に提出するという段取りとしていた。

この調査会は、第一回（大正五年七月一九日）、第二回（九月二五日）、第三回（十月二日）までは大隈内閣の下で一木内相が会長であったが、一九一六年一〇月九日に寺内内閣が発足した後の第四回（十一月二九日）と第五回（一二月一一日）、第六回（一二月二〇日）は、後藤新平内相が会長を務めた。

第一回会合で法律案の概要を示し、第二回から法案を示した上でその審議が行なわれた[13]。

先に述べたように、一九一四年末まで、内務省内では、納税額の引下げ、人口三万人以上の市について新たな独立選挙区とすること、営業税の納税額を地租よりも下げることなどにより、都市と商工業者の選挙権を拡大することを主眼に選挙法の改正を考えていたとされるが、大隈内閣に実施された第一二回総選挙を踏まえ、選挙運動や選挙干渉に対する規制も新たな関心項目となっていた。

法案の主たる内容は、新たに市区の独立選挙区を設けたことなどから、市区の選出の配当議員数を一〇二人、郡部及び島嶼等の選出議員数を三三一人の合計四三三人とすることであった（現行法では、市区の配当議員数七六人、郡部及び島嶼等の配当議員数三〇五人の合計三八一人）[14]。そして、市区の配当議員の比率を、二〇％から二三・六％に拡大するというものであった。

当初、最低納税要件額を引き下げて選挙権を拡大することが検討されていたと考えられるが、政府案には最低納税要件額引下げは含まれていなかった。また、改正法案中に、「選挙権の要件たる納税は確定したる選挙人名簿に登録せられたる者に付ては名簿調製後異動を生ずることあるも異動なきものと看做す」との規定を入れていた。大隈内閣において直面した営業税減税の後の営業税有権者の失権に対応するためになされた緊急勅令の趣旨を反映し、選挙人名簿に登録された者は、名簿調製後に納税額に異動を生じても異動なきものと看做すこととした。

第二回調査会には法律案が示され、冒頭に政友会の松田源治が、小選挙区制の採用、警察官吏が選挙有権者に何人を投票するかを訊問することを禁じるべきこと、知識階級（各種専門学校、大学、高等学校と同等以上の学校を卒業したもの）に参政権を与えるべきこと、選挙干渉に関する取締りの規定整備の必要などを主張した。

これに対して一木内相は、小選挙区制については、議会で研究の結果現行法を維持することに決定したので、今日は未だ再提出の機会に達していない、昨年の総選挙において官吏が選挙に干渉した事実は認められないので、これに関する規定を設ける必要はないなどと応答したが、松田は、一木が官吏の選挙干渉問題を否認したことに反発した。

次に国民党の高木益太郎は、伊藤博文侯爵の時代に起案になった現行選挙法は、商工代表ということに大変重きをおいて起草されたが、現在は政府も百姓の利益を保護するということに傾いていると指摘した上で、「営業税及ビ所得税ニ依ッテ選挙権ヲ得ルモノハ、地租ニ依ッテ選挙権ヲ得ル者ヨリハ余程優ルヤウナ具合ニシナケレバ（中略）商工業者ノ利権ヲ十分ニ代表スルト云フコトハ出来ナイ」と、営業税有権者の最低納税要件額を地租よりも引き下げて商工業への参政権の拡大を主張した[15]。

一木は、国民の負担の公平性からそのようなことはできないが、独立選挙区の市を拡大したことはその趣旨に沿うと応じている。

なお、内務省に在職していた小橋一太（一九一六年当時は内務省土木局長）の『小橋一太関係文書』の「選挙法改正参考書」には、第一二回帝国議会に提示された政府案や貴族院の案が参照されており、その中で地租と営業税・所得税の納税額に差をつける点についての質疑が引用されている。政府はそのような可能性や最低納税要件額の引下げも検討していたと思われるが、採用されなかった[16]。

大隈内閣は、農村地主の支持を固めた政友会に対して、都市部の商工業者の有権者数を増加させることを狙った。しかし、国民党のように最低納税額の引下げや、地租と営業税の納税額に差異をつけるとの案はとらずに、最終的に市部独立選挙区大選挙区制の採用という案に着地した。

『東京朝日新聞』には、「過般の総選挙の実験に照らし急激に低減するは必ずしも選挙上好結果を得るものにあらざるを感得し、政客中にも急激の低減を喜ばざる形勢あり[17]」と報道されており、税の種類によって最低納税要件額を変更することは、法制上現実的ではないばかりでなく、最低納税要件額を引き下げれば、農村地主の有権者数の方を増加させる結果になることを自覚していた可能性がある。

三　寺内内閣の選挙法改正案

大隈内閣の時に立ち上げられた調査会は、寺内内閣が成立しても継続した。ただし、後藤新平が内務大臣に着任し初めて行なわれた第四回調査会では、新しい内閣でも旧内閣の原案を完全と思っているのかと問われ、後藤が「本案に対しては（中略）予は之に就き其責任を負うべし、尤も原案以外に取捨選択すべきものあるは予め承知ありたし」と発言したことから、政党関係委員が、政府は責任ある案を調査会に提出すべきと批判し、紛糾した。

そこで、後藤は、第六回の調査会において、本文の再検討には時間がかかるので、選挙区別の議席数を規定した別表だけを新しい政府案として提案した。憲政会の斎藤隆夫はこれを一木案に戻すように提案し可決されたが、調査会はそれ以降開催されなかった。

直後の第三八回帝国議会（一九一六年一二月開会）には、調査会で検討された改正法律案を提出することなく、衆議院議員選挙法改正調査会官制は一九一七年三月三〇日に廃止された。[18]

第四〇回帝国議会（一九一七年一二月開会）が開会されると、憲政会と国民党がそれぞれ、衆議院議員選挙法改正法案を提出した。

憲政会案は、①選挙人の年齢を二〇歳に引き下げる、②最低納税要件額を五円以上とする、③中学校程度以上の学校卒業者に選挙権を付与する、国民党案は、①最低納税要件額を三円以上とする、②中学校程度以上の学校卒業者に選挙権を付与することを主とする改正案であった。これらの法案は、いずれも市区独立大選挙区制度をとって、都市部の代表を相対的に増加させる法案であった。これに対して、政友会は、①最低納税要件額を五円以上とする、②選挙区を小選挙区とする、③別表改正し定員を四四四名に増加させることなどを内容とする法案を提案した。

三党からこのような修正法案が提出されると、政府は衆議院選挙制度改正調査会で内務省が提出した修正法案の別表（市区独立大選挙区制を内容とする選挙区と選挙人数を規定、憲政会提案の別表とほとんど同じ）だけを法案として提出した。政友会は寺内内閣の与党であったが、政府は、憲政会と国民党同様に政友会の小選挙区制には反対し、市区部独立選挙区大選挙区制に改正するという点で一致していた。

しかし、政府はこの政府提出法案を、政友会は政友会提出法案を突然撤回し、憲政会案と国民党案は、本会議で否決された。

憲政会の斎藤隆夫は、政府が別表だけでも提案したことを評価した上で、政府が枢密院顧問の諮詢を経たはずの法案を撤回するという異例の対応をとったことを批判した。これに対して後藤新平内務大臣は、政府案の他に三案提案があったのでさらに慎重調査を認めて撤回したと苦しい答弁をした[19]。

実は、この時政府が法案を撤回したのは、小選挙区制の実現を目指す政友会の原敬からの圧力がかかったからであった。

政府が憲政会と同じく市区部独立大選挙区制に基づく提案をしたのに対し、小選挙区制の実現を目指す政友会は、両党と政府与党の清和倶楽部と新政会が支持して政府案が通過すれば、当分小選挙区制度が実現不可能となると危惧した。そして、政府にとって最重要法案である軍需工業動員法の可決と交換に政府案の撤回を求め、それと同時に政友会案も撤回した上で、憲政会、国民党の両法案を否決した[20]。

『原敬日記』によれば、原は、三月一七日、岡崎邦輔から、憲政会が政府と政友会との間を離間させようとして、政府に都市区独立大選挙区の別表だけを通過させようと企んでいると聞き、後藤新平に撤回をするように勧めたが、後藤は「撤回は不可能」と動かなかった[21]（原は、「政府就中後藤は、粗漏不注意で到底問題とならざる事と思はる。」と、後藤への反発を顕にしている)。

危機感をもった原は、政府案を潰すために新政会と国民党と調整をしたが、新政会は納得せず、国民党もあいまいな態度をとっていたが、清和倶楽部だけは政友会の方針に同意したので、原は清和倶楽部と一致して政府案を否決する作戦を立てた[22]。原は、野田卯太郎を通じて寺内首相に対して、政府が法案を握りつぶすか、撤回するか、議場において争って否決するかの三案があるが、議場で争うことは憲政会を利するだけであると威嚇した。これを受けて寺内は政府案を撤回することにしたが、後藤新平は政友会案を撤回させることを条件とした[23]。

この時、原敬が政府法案を阻止したのは、小選挙区制の実現が難しくなるばかりでなく、市区部独立大選挙区制になれば、都市選出の議席が増える結果、政友会が不利になることが明らかであったからであった。後藤新平が同法案の成立を期したのは、常々政友会を抑止する必要があると考えていたために、同法案の成立を期したからと考えられる。

政府法案を潰したものの、危機感を抱いた原は、この直後の三月三〇日に、山県有朋に面談し、「選挙法改正案の事に付、小選挙区となし選挙権拡張も相当の程度に打切らざれば遂に山県の最も恐るる普通選挙論の勃興となり、其場合は防止するの手段なかるべし」と伝え、共感を得ている[24]。

山県が枢密院議長である限り、小選挙区制による選挙法を成立させるためには山県の理解が不可欠であった。原は、山県の普通選挙への警戒心[25]を梃子にして政友会への支持を求め、小選挙区制度の実現に向けて着々と布石を打っていった。

普通選挙を危険思想と警戒した山県と、「選挙権の拡張は、多く都市居住有権者の増加を結果し、そのため政友会に不利に作用する[26]」ことを懸念していたと考えられる原は、普通選挙に反対するという点で利害を一致させていた。

第二節　原敬による衆議院の多数支配体制の確立

一　原内閣による最低納税要件額引下げと小選挙区制の導入

米騒動後の寺内内閣の総辞職を受けて原敬内閣が発足した後、最初の第四一回帝国議会に、原内閣は最低納税額一〇円を三円に引き下げ、小選挙区制を採用する選挙法の改正法案を提出した。

これに対して憲政会は、納税制限を二円以上とし、中学校程度の卒業者で独立の生計を営むものに選挙権を与える改正法案を提出し、国民党は、納税額を二円以上中学校程度以上の学卒者などに選挙権に加える法案を提出した。

政友会のみならず、憲政会も国民党も、この時点では普通選挙制度には反対しており、議会での議論の焦点は小選挙区制度の可否となった。

第二八回議会に原内務大臣のとき、貴族院は、政府提案として小選挙区制とする選挙法改正法案を否決していた[27]。しかし、今回は貴族院ではほとんど議論なく賛成し、原案どおりに改正法が成立した。

この時の選挙法の改正で直接国税の納税金額が引き下げられたことにより、有権者数は、約一四二万人（一九一七年）から約三〇七万人（一九二〇年）へと二一六％増加した。

そして、潜在地租有権者数は一六七万人から三八五万人に二三一％の増加、潜在営業税有権者は三五万人から六九万人に一九七％増加、潜在所得税有権者数は、五一万人から一一〇万人に二一六％増加した。このように、全体として有権者数が増大したが、潜在地租有権者数の増加の方が潜在営業税有権者数や潜在所得税有権者数よりも、絶対数の上でも比率の上でも上回った（【表七－七】【図七－六】参照）。

【表 8-2】 納税年限地租とその他の税をとわず全て1年以上の場合の納税者数の変化

	10円以上（現行法有権者数）		5円以上納めるもの		3円以上を納めるもの		2円以上を納めるもの	
	市区	郡島	市区	郡島	市区	郡島	市区	郡島
総数	180,369	1,281,857	267,665	2,062,718	289,345	2,578,206	309,261	3,046,210
増加数			87,296	780,861	108,976	1,296,349	128,892	1,764,353
増加比率			32.6%	37.9%	37.7%	50.3%	41.7%	57.9%

（出所）『枢密院会議筆記・一，衆議院議員選挙法中改正法律案帝国議会へ提出ノ件』（参考資料7）大正8年2月22日，国立公文書館蔵。

これは新たに選挙権を与えられる可能性のあった三円以上一〇円未満の潜在地租有権者が圧倒的に多数であったことを反映している。営業税や所得税には免税点があり、新たな有権者はほとんど生まれなかったからであった[28]【図七－二】。

政府から枢密院に提出された資料には、制限選挙制度では、最低納税要件額が下がれば下がる程、地租有権者数の比率が増加することが明記されており、原がこうした点を認識していたことは明らかである[29]【表八－二】。

原が、普通選挙制度を時期尚早として最低納税要件額の引下げで対応したのは、無産階級や社会主義者、無政府主義者などの勢力拡大を懸念する元老の山県有朋に同調しつつ、例えわずかの額でも国税納税要件を維持さえすれば地租有権者数の比率が圧倒的に増加するが、普通選挙制度になれば都市の勤労者や労働者などが新たな有権者として増加し、全体の有権者数に占める地租有権者数の比率が下がり、農村部を基盤とする政友会が不利になることを周到に見込んでいたからと考えられる。

美濃部達吉や憲政会の江木翼などは、最低納税要件額を下げれば選挙権を得るものは農村の地主であり、選挙権を要求する都市の知識階級や工業労働者の要求には応じえないと見抜いていたが、議会では大きな議論とならなかった[30]。

一方、国民党の村松恒一郎は、所得税も営業税の一〇円以下の納税者は殆どいないため、例え三円を二円に引き下げても意味はないので「独立ノ生計ヲ営ム者」に選挙権を与える普通選挙制度にすべきと主張したことから、国民党から除名された[31]。この時点で、憲政会や国民党の幹部には、最低納税要件額の引下げによる選挙権拡大がその後の党勢に甚大な影響を及ぼす事態になることへの認識が甘かった。

二　一九二〇年の総選挙

一九一九年に衆議院議員選挙法案が改正された後、年末にかけて、友愛会などの一八労働団体が普選期成関西労働連盟を発足させ、翌年一月に大阪で今井嘉幸、賀川豊彦、尾崎行雄を先頭に普選期成関西労働連盟が示威運動を行なうなど、普通選挙を求める世論が高まった。

このような動きを受け、憲政会の中でも普通選挙を目指す動きが強まった。しかし、普通選挙法案を提案すると、それを争点にした解散総選挙のリスクが高まるとともに、地方の議席を失う可能性があった[32]。また、政友会からの政権委譲を狙っていたため、普通選挙法を支持すると元老や枢密院、貴族院の反発を受けて政権が遠のく恐れがあったことから慎重論が強かった。

そこで、憲政会は一九一九年一二月に議員総会を開催し、普通選挙法案の可否について検討し、選挙権の最低納税要件額を撤廃し、独立の生計を営む者に選挙権を与えるという内容の普通選挙法案を固め[33]、第四二回議会に提出した。

憲政会が普通選挙法案を提出する方針を固めた後、関東においても憲政会の小泉又次郎などが参加して、普選期成同盟会をはじめとする四六団体が集合し、一九二〇年二月一一日には、数万人の大示威運動が実施された[34]。

このような普選運動の高揚と野党からの普選法案の提出に対して、原は普通選挙法案を否決するのではなく、普通選挙についての民意を問うとして、突如衆議院を解散した。

この時の第一四回総選挙の結果は、政友会は衆議院の四六四議席のうち二七八議席を確保し圧勝した。中でも農村部（郡部と島嶼）で二四一議席を獲得した[35]。ただし、政友会の得票数は、郡部では前回の四〇・三％から五八・八％と著しく増加する一方、市区部では二三・一％から二三・四％増に止まり、都市部における普選への支持が強いことも確認された。

ここで政友会が大勝したのは、小選挙区制により多数党が有利になったことや政友会が複数選挙区にも候補者を多数擁立したことだけではなく、先にみたように、最低納税要件額の引下げにより農村の地租有権者数が圧倒的に増加し、それが政友会に有利に作用したからであった。[36]

こうして、最低納税要件額の引下げは、本来、都市の労働者や商工業者、学生の参政権拡大要求に応えるはずのものであったが、この時の選挙法改正によって、逆に都市部の営業税有権者数や所得税有権者数よりも農村部の地租有権者数の方を急増させる結果になった。

さらに、原内閣は、個人所得税減税（免税点の引上げ、勤労所得控除の引上げ、扶養家族控除の創設）を実現した。直前の寺内内閣が実施した所得税増税により、潜在所得税有権者数は一九一八年から一九一九年にかけて七八万人から一一二万人へ四三％増加していたものの、一九二〇年の潜在所得税有権者数が一一〇万人へと二％減少したことに示されるように、原内閣が所得税減税を実施したことにより、都市部の所得税有権者数が減少する結果となった（【表七－七】【図七－六】参照）。

この点について、都市部の勤労者の利益を代表し、わざわざ政府案以上の個人所得税の減税を実現させた憲政会の永井柳太郎は、「社会政策上、より遥かに肝要なるべき参政権が、この免税点の引上の結果として自然消滅する等の如きは、如何にも噴飯に堪えざる所である。」と嘆いている。[37]

三　制限選挙制度下の政友会支配体制の確立

第七章で分析したように、原敬は、①最低納税額の引下げと小選挙区制の導入により、積極政策により利益誘導して農村地主（地方名望家）の支持を固める、②制限選挙制度を維持しつつ、地租減税を避けて営業税や所得税の減税を実施し、最低納税要件額を引き下げて、有権者数全体の中の地租有権者数の比率の維持・上昇を図る、③小選挙区制で多数党の優位を確保する、という「三重構造」によって、都市の商工業者や勤労者の人口の方が農民の人口に比べて相対的に増加していたにもかかわらず、一部の農村地主の支持を固めることで衆議院の圧倒的多数を確保できる体制を完成させた。

そのような巧妙な政策により、大正デモクラシーの風潮の中で、都市の学生や労働者が普通選挙運動を高揚させて選挙権の最低納税要件額の引下げが実現したり、都市の商工業者や勤労者による税の負担軽減の要求に応えて営業税・所得税が減税されたりしても、制限選挙の下では、憲政会系の支持基盤である都市部ではなく、政友会の支持基盤である農村地主の有権者数が相対的に増加するという逆説的な現象が起こっていった。

この後の大正政治史は、原がこのような「三重構造」で確立した政友会の頑強な支配体制を、様々な政治勢力などが崩壊させていく軌跡を示す過程となる。

第一四回総選挙で政友会が圧勝し、憲政会が惨敗したことにより、憲政会は普通選挙制度の実現は世間受けの問題ではなく、議席の拡大と政権獲得に直結する問題として認識せざるを得なくなった。そこで、憲政会や国民党は方向を転換し、普選期成同盟会などの院外の団体と積極的に連携しながら背水の陣で運動を展開するようになった。この点について、若槻禮次郎は、「政友会が多数を占めているのは、制限選挙の下に地盤を固めているからであるから、この局面を打破するには、普通選挙を行い、理解ある多数の人々に、選挙権を拡張すべきであるということで、だんだん普選論者が多くなり、今までの常連以外、党の中堅分子が盛んにこれを唱えるようになった。」と回顧している。[38]

第三節　政友会の地租委譲公約

憲政会や国民党は、引き続き、帝国議会の第四三回（一九二〇年六月）、第四四回（一九二〇年一二月）同様の普選法案を提出したが、政友会は一貫して否決した。

院外の普通選挙運動は第四二回議会以来沈滞していたが、第四五回議会会期中の一九二二年の初めに、憲政会が全面的に活動を支援した全国普選断行同盟などが運動を高揚させ、「独立の生計」の要件に固執していた憲政会の加藤高明総裁がこれを削除することに合意した。

これにより普通選挙運動が再高揚し、二月二三日に国民党と無所属団と共に三派が初めて一本化した普通選挙法案を提出するに至った。

法案提出の当日、普選を要求する群衆が国会周辺に数万集まり、警察と衝突するに至った[39]。しかし、政友会はただちにこれを否決し、普選運動の機先を制した。

その後、普通選挙を否定、弾圧してきた原敬が一九二一年一一月に凶弾に倒れ、山県有朋が一九二二年二月に死去した後、普選に向けて動きだすきっかけとなったのは、一九二二年の営業税廃税運動に誘発された地租減税運動により、政友会が「地租の如き独立財源を委譲し地方財政の基礎を強固にすべし」との「行政及税制ノ整理ニ関スル建議案」を可決し、地租を地方財源とする地租委譲を政権公約としたことであった。

第五章で見たように、ワシントン海軍軍縮条約の締結を機に、一九二二年初めから軍縮剰余金を商工業者の負担軽減に向けるように営業税廃税運動が活発化した。すると、激しい地租軽減運動が誘発され、憲政会が地租の二分減を訴えはじめ、一九二三年初めには政友会の議員二八〇名のうち二二〇名が連判をとって幹部に減租を迫ろうとした。しかし、政友会幹部はこれを受け容れず、代わりに横田千之助が主導し、地租委譲の実現を決議することに落ち着いた[40]。

地租軽減要求が高まる中で、政友会は、一九二二年末に「農村問題に関する特別委員会」を開催して地租に免税点を設けて減税することを検討した。その結果、地租納税者が一、〇〇〇万人いる中で、五円未満の納税者が七二〇万人であり、これら有権者を失うことは重大問題であることを確認してこれに反対した[41]。制限選挙制度である限り、地租軽減をすると地租有権者を失うという「減税のパラドックス」があるために、政友会は自らの支持基盤である農村地主が求める地租減税要求に応じることができないことが明らかになった。

これを見抜いた憲政会の下田勘次は、「我国ガ従来此制限選挙法ノ為ニ非常ニ累サレテ租税ノ社会政策的改廃ガ是ガ為ニ阻止サレテ居ルト云フコトバ申ス迄モナイ事デアル、所得税ノ免税点ヲ上ゲントスレバ、直ニ選挙権ヲ奪フコトニナル、地租ヲ減ゼントスルモサウデアル、総テ社会政策的ノ減税ヲ行ハントスレバ、直ニ此制限選挙法ニ引懸カル」と述べた上、「政友会諸君ノ中ニハ、現在ノ農村問題ヲ憂ヘテ、自作農ニ対スル地租免除ノ御意見ヲ持ッテオヰデニナル御方ガアルト云フ事ヲ聞キマシタ、併ナガラソレモ何等本議場ニ現レズニシマッタ（中略）総テ斯クノ如ク社会政策的ノ租税ノ改廃ハ悉ク制限選挙ノ為ニ累サレテ居ル[42]」と批判した。

この時期、政友会の地盤である農村部では小作争議が頻発化し、一九二二年四月に日本農民組合が結成されるなど、中小農対策が問題となった。地主への地租軽減だけではかえって小作人を刺激する恐れさえあった。

政友会は、原敬の下で衆議院の絶対過半数を確保したが、発展する都市部での支持は弱く、支持基盤の農村では中小地主が没落し中小農が離反するなど、支持基盤が揺らぎ始めていた[43]。『農政研究』が「政友会あたりの農業政策は殆ど地主階級のみの政策であって中小農の為には何等も関係ない、然し之が普選でも実行される暁になれば必ず大狼狽をしなければならぬ[44]。」と論評していたことはそれを表している。

そこで、政友会は、地租軽減ではなく、地租を国税から地方税に移す地租委譲を実現することにより、市町村税である戸数割やその付加税など、下層民に負担の大きい地方税の負担軽減を実現することを目指すこととした。市町村会議員や府県会議員が衆議院議員の基盤となっていたので、地域で票を固め党勢を拡張するためには、地租軽減よりも「地租委譲の方が確実な手っとり早い策」であった[45]。

実現の成否はともかく、政友会としては、中小農に対して地租委譲による負担軽減という期待をもたせ、いずれ普通選挙制度が施行されるとすれば、その前にこれらの層を政友会に取り込んで農村の地盤を固める必要があった。

こうした問題意識をもっていた横田千之助は、次のように述べて、政友会としても「永き未来ではなく」、「日本の国体、民情に合致した」選挙権の拡張に取り組むことを公言した[46]。

地租の委譲、地方行政に対する区域拡大、而して本案（産業組合中央金庫法案）の提出、是等三方から攻め寄せてきて、是から打ち出すものが、真に日本の国体、民情に合致したる所の選挙権の拡張となると云ふことを今から話しておく。更に是等の法案と云ふものは吾党の経綸のまだ閃きに過ぎない（中略）此閃きから数千条の光芒を発して陸離として国家民人の前途を照らすもの永き未来ではないことを茲に断言する。

（傍点筆者）

しかし、地租委譲により、地租を国税から地方税に移管すれば、主として政友会の支持者である農村地主の約一九二万人の有権者が失権することになった【表八－三】。したがって、第四六回議会で、普通選挙法案に強行に反対した政友会が敢えて自らの支持基盤である農村の有権者を失うことになる地租委譲を唐突に提言したことは、野党の憶測を呼んだ。政友会が地租委譲を公約したことは、事実上、普通選挙制度を実現することを公約したことに他ならなかったからである。

普通選挙について、政友会はいずれ実施する必要があることは認めつつ、時期尚早論によって反対していたが、ここで地租委譲を掲げることにより、自ら普選の実施に向けて退路を断った。

【表 8-3】地租営業税の地方委譲に依る衆議院議員選挙失権見込者数

市郡別	市部	郡部	計
有権者数	437,526	2,743,293	3,180,819
営業税委譲に依る失権見込者数	67,796 (15.4%)	147,298 (5.3%)	215,094 (6.7%)
地租委譲に依る失権見込者数	41,707 (9.5%)	1,881,688 (68.5%)	1,923,395 (60.4%)
地租及営業税委譲に依る失権見込者数	118,088 (26.9%)	2,090,406 (76.2%)	2,208,494 (69.4%)

(出所) 衆議院選挙法調査会 地租営業税ノ地方委譲ニ依ル衆議院議員選挙失権見込者数調(1924年)(国立公文書館蔵)

政友会が最大の支持基盤である農村部における支持を拡大するため、農村地主の負担軽減のために地租軽減をすれば「減税のパラドックス」によって、地租有権者を失うことになった。さらに中小農民の負担軽減のために地租委譲をすれば、膨大な地租有権者を失うことになった。このような状況に直面した政友会は、自らの支持基盤を強化、再編するために普通選挙制度を目指さざるを得なくなったことを意味している[47]。

このような政友会の認識は、政友会の機関紙である『中央新聞』が、「地租の委譲、営業税の変更に伴ふ選挙資格の善後策として(普通選挙制度を)大正十三年度以降における当面緊急の問題化せざるを得ない。」と論評していることに示されている[48]。

この点について、伊藤之雄は、横田千之助が、農民の下層民を自覚的に政友会の基盤に組み込むことを目的とするとともに、「普選に批判的な者も少なくない政友会内を、地租委譲で政友会の地盤である多数の農民が選挙権を失うことを契機に、普選論(世帯主程度の条件付きも含む)にスムーズに近づけようとした」からであると分析している[49]。

政友会が地租委譲を打ち出すと、土方寧は、地租委譲を公約したことは、「実に大政党破滅の原因たるものになるであらう。」とした上で、政友会は一九二四年の総選挙は現在の通りに実施して、直ちに政友会の手で普通選挙案を提出するという条件付きで、党内の少壮派を抑えているのではないかと憶測した[50]。

また、古島一雄が、「原（敬）の考では、結局自分の手で普選を実行してやれば、一時の不人気などどうでもよい（中略）位に考へて居ったろう」と述べているように[51]、いずれ普通選挙が実施されるとすれば、政友会は、地租委譲、農村振興策により、農村地主以外の低所得者の農民の支持を取り付けた上で、自らの主導で普通選挙を実施することを狙っていたと考えられる。

そして、政友会が主張する「地租委譲」と、憲政会などが主張する「普通選挙法」の実現が、これ以降の議会政治の中心的な党派的争点となった。憲政会は普通選挙を実施することにより都市の商工業者や都市部の勤労者の選挙権者数を増加させることを狙った。これに対して、政友会は、普通選挙が避けられないとすれば、これまで選挙権をもっていない膨大な農村部の中小農民の支持を得るために何としても地租委譲を実現することを目指した。

こうして地租委譲を打ち出して普通選挙に向けて退路を断った以上、政友会は大きく方向転換をしなければならなかった。しかし、議席数が膨張して利害が分かれた上、原敬という強力な指導者を失い、大きな決断をできなかった。制限選挙制度は政友会の議席維持のためのいわば既得権益であったため、自滅しかねないリスクを乗り越えてまで、普通選挙実現に向けて主導性を発揮することはできなかった。そして、「普選は時期尚早である。」と問題の先送りを続けた。

一方の憲政会は、現行の選挙制度の下ではいくら選挙を行なっても多数の議席を確保できる可能性は乏しかった。その上、仮に内閣の降命があったとしても、衆議院で政友会が多数を占める限り、普通選挙法案が衆議院を通る展望は開けなかった。

第四節　中間内閣による普通選挙法案の推進

こうした状況の下で、「民本的理想と反すると看做されつつある官僚政治家が普選を主張し、国民的権利を主張するものと看做されつつある政党が却って普選を阻止するといふ奇観を生ずる。[52]」と揶揄されたように、普通選挙法の成立に向けて主導権をとったのは、皮肉にも政党政治に否定的な官僚勢力であった。

これは、憲政会が一九二〇年末に普通選挙法案を進めることを決定してから二年間近く政党政治では何も進まなかったが、超然内閣たる中間内閣の加藤友三郎内閣が一九二二年一〇月に衆議院議員選挙法調査会を設置してから、わずか一年三ヶ月の、一九二四年一月に清浦内閣が普通選挙法案を閣議決定するに至ったことに示されている。

一　普通選挙制度実現に向けた官僚勢力の主導性

一般的に、議会制の骨格をなすべき選挙制度の改変は、最も党利党略が直接的に反映するため、政党間の話し合いで結論を出すことは難しい。このため現代においても選挙制度の在り方については、政党から独立した司法権が介入することが多い。

ここで官僚勢力が介入し、普通選挙実現に向けて積極的に主導権をとった理由としては、次のような点が考えられる。

第一に、大正中期以降、労働運動や小作運動が高揚し、社会主義運動が活発化し、直接行動に出る可能性も出てきたことに危機感をもった政府が、早急に普通選挙制度を実現することにより、低所得者層にも参政権を拡大することによって議会政治に組み込み、治安の維持を図ろうとしたことである[53]。

この点については、議会人にも共有されつつあった。一九一九年に欧州訪問した後、尾崎行雄が普通選挙を唱えはじめた。その理由は、「最も危険なる直接行動の思想が、怒濤のやうに立憲政治の牙城を覆へさんとして、迫りつつある。直接行動論の結果は、暴動内乱にいたる危険が十分ある。これを予防するには、普通選挙よりほかにない。」と、普通選挙制度を「安全弁」と考えるようになっていたからであった[54]。

第二に、制限選挙制度と小選挙区制が維持される限り、農村地主の強力な支持基盤をもっている政友会が衆議院で多数を占める構造は変わらず、この結果、政友会が過大な権力をもち党弊が顕著になり、政党政治の健全性が保たれないという認識があったことである。

官僚勢力は、山県有朋が提唱した鼎立論のように、官僚勢力は特定の政党が衆議院を継続的に支配することを忌避し二大政党を交互に重用するとともに、二大政党を抑止するための中間政党の存在も重視していた[55]。しかし、一九二〇年の選挙後、政友会が圧倒的多数を占める一方、制限選挙と小選挙区制が続く以上、政友会の多数構造が変わる見通しは立たなかった。結果として憲政会にも政友会を牽制する役割を期待できなくなっていた。

このような政友会の構造的優位を是正するには、普通選挙制度を実現するしかないと認識したと考えられる。

第三に、国家主義的な立場から制限選挙制度への批判が生まれてきたことである。

有名な国家主義者であった東京帝国大学教授の上杉慎吉は、大正四―五年頃から普通選挙制度の実現を提唱しはじめた[56]。それは、第一次大戦後の欧州の状況を踏まえ、貧農や労働者出身の兵卒をイメージした民衆をすべて政治参加させ、政党政治という一部のための政治ではなく挙国一致の政治を行なうことが重要であると主張するようになった[57]。

このような考え方を進めて上杉は、一九二三年、「政友会会員諸君ニ呈ス」との論文で、政友会の専恣横暴は蔽うことができないので、政界を廓清し党弊を除却するのには政友会の多数を打破すべきと考えるが、政友会の方が「国家本位ノ政党タルヲ徹底スルコト」により、「無産ノ労働者農民モ亦政友会ノ敵ニ非サルニ至ランノミ普通選挙実行セラレ一千万ノ無産選挙権ヲ得ル」ことができれば、社会主義思想の蔓延を食い止めることができると訴えている。[58]

また、後藤新平は、欧州視察後の一九二〇年頃から「無党派連盟」を構想するなど普通選挙を支持するようになっていた。[59] 後藤は、寺内内閣の内務大臣の時、同志会の「不自然な多数」の打破を訴えたように、政党の権力拡大を警戒する国家主義者であった。[60] 上杉も、このような後藤新平に期待していた。[61]

さらに、山県有朋に近く、西園寺に信任の篤かった田健治郎も、一九一九年八月に山県有朋あてに、ほぼ一〇年後を目安に町村、府県、国会普通選挙を実施していくべきことを提言している。[62]

第四に、内務省官僚による研究の蓄積があったことである。第一次大戦末期から戦後にかけて、内務省の中堅官僚が、欧米の選挙制度を研究し、その蓄積があった。[63]

内務省の事務方は、ヨーロッパ各国では、普通選挙法が実施されると労働党が台頭するが、「大体に於て極端な急進派、もしくは微温的中立派が頗る頽勢に傾いたことは注目される。」として、普通選挙制度になるからといって過激政党が伸びるわけではないと判断していた。むしろ選挙権を与えられない反政府勢力が直接行動に出ないようにするため、「(普通)選挙はある意味で安全弁」であると認識し、[64] 普通選挙の実現に積極的に取り組んでいた。

二　加藤内閣による衆議院議員選挙法調査会の検討

そこで、加藤友三郎、山本権兵衛、清浦奎吾という中間（超然）内閣がどのように普通選挙制度に向けて歩みを進めたか検討したい。

松方正義の上奏を受け、一九二二年六月に組閣した加藤（友）内閣は、普通選挙の調査機関設立を公言し、八月の地方長官会議で「早晩実行せねばならない。普通選挙については早晩実施せねばならぬが問題は其内容と実行時期」であると表明した[65]。

しかし、政友会はこれを警戒し、床次政友会総務が加藤首相に対して、政府が何年度から之を実施するとの確信がなければ新たに調査会を設置して調査する必要はないと主張した[66]。

それにもかかわらず、政府は、政友会との調整を行ない、一〇月二〇日に閣議で「衆議院議員選挙法調査会」を設置し、普通選挙法の策定に向けて動き始めた。政友会からの反発を抑えるため、普通選挙を予断するような名称は避け、選挙法全体を検討する場としての性格付けをしたと考えられる[67]。

同調査会から選挙制度に関する提言を受けた後、加藤内閣は一九二三年七月一〇日に臨時法制審議会に現行選挙法改正の必要の有無を諮り、同月二一日に、現行選挙法を改正するや否やについて審議した。そこで、その必要があると決定して、審査方法や選挙法の概要についての質疑が始まった。こうして加藤内閣の時に現行選挙法を改正する必要があるという所まで結論を出して、普通選挙法に向けた政府における正式の検討が開始された[68]。

三　山本内閣による臨時法制制度審議会の検討

加藤首相没後、八月二八日に、山本権兵衛に首班の大命が下った。

西園寺公望は、山本を上奏した理由について、「政友会の如き意義ある政党なれども原逝いて後統一を欠き、昨年改造問題の如き始末を敢てし、其後益々紛糾所謂鈍栗の背較べにて取るに足らず、憲政会も同様たり」として、「此際、挙国一致内閣を組織せしめ、内治外交は固より、来るべき衆議院議員の総選挙を公平に行はしめ、行財政の整理を断行せしむる。」と述べており[69]、山本内閣に、「挙国一致」と「来るべき衆議院議員の総選挙の公平な実施」を期待した[70]。

挙国一致のため、政友会、憲政会、革新倶楽部の党首と研究会からの入閣を求めたが、政友会と憲政会には拒否され、革新倶楽部で普通選挙の推進派である犬養毅が参加した。犬養は、「普通選挙だけは、万難を排して遂行するという言質を、山本首相から得たから」入閣したという[71]。この他に普通選挙推進派である後藤新平と田健治郎、平沼騏一郎が入閣した。

このように普通選挙を強力に支持する閣僚を意図的に任命したことは、山本が普通選挙実現に向けていかに並々ならぬ信念をもっていたかということを示している。

組閣直後の九月一日に関東大震災が発生して非常時の危機対応に追われたにもかかわらず、山本内閣は、普通選挙法実現に向けて迅速に動き始めた。

一〇月一五日には、五大臣会議で納税資格の全廃、独立生計者世帯持の制限を置かないことなどの普選案要綱を決定した[72]。続いて、一〇月一八日に山本内閣として第一回の臨時法制制度審議会を開催した。後藤新平内務大臣は、「政府は納税資格を撤廃する意思である、政府は次の議会に選挙法改正案を提出する決心である」と明言した[73]。

一〇月二二日の閣議で、五大臣会議における納税資格の全廃、独立生計者世帯持の制限を置かないことなどの方針を確認した。ただし、田健治郎はこの時の閣議において「首相主張世帯主制限説、犬養、平沼及予等述対説、事及採決」[74]と記録しており、山本首相は、世帯主制限を主張したが、犬養、平沼、田がこれに反対し、意見が分かれたことを伝えている。

続いて、諮問してわずか二週間後の一一月二日に臨時法制制度審議会の穂積重遠会長から、山本首相大臣あてに、まず選挙権の在り方について、次のような答申が行なわれた[75]。

一　納税ノ要件ヲ削除スルコト
二　官立、公立、私立学校ノ学生生徒ニ選挙権ヲアタフルコト
三　浮浪人、乞丐（他ニ適当ノ用語アラハ之ヲ変更スルコトヲ妨ケス）及公費ノ救助ヲ受クル者ヲ欠格者トスルコト

一一月一五日に被選挙権、一二月五日に選挙の方法、選挙運動の取締、選挙の効力、罰則についての答申がなされた。

このような山本内閣の対応について、新聞では「現内閣は所謂超然内閣であって何れの政党政派にも関係がない併し政界の革新には山本首相を始め全閣員の最も意を用いて居るところである（中略）現在政党の腐敗堕落は殆ど其極に達して居るから現内閣は万難を排して是が粛正に努むる方針である普選の即時断行も地方長官の大更迭も皆此のために外ならず[76]」と歓迎している。

後藤は、次回総選挙において普通選挙を争点にして議会を解散し、その上で憲政会と革新倶楽部を解体した上で新党を作る構想を進めていた[77]。

平沼騏一郎も、「普選案は来議会に提出することは決定して居るが実施と提案とはその間差異がある、しかし

次の総選挙にやろうと思えばやることは出来るが、この点は政府において未だ確たる決意はないのである。」と、次回選挙からの普通選挙の実施を望んでいた[78]。

ここで、司法官僚の代表格の平沼が、犬養と同様に世帯主や独立会計の制限のない普通選挙法案を支持したのは、治安維持法の制定を前提としていたからであった。平沼は、犬養から普通選挙について説得を受けて、普通選挙法に同意することとしたが、その代わりに、共産党の結社を禁ずる法律の支持を犬養に求めたからだと漏らしている[79]。

このように政府が無条件即行の普選案を固める方向に進んでいることに政友会は危機感を強めた。この時の政友会の狼狽ぶりと政友会内の亀裂は、横田千之助が語ったと伝えられる次の発言に表れている[80]。

（山本）内閣程恐ろしい内閣はなかった。（中略）マアマア不測の変のため倒れてこれで安心したよ。（中略）何しろ吾々が官僚軍閥の打破の徒といっていたこの連中までが、本心がどうかは兎も角として、普通選挙の即行を施政の一として掲げている以上、何時までも時機尚早を唱えていたらソレこそ時代に置き去りを喰わされる結果となる。政党は何処までも時代と共に生き否時代に先駆して進まねばならぬと思うが、現在の政友会の老人連にはこれがどうしても判らないんだよ。

政友会は、一二月一〇日に開会した第四七回議会において、普通選挙法案を積極的に支持していた後藤と田を攻撃した。政府が提案した帝都復興事業の予算を二割削減すると同時に、帝都復興院の事務費を全額削減し、復興院を廃止させ、内務大臣の後藤新平を追い込んだ[81]。さらに、農商務大臣の田健治郎の所掌する、「保険会社ニ対スル貸付金ニ関スル法律案」（地震による火災保険に対する義捐金を政府が一部拠出）の審議を中止する動議を通過させ、田を辞任に追い込んだ。

岡崎邦輔、野田卯太郎、中橋徳五郎は一二月六日に山本首相に普選即行反対論を申し入れた。これに対して山本は、「犬養、後藤両君は荐りに普選即行を提唱しているが、これは唯両君だけの意嚮であって政府の意見ではない。」と応じ、一歩引いた応答をした[82]。

政友会に加えて薩摩派も、政友会との妥協のために消極的になった[83]。

このような政友会と薩派との圧力で、山本も慎重な態度になり始めた上、後藤らが画策していた新党計画に加藤高明が反対し、憲政会との関係も悪化した[84]。

政友会は無条件即行に反対する一方で、内々の代案を西園寺に伝え、妥協案を模索していたと伝えられている。一二月一四日の『時事新報』は、横田千之助から元老の西園寺に、政友会の大体の意向として、①区制は小選挙区制たること、②納税資格の撤廃を容認するも世帯主又は之に類する条件を付すこと、③改正選挙法を大正十七年以後とすること等を提示したと伝えている。研究会も青木子爵、小笠原伯爵、水野子爵が西園寺を訪問し、普選については暗に「即行」と「無条件」には反対の意向を伝えたとされる[85]。

さらに同記事においては、この時点で西園寺は決して具体的な意見は吐露しなかったが、「西公の意嚮を総合するに、一．政府は選挙権を拡張するに、十分の研究と細心の用意が必要である、二．政府は議会に多数を有する政党政派の行懸りを考慮するの必要がある、三．今日政変を起して宸襟を悩ますことは恐懼に堪えぬ、政府はよくこの聖慮の存する所を体し多数を有する政党政派と相争うことを避くべきである。」と意中を観測している。

この時点で西園寺は、無条件即行を前提に衆議院を解散することに反対したが、できれば政友会が合意した上で条件付きの普選法案をまとめることが望ましいと考えていた可能性が高い。

こうした情勢で、一二月一七日の『大阪時事新報』は、山本首相が、「納税資格の無条件撤廃の我国固有の良風美俗を損するを憂し何とか適量の条件、仮令ば世帯主の如きを付する」のが適当、実施期日は即時断行により政界の紛糾を醸す必要はないので「大正十七年の総選挙より施行するに如くはない」、摂政殿下が明年一月下旬にご成婚される時に政局の平静を保つべきと判断した、と伝えており、後藤と犬養を除き、方向性が収斂しはじめていた様子が考えられる。[86]

それでも一二月二六日の閣議では結論が出ず、元老西園寺公望を訪問して相談する予定とした。しかし、訪問予定日の一二月二七日に虎の門事件が起こり、この会談は実現しなかった。

過激思想の持ち主による直接行動が起こったことは、政府と世論を震撼させた。そして、翌年一月七日山本権兵衛内閣は退陣した。

四　清浦内閣による普選法案閣議決定

山本首相の後継について、西園寺は、「公平なる選挙の執行を以て第一旨と為し、中間内閣を以て至当と認めらる。」と、清浦奎吾を上奏した。[87]

清浦は、組閣二日後の一月九日に、選挙を公正にして政党を健全にする、選挙の公平を期すことによって既成政党の健全化を図るべきことを明らかにした。[88]

翌日、清浦首相は興津に向かって西園寺公と意見を交換した後、一一日午後の帰途に、同車中の水野錬太郎内務大臣と意見交換を行なった上で、普選案を議会に提出することを表明した。

そして、「枢密院では慎重審議することだから審議にどの位の日数がかかるかは予め判りませぬけれども、今期議会の提案には間に合うと思います」との自信を示した。水野内務大臣も、「普選問題に就ては実は十数年来慎重に研究して居ました、従って今更調査研究の必要はないと思う。」と述べて、普通選挙法の早期成立に向け

【表 8-4】独立の生計を営むものの人数と比率

	有権者数	25 歳以上の男子の人数	独立の生計を営む 25 歳以上の男子の人数と比率		独立生計の場合の有権者数増加
市部	437,526	2,888,189	2,230,404	77.2%	510%
郡部	2,743,293	10,575,609	7,369,177	69.7%	269%
合計	3,180,819	13,463,798	9,599,581	71.3%	302%

（注） 大正 12 年現在。ただし，東京府と神奈川県は大正 9 年 8 月 1 日現在の数。沖縄県宮古郡等除く。

（出所） 『枢密院会議筆記・一，衆議院議員選挙法中改正法律案帝国議会へ提出ノ件・大正十三年』及び『衆議院選挙法調査会 地租営業税ノ地方委譲ニ依ル衆議院議員選挙失権見込者数調』（各国立公文書館蔵）より作成。

て意欲を示した[89]。

清浦内閣が閣議決定した法案は、最低納税要件額の削除と学生に選挙権を与える点では臨時法制制度審議会の答申と同一であったが、欠格要件については、「帝国臣民たる満二十五歳以下の男子にして独立の生計を営むもの」とし、普通選挙の実施は「次の総選挙後に行ふ総選挙（第一六回）から」との案であった。「独立の生計」を条件とし、施行を大正十七年とすると、無条件即行を主張する憲政会や革新倶楽部はその点を争点化して政府案が後退したと批判したが、現実的に見れば、これによって有権者数が減少するのは三割程度の見込みであり【表八‐四】、貴族院や枢密院の支持が迅速に得られる可能性のある法案であった[90]。

既に臨時法制制度審議会からの答申が出ており、残る難関と考えられていたのが、枢密院と貴族院であった。しかし、清浦は、一九二二年の山県有朋死去以降枢密院議長の職にあり、貴族院において研究会が最大議席をもっていた。枢密院と貴族院に対して睨みがきく清浦は、実は、この時点で普通選挙法を早期に成立させるために最適の首班であった。

五 枢密院の審議

清浦内閣が、普通選挙法案を閣議決定した翌日となる一月一八日、清浦は枢密院の審査を諮詢し、翌日第一回の審査委員会が開催された[91]。一月二四日、第二回の審査委員会が開催され、浜尾新議長、一木喜徳郎副議長の下で、金子堅太郎顧問官が審査委員長として審査に当たった。

清浦首相出席の下、平山成信顧問官から選挙人の増加数、有松英義顧問官から独立の生計を営まざるものはいかなるものか、これに対して選挙権を与える理由、地方制度における選挙権の制限に比べ本案の制限が適当かなどの質問があり、水野内務大臣などが答弁した。

しかし、その後議会が一月三一日に解散されたために法案の提出が不可能になったことから、二月六日に「御沙汰ニ依リ返上」と一旦撤回された。

それでも、清浦首相は二月二〇日に改めて選挙法の改正法案を枢密院に提出した[92]。総選挙後の特別会に提出するという異例の方針であった。そして、三月三一日に清浦首相出席の下、第一回の審査委員会が開催され、有松顧問官から独立の生計を選挙資格の要件に加えることの可否、大選挙区制の問題など数多くの論点があるような重大案件を会期の短い特別会に提出をする必要があるか、などの質疑が行なわれた[93]。

四月一一日に第二回審査委員会が開催された。そこで、有松顧問官が選挙資格として独立の生計の条件は絶対に本案から撤去できるか政府の所信を問うたところ、清浦首相は「絶対ニ譲ルノ意ナキ」旨を答えた[94]。

翌日、第三回審査委員会、四月一七日に第四回審査委員会が開催されたが、加藤高明内閣組閣後の六月一八日に返上された。

このように、清浦は、衆議院解散後の特別会に普通選挙法案を提出することまでして、「独立の生計」という条件の付いた普通選挙法案の早期成立に執念を燃やしていたことが示されている。

六　護憲三派による憲政擁護運動

政友会は、一月一五日に清浦内閣に反対する一方、一月一六日に山本達雄らが脱党し、政友本党の設立に動いた。

その上で一月一八日に政友会の高橋是清、憲政会の加藤高明、革新倶楽部の犬養毅が会合し、「憲政の本義に則り政党内閣制の確立を期すること」との申し合わせを行ない、清浦内閣の倒閣で一致し、第二次護憲運動を始めた。[95] こうした動きを受けて、一月三一日に清浦は衆議院を解散した。

しかし、護憲三派は、普通選挙の方針について合意をすることはできなかった。憲政会は、納税資格の無条件撤廃、次回の選挙より施行、大選挙区制の実施を公約とし、革新倶楽部も同様に普通選挙の断行を標榜した。

これに対し、政友会は、清浦内閣が「独立の生計」を条件とする普選法を提出し、政友本党さえ「選挙権の漸進的拡張の古看板を持ち越してこれに呼応している」状況[96]であったにもかかわらず、普通選挙の支持を公言することはできなかった。

政友会は、二月二八日に「普選案に対しては、此際党議決定の機関なき故各候補者の自由意思に一任すること」を党務委員会で決定した。[97] 政友会が護憲運動を起こし貴族院内閣に反対したことから、無条件普選論に傾くのではないかと注目されたが、「漸進主義が大勢を占め今日に至っては納税資格の撤廃に異議はないが独立の生計とか世帯主とか何等かの制限を附することは尚必要であるとの意見が多かったらしい。」と、結論を出せなかった模様が伝えられている。[98] これに対し、普通選挙論者の今井嘉幸は、「(政友会は) 従来の声明に依れば、普選に対して清浦内閣ほどの理解もあらず、其最も頑冥なる反対者の一団を成すものは、彼等であるとせられて居る。」と批判している。[99]

横田千之助も、選挙運動期間中に、『改造』に有名な「此の昏盲の闇を滅せよ」との論文を発表したが、政友会が「無産農民の福利を増進すべき政策[100]」を推進すると表明したに過ぎず、普通選挙を支持することは言明できなかった。

民衆のために特権内閣を批判し護憲運動を率いた政友会が、普選を唱えてきた二派と協調することになったにもかかわらず、この時点になっても普通選挙の支持を公言できなかったのは、それまでの行きがかりや感情の問題だけではなく、支持構造が制限選挙制度に結びついたことを示す証左でもあった。

この点について、三派協調を推進した政友会の小泉策太郎は、普通選挙に対する党議は未決であり、「幹部の見解もマダ一致せぬ」が、山本内閣の無条件か清浦内閣の独立の生計かという問題に極限されており「陽気の加減で氷解する事柄である」と言い切って論点にしないことで他派の了解を得た。[101]

小泉が、普通選挙は、「選挙ノ裏面」と認識していたように、[102]政友会は護憲運動に参加することによって普通選挙に抵抗しているという批判を、貴族院の特権内閣の批判にすり換えた。このため、護憲三派は、普通選挙法に対する取り組みなど、「政府との差異を明示すればするほど、三派の政策の差異が露呈する結果」になった。[103]

それでも、小泉の日記によれば、総選挙前の三月二〇日には、政友会の幹部が高橋是清邸に集合し、上下両院の改善、農村の振興、世道人心の更改一新、行政財政の革新、普通選挙問題、対支方針の確定などを論じた。そして、「普選ハ納税資格撤廃、年齢、所謂即時断行ハ憲政会ノ主張ヲ覚認ス　但シ区制其ノ他ノ実行条件ハ三派ニ於テ特別委員ヲ設ケ、政府ト協調シテ成案ヲ作ルベシ」と、資格条件や時期については憲政会の方針を確認するが、区制などは三派で協議すべきとの結論を得ていた。[104]

最終的に政友会の高橋総裁が、「納税資格撤廃に対しては最早異議を挟む要なし」と公言したのは、護憲三派内閣が組閣された後になってからであった。しかし、この時でさえ「但し選挙方法、区制取締方法に関しては尚ほ慎重なる検討を遂げ、萬違算なきを期すべきは固より論なき所です。」と述べて、納税資格以外の要件や選挙区制については、選挙権を事実上制限できる余地を残している。[105]

五月一〇日の総選挙では護憲三派が勝利し、清浦が退陣した後の六月九日に、加藤高明に組閣の命が下った。[106]

七　普通選挙法の成立

組閣後、加藤内閣は、予め与党三党で実務的に協議を重ねて政府案を固めた上で、一二月中旬に枢密院に普通選挙法案を諮詢した。

加藤内閣における普通選挙法の成立過程の詳細は省くが[107]、欠格条項の扱いを中心に、政府と貴衆両院で調整が行なわれた。最終的に両院協議会で、政友会の岡崎邦輔が提案した「貧困に依り生活の為公私の救助を受け又は扶助を受くるもの」との案でまとまった。一九二五年五月五日の施行とされた。

小泉策太郎がこの過程で倒閣を狙ったが[108]、この頃には普通選挙を自明のものとしていた世論を意識してか、政友会は選挙資格を制限するなどの露骨な骨抜きには動かなかった。

普通選挙法が成立した後、最終的に高橋是清は、「(普選問題を) 政治的に解決してしまはぬと社会問題に為る。(中略) 之を残して置いたならば、過激思想が入って来て、是れが彼らの材料となる、だから何としても通さなければならぬ。」と、社会運動の側が普選問題を争点化することを懸念し、「過激思想」を防ぐ目的から加藤との政治的解決を図ったと述べており、このような考え方からも政友会の保守派を説得したと考えられる[109]。

八　元老西園寺公望の主導性

山本内閣が普通選挙法の成立に向けて積極的であった理由について、鳥海靖は、後藤新平が新党結成の運動を推進していたので、「普選即行」のスローガンを掲げることは、政友会打破を計るための戦略的要請でもあったと指摘している[110]。他方、松尾尊兊は、「普選が来るべき選挙に向けて民心をひきつける絶好の題目であったからであるが、(中略) 解決を先にのばすと普選運動が激化し『悪化』するという判断と、治安立法により無産勢力の進出を押えうるという目論見が存在していた。」と述べている。[111]

山本と清浦を上奏した西園寺が普通選挙法についてどのように考え、どのように動いていたかについては必ずしも明らかではない。『松本剛吉政治日誌』には、その点についての明確な記述がなく、そもそも、松本の記述には政友会よりのものが多く、西園寺が松本にどれだけ心情を正確に吐露していたかは不明である。[112]

手がかりは、山本を上奏した時も、清浦を上奏した時もいずれも「公平な」衆議院議員選挙の実施を大義としていたことである。[113] この点について、小川平吉は、政友会が、「大正八年の選挙法改正、大正九年の解散によって遂に絶対多数を占むるに至りたるも、此解散に対する世上の非難は、後年元老諸公をして一度政党外の者をして総選挙を行はしめんとの口実を与へて、多数党たる政友会に政権を拒絶するの因を為した」と述べている。[114]

「公平な選挙」の意味することは、第一に、政党内閣の下で総選挙が行なわれると選挙干渉などにより政権党が有利になり選挙の公平性が損なわれるので、政党中立的な超然内閣で総選挙を実施すべきということであった。それだけではなく、「公平な選挙」の意味する中に普通選挙制度を実現するという意味も含まれているのではないかと思われる。それは、清浦が一月二二日の施政方針演説で、

近く施行せられるべき衆議院議員の総選挙に付きましては厳正公平を旨とし、選挙の自由を確保すると共に取締法規を励行して、苟しくも違法の処分あるに於ては厳に之を処断して以て選挙界の積弊を廓清せむことを期するのであります。

と述べて、党利党略に基づかない選挙の公平な実施を訴えると同時に、

衆議院議員選挙権を拡張して更に民意暢達の途を開き、選挙の廓清を図りますことは、国運の現状に鑑み最も必要なることと信ずるのでありますから、政府は之に関し研究調査を遂げまして、選挙法の改正案を今国会に提出致す積りであります。

と、普通選挙の実現に「選挙の廓清を図る」という意義をもたせていることに示されている。

こうして考えると、普通選挙制度の早期実現に執念を燃やした、山本、清浦、加藤を上奏した西園寺は、「独立の生計」などの条件を付けた上で普通選挙制度を早期に実現し、その上で公平な選挙を実施し、正統性をもった政党内閣に復帰させようとしていたと考えても無理はないだろう。

特に、普通選挙運動など民衆運動が高まっていた中で、敢えて西園寺が超然内閣である清浦内閣を上奏したのは、普通選挙法案を早期に成立させるため、枢密院と貴族院に大きな力をもっていた清浦を首班とすることにより、枢密院での審議を促進させるとともに、政友会がどうしても抵抗した場合には、貴族院が主導しながら法案を推進させることも視野にあったのではないかと推察される[115]。

「独立の生計」の条件を付けることは、憲政会の加藤高明が山県有朋から警戒されないようにと固執していた条件であり、山本権兵衛や薩派がこれを支持し、清浦奎吾の提案した法案に明確に規定されたように、西園寺を含め官僚勢力の間では、共通認識になっていたものと考えられる。

この他にも西園寺が普通選挙制度を推進しようとした手がかりは、いくつかある。

加藤友三郎が組閣する前の一九二二年五月に、西園寺は岡崎邦輔を通じて徳川頼倫に対して、研究会をまとめ、「普選調査ノ準備、教育ノ普及」について、「高橋首相ニ迫リ実行セシムル事」と伝言したとされる[116]。

また、一九二一年一一月に、西園寺は、高橋首相の後任に政友会員を充てることには反対し、「山（県）公に申せし如く、政友会の絶対過半数を破るには実によい潮時なり」と述べ、平田東助の意向を確認している。このように西園寺は政友会の絶対過半数の維持に不快感を示しており、これを打破させようとしていた[117]。

横田千之助は、守旧派の抵抗により普通選挙支持で党内をまとめきれなかったが、政友会の中では普通選挙制度の実現に向けて積極的であり、西園寺が政友会の中で最も期待した人物であった。

さらに、西園寺は普通選挙推進派の加藤高明を上奏した上[118]、普通選挙法案が貴族院との調整に困難に直面した時、「普選を理解し、（加藤）伯を理解し、且つ政局を達観した西園寺公の電報は、二回までも是等の有力なる人々に送られたと云ふ。」と記述されているように、加藤を支援して普通選挙法の実現に力を注いでいる[119]。

今後、このような観点から、西園寺の普通選挙制度実現に向けた指導性についてさらに実証を深めていく必要があろう。

第五節　普通選挙法の成立以降

普通選挙法成立後、憲政会と政友会の次の政治目標は、それぞれ一九二八年に予定されていた第一回普通選挙において新たに選挙権をもつ低所得者層の支持を獲得して多数をとり、単独政権を樹立することであった[120]。

第六章でみたように、政友会は、憲政会が地租委譲論を無視し、秘密裏に独自の税制整理案を固めて機先を制せられたことに強く反発し、一九二五年七月に政友会は連立から離脱した[121]。そして、加藤（高）首相を引き継いだ憲政会の若槻内閣の時、政友本党と妥協して、税制整理案を成立させた[122]。

この時期に地租と営業税の両税委譲を唱えていた革新倶楽部が政友会に合流し、都市の基盤を拡げたが、一九二七年六月には地租委譲を放棄した政友本党が憲政会に合流して民政党を創立し、郡部での選挙地盤を拡げた。

この結果、それまでの四党は、地租委譲の是非を巡り、主として緊縮財政型の民政党と拡張財政型の政友会という性格の二党に集約されることになった[123]。

こうして、田中内閣の下で一九二八年二月に初めての普通選挙が実施され、政友会は二一七議席、民政党は二一六議席、実業同志会が四議席、無産政党が八議席を獲得し、政友会と民政党は議席数で拮抗した。政友会は、都市だけではなく農村部でも票が伸びなかった[124]。この選挙では、政友会が看板として掲げてきた地租委譲論は、期待した程の効果を上げなかった。

続いて田中義一内閣は、総選挙後の第五六回帝国議会に地租と営業収益税の両税委譲の税制整理案を提出し、衆議院では政友会と実業同志会の多数により可決したが、貴族院での反対で審議未了となり廃案となった。これを最後に地租委譲論は立ち消えとなった。そして、普通選挙制度の下で、二大政党が地租委譲、金解禁を巡る緊縮政策や大陸問題などの対外的な政策など全国的な課題をめぐり、イデオロギーを前面に鎬《しのぎ》を削る時代になっていった[125]。

その後も、政友会も民政党のいずれも連続して二回以上の衆議院選挙で安定多数を確保することはできなかった。それは、普通選挙制度になり、いずれの党もそれまでの政友会のように、農村地主を中心に地域での支持を固め、政治的争点にかかわらず「三重構造」によって農村地主の固定票で多数を維持するという安定構造を維持できなくなったからであった。二大政党の得票率が選挙ごとに大幅に交代するナショナル・スウィングが起こったのはこのためである[126]。二大政党制に移行した根底には、このような政治構造の変化があったことを看過してはならない。

制限選挙制度から普通選挙制度への移行によって、低所得者の一般大衆にも参政権が与えられたという点で政治構造が変化した。しかしそれだけではなく、普通選挙制度への移行によって農村部と都市部に代表される政党の支持基盤の有権者数の相対的変化が起こり、「一九〇〇年体制[127]」と呼ばれた政友会の安定多数支配構造が最終的に崩壊した。その結果、農村部と都市部のいずれにもそれなりの基盤をもつ二大政党が、全国的課題によって選挙のたびに人気を争うという政治構造へと変化した。

小括

本章では、これまでの営業税廃税運動の政治経済過程の分析を踏まえ、制限選挙制度においては、税制と選挙権が直結していたことに着目して、普通選挙制度の実現過程を再検討した。

全国の商工業者を巻き込んだ一九一四年の営業税廃税運動にもかかわらず、政友会の多数によって廃税が否決されたことは、衆議院における都市部の商工業者の代表性の不足を痛感させた。そればかりでなく、営業税減税が実現した結果、営業税有権者が失権し、これらを支持基盤とした憲政本党系の支持有権者が減少することにもなった。そこで大隈内閣は、都市部の代表性を高めるように衆議院議員選挙法の見直しを始め、一九一五年の総選挙の直前に営業税減税による営業税有権者の失権を凍結した。さらに、衆議院選挙法改正調査会を発足させ市部独立選挙区大選挙区制の採用を目指したが、実現できなかった。

続いて、原敬は、一九一九年に最低納税要件額を一〇円から三円に引き下げ、小選挙区制を採用する衆議院議員選挙法を成立させた。その翌年、解散総選挙を実施して政友会の絶対多数を実現した。制限選挙制度の下では、納税額の分布から最低納税要件額を引き下げると地租有権者数が圧倒的に増加したことが大きな勝因となった。

原は、まずは積極政策によって農村地主の支持を固めた上、「減税のパラドックス」とした税と選挙権の関係を巧妙に利用しながら、制限選挙制度を維持しつつ、有権者数全体の中の地租有権者数の比率の維持・上昇を図った上で、小選挙区制で多数党の優位を確保するという「三重構造」によって、国民の一部でしかない農村地主の支持を固めることで衆議院における圧倒的多数を確保できる体制を完成させた。

こうして大正デモクラシー期に都市の学生や労働者が普通選挙運動を高揚させて最低納税要件額が引き下がったり、商工業者や勤労者からの減税要求に応えて営業税・所得税が減税されたりしても、制限選挙制度の下では、結果的にそれが政友会の支持基盤である地租有権者数を増加させ、政友会の議席の拡大をもたらすという逆説的な結果に帰着した。そして、産業化や都市化の進展により都市部の人口が増え、低所得者も増加したにもかかわらず、制限選挙制度が維持される限り、逆に農村部の有産者である農村地主に過大に政治的代表性を与えたことから、衆議院選挙の公平性や政友会の正統性への疑問と、議会制への不信を強めた。

原没後、営業税廃税運動を契機に地租軽減運動が高揚すると、政友会は地租有権者を失うために地租軽減に反対する一方、地租委譲を打ち出し、事実上普通選挙の実施を前提に農村部の低所得者層の支持を獲得する方向に動きはじめた。しかし、政友会は選挙戦略上不利になる普通選挙制度の実現に向けて主体性を発揮できず、普通選挙制により党勢拡大を図る憲政会も少数議席であり、政党政治によって普通選挙法案が衆議院を通る可能性は見通せなかった。

こうした状況の中で、加藤友三郎、山本権兵衛、清浦奎吾という官僚派の超然内閣が三代続き、普通選挙制度の実現に向けて主導権を握り、短い期間に法案の枢密院審議まで持ち込んだ。これは、官僚派が、社会運動の激化への危機感や、絶対多数の政友会の抑止などの観点から、普通選挙制度を早期に実現することを目指したからであった。その背後には、中間内閣を上奏し続け、最終的に加藤高明を上奏して普通選挙法を成立させた元老西園寺公望の主導性があったと考えられる。

普通選挙法が成立したことにより、政友会と憲政会は、それぞれ革新倶楽部と政友本党と合同して都市部と農村部に地盤を広げ、政友会と民政党の二大政党を形成した。そして、普通選挙において新たに選挙権をもつ低所得者層の支持の獲得を目指した。しかし、普通選挙制度下では、いずれの党も、それまでの政友会のように、農村地主という地域の票を固めることにより安定多数を維持することができず、地租委譲や金解禁、外交問題など全国的な課題を争点として、選挙の度に第一党が交代するという政治構造に変わった。

注

1 松尾尊兊『普通選挙制度成立史の研究』岩波書店、一九八九年。この他、杣正夫が日本の選挙制度を俯瞰する中で、普通選挙法の成立過程について概説している（杣正夫『日本選挙制度史――普通選挙法から公職選挙法まで』九州大学出版会、一九八六年）。

2 松尾前掲『普通選挙制度成立史の研究』九〇頁。

3 『衆議院普通選挙ニ関スル法律案委員会議事録』明治四十三年三月七日、四頁。

4 「選挙制度論一～五」『時事新報』一九一五年七月二八日から八月三日（神戸大学付属図書館新聞雑誌文庫・デジタルアーカイブ）の論説では、大正四年の直接国税の減収額が約三、六〇〇万円と試算され、有権者一人当たりの納税額が経験的に七九円とすると、減税により四五万人の有権者が失権すると伝えている。

5 『大隈侯八十五年史　第三巻』一九二六年、大隈侯八十五年史編纂会、一三一頁。

6 『東京朝日新聞』一九一四年七月二二日。

7 『神戸新聞』一九一四年一二月一日。

8 『東京朝日新聞』一九一四年一一月三〇日、一二月三日。

9 『神戸新聞』一九一四年一二月一日。『大阪朝日新聞』一九一四年一二月四日。

10 「衆議院議員選挙資格ニ関スル件」『枢密院会議筆記・一』大正四年二月十日（国立公文書館所蔵）。同勅令に関する枢密院の審議において金子堅太郎顧問官は、衆議院選挙法を改正して、納税資格により有権者が大きく減少しないように法改正をすべきと提言している。

11 「衆議院議員選挙資格ニ関スル件ヲ定ム」『公文類聚』第三十九編・大正四年・第一巻・六（国立公文書館所蔵）。

12 「衆議院議員選挙法改正調査会官制ヲ定ム」『公文類聚』第四十編・大正五年。

13 『衆議院議員選挙法調査会議事速記録　第一号』大正五年七月十九日。同第二号、大正五年九月二十五日。同第三号大正五年十月二日。同第四号大正五年十一月二十九日。同第五号大正五年十二月十一日。同第六号大正五年十二月二十日（『小橋一太関係文書』国立国会図書館憲政資料室所蔵）。

14 前掲『小橋一太関係文書』。

15 『衆議院議員選挙法調査会議事速記録　第二号』大正五年九月二十五日、四五頁。

16 前掲「選挙法改正参考書」『小橋一太関係文書』三七頁。

17 『東京朝日新聞』一九一五年七月二六日。

18 「衆議院議員選挙法改正調査会官制ヲ廃止ス」『公文類聚』・第四十一編・大正六年・第二巻・官職一・官制一。

19 『第四十回帝国議会衆議院議事速記録　第二十五号』大正七年三月二十日、五三九頁。

20 樋口秀雄校訂『憲政会史』憲政会史編纂所、一九二六年、一一一頁。松尾前掲『普通選挙制度成立史の研究』四四八頁。

21 『原敬日記　第四巻』大正七年三月十七日の条。

22 この議会で、政友会（一六四名）と清和倶楽部（二八名）が一致すれば、一九二名となり、衆議院総数（三八一人）の過半数をかろうじて上回ると読んだと考えられる。

23 『原敬日記　第四巻』大正七年三月十八日の条。

24 『原敬日記　第四巻』大正七年三月三十日の条。

25 篠原一、三谷太一郎　編『岡義武著作集　第五巻（山県有朋・近衛文磨）』岩波書店、二〇〇一年、一三二―一三八頁。

26 杣前掲『日本選挙制度史――普通選挙法から公職選挙法まで』三三頁。

27 三谷太一郎『日本政党政治の形成――原敬の政治指導の展開』東京大学出版会、一九六七年、一八四―二一四頁。

28 坂野潤治『日本近代史』筑摩書房、二〇一二年三月、三一九頁。

29 「衆議院議員選挙法中改正法律案帝国議会へ提出ノ件」『枢密院会議筆記・一』一九一九年二月二二日。
30 美濃部達吉「選挙法改正問題」『太陽』第二五巻第二号、一九一九年二月。
31 衆議院本会議（大正八年三月九日）、衆議院議員選挙法中改正法律案、衆議院議事速記録第二一号、三二一七頁。
32 『大阪朝日新聞』一九一九年一二月二日。
33 『大阪毎日新聞』一九一九年一二月二七日。
34 小泉又次郎『普選運動秘史』一九二八年、平野書房。
35 郡部は一二八万人から二五八万に、市部は一八万人から二八万に増加した（松尾前掲『普通選挙制度成立史の研究』一二四頁）。
36 伊藤之雄は、「政友会の支持率の高い農村有権者を増大させるとともに、多数党政友会に有利な小選挙区制を採用することにより、（中略）積極政策による地方利益誘導とあわせて、政友会の議席を一挙に拡大することを目指した」と分析している（伊藤之雄『大正デモクラシーと政党政治』山川出版社、一九八七年、三六頁）。また、松尾尊兊は、選挙法の改正によって有権者数は、一四六万人から二八六万人に拡大するが、市部では一八万人から二八万人へと増えるのに対して、郡部では一二八万人から二五八万人へと圧倒的に増加しただけではなく、これが普通選挙法への防波堤の構築を意味するものであったと指摘している（松尾前掲『普通選挙制度成立史の研究』一三四―一三五頁）。
37 永井柳太郎「唯物政治より新理想主義政治へ」『憲政公論』第一巻、一九二一年四月。
38 若槻禮次郎『古風庵回顧録』読売新聞社、一九五〇年、二五九頁。
39 小泉前掲『普選運動秘史』九三―一三三頁。
40 坂口二郎『野田大塊伝』一九二九年二月、七四二―七四三頁。『野田卯太郎関係文書』（九州歴史博物館蔵、国立国会図書館憲政資料室所蔵マイクロフィルム）の日記のうち、大正十二年一月十八日、二十一日、二十八日に、政友会における地租委譲の議論に野田が参加していた様子が記録されている。
41 「農村問題の研究」『中央新聞』一九二二年一二月一五日。
42 一九二三年三月一八日「行政及税制ノ整理ニ関スル建議案」『衆議院議事速記録第三三号』七六〇頁。
43 「岐路に立つ政友会」『読売新聞』一九二二年五月二六日。

44　古瀬青朶「時評」『農政研究』第二巻第十号、一九二三年一〇月。
45　前田蓮山『歴代内閣物語　下』時事通信社、一九六一年、三八〇―三八一頁。松尾尊兊は、地方議員が新財源の配分を左右することにより政友会の地盤をさらに強化することができるからと説明している（松尾前掲『普通選挙制度成立史の研究』二四四―二四五頁）。
46　『衆議院議事速記録』第十七号、大正十二年二月二十一日。大正十二年二月二十日、本会議。松尾前掲『普通選挙制度成立史の研究』二四四―二四五頁。
47　伊藤前掲『大正デモクラシーと政党政治』七四―七五頁の前掲『小川平吉関係文書』六九二「時事重要意見書類（高橋内閣時代）」所収「高橋内閣改造私案」（作成者不明、未刊行、国立国会図書館憲政資料室所蔵）には、改革の項目に「普通選挙制採用ノコト」を挙げており、この時点で、政友会総裁派が普通選挙法に向けて舵を切ろうとしていたことが示されている。
48　「普選の選択」『中央新聞』一九二三年二月二四日。
49　伊藤前掲『大正デモクラシーと政党政治』一〇八―一一〇頁。
50　土方寧「野党に成算ありや」『憲政』第六巻第二号、一九二三年二月。
51　鷲尾義直『古島一雄』日本経済研究会、一九四九年、八八六頁。
52　『東京朝日新聞』一九二二年一〇月二四日。
53　この点について渡辺治は、社会運動や社会主義運動の活発化に危機感をもった内務官僚や司法官僚が主導したとする（渡辺治「日本帝国主義の支配構造――一九二〇年代における天皇制国家秩序再編成の意義と限界」『歴史学研究』別冊特集、一九八二年一一月）。しかし、内務省の事務官僚がいくら構想を練ってもそれを採用するかどうかは政治の判断であり、加藤（友）、山本、清浦という中間内閣の指導者が普選を推進した点を説明できない。実際、内務官僚の堀切善次郎が、内務省は普選法案を事務的には検討していたが、後藤新平が内務大臣になって積極的に本件を取り上げてうれしかったと証言していることは、内務官僚自身に政治的主導性がなかったことを示している（『内政史研究資料　第八集』内政史研究会、一九六三年）。
54　尾崎行雄『愕堂回顧録　下』一九五二年、雄鶏社、一七八頁。
55　岡義武、林茂校訂『大正デモクラシー期の政治――松本正剛政治日誌』四六頁、大正九年三月一日の条。

56 上杉慎吉『普通選挙の精神』一九二五年、敬文館。上杉慎吉『国体精華乃発揚』洛陽堂、一九一九年一二月。上杉慎吉『億兆一心の普通選挙』中央報徳会、一九二六年。上杉慎吉『普通選挙の精神』敬文館、一九二五年八月。吉田博司『近代日本の政治精神』芦書房、一九九三年一月。

57 長尾龍一「上杉憲法学雑記」『行政行為と憲法』有斐閣、一九七二年、四四八—四四九頁。

58 前掲「政友会会員諸君ニ呈ス」『小川平吉関係文書』八五〇、一九二三年。

59 松尾前掲『普通選挙制度成立史の研究』二六六—二六七頁。季武嘉也『大正期の政治構造』吉川弘文館、一九九八年、三四五頁。

60 前掲『内政史研究資料　第八集』。

61 長尾前掲「上杉憲法学雑記」四九三—四九四頁。

62 鳥海靖「原内閣崩壊後における『挙国一致内閣』路線の展開と挫折」『歴史学研究報告　一四』、一九七二年三月、一〇〇—一〇二頁。

63 堀切善次郎、後藤文夫、長岡隆一郎らが早く実施しようという促進運動をさかんにやったとしている（鳥海前掲「原内閣崩壊後における『挙国一致内閣』路線の展開と挫折」、九六頁）。

64 中田穣編『通解普通選挙制大全』一九二七年、日本法令書院、一五一、一六五頁（同書は、現役の内務官僚の潮恵之輔や坂千秋などが執筆）。渡辺治「日本帝国主義の支配構造——一九二〇年代における天皇制国家秩序再編成の意義と限界」『歴史学研究』、一九八二年一一月。

65 松尾前掲『普通選挙制度成立史の研究』二三二頁。

66 『時事新報』一九二二年九月七日。

67 「内務大臣水野錬太郎外十三名衆議院議員選挙法調査会委員長、委員並幹事任命ノ件」大正十一年十月二十日、任免裁可書・大正十一年・任免巻四十六、国立公文書館蔵。松尾前掲『普通選挙制度成立史の研究』二三一—二三七頁。

68 「選挙権ニ関スル意見」の付属資料『後藤新平文書』二一—五、R五五（国立国会図書館憲政資料室所蔵マイクロフィルム）。鳥海前掲「原内閣崩壊後における『挙国一致内閣』路線の展開と挫折」六五—一二三頁。

69 岡前掲『大正デモクラシー期の政治』二五五頁、大正八年八月三日の条。

70 鳥海前掲「原内閣崩壊後における『挙国一致内閣』路線の展開と挫折」。
71 尾崎前掲『愕堂回顧録 下』二一六頁。
72 松尾前掲『普通選挙制度成立史の研究』二六四―二六五頁。
73 『大阪朝日新聞』一九二三年一〇月一九日。
74 『田健治郎日記』第二巻、一九二三年一〇月二三日（国立国会図書館憲政資料室所蔵）。
75 『臨時法制制度審議会 諮問第五号答申書』。「衆議院議員選挙法中改正法律案帝国議会へ提出ノ件」『枢密院会議筆記・二』、一九二四年二月六日。
76 『大阪朝日新聞』一九二三年一一月一日。
77 後藤の新党計画については、松尾前掲『普通選挙制度成立史の研究』二七八―二八四頁。
78 『大阪朝日新聞』一九二三年一〇月二一日。
79 『平沼騏一郎回顧録』平沼騏一郎回顧録編纂委員会、一九五五年、七九頁。中澤俊輔『治安維持法』中公新書、二〇一二年、二九頁。
80 木舎幾三郎『近衛公秘聞』一九五〇年、高野山出版社、二二五頁。岡義武『転換期の大正 日本近代史大系第五巻』東京大学出版会、一九六九年、二一四頁。
81 越澤明『後藤新平』二〇一一年、筑摩書房、二二八頁。
82 『大阪朝日新聞』一九二三年一二月七日。
83 鳥海前掲「原内閣崩壊後における『挙国一致内閣』路線の展開と挫折」一〇二―一〇四頁。
84 松尾前掲『普通選挙制度成立史の研究』二八二―二八三頁。
85 『時事新報』一九二三年一二月一四日。
86 『大阪時事新報』一九二三年一二月一七日。
87 岡前掲『大正デモクラシー期の政治』二八八頁、一九二四年一月七日の条。清浦内閣の成立についての分析は、西尾林太郎『大正デモクラシーの時代と貴族院』成文堂、二〇〇五年、三七九―四〇三頁。
88 後藤武夫『子爵清浦奎吾伝』一九二四年、日本魂社、二九八頁。
89 『大阪朝日新聞』一九二四年一月一二日。

90 「衆議院議員選挙法中改正法律案帝国議会へ提出ノ件」『枢密院会議筆記・一』大正十三年二月六日。松尾前掲『普通選挙制度成立史の研究』四六〇頁、注（二）。なお、結果的に見ると、第一六回総選挙は一九二八年に実施され、一九二三年時点の二五歳以上の男子の人数に比べて、一九二八年に実施された総選挙の有権者総数は一、二五三万人と七%の減少であった。

91 「衆議院議員選挙法中改正法律案帝国議会へ提出ノ件」『枢密院会議筆記・一』大正十三年一月十九日御下付・二月六日御沙汰返上。

92 『大阪毎日新聞』一九二四年二月八日。

93 「衆議院議員選挙法中改正法律案帝国議会へ提出ノ件」『枢密院会議筆記・一』大正十三年二月二十一日御下付・六月十八日御沙汰返上、国立公文書館蔵。『大阪朝日新聞』一九二四年四月二日。

94 『大阪朝日新聞』一九二四年四月一二日。

95 「第二次護憲運動秘史」横山勝太郎監修『憲政会史　下』一九二六年七月。石上良平『政党史論　原敬没後』中央公論社、一九六〇年。

96 『東京朝日新聞』一九二四年一月二八日。

97 『立憲政友会史』第五巻、一九三三年、三〇八頁。

98 『大阪毎日新聞』一九二四年二月九日。

99 『大阪朝日新聞』一九二四年二月一四日。

100 横田千之助「此の昏盲の闇を滅せよ」『改造』一九二四年三月。

101 小泉策太郎『懐往時談』一九三五年、中央公論社、一一一―一一七頁。

102 『小泉策太郎関係文書』三月六日の日記。国立国会図書館憲政資料室所蔵、「入江貫一関係文書」マイクロフィルムリールに収録。

103 松本洋幸「清浦内閣と第二次護憲運動」『比較社会文化研究』第二号、一九九七年。

104 前掲『小泉策太郎関係文書』三月二〇日の日記。

105 『立憲政友会史』第五巻、一九三三年、三三五頁。

106 清浦内閣で政友会と政友本党が分裂し、将来の政治の趨勢が見えづらくなったことで、元々政友会系だった水野鍊太郎内相や藤沼庄平警保局長ら内務省幹部は明確な方針を打ち出せず、政友会と政友本党のいずれか一方を支持できなかったことや、内務省内には普通選挙導入に向けて公明正大な選挙を実現しようという世論があり、与党優位の結果にならなかった（清水唯一朗「立憲政友会の分裂と政党支持構造の変化」、坂本一登・五百旗頭薫編『日本政治史の新地平』吉田書店、二〇一三年、二五六―二五七頁）。

107 松尾前掲『普通選挙制度成立史の研究』三〇五―三二二頁。

108 松尾前掲『普通選挙制度成立史の研究』三一八―三二一頁。

109 大津淳一郎『大日本憲政史　復刻版』第九巻、原書房、一九七〇年、六四〇頁。

110 鳥海前掲「原内閣崩壊後における『挙国一致内閣』路線の展開と挫折」、九八頁。

111 松尾前掲『普通選挙制度成立史の研究』二九五頁。

112 例えば、一九二四年一月一〇日に清浦が西園寺を訪問し、翌日に清浦が普選案を議会に提出することを明言したと伝えられるが、その時の模様は、西園寺から松本に伝えられていない（『東京朝日新聞』一九二四年一月一二日）。

113 西園寺が清浦を上奏した後、西園寺を訪問した粕谷義三衆議院議長は、「吾々政党員は大いに考へねばならぬことである世間では元老のことを非常に悪く云ふが西、松老公としては現在の政党にやらせたらこんな事が出来るかも知れぬと云ふ先を見越して頗る親切に考へた結果だらうと思はれる。」と述べている。これは政党政治では普通選挙はできないことを西園寺が超然内閣をして実施させているということを含意している（『東京朝日新聞』一九二四年一月一五日）。

114 「正本合同問題備忘」『小川平吉関係文書Ⅰ』岡義武代表編集、小川平吉文書研究会編、みすず書房、一九七三年、五九六頁。

115 松本洋幸は、清浦が普通選挙法の成立に積極的取り組みをし、帝国経済会議を開催して経済力の復興に力を注ぎ、政変や財政規模などで未解決な課題に積極的に対応しようとしたことに注目し、清浦内閣が「特権内閣」として「反デモクラシー」勢力であり、護憲三派が政党内閣樹立を目指した「デモクラシー」勢力であるという政治史の評価が誤っていることを指摘している（松本前掲「清浦内閣と第二次護憲運動」）。

116 西尾前掲『大正デモクラシーの時代と貴族院』、三〇四―三〇八頁

117 岡前掲『大正デモクラシー期の政治』一九二一年一一月九日、一二六頁。

118 松本剛吉宛西園寺公望書状、一九二四年六月四日、「松本剛吉文書」、国立国会図書館憲政資料室所蔵。伊藤之雄『元老西園寺公望』文藝春秋、二〇〇七年一二月、二〇二頁。

119 『加藤高明伝　下』加藤高明伝刊行会、一九二八年八月、五九四頁。

120 石井裕晶「大正末期の営業税廃税過程」『日本歴史』第七四八号、二〇一〇年九月、吉川弘文館。

121 「協調決裂の真相」『政友』第二九四号、一九二五年九月一五日。

122 この税制整理法案の成立と併せて、政府は、次の衆議院選挙までの間は、税制整理によって「最低納税要件額ヲ欠クニ至リタル場合ト雖之カ為ニ選挙権ヲ失フコトナシ」との特例法を定めている（「衆議院議員ノ選挙権ニ関スル件」大正十五年四月七日法律第五十五号）。

123 金澤史男「両税委譲論展開過程の研究」『社会科学研究』第三六巻第一号、東京大学社会科学研究所紀要、一九八四年。

124 松尾尊兊「政友会と民政党」『岩波講座日本歴史　新版　近代六』一九七六年。

125 三谷は、原敬が明治末期に小選挙区制を提案したのは、イデオロギーの象徴が政治価値化する「大正デモクラシーの状況」に対して小選挙区制によって地方名望家秩序の再編と同一化しようとしたと指摘している（『日本政党政治の形成』一八九—一九〇頁）。こうした視点からすると、小選挙区制度のみならず、普通選挙制度が一層イデオロギーの象徴の政治価値化を現実のものとしたといえよう。

126 川人は、政友会の得票のスウィングの要因について、分散要素分析により全国的要因、地域的要因と選挙区要因に分けて分析した結果、一九〇三年から一九一七年までの選挙では、選挙区要因が中心であったのに対して、一九三〇年から一九三七年の間は、全国的要因が中心となったことを検証している（川人貞史『日本の政党政治　一八八〇—一九三七年　議会分析と選挙の数量分析』東京大学出版会、一九九二年、二八二頁）。

127 坂野潤治『大正政変——一九〇〇年体制の崩壊』ミネルヴァ書房、一九九四年。

あとがき

本著は、早稲田大学に提出した学位論文『営業税廃税運動の政治経済過程――戦前期日本における制度変革の分析』に加筆して出版した『戦前期日本における制度変革――営業税廃税運動の政治経済過程』（早稲田大学出版部、早稲田大学モノグラフ七二、二〇一二年）を基礎としている。

本著では、その前身であるモノグラフ版における「補論七・一　原敬の選挙戦略」を第七章で敷衍するとともに、「補論七・二　普通選挙法の成立過程の課題と展望」で示した方向性を基に普通選挙法の成立過程について分析を深め、「補論：普通選挙法の成立過程再考――税と選挙権の関係からのアプローチ」として第八章を新たに加えた上で、全面的に加筆訂正を加えた。

本著の骨格となるモノグラフ版の内容について、既に鈴木勇一郎氏（吉川弘文館『日本歴史』第七八七号、二〇一三年一二月）と松浦正孝氏（『社会経済史学』第七九巻第四号、二〇一四年二月）から書評をしていただいた。両氏とも、未熟な研究ながら著者の意図と研究の深化の過程を驚くほど見抜かれた上で、提起した論点を正面から受け止め、研究の意義と課題を明らかにしていただいたことに心から感謝したい。

本著においては、第二章から第六章において営業税廃税運動の時代別の局面について実証分析を行うとともに、第七章においてそれら全体を俯瞰して営業税という税制が廃止され、営業収益税という制度に変革されるに至る政治経済過程や構造を明らかにした。それに続き、第七章で明らかにした制限選挙制度下における税と選挙権の関係が政党の行動に大きな影響を与えていた可能性が高いという視点から、普通選挙制度の実現という選挙制度の変革の過程についても新しい分析を加えた。

モノグラフ版については、松浦氏がいみじくも「第七章に記されているアイディアに基づいてもう一度本書全体を再構成することが、読者に期待されている。つまり、一冊の中に二冊分の中身が入っている」と指摘されたが、本著では提起する論点が多岐に及ぶため、第一章で主要な論点と結論の頭出しをするなど不十分ながら少しでも読みやすいように工夫した。なお読みにくい構成となっているとすれば著者の責である。

既に両評者が多くの論点を明らかにしておられるが、本書における中心的テーマのいくつかについて触れておきたい。

第一は、営業税廃税運動の性格付けである。本テーマは、著者が、日露戦後の実業界の指導者であり、三税廃止運動や営業税廃税運動などを主導した第二代東京商業会議所会頭中野武営の研究（『中野武営と商業会議所――もう一つの近代日本政治経済史』二〇〇四年）によりこの時代の政治と経済の関わりを分析する中で、江口圭一氏の営業税廃税運動の研究（『都市小ブルジョアジーの運動史』一九七一年）などの先行研究に違和感を覚えたことが大きな契機となっている。

本著で明らかにしたように、明治から大正期にかけては議会制民主主義が不完全であったとはいえ、実業界や企業家が自律的に制度の変革に向けて政府や世論に対して問題提起をし、政党政治を通じてその目的を果たそうとした。このような自由主義的な戦前期の姿は、階級対立を中心とするマルクス主義史観や国家主義的な日本史のイメージからかけ離れたものである。

議会制の下で制度変革を実現することは容易なことではない。例え正当な理屈があり、世論が高まり、活発な民衆運動が行なわれたとしても、それだけで制度が変革できるわけではない。制度変革を担う当事者の問題意識、それを担う利益団体の活動、政策の妥当性と政府の理解、議会の多数を得て法律や予算として最終的な制度に結実させるだけの政党の指導力や政治力など、それぞれ異なる動機と利害で動いている関係者の方向性が一致しなければ、単なる願望に終わる。

本著では、このような視点から、戦前期における営業税廃税という税制制度の変革を中心として、普通選挙制度の実現という選挙制度の変革が実現する過程も明らかにするように努めた。

政治と経済にまたがる分野においては、政治の現実を捨象した経済の分析は操作性に欠け、経済の原理を踏まえない政治の分析は断片化される。今後、経済と政治の双方の領域に関わる問題については、本著で示したように、経済問題の所在を明確にした上で、経済主体がどのように政府や議会に働きかけ、それにより政府や議会がどのような方針や利害関係の下で、政策の企画立案を行ない、制度変革を実現していったかという政治過程を明らかにすることにより、経済から政治にいたる政治経済過程を全体的に捉えうる可能性が高まると思う。

第二は、「減税のパラドックス」の問題提起である。営業税廃税運動を実証研究している中で、大正初期にあれほど営業税廃税運動を主導した都市部の政党が大正中後期になると明快に営業税廃税を支持しなくなったことや、地租軽減運動が高揚するにもかかわらず政友会の指導者がそれを支持しなかったことに違和感を覚えた。さらに、営業税廃減税運動に対峙した原敬が日記の行間に滲ませた冷静な満足感にも引っかかった。

こうして、制限選挙制度の下では、支持基盤の求める減税を行うとその支持母体の有権者が失権してしまうという「減税のパラドックス」の原理があり、それが政党の行動を大きく規定していたのではないかという仮説にたどりついた。これについて、松浦氏は「コロンブスの卵」と評された。目には見えにくい「減税のパラドックス」は、いわば状況証拠から「冥王星」の存在を予言したようなものであり、今後の自らの研究課題としてのみならず、政党史研究全体が深まり、さらに確実にこれが実証できればと思う。

これらの論点に加え、本著で問題提起をしたものの中で、引き続き掘り下げていくべき課題は多い。

第一に、政界と経済界の関係である。政策形成や制度変革などの過程を分析する上で、経済界や産業界と政治との関係について、多面的な角度から分析を掘り下げていくことが必要である。

本著では、経済団体や業界団体が、経済主体と政治過程の中間にあって、経済主体の抱える課題を政策的課題へと解釈し直し、政府や議会に働きかけて政治過程を通して実現する実践的機能を持ちうる存在でありうることを示した。今後、政策立案や制度変革の実現において、政府や経済界の指導者、経済団体や業界団体などの利益団体、政党や政治家、事務官僚などが、時代に則し、どのような関わりをもち、どのような役割を担うのかなど、国際的比較の視点も含めて研究を深めることが必要である。

第二に、政治と官僚の関係である。本著第三章では水町袈裟六に焦点を当て財政税制政策形成における大蔵官僚の役割を示した。鈴木氏が指摘されるように、実際の政策の立案を担っていた官僚機構の論理と動向、政治的指導者とそれを補佐する事務官僚の関係についても本格的な研究が必要である。

第三に、税と政治の関係である。現代においても増税問題というものが多くの政局に関わってきたように、本著で取り上げた範囲でも、多くの帝国議会において税制改正問題が政局につながる大きな争点となっていた。我が国の近代史研究において、予算編成をめぐる政党政治の分析は蓄積されてきたが、税制史や、税制問題と政治の関わりについての研究は乏しい。今後、この分野の研究が幅広く行われることが必要である。

第四に、海外と日本の関わりである。第一次大戦後、米国の産業界が戦後の戦費の削減による負担の軽減を議会に求め、これが米政府にワシントン海軍軍縮条約締結を促す契機となり、それが日本の営業税廃税運動につながった。日本における普通選挙制度の議論も、第一次世界大戦による欧州での帝政の崩壊や共和政の進展、普通選挙制度の導入が刺激を与えた。今後、このような国際的な関わりを加味して我が国の政治経済史を深めることが必要である。

自分が近代日本史の専門的研究を始めようと志して、島善高先生の門を叩き早稲田大学大学院社会科学研究科博士後期課程に入学したのは、二〇〇八年四月であった。二〇一一年九月に課程を修了するまで、先生のご指導の下で研究に当たった。

島先生には、史料を精密に解読すると同時に、それぞれの研究を学術研究全体に位置づけ、世に問うていくという大きな姿勢を徹底してご指導いただいた。島先生の温厚の中にも毅然としたお人柄の下で、実証研究を基盤として、研究に集中し着想を伸ばすことができた。

早稲田大学では、政治経済学部の川口浩先生と社会科学研究科の古賀勝次郎先生に学位論文の副査として、ご審査いただいた。川口先生は、他研究科であるにもかかわらず、『社会経済史学』への投稿を勧めて下さるなど、研究方法についてご親切なご指導をいただいた。その上で、一次資料や学術資料が集積し研究環境の整った早稲田大学の図書館システムがあったからこそ、限られた時間で効率的に研究を進めることが可能となった。

本著の執筆に当たり、京都大学の伊藤之雄先生には、温かく相談にのっていただき、率直なアドバイスと御支援をいただいた。第八章を加筆するに当たり東京大学の中澤俊輔先生には、近接領域の研究者として史料の紹介を含め大変有益なコメントをいただいた。

本著出版までの知的遍歴をたどれば、東京大学教養学部に入学し、佐藤誠三郎先生と中村隆英先生による「日本の政治と経済」の演習に加わり、政治と経済の関わりについての問題意識を喚起されたことに始まる。東京大学経済学部に進学し、小宮隆太郎先生による経済政策の演習に所属し、小宮先生のご薫陶の下、実証研究の重要性と、学問とは通説に対して新しい説を打ち立てることであるとの精神を厳しく植えつけられた。

プリンストン大学ウッドロー・ウィルソン行政・国際関係大学院在学中には、ロバート・ギルピン（Robert Gilpin）教授やケネス・オオエ（Kenneth Oye）教授から政治のリアリズムや国際関係の理論を学んだ。

坂野潤治先生には、独自の研究を重ねて、拙著『中野武営と商業会議所――もうひとつの近代日本政治経済史』のもととなる原稿をお見せした時、その場で直ちに出版を推奨、激励していただいた。ご著作を通じて、経済との関わりを踏まえつつ日本近代史の構造を把握したり、日本史学において仮説検証をしたりすることの面白さを学んだ。

研究者でありながら実務の経験が深い北岡伸一先生には、折に触れ実務者としての研究を温かく励ましていただいてきた。一方、実務を担われながら近代史を研究されている松元崇氏には、現代の問題を判断する上で歴史上の経験を踏まえる重要性を数多く示唆していただいてきた。

そして、教養学部時代からの長き友人であり、よき議論の相手である横浜国立大学の小林正人教授には、研究生活における様々な課題について親身に相談にのってもらい、いつも明確な助言をもらった。

紙面には尽くしがたいが、このようにこれまで真摯にご指導、ご支援いただいた数多くの先生、皆様に心からご厚礼申し上げたい。

社会人として実務に多忙な毎日を送る傍ら、夜間や土日などの時間を見つけては研究を進め、大学にも通うことは決して容易なことではなかった。しかし、現代に生きて実務を担いながら過去と対話することは、歴史を研究する上でも、仕事をする上でも大きな相乗効果があった。歴史が単純に繰り返すことは決してないが、歴史を研究することにより、現在を理解するための感性を養えるとともに、豊かな過去の経験を現在に活かす叡智を得ることができる。一方、現在への問題意識を磨けば磨くほど、過去生きた人々のやりとりが生々しく浮かび上がってくる。

研究をまとめるまでの道のりは遠いが、この時代、それが出版に至るまでの道のりはさらに遠い。早稲田大学が本著を採択し、早稲田大学学術叢書として刊行していただいたことを光栄に思う。出版の実現を見るまでにご尽力いただいた関係の皆様に心から感謝いたしたい。

実務に忙殺される中、特に早稲田大学出版部の武田文彦氏と、氏を中心とするチームの皆様の忍耐強いご作業なしには実現は難しかった。「校正」という「問いかけ」を受けて検証を繰り返すことにより、粗雑な原稿を磨いていただいたばかりでなく、新しい発見がなされる機会もあった。チームの皆様の高い水準の仕事ぶりに敬意と感謝を表したい。

最後に私ごとになるが、平日は実務に、土日と休日は研究に費やす生活を長い間見守り、貴重なコメントをくれた妻の紀子と、子供たち朝子、裕隆の理解なしには、研究はできなかった。家族一同に感謝したい。

二〇一四年四月

石井 裕晶

刊行のことば

早稲田大学は、二〇〇七年、創立百二十五周年を迎えた。創立者である大隈重信が唱えた「人生百二十五歳」の節目に当たるこの年をもって、早稲田大学は「早稲田第二世紀」、すなわち次の百二十五年に向けて新たなスタートを切ったのである。それは、研究・教育いずれの面においても、日本の「早稲田」から世界の「WASEDA」への強い志向を持つものである。特に「研究の早稲田」を発信するために、出版活動の重要性に改めて注目することとなった。

出版とは人間の叡智と情操の結実を世界に広め、また後世に残す事業である。大学は、研究活動とその教授を通して社会に寄与することを使命としてきた。したがって、大学の行う出版事業とは大学の存在意義の表出であるといっても過言ではない。そこで早稲田大学では、「早稲田大学モノグラフ」、「早稲田大学学術叢書」の2種類の学術研究書シリーズを刊行し、研究の成果を広く世に問うこととした。

このうち、「早稲田大学学術叢書」は、研究成果の公開を目的としながらも、学術研究書としての質の高さを担保するために厳しい審査を行い、採択されたもののみを刊行するものである。

近年の学問の進歩はその速度を速め、専門領域が狭く囲い込まれる傾向にある。専門性の深化に意義があることは言うまでもないが、一方で、時代を画するような研究成果が出現するのは、複数の学問領域の研究成果や手法が横断的にかつ有機的に手を組んだときであろう。こうした意味においても質の高い学術研究書を世に送り出すことは、総合大学である早稲田大学に課せられた大きな使命である。

二〇〇八年一〇月

早稲田大学

著者紹介

石井 裕晶（いしい　ひろあき）

専攻：日本近代政治経済史
1956年生まれ
1980年　東京大学経済学部経済学科卒業
1986年　プリンストン大学ウッドロー・ウィルソン行政・国際関係大学院修了。行政学修士（M.P.A.）
2011年　早稲田大学大学院社会科学研究科博士後期課程修了。博士（学術）
［主要著書・論文］『中野武営と商業会議所――もうひとつの近代日本政治経済史』ミュージアム図書，2004年4月。「1922年の営業税廃税運動の政治経済過程」『社会経済史学』第76巻第1号，2010年5月，社会経済史学会。「大正末期の営業税廃税過程」『日本歴史』第748号，2010年9月，吉川弘文館。"Features of a Suburban Town in Tokyo Developed by a Taiwan Company in the 1920s -Kamikitazawa as a case for 'Suburban Residential Legacy,'" *Journal of International City Planning*, The International Symposium on City Planning 2010, The City Planning Institute of Japan(2010): 825-834.

早稲田大学学術叢書 32

制度変革の政治経済過程
―戦前期日本における営業税廃税運動の研究―

2014年4月20日　初版第1刷発行

著　者……………………石井 裕晶
発行者……………………島田 陽一
発行所……………………株式会社 早稲田大学出版部
169-0051 東京都新宿区西早稲田 1-1-7
電話 03-3203-1551　http://www.waseda-up.co.jp/
校正協力…………………株式会社 ライズ
装　丁……………………笠井 亜子
印刷・製本………………株式会社 平文社

ISBN978-4-657-14702-8

Political Economy of Institutional Change

—The Business Tax-Repeal Movement in Prewar Japan—

ISHII Hiroaki

This book analyzes the political-economic structure of the movement from 1897 to 1926 to repeal the business tax in Japan. This movement started immediately after the Japanese government introduced the tax in 1897. It was especially active in 1897, 1910, 1914, 1922, and 1925. The movement finally ended when the business profit tax replaced the business tax in 1926.

Through an examination of the economic cause of the movement, the dynamic lobbying by trade associations, the policy response by the government, and reactions by political parties, the following conclusions are drawn:

(i) The economic cause of the movement:

The primary economic cause of the movement was the burden of the business tax based on the Pro Forma standard taxation formula. Among major business sectors, small retail stores and big textile wholesale companies suffered the most, because the tax was imposed on the amount of their sales, regardless of profit. Contrary to past scholarship, this analysis concludes that it was the method of taxation, rather than the tax burden on small businesses as a class, that was the major cause of the movement.

(ii) Dynamism of lobbying by trade associations:

The Japanese Chamber of Commerce (JCC), the Associations of Tokyo Business, and the Associations of Cotton Textile Trading Companies played a major role in lobbying for repealing the tax. This was because these organizations strongly reflected the interests of their member retail stores and wholesale companies. This work argues against the past interpretation that big business groups, represented by the JCC, opposed the tax repeal movement out of class interests and tried to suppress active movements by small business groups.

(iii) Tax and fiscal policy perspectives:

The Japanese government had opposed repealing the business tax because it was a source of revenue as compared to the land tax on agricultural

landowners. When faced with strong pressure to repeal the tax, the government tried to appease business groups by reducing the tax level or by changing the method of taxation marginally, instead. The Japanese government decided to change the business tax to a business profit tax only after it finally recognized that the movement to repeal the tax would not stop unless the Pro Forma standard taxation formula changed to a profit-based formula.

(iv) Paradoxical Political Process:

This book analyzes why it took almost 20 years of a complicated political process before the business tax was abolished. It was because the number of Members of Parliament who supported repealing the business tax did not increase steadily, despite industrialization and urbanization in the 1920s. Under the restrictive election system, a reduction in the rate of business tax resulted in a decrease in the number of business-taxpayer voters, and a reduction in the minimum tax level for gaining voting rights resulted in an increase in the number of agricultural landowner voters, relative to business-taxpayer voters.

Moreover, what the author defines as "the tax cut paradox" influenced the attitude of political parties under the restrictive election system. The paradox was that if a political party succeeded in gaining a tax cut for its constituency, the party would lose these voters. For example, the number of business-taxpayer voters decreased by 35% when the tax rate was cut by 30% in 1914. Therefore, it became risky for parties supported by businesses to advocate the business tax repeal. Likewise, the number of land-taxpayer voters decreased when the land tax was cut.

Therefore, such political parties as the Kenseikai Party that allegedly represented business interests did not necessarily support the repeal of the business tax. The Seiyukai Party, which represented the interests of agricultural landowners, did not support reducing the land tax.

This analysis suggests that Takashi Hara, the leader of the Seiyukai Party, apparently understood this mechanism and formulated a strategy to expand the party by gaining the support of agricultural landowners through such measures as public works, while he opposed the land tax cut.

By extending these arguments, this work sheds new light on the process by which universal suffrage for men was adopted in 1925, with a focus on

the relationship between the tax system and voting rights. Past scholarship attributed the establishment of universal suffrage in Japan mostly to people's democratic movements.

This analysis highlights the initiative taken by "Hanbatsu-Kanryo," the unelected ruling power within the government, in legislating universal suffrage, which, paradoxically, the elected majority Seiyukai Party resisted.

The Seiyukai Party opposed it out of fear of losing seats, as universal suffrage gave votes to a number of new urban workers and tenant farmers. It was because agricultural landowners, who had been overrepresented under the restrictive election system, were its main supporters and their relative position would have weakened.

On the other hand, the ruling establishment pursued universal suffrage strongly in the 1920s to prevent social movements and unrest by giving poor people the right to vote.

Key Words: Business Tax, Land Tax, Chamber of Commerce, Pro Forma Standard Taxation, universal suffrage, restrictive election, *Seiyukai*, *Kenseikai*, *Hara Takashi*

人名索引

◆あ行

◆か行

◆さ行

◆た行

◆な行

◆は行

◆ま行

◆や行

◆わ行